MBA

MBA CLASSICS

MBA 精品系列

MBA CLASSICS

MBA精品系列

MBA

CORPORATE ACCOUNTING

企业会计学

管理者视角

(第四版)

刘东明　张　雁／编著

中国人民大学出版社

·北　京·

图书在版编目（CIP）数据

企业会计学：管理者视角/刘东明编著. —4版. —北京：中国人民大学出版社，2010.10
（MBA精品系列）
ISBN 978-7-300-22071-0

Ⅰ. ①企… Ⅱ. ①刘… Ⅲ. ①企业管理-会计-研究生-教材 Ⅳ. ①F275.2

中国版本图书馆CIP数据核字（2015）第252215号

MBA精品系列
企业会计学：管理者视角（第四版）
刘东明　张　雁　编著
Qiye Kuaijixue：Guanlizhe Shijiao

出版发行	中国人民大学出版社		
社　　址	北京中关村大街31号	**邮政编码**	100080
电　　话	010－62511242（总编室）		010－62511770（质管部）
	010－82501766（邮购部）		010－62514148（门市部）
	010－62515195（发行公司）		010－62515275（盗版举报）
网　　址	http://www.crup.com.cn		
经　　销	新华书店		
印　　刷	涿州市星河印刷有限公司	**版　　次**	2004年9月第1版
规　　格	185 mm×260 mm　16开本		2015年11月第4版
印　　张	27插页2	**印　　次**	2021年12月第3次印刷
字　　数	583 000	**定　　价**	49.00元

前言

PREFACE

2006年2月15日，财政部在北京举行中国会计审计准则体系发布会，发布了1项基本会计准则、38项具体会计准则和48项注册会计师审计准则，标志着我国与国际惯例趋同的企业会计准则体系和注册会计师审计准则体系的正式建立。经财政部决定，企业会计准则体系自2007年1月1日起在上市公司执行，其他企业逐步推行。新发布的企业会计准则体系，以提高会计信息质量、维护社会经济秩序为宗旨，按照国际惯例对会计信息的生成和披露作了更为严格科学的规定，必将进一步强化对信息供给的约束，有效地维护投资者的知情权，有利于社会公众作出理性的决策。

自2011年以来，国际会计准则理事会先后发布、修订了公允价值计量、合并财务报表等一系列准则，发起了国际财务报告准则的新一轮改革。为保持我国会计准则与国际财务报告准则的持续趋同，财政部在2012年发布了一系列会计准则征求意见稿后，于2014年正式修订了五项、新增了三项企业会计准则，发布了一项准则解释，并修改了《企业会计准则——基本准则》中关于公允价值计量的表述。在经济全球化的今天，减少或消除我国企业会计准则与国际会计准则之间的差异，可以提高我国企业会计信息在全球经济中的可比性，降低我国企业信息报告成本和融资成本。

21世纪，经济全球化、知识化和企业信息化，使企业的经营环境发生了巨大的变化，技术变革加速，经验的重要性不断降低，高风险和不确定性的领域在扩大，程度在加深，企业面对的挑战越来越多，越来越大。在这种情况下，一个企业要想生存和发展，决策的准确性就变得十分重要，而准确的决策需要准确的信息支持，准确的信息又来自对经济业务的可靠记录和分析，因此，为企业决策提供信息支持的会计系统比以往任何时候都变得重要了。经济发展到今天，财务导向阶段已经来临，这就要求企业的财会人员要懂得管理，以保证生成的会计信息对企业管理者具有使用价值；同时企业的管理者更要懂得会计，熟悉企业会计信息是如何生成的，又应该如何利用它。只有这样，才能最大限度地发挥会计在企业中的作用。不了解会计方法、不研究会计报表、不进行财务分析、靠拍脑袋作决策的年代一去不复返了。

任何决策都应该“有理有据”，既准确可靠，又使人心服口服。企业做预算时，需要会计数据；对过程进行控制时，需要会计信息；对结果进行分析评价时，需要财务指标。不应当把会计看成一种“雕虫小技”，更不应当把企业的会计工作看成仅仅是企业会计人员的事情，应当把会计放在一个管理大背景下，把会计看成是“会计管理”而不仅仅是会计核算。企业的管理人员要养成利用会计来提升管理水平的习惯，即使企业会计人员也不再是单纯地记账、算账，而应辅助管理者及时地将数据转化为信息，由信息提升到知识，再由知识付诸行动。

本书的写作重点不仅仅是放在会计信息如何生成上，更重要的是放在如何利用会计信息上。在内容上，尽量采用中国企业的现实做法，对会计学的一些新的领域，如会计的职业道德问题、内部控制等，本书也作了阐述，以突出实用性和广泛性；在形式上，尽量采取归纳式的阐述方式，选用了一些美国的案例和表述方式，立足于从当代国内外企业的运作现实入手，由浅入深地介绍会计学的有关理论、会计实务和会计管理的有关内容，这增强了本书的易懂性。本书在讲解形式、体例和内容的安排上有别于其他同类教材，既充分尊重我国新会计准则体系的基本规定，又不拘泥于简单地解释会计准则，而是着眼于全面系统地了解会计学的基本原理，解释企业会计对管理者的支持作用。

相对于创造知识的科学研究，本书只是把知识变成现实财富的经验总结，但可能更符合 MBA 教育的特点，即把学生培养成“专才里的通才，通才里的专才”，并保持了必要的广度和深度。

本书由刘东明、张雁编写，孙寅、徐晔参加了部分章节的修改工作。

本书达到中级会计学水平，集实用性、理论性与资料性于一体，比较适合企业管理者的会计知识培训，同时对企业财会人员也有较多助益，会计学的初学者更能从本书获知良多。

在编写过程中，虽然在体系和内容的安排上作了一定的努力，并试图比较全面系统地反映会计学的新发展、新作用，但由于水平有限，加上时间较紧，难免存在一些缺点和错误。在此，恳请广大读者批评指正。

编著者

目录

CONTENTS

初级篇　会计学基础

中级篇　会计学实务

初级篇

会计学基础

会计是一门技术，更是一门艺术。

不懂会计就不会是一个成功的商人，更不会成为一名合格的企业家。

掌握会计，利用会计，为你的生活添光彩。

第1章 会计与会计环境

内容预览

1.1 会计的本质

1.2 会计的分类

1.3 会计师的职业道德问题

1.4 中国会计制度的改革

在中国会计发展史中，会计从来没有像今天这么重要过。从普通百姓到国家领导人，都对会计工作表现出了极大的热情和关注。在市场经济日益深入人心的今天，“会计”正成为使用频率最高的词汇之一。究其原因，人们发现会计工作及其产品——会计信息不仅具有微观价值，还具有重要的宏观价值以及广泛的社会现实意义。

会计信息是一种重要的社会资源，是管理者、投资者、债权人以及政府管理部门改善经营管理、评价经营状况、防范经营风险、作出投资决策、进行宏观经济调控的重要依据。由于企业会计发挥作用的主要形式是提供对决策有用的会计信息，因此，分析企业会计的具体目的或直接目的，主要是明确企业会计为谁提供和怎样提供信息的问题。

1.1 会计的本质

1.1.1 会计的概念

会计是一门既古老又年轻的学科。在回答会计是什么的问题上，迄今为止，人们的观点仍不统一。国内许多人把会计理解为一项记账、算账的工作，即会计的“簿记论”观点。这个定义固然有一定的道理，但对于记账、算账的目的是什么，如何用账，上述定义则显示出一定的局限性。西方会计学者曾提出“会计是一门商业语言，为人们的经济活动提供一种能够实现正常沟通的工具，对这门语言理解得越好，对企业财务活动的管理就越成功”的“工具论”观点。他们认为，会计作为商业语言，其基本的目标是提供报表，用以反映具有财务特征的经济业务和会计事项，采用的方法是记录、分类和汇总。就会计目的来说，从会计的“簿记论”到“工具论”是一个进步。但语言仅是人际交流的工具，将会计定义为一种工具，显然是相当肤浅的。实际上，目前西方学者已基本放弃了“商业语言工具论”，取而代之的是“会计信息系统论”。会计信息系统论认为，会计是计量企业经济活动，处理、加工经济信息，并将处理的结果与决策者进行交流的信息系统。

从“商业语言工具论”过渡到“会计信息系统论”是人们对会计本质认识的又一进步，具体表现在以下三个方面：第一，信息系统论认为会计是一个过程，这个过程包括会计对经济信息的鉴别、计量、传送和反馈四种职能，从而实现了用过程论代替工具论；第二，这个定义更加明确地突出了会计目标，即会计要为信息的使用者制定决策服务；第三，这个定义扩大了会计信息的范围，从单纯的财务信息扩大到经济信息。基于上述优点，“会计是一个信息系统”的观点开始流行起来。20 世纪 80 年代，我国的一些学者接受了这种观点，使会计信息系统论在我国有了立足之地。

信息论是在研究通信过程中创立的，“information”一词仅指情报、资料、信息，不包含管理的意思。把会计的作用局限在传送信息上，显然不符合会计工作的客观实际情况。现实的会计工作，不仅要处理数据，提供信息，还要预测前景，参与决策；掌握动态，进行控制；分析效果，考核业绩。即使是处理数据，也不是像机器人那样机械地、直观地记录，而是一种包含会计人员主观能动作用在内的观念综合。更何况核算过程中交织着监督，会计核算不是简单地收款、付钱、记账，还要审查这笔钱能不能收，能不能付，该不该花。正是基于此，引进国外先进的理论不等于照搬照抄，而是以信息论为基础，把会计的本质属性归结为一种管理活动，进而形成会计管理的概念，即会计的“管理活动论”，是我国会计学界消化、吸收、创新国外理论的一项成果。管理活动论将会计定义为：会计是以货币为主要计量单位，采用专门的方法对组织的经济活动进行完整的、连续的、系统的反映（核算）和监督的一种经济管理活动，它以提高经济效益为主要目的。在企业中，会计主要反映企业的财务状况、经营成果和现金流量，并对企业经营活动和财务收支进行监督，同时为决策者进行理性决策提供信息支持。

计算机的出现及其在会计领域的广泛运用，使传统的占用大量人力的手工式记账、算账式的数据处理程序被电子计算机所代替，并且出现了“会计电算化”的专门学科，会计工作的速度大大加快，准确性和效率大大提高，核算工作量也大大简化。可以预计，今后会计发展的重点已不仅是数据的处理、信息的生成，还包括信息的利用，主要是对经济活动的预测、决策和控制。社会进入信息时代，将开拓会计工作更加广阔的领域，会计的预测、决策、控制、监督将成为会计的主要职能。

1.1.2　会计的产生和发展

1. 会计产生的动因

经济效益的实质，用著名的资产阶级古典经济学家李嘉图（David Ricardo）的话来说，就是真正的财富在于用尽量少的价值创造尽量多的使用价值，换句话说，就是在尽量少的劳动时间里创造出尽量丰富的物质财富。马克思也很赞成这种说法。这样，会计产生之谜就被马克思和李嘉图正确地揭开了。人类之所以在生产劳动时间以外还肯花费一定的时间从事会计活动，归根到底是为了合理分配劳动时间，减少劳动消耗，生产更多的产品，以满足人类自身的需要。在社会生产实践中，人们除了不断地采用新技术、新工艺，还必须加强管理，对劳动耗费和劳动成果进行记录、计算、分析和比较，借以掌握和控制生产活动的过程和结果，引导人们的生产经营活动按照预期的目标进行。

马克思在《资本论》中论述流通的作用时说：“过程越是按社会的规模进行，越是失去纯粹个人的性质，作为对过程的控制和观念总结的簿记就越是必要；因此，簿记对资本主义生产，比对手工业和农民的分散生产更为必要，对公有生产，比对资本主义生产更为必要。但是，簿记的费用随着生产的积聚而减少，簿记越是转化为社会的簿记，这种费用也就越少。”① 马克思不仅强调了公有制条件下会计的重要作用，而且在人类有史以来，第一次从理论上提出了社会化大生产需要建立社会簿记的思想。

无论是古代还是现代，人们从事生产活动，总是希望以较少的投入换取较多的产出。在需求无限、资源有限的情况下，如何恰当地分配和利用已掌握的资源，生产出更多的物质财富，历来是经济学研究的主要课题。这种资源分配通常要经过两

① 《马克思恩格斯全集》，中文 1 版，第 24 卷，152 页，北京，人民出版社，1972。

个阶段：第一阶段，将社会资源分配于国民经济各部门、各企业之间。在市场经济条件下，这种分配主要是在资本市场中通过股票和债券的交易来实现的。出资者将其资源（资本或资金）投入企业，是因为他们相信可以通过投资得到相应的回报。价值规律和供求关系总是使资源流向报酬较高的企业，而那些经营不善、管理不好的企业必然在资本市场上遭到冷遇，甚至被淘汰。第二阶段，当社会资源进入企业后，企业管理者必须作出各种决策，以恰当地分配并合理地使用这些资源，争取较好的经济效益，求得自身的生存发展并为社会作出贡献。不难看出，在社会资源分配的第一阶段，投资于哪家企业由企业外部出资者决定，但企业财务状况和经营成果的好坏对这种决策具有举足轻重的影响，财务会计在其中的作用不言而喻；在社会资源分配的第二阶段，如何恰当地分配、有效地利用企业资源，由企业管理者决定。在这里，管理会计的作用尽人皆知。

从微观层面来看，企业的主要目标是向顾客提供商品和劳务以实现利润。为保证企业目标的实现，企业要设立一些职能部门，如采购部门、生产部门和销售部门，要使这些职能部门协调运转，企业还要设立一些支持部门，如人事部门、管理部门和会计部门。随着经济业务越来越复杂，这些支持部门的作用会越来越大。

企业设立销售部门，能够为企业增加销售收入；企业设立生产部门，能够为企业降低生产成本，两者都可以增加企业的利润。但企业设立会计部门，是如何为企业带来收益以抵补会计机构的运作费用并增加利润的呢？答案是，通过正确地利用会计信息实现决策的最优化（better decision），通过优化的决策来增加企业的利润。

2. 会计的发展

在会计发展的历史长河中，依据一些重大事件，可以将会计的发展过程划分为三个阶段。

（1）古代会计。会计从其产生到复式簿记应用这段时间，为古代会计阶段。会计产生的历史悠久，有些学者甚至认为人类书写的出现就是为了记录会计信息。古代会计以官厅会计为主，古代的统治者们利用会计来记录诸如修建大型建筑等一些重要经济事项。实际上，只要有经济活动，就会有对会计的需求。但这一阶段生产力十分低下，生产规模也很小，生产的操作过程较为简单，产品品种较为单一。与此相适应，会计主要以核算为主，方法较简单，采用单式记账，多数以实物、少数以货币作为计量单位。会计作为生产职能的附带部分而存在。

（2）近代会计。近代会计是从运用复式簿记开始的。古代会计演进到近代会计以下面两个重要事件为标志：第一，1494 年，意大利数学家卢卡·帕乔利出版了《算术、几何、比与比例概要》一书，系统介绍了意大利威尼斯的复式记账法。由于这本书的出版，复式簿记方法在欧洲和世界得以推广，从而开创了近代会计的历史。复式簿记在理论上的总结被认为是近代会计发展史上的第一个里程碑。第二，1854 年世界上第一个会计师协会——英国爱丁堡会计师公会的成立，被认为是近代会计发展史上的第二个里程碑。

与古代会计阶段相比，这一阶段生产力水平有所提高，企业的规模有所扩大，生产操作日渐复杂，产品品种相应增加。与此相适应，会计开始以货币为主要计量单位，作为独立的管理职能逐渐从生产职能中分离出来。近代会计以企业会计为主，采用复式簿记，逐渐形成一套完整的财务会计核算方法体系。实践证明，相对于单式簿记，只有复式簿记才能对经济活动进行科学、全面的反映和控制，也只有复式簿记才能使会计与统计相区别，并带动其他会计方法的发展，使会计逐渐成为一门科学。

（3）现代会计。现代管理会计的出现，标志着近代会计发展为现代会计。20 世纪 50 年代以后，当代资本主义经济迅速发展，特别是股份公司的出现，使得所有权与经营权开始分离，为保护那些不直接参与企业经营管理的所有者的利益，实践中，在传统会计的基础上，逐渐形成了以对外（主要是投资人、债权人、政府机关等）提供信息（反映企业财务状况、经营成果和现金流量）为主，接受会计准则和会计制度约束的会计，即财务会计，财务会计也叫对外会计。财务会计按照会计准则和会计制度的要求，通过编制财务会计报表（资产负债表、利润表、所有者权益变动表和现金流量表等）向企业现实和潜在的投资人、债权人和政府机关提供信息。同时，在这一阶段，由于生产力水平得到了较大的发展，企业的规模越来越大，跨国公司对世界经济的影响越来越大，科学技术的进步使得生产工艺复杂化，产品品种越来越多，企业之间的竞争越来越激烈。为适应生产竞争的需要，企业迫切需要降低成本。20 世纪初，美国为适应泰罗制管理方法的需要，出现了标准成本会计，并逐渐形成以此为基础的执行性管理会计。20 世纪 50 年代后，为满足企业内部管理当局对会计信息的需要，逐渐形成以决策研究为核心内容，为企业进行预测、经营决策、控制、考核、改进经营管理、提高经济效益、提供信息与智力支持的决策性管理会计。基于企业管理当局的需要，管理会计逐渐同传统会计相分离，并形成了一个与财务会计相对分离的会计领域——管理会计。管理会计也叫对内会计，主要为企业内部经营管理服务。

管理会计的出现和发展，极大地丰富和发展了会计的内涵和外延，使会计形成了财务会计和管理会计两大分支，这标志着现代会计已经发展成为一门独立的学科体系（见图 1—1）。

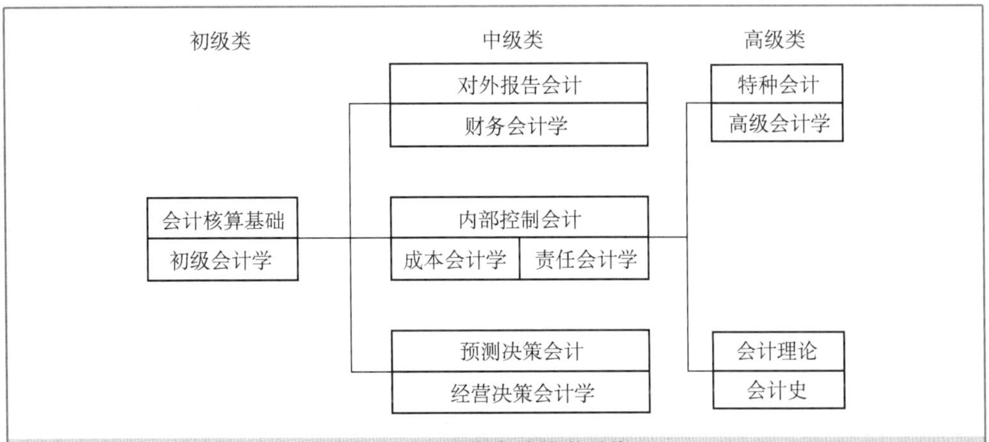

图 1—1　现代会计的学科体系

资料来源：参见阎达五教授为中国人民大学会计系列教材第一版所作的序言。

1.1.3 会计的职能

会计的职能是指会计在经济管理中所具有的功能。“当好参谋把好关”是会计职能的形象比喻。核算与监督是会计的基本职能。除基本职能外，评价、预测和参与决策是会计的延伸职能。

1. 会计的基本职能是核算和监督

马克思指出，会计是对生产“过程的控制和观念总结”，这是对会计基本职能的科学概括。所谓“观念总结”一般可理解为会计核算（或反映）；所谓“过程的控制”一般可理解为会计监督。

（1）会计的核算职能。会计的核算职能是指会计通过确认、计量、记录、报告，主要采用货币指标从价值量上反映企事业单位已经发生或完成的经济活动，为经营管理提供经济信息的功能。核算职能是会计的最基本职能，随着经济的发展，会计的核算职能逐渐从事后反映发展到预测未来。

（2）会计的监督职能。会计的监督职能是指会计具有按照一定的目的和要求，利用会计核算所提供的经济信息，对企事业单位的经济活动进行控制，使其按照预期的目标进行。会计核算主要是通过货币计量，提供一系列综合反映企业经济活动的价值指标，如资产、负债、所有者权益、收入、成本费用、利润以及偿债能力、获利能力等指标。会计监督就是依据这些价值指标进行的。例如，利用资产指标，可以了解企业一定时期的资产总额及其结构，考核企业的规模及资产的利用情况，以提高资产的利用效果；利用成本费用指标，可以综合考核各项费用的支出情况，控制各项消耗，防止浪费的发生；利用收入、利润等经营成果指标与成本费用、资产指标对比，可以考核劳动所得和劳动耗费的关系，等等。通过这些价值量指标对各单位的经济活动进行监督，不仅可以比较全面地控制各单位的经济活动，而且可以及时地对经济活动进行指导和调节。

会计监督是在会计核算各项经济活动的同时进行的，包括事前监督、事中监督、事后监督。事前监督，是指会计部门在参与制定各种决策以及相关的各项计划和费用预算时，依据有关政策、法规、制度和目标，对各项经济活动的可行性、合理性、合法性和有效性进行审查，是对未来经济活动的指导。事中监督，是指在日常会计工作中，对发现的问题提出建议，促使有关部门采取措施，调整经济活动过程，使其按照预定的目标和要求进行。事后监督，是指以事先制定的目标、标准和要求为准绳，通过分析已取得的会计资料，对已经发生的经济活动的合法性、合理性和有效性进行考核评价。

（3）会计基本职能的辩证统一关系。会计的核算职能和监督职能密不可分，二者是辩证统一的。没有会计监督，会计核算就失去了存在的意义；没有会计核算，会计监督就失去了存在的基础。会计核算是整个会计工作的基础；而离开了监督，会计也就失去了生命，会计监督是整个会计工作的灵魂。马克思关于“控制和观念总结”的论述，给我们一个启示：从职能的重要性来讲，控制是第一位的，观念总结是第二位的；从工作的时间顺序来讲，观念总结是先于控制的，会计的监督是融合于核算过程之中的（核算包括事前核算、事中核算、事后核算）。核算是为了控制监督，不需要控制监督而进行的核算是毫无意义的。

2. 会计是一种管理活动，是经济管理的重要组成部分

会计历史发展的事实证明，会计是一种管理活动，是一项经济管理工作。会计虽然原来是"生产职能的一个附带工作"，但"生产和生产的簿记终究是两件事"。会计的产生固然和生产活动有密切关系，但它不是生产活动本身，而是人们对再生产过程进行管理的一种活动。生产越发展，生产的社会化程度越高，经济业务越复杂，人们对经济利益的要求越高，会计工作就越重要。随着经济的发展，会计从最初的计量、计算工作，逐步发展成为收集和利用经济信息，对经济活动进行计划、组织、控制、调节和指导，促使人们讲求经济效益的一种管理活动。经济越发展，会计越重要。现代社会，会计在经济管理中的地位和作用越来越重要了。

1.1.4　会计核算的方法

会计核算方法是对会计对象（会计要素）进行完整的、连续的、全面的、系统的反映和监督所应用的方法，主要包括以下七种：

（1）设置会计科目。设置会计科目的目的，就是对会计对象的具体内容进行分类核算。

（2）复式记账。应用复式记账方法，就是对企业发生的每一项经济业务，都要以相等的金额，同时记入两个或两个以上的相互联系的账户。这样处理的好处主要表现在两个方面：一是通过账户的对应关系，可以了解有关经济业务的来龙去脉；二是通过账户的平衡关系，可以检查有关业务的记录是否正确。

（3）填制和审核凭证。会计凭证是记录经济业务、明确经济责任的书面证明，是登记账簿的依据。

（4）登记账簿。账簿是用来全面、连续、系统地记录各项经济业务的簿籍，是保存会计数据资料的重要工具。登记账簿必须以凭证为根据。

（5）成本计算。成本计算是指在生产经营过程中，按照一定的对象归集和分配发生的各种费用支出，以确定该对象的总成本和单位成本的一种专门方法。

（6）财产清查。财产清查是指通过实地盘点实物、核对账目，以保持账实相符的一种方法。

（7）编制会计报表。会计报表是根据账簿记录定期编制的总括反映企业特定时点和一定时期财务状况、经营成果和现金流量等的书面文件。

上述七种方法相互联系，构成完整的会计核算方法体系。其中，填制和审核凭证、登记账簿、编制会计报表是这一方法体系的三个基本环节。从填制和审核凭证到登记账簿，直至编制会计报表这种周而复始的运动过程，就是会计循环。

1.2 会计的分类

1.2.1 按会计服务的对象，划分为财务会计和管理会计

财务会计主要是通过报告企业的盈利能力、财务状况及其变动情况等信息，以满足企业外部利益集团的需要。这里，“外部利益集团的需要”主要包括两个方面：一是外部利益集团为维护其投资的安全性与收益性作出投资决策的需要；二是评价考核企业管理者履行其受托经营责任情况的需要。同时，财务会计提供的信息也是企业内部管理的基础信息。管理会计主要为管理当局提供企业内部规划、评价、控制以及确保企业资源的合理使用和经营管理责任的履行所需要的信息。

1. 管理会计与财务会计的联系

（1）核算对象一致。管理会计与财务会计是现代会计的两个子系统，其核算对象都是企业的资金运动，只是在时间和空间上的侧重点不同。管理会计是从局部或特定项目出发，处理或提供未来的或现在的经济信息；财务会计是从企业整体的全部生产经营活动出发，处理或提供已经发生的历史信息。

（2）信息资源相同。管理会计与财务会计所应用的信息来源是相同的，即都是直接反映企业生产经营活动的原始信息。两者分别用各自特定的方法对同源信息进行加工、整理、汇总、筛选，形成各自所需要的经济信息，而且两者形成、提供的信息又是互补的。管理会计经常直接引用财务会计报表资料进行分析研究，必要时还需对其进行加工整理，编制内部报表。同时，管理会计生成、提供的信息又为财务会计的监督创造了良好的条件。

2. 管理会计与财务会计的区别

（1）服务对象不同。财务会计主要通过定期提供财务报表，为企业外部的投资人、债权人和其他有关机构服务，财务会计又可称为“对外会计”。管理会计主要通过提供、分析、解释财务和管理信息，侧重为企业管理部门优化决策和有效地改善生产经营服务，管理会计又可称为“内部会计”。

（2）工作重点不同。管理会计的工作重点是面向未来，根据历史资料设计未来、控制现在和考评过去，参与企业决策。财务会计的工作重点是面向过去，提供和解释历史信息。

（3）核算依据不同。管理会计不受会计准则和会计制度的约束，只服从管理者的需要，受生产经营决策中成本与效益关系的制约。财务会计必须严格遵守会计准则和会计制度的规定以及国家法律法规的制约。

（4）信息及时性的时间标准不同。财务会计信息的及时性特征，是指会计核算要讲求时效，要及时对原始资料进行加工整理，按规定时间及时编制会计报表并对外报告。其及时性的判断标准在于是否按规定的时间予以报告。管理会计信息的及时性特征，是指管理会计必须及时迅速地为管理当局提供可应用于规划、控制过程

的会计信息。企业的经营活动错综复杂，市场外部条件瞬息万变，管理当局往往需要对诸多经营问题快速地作出决策和处理。因而，管理会计信息及时性的判断标准是能否根据管理的需要适时提供信息，而不是按照规定的时限定期提供信息。管理会计编制内部报告的时间根据管理者的需要确定，有较大弹性。而财务会计编制对外财务报告的期间具有较强的规范性，一般是一个月、一个季度或一年。

(5) 准确性要求不同。会计信息的准确性是指会计信息的正确性。信息的准确性不仅指信息要能反映出事物的本来特征，还包括信息的分类要准确，使理性的信息使用者能够通过对信息的分析揭示出隐含在信息背后的真相及其相互之间的内在联系。财务会计信息与管理会计信息准确性的差别在于判断的标准不同。财务会计信息的准确性，是指财务会计提供的信息要能真实准确地反映企业的盈利能力、财务状况及其变动情况，要求财务会计提供的信息一定要严格按照公认会计原则处理。管理会计信息的准确性，是指管理会计所提供的信息在有效使用范围内必须是正确的。信息总是越精确越好，但要考虑及时性及获取高精度信息所需的处理成本，在管理会计中，信息的准确性以不影响决策的正确性为标准。决策的问题不同，对信息的准确程度的要求也不同。由于企业管理中决策问题千差万别，对管理会计信息的准确性也就难以有一个统一的普遍适用的标准。"不影响决策的正确性"就是管理会计信息的"有效使用范围"。正是基于这一特性，管理会计可以采用近似的方法来获取所需信息的近似值或估计值，以此来简化信息的处理程序，提高信息的处理效率，降低信息的处理成本。

(6) 数学方法的广泛应用不同。财务会计应用数学方法的范围较小，一般只涉及初等数学，而管理会计越来越广泛地应用高等数学和现代数学方法。随着科学技术的不断进步，生产经营的日趋复杂，企业规模的不断扩大，整个企业管理正朝着定量化的方向发展。现代管理会计为适应企业管理上的这一重大转变，要求用高等数学和现代数学方法来武装自己，使之朝定量化的方向发展。例如，应用回归分析法进行半变动费用分解，掌握成本与产量之间的依存关系、成本在一定条件下增减变动的趋势和基本规律性；应用线性规划法，确定各有关因素之间的最优组合；应用库存论原理，进行经济订货量、最优生产批量的计算；应用投入—产出分析原理，测算具有内在联系的数据的变化规律，等等，这些都有助于企业管理决策消除某些直觉性和随意性，使它建立在对客观对象进行科学分析和准确预测的基础上。

1.2.2 按会计服务的范围，划分为私用会计和公共会计

私用会计（private accounting）是指私用会计人员（private accountant）在工商企业中所从事的会计工作，既要编制财务会计报表，又要编制管理会计报表，私用会计主要指企业会计。公共会计（public accounting）是指以独立的、专业性的审计和会计技术为社会公众（企业和个人）提供服务。其主要内容是审计，即承担对会计报表正确性的验证职能，通过公共会计师的审计报告，可以使企业外界人士确信企业所报告的财务状况和经营成果的真实、可靠。

1. 私用会计人员和公共会计师

这是与私用会计和公共会计同等重要的两个概念。私用会计人员是指为某一特

定组织工作的会计人员，其职责范围仅限于一个企业或一个机构范围之内。例如，为嘉陵集团公司、四通公司、柯达公司工作的会计人员都属于私用会计人员。私用会计人员的职位包括会计员、会计主管、会计主任或总会计师。我国有关法律明确规定，在大中型企业中实行总会计师制度，重大的决策应有总会计师的参与。这就从制度上保证了企业决策的会计因素，提高了会计及会计人员在企业中的地位。近年来，随着我国市场经济的发展和财税体制改革的深化，会计工作在经济建设中的地位和作用日益重要。

公共会计师（PA）通常是指注册会计师（certified public accountant，CPA），即在会计师事务所工作，面向整个社会提供会计和审计服务的会计师。在美国的一些州，对于具有注册会计师能力，但未经注册职称考试的会计师，只发给公共会计师而不是注册会计师的执照，而且一般不允许其从事企业会计报表的审计业务。

在中国，应有两名以上持有中华人民共和国注册会计师有效证书，且有五年以上在会计师事务所从事独立审计业务的经历和良好的道德记录的注册会计师作为合伙人；聘用一定数量符合规定条件的注册会计师和其他专业人员参加会计师事务所工作；有固定的办公场所和必要的设施；有能够满足执业和其他业务工作所需要的资金并经有关部门批准才能成立会计师事务所。1994 年 1 月 1 日，《中华人民共和国注册会计师法》施行，注册会计师行业在法制化轨道上向规范化方向迈进。

图 1—2 反映了会计在组织中的地位，这是一条正常的提升道路。因为会计工作涉及企业活动的各方面，如采购、生产、销售等，这为会计人员积累丰富的商业经验提供了可能。目前，在我国有三种人比较容易成为成功的企业家：政府的机关干部（了解信息）、科技人员（懂技术）、财会人员（会管理）。你同意这个观点吗？

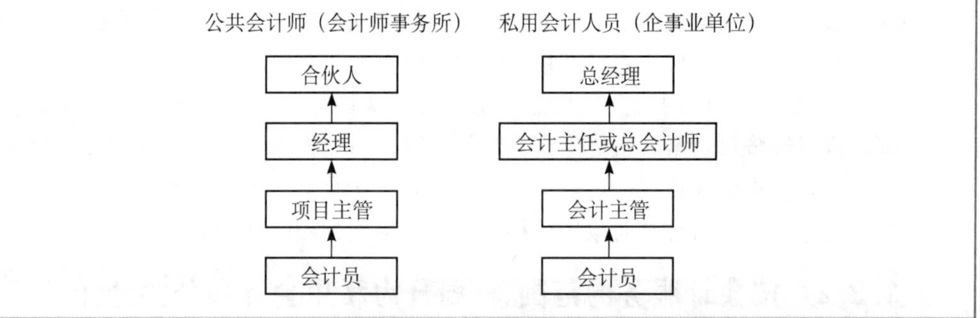

图 1—2　会计的地位

2. 公共会计和私用会计的服务领域

会计在众多领域影响着人们的生活。公共会计和私用会计都有其为之服务的特殊领域。

(1) 公共会计的服务领域。

审计（auditing）：审计是注册会计师向公众提供的重要服务之一，它是为确保企业管理当局报送给债权人、投资者和组织外部的其他人士的会计报告的可靠性而进行的独立审查。审计之所以重要，是因为债权人需要确信贷款申请者提供的数据资料准确、可靠；股东需要知道企业管理当局报告的财务状况真实、全面；政府部门需要来自企业的准确信息以确保宏观政策制定的正确性。只有经过审计的财务报告才能满足上述要求。

税收会计（tax accounting）：税收会计有两个目标，即遵守税法和合理避税。降低税负是企业管理的重要内容。会计师的税收会计工作是编制纳税申报表和合理安排企业的经济交易事项，以达到降低税负的目的。例如，某企业年终结算时，发现其应纳税所得额为 30.1 万元，按规定，该企业要按 25%的税率缴纳企业所得税，预计应纳所得税额为 30.1×25%＝7.525 万元。为降低税负，该企业接受一会计师事务所的纳税筹划意见，作出一项决定：向中国红十字会捐赠 1 000 元现金。按现行所得税法的规定，纳税人用于公益、救济性的捐赠，在年度利润总额 12%以内的部分，准予税前扣除。这样，企业应纳税所得额即为 30 万元，适用 20%的优惠税率，应纳所得税额为 30×20%＝6 万元，企业将降低税金支出 7.525－6＝1.525 万元，税后利润将增加（30－6）－(30.1－7.525)＝1.425 万元，企业可谓既得名又得利。

管理咨询（management consulting）：管理咨询是指注册会计师就企业经营问题向经理们提出建议，由于注册会计师在审计过程中能够深入全面地了解企业的经营情况，因而能够为改进企业管理和会计核算工作提出良好的建议。随着经济的发展，管理咨询已成为一项飞速发展的会计服务业务。如同人有病应看医生，企业陷入困境也应进行管理咨询。

目前，中国会计师事务所的业务领域已覆盖国有企业、三资企业、有限责任公司、股份有限公司等的审计和资产评估业务；各类公司、企业以及企业化管理的事业单位的验资；基建工程预决算审计；司法鉴证；向各类经济组织提供管理咨询、税务代理服务；向社会提供财会人员培训服务等方面。会计师事务所的发展在服务于改革开放、促进证券市场发育、深化国有企业改革和国家经济建设等方面发挥了积极作用。

（2）私用会计的服务领域。

一般会计（general accounting）：企业按会计的一般规律对其经济业务即会计对象进行确认、计量、记录、分类汇总、加工处理并编制报表。

成本会计（cost accounting）：通过分析企业费用和产品成本变动的趋势及合理性，可以帮助管理者找到降低费用的途径。良好的成本会计核算可以为企业产品和服务的定价提供指导，在一般情况下，产品的销售价应大于其成本。在市场经济条件下，价格是企业竞争的一个重要手段。$W=C+V+M$，$C+V$ 是企业的商业秘密，成本表不对外公布。成本信息能使管理者迅速了解何种产品亏损、何种产品盈利，从而决定哪种产品应扩大生产规模，哪种产品应减少规模甚至停产。这反映了成本会计灵敏性的特点。

编制预算（budgeting）：预算就是对企业未来的经营活动作出计划和控制，为企业制定销售和利润目标，并制定实现这些目标的详细执行计划。许多经营卓有成效的公司（通用电气、宝洁、海尔）在编制预算方面处于领先水平。预算是一种系统的方法，用来预先分配企业的财务、实物及人力等资源，以实现企业既定的战略目标。企业可以通过预算来监控战略目标的实施进度，有助于控制开支，并预测企业的现金流量与利润。

信息系统设计（information systems design）：确定企业内部和外部组织对什么信息有需求，尽量设计优化的信息系统，使会计信息系统发挥最大的效用。不同部门应了解什么样的信息、信息的详细程度及信息如何在不同部门之间传递是信息系统设计解决的内容。在企业里，由于会计信息的特殊性，不能无限制地讲求信息共享。

内部审计（internal auditing）：由企业的内部审计人员担任此项工作。大中型企业一般都有自己的审计部门和审计师，他们在评价企业的会计和管理系统、提高工作效率、确保职员遵守公司的管理制度并履行自己的职责方面发挥着重要作用。

图 1—3 反映了会计的服务领域。

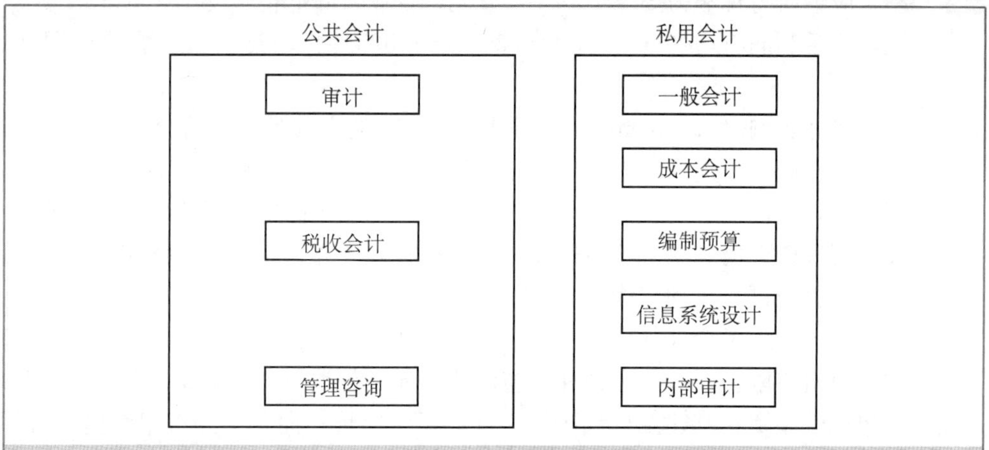

图 1—3　公共会计和私用会计的服务领域

1.3　会计师的职业道德问题

职业道德是就职人员的职业品质、工作作风和工作纪律的统一。会计师的职业道德是指会计师在会计工作中应当遵循的与其特定职业活动相适应的行为规范。市场经济是法制经济，需要建立一系列法律法规来规范市场活动，但这种规范作为一种“硬约束”是难以完全包括其所有方面的，而且法律法规都要人来遵守，从“舞弊三角”规律可知，一个人是否舞弊是由自我理性、感受压力和舞弊的机会三个因素决定的。因此，建立市场经济的道德规范，加强会计师的职业道德建设，实现对市场行为的有效约束与调控是十分重要的。厉以宁教授认为：“道德的力量十分重要，是对社会经济活动的市场调节和政府调节之外的第三种力量。市场调节与政府调节都有其局限性，两种调节互补之后仍会留下一部分空白，这个空白只能依靠道德调节来发挥作用。……从这个意义上说，道德约束是一道最后的防线。”任何完整意义上的市场经济运行机制总是市场法则、法律法则和道德规范的三位一体。

1.3.1　由三个案例想到的

1. 对销售收入的确认，涉及客观性问题

（1）案例资料。汤姆是新城公司的助理会计师，他刚收到公司 2005 年年报的副本，并为此而烦恼。原来几星期前，他把准备好的年报及说明交给了财务经理、公司总裁和董事会，他在说明中指出公司 2005 年度的净收益比上一年度降低了 6.3%。但是现在他发现在公司总裁给股东的对外年报中，净收益被宣布为比去年增长了 4.3%，这是因为年报将 14 500 000 美元的预收款计为 2005 年的销售收入，而这些预收款本应属于 2006 年第一季度的销售收入。

汤姆的上司告诉他，这是董事会的决定。董事会不希望令股东失望和不安，而且 2006 年对公司来说会是一个好年景。财务经理告诉汤姆不要担心，因为明年的预期收入会补上这个差额，股东们不会失去任何东西。

汤姆应该怎么办?

（2）案例分析。在本案例中，把这笔 14 500 000 美元的预收款确认为销售收入，有两种人会从中获益：一是董事会成员和企业管理人员，因为他们的收入可能和公司的效益挂钩；二是股东，因为他们可能由于被粉饰的年报而在证券市场上获利。

可能由此受到损害的则是潜在的投资人和债权人。前者可能因为受到年报的误导而购买了新城公司的股票，后者则会因为收益和负债的错误划分而增加了风险。

汤姆有以下选择：第一，他可以不采取任何行动，既然已经向上司指出了这个问题，他完全有理由心安理得；第二，他可以再次向上司提交一份备忘录，表明不同意见；第三，备忘录还可以直接送给总裁和董事会；第四，他可以通知企业外部审计人员，本案例并没有说明注册会计师在这里所起的作用，但他们应该了解到这个事实；第五，他可以向证监会报告；第六，他可以通知新闻界；第七，如果不愿在这种环境下继续工作，他可以辞职。

本案例没有明确的答案，读者可以根据自己的经验、感受以及具体环境作出自己认为最好的选择。

2. 关联交易问题

不同的会计人员对同一企业的账项处理不同，两名会计师可能有两种账务处理结果。假定某企业雇用了两名资格完全相同的会计师，并且各自对对方的存在一无所知。假设这两名会计师都完全独立地保持账簿记录，这个公司就有了两套会计账，而这两套账簿说明的事项和活动是完全一样的。现在提出关键的问题：这两个会计师对本年度净利润的计算结果是否相同？他们的期末资产负债表是否相同?

这两个会计师对本年度净利润的计算，很可能得出不同的结果。他们的费用有一项或多项可能不同，他们对本年度销售收入的记录很可能也各不相同。这就意味着他们的资产负债表也是各不相同的，销售收入和费用引起资产和负债的增加或减少。因此，如果费用不同，资产和负债也会不同；如果本年度的净利润不同，期末资产负债表里的未分配利润余额也将不同。

这是否表明公司的两个会计师中有一个是错误的，并且是在应用公认会计原则时发生了错误？假定不是——他们两个都没有出错，那么，为什么他们两个能得出各不相同的会计数据？问题在于，对于很多种费用，甚至对于销售收入，公认会计原则的记账规则并没有规定一种而且仅仅一种会计方法，而是规定两种或三种方法均可使用。

财务会计就像是给人称体重，只有秤标准体重才正确。但实际情况是，以公认会计原则为依据的财务会计允许企业选择使用不同种类的秤——有的秤砣轻，有的秤砣重。

我们还可以这样认为，对于财务会计来说，公认会计原则的一整套规则就像一本权威的烹饪书。在这本书里，对于很多道菜（如费用和销售收入）都列出了一种以上的烹饪方法，如商品销售成本费用和折旧费用可以用不同的方法来记录，而这些方法都是可以接受的。

实际上，对企业的多项费用，甚至对于各种销售收入，企业必须在不同的会计方法中选择确认记录的方法。对大多数企业来说，利润成果是选择会计方法的主控因素。选择不同的会计方法将对净利润产生怎样的影响，这是大多数企业经理关心的主要问题。上述情形就为关联交易提供了“生存的土壤”。

（1）案例资料。假设丙公司从甲公司购买一块土地，价值 1 200 万元，甲公司记入资本利得 700 万元。甲公司给乙公司提供贷款 2 000 万元，乙公司给丙公司提供贷款 3 000 万元，乙公司和丙公司在统一管理层的控制下。这一做法符合职业道德吗（见图 1—4）？

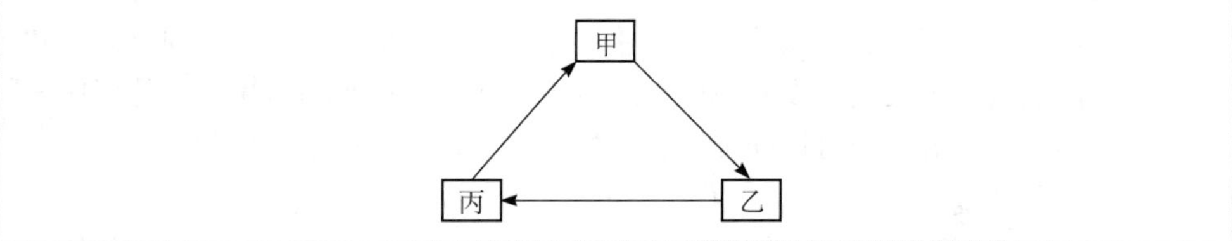

图 1—4　关联交易图示

（2）案例分析。一会计师事务所对甲公司进行审计，审计师认为甲公司的土地销售是真实的，销售利得也是成立的。而另一从事不动产业务审计的注册会计师认为甲公司的做法是虚假的，丙公司购买土地的现金来自乙公司，而乙公司的现金又来自甲公司，因此销售并不成立，事实上，丙公司并没有花自己的现金购买土地，甲公司记录利得的做法是违反会计职业道德的。哪个正确呢？

这个问题并没有明确的答案，但这种情况下的职业道德值得怀疑。企业避免出现不遵守职业道德的行为是安全的。企业要形成自己的职业道德行为规范，并在实际工作中加以遵守。企业的会计人员经常会受到职业道德方面的挑战。

3. 企业管理人员与会计人员的关系

（1）案例资料。明达公司的董事会在向公众公布财务报表前举行会议，讨论过去一年的经营业绩。以下是讨论会中的一段对话。

公司总裁黎明：“今年我们的业绩不佳，收入下降而费用直线上升。如果不采取措施，将连续三年亏损。最近我将我的部分私人资产转到了公司名下，这可能有助于我们的形象改进。李玉林，你能将费用减少500 000元吗？这样我们也许可能得到那笔急需的贷款。”

公司总会计师李玉林：“总裁，你这么做太过分了。公认会计原则明令禁止此类做法。”

问题：

1）上述情形涉及的职业道德问题是什么？

2）企业管理人员职业道德水平的高低在多大程度上影响会计职业道德状况？

（2）本案例请读者自己分析。会计师的职业道德问题会发生在会计职业的每一个分支，涉及所有领域。在2001年的证券市场上，银广夏、麦科特、ST黎明等一系列上市公司会计造假案件曝光，像一枚枚重磅炸弹，相继炸开；而在2002年年底，美国爆发的“安然事件”以及后来的世界通信公司、施乐公司的会计造假案，则引发了一场严重的会计危机。会计的信誉受到了严重损害，时任中国国务院总理的朱镕基同志在上海国家会计学院视察时提出“诚实守信，不做假账”的校训。面临严重的信任危机，如何重塑会计的诚信，加强会计职业道德教育，已成为会计界亟待解决的问题。

1.3.2　会计职业道德问题的多元性和两难性

会计职业道德问题与一般职业道德问题有所不同，表现为：会计师在遵纪、守法、合规的前提下，对同一会计事项可以选择不同的会计处理方法，如会计上存货的计价方法、固定资产折旧的计提方法、对某些或有事项的披露与否及披露的程度等。不同的方法会产生不同的财务状况和经营成果，进而对信息使用者产生不同的影响。

会计职业道德问题的多元性是指，在会计师遵纪、守法、合规的前提下，会计师选择了可能对信息使用者造成不利影响的会计方法时，对其行为作出道德评价可能具有多元性。因为在评价时，可能存在多种评价标准，依据不同的评价标准就会得出不同的评价结果。在缺少明确的专业标准，以及选择的后果在短时期内不很明显的情形下，会计的职业道德问题往往带有一定的不确定性。

会计职业道德问题的两难性是指，会计师面对上述问题所作出的选择，可能并不是会计师本人的意愿，会计师本人主观上愿意为信息使用者提供可靠、相关、可比的信息，但迫于某种压力，往往在客观实际中采用了对信息使用者不利的会计方法。

在实际工作中，会计师会经常面对这种两难境况，会计师必须作出自己的选择。

1.3.3　职业道德困境与解决

在多数情况下，作出职业道德选择是容易的，如偷窃企业现金是违法和不道德的行为。但在有些情况下，作出选择则要困难得多，职业道德判断意味着个人决策。在应用职业道德行为规范时，会计师可能会遇到如何确定不道德的行为以及如何解决道德困境的问题。当遇到关键性的道德问题时，会计师必须遵守权威机构制定的规则。如果这些规则不能解决问题，会计师可以考虑采用下列办法：（1）与直接上级讨论这些问题，如果他也卷入冲突的话，可以上报到更高的领导机构，包括总经理、审计委员会、董事会、股东会等。(2) 与一位中立的、客观的建议人秘密讨论，进一步了解问题的严重性及对利益关系人的影响程度。(3) 如果经过各种尝试，道德困境依然存在，且问题严重，会计师只能选择提出辞职并向合适的领导提交一份详细的备忘录。

调查发现，经常遇到的职业道德困境包括：(1) 客户和管理者提出的避税建议；(2) 经营各方的利益冲突；(3) 粉饰财务报表的要求。

下面是一个职业道德困境的案例。①

胡佛电子公司的会计埃米莉·格梅发现，她的上司梅内·帕克在上年有几处账务处理错误。总体来看，这些错误高估净利润 20%。格梅不清楚这些错误是故意的还是偶然的，正在考虑该怎么做。她知道帕克正在评定她的工作表现，并且最近她的工作处于得失的关键时刻。格梅应该怎么做呢？

这是一个很棘手的问题，因为在这种情况下很难确定哪种做法最好。一些人将此视为职业道德困境。作出困难的职业道德判断要求有一个决策框架。考虑解决埃米莉·格梅的问题时试着应用以下六个步骤：

(1) 弄清实际情况。上面的情况描述已说得很清楚。

(2) 确定职业道德问题。职业道德来自道德一词。道德在《韦伯斯特字典》上被定义为"决定何为善、何为恶以及道义责任和义务的戒律"。格梅的职业道德困境在于决定如何正确地处理她所发现的错误。

(3) 提出可能的解决方法。三种合理的解决方法包括：把错误报告给帕克；把错误报告给企业所有者；悄悄地更正错误。格梅也可以不采取任何行动，但这不是一名称职的职业会计师的做法。

(4) 确定所涉及的人。受这件事影响的人包括格梅、帕克、企业所有者、格梅的同事和使用胡佛公司财务报表的局外人。

(5) 评价可能的后果。1) 如果格梅把错误报告给帕克，帕克可能会惩罚她，也可能会因她的细致工作而奖励她。她所报告的错误会证明她的正直并可能导致改正错误。但是胡佛电子公司在通知报表使用者更正财务报表有关数据时，可能会觉得尴尬。2) 如果格梅将其报告给企业所有者（越过帕克），得以保全她的正直，但她同帕克的关系肯定会紧张，以后他们要共事可能会很困难。企业所有者可能会奖励格梅的工作，但如果所有者与帕克串通起来故意高估利润，那么格梅将会受到惩罚。如果错误被更正并通知局外人，胡佛公司会很尴尬，其他关注此事的会计人员也会受到其结果的影响。3) 如果格梅悄悄地改正了错误，她会避免面对帕克或所有者。他们不一定会发现错误及其更正。如果他们发现了，他们不一定会通知外界。他们可能会批评格梅没有将错误告诉他们，其他会计人员也不一定会知道此事。

(6) 作出决策。最佳选择是不明确的。格梅必须权衡比较自己的良知和这件事给各相关者带来的可能后果。虽然这个框架并不能提供一个很容易作出的决策，但

① 参见［美］查尔斯·T·亨格瑞：《会计学》，北京，中国人民大学出版社，1997。

是它指明了相关因素。在本例中，把错误报告给帕克并使其错误得到纠正较好，但这需要原则与工作艺术的较好结合，因为他是格梅的顶头上司，并且格梅必须保护自己的名誉并考虑到那些依据胡佛公司财务报表进行决策的局外人的利益。

1.3.4　企业内部会计师的职业道德规范

许多国家都有专业的会计机构或组织，并提供一定的注册程序。这些专业会计组织在促进会计师职业道德标准的提高方面起了重要的作用。美国最大的管理会计师协会（IMA）就曾颁布了包含以下内容的《管理会计师职业道德行为规范》：

能力：管理会计师有责任——

- 通过持续地发展他们的知识技能而保持适当水平的职业能力
- 按照相关的法律、法规和技术规范履行他们的职责
- 在适当地分析相关和可信赖的信息后，准备完整、清晰的报告和推荐书

保密性：管理会计师有责任——

- 除非官方法律要求，不能披露工作过程中所获取的秘密信息
- 告知下属对工作中所获取的信息要有适当的保密性，并且监督他们的活动以保证其保守秘密
- 禁止为个人或通过第三方获取不道德的或违法的利益而使用或似乎使用工作中获取的秘密信息

公正性：管理会计师有责任——

- 避免事实上或表面上的利益冲突，通知各方各种潜在的冲突
- 禁止从事各种可能会侵害他们道德的执行任务的活动
- 禁止积极地或消极地破坏实现组织的合法的或道德的目标
- 告知有利及不利的信息以及职业的判断和意见
- 禁止从事或支持各种破坏职业组织名誉的活动

客观性：管理会计师有责任——

- 公正、客观地交换信息
- 充分披露那些可合理地预见到的会影响报表使用者理解报告、评论和推荐书的相关信息

美国会计职业道德规范体系由注册会计师协会道德规范、管理会计师职业道德准则、财务经理协会道德法规等构成，甚至会计学术界、会计教师的职业道德也在研究之列。我们可借鉴美国等西方发达国家的经验，制定一套具有中国特色的可操作的会计职业道德规范体系，以减少消极的外部环境对会计职业道德的影响。

关于我国会计职业道德的基本内容，《中华人民共和国会计法》第三十九条规定："会计人员应当遵守职业道德，提高业务素质，对会计人员的教育和培训工作应当加强。"财政部 1996 年 6 月发布的《会计基础工作规范》中规定，会计人员职业道德的内容主要包括以下六个方面：

（1）爱岗敬业。即会计人员应当热爱本职工作，努力钻研业务，使自己的知识和技能适应所从事工作的要求。爱岗敬业是做好一切工作的出发点。

（2）熟悉法规。会计工作不只是单纯的记账、算账、报账工作，会计工作时时、事事、处处涉及执法守规方面的问题。会计人员应当熟悉财经法律、法规和国家统一的会计准则，做到在处理各项经济业务时知法依法、知章循章，依法把关守口，同时还要进行法规的宣传，提高法制观念。

（3）依法办事。一方面，会计人员应当按照会计法律、法规和国家统一的会计制度规定的程序和要求进行会计工作，保证所提供的会计信息合法、真实、准确、及时、完整。另一方面，会计人员必须树立职业形象和人格尊严，敢于抵制歪风邪气，同一切违法乱纪的行为作斗争。

（4）客观公正。会计信息的正确与否，不仅关系到微观决策，而且关系到宏观决策。做好会计工作，不仅要有过硬的技术本领，同时也需要实事求是的精神和客观公正的态度。否则，就会把知识和技能用错了地方，甚至参与弄虚作假或者通同作弊。

（5）搞好服务。会计工作是经济管理工作的一部分，把这部分工作做好对所在单位的经营管理至关重要。会计工作的这一特点，决定了会计人员应当熟悉本单位的生产经营和业务管理情况，会计人员应当积极运用所掌握的会计信息和会计方法，为改善单位的内部管理、提高经济效益服务。

（6）保守秘密。会计工作的性质决定了会计人员有机会了解本单位的财务状况和生产经营情况，有可能了解或者掌握重要商业机密。这些机密一旦泄露给竞争对手，会给本单位的经济利益造成重大的损害，这对被泄密的单位既不公正又很不利。泄露本单位的商业秘密是一种很不道德的违法行为。因此，作为会计人员，应当树立泄密失德的观点，对于自己知悉的内部机密，不管在何时何地，都要严守秘密，不得为一己私利而泄露机密。

在实际工作中，会计人员进行会计核算不得有下列行为：

（1）随意改变资产、负债、所有者权益的确认标准或者计量方法，虚列、多列、不列或者少列资产、负债、所有者权益；

（2）虚列或者隐瞒收入，推迟或者提前确认收入；

（3）随意改变费用、成本的确认标准或者计量方法，虚列、多列、不列或者少列费用、成本；

（4）随意调整利润的计算、分配方法，编造虚假利润或者隐瞒利润；

（5）违反国家统一的会计制度规定的其他行为。

1.3.5 注册会计师的职业道德规范

注册会计师这一职业的历史虽然不长，但由于它的特殊性质，这一职业十分强调行业自律，不断完善职业道德规范，努力提高成员的职业道德水平。美国注册会计师协会的会员都采用《职业行为规范》作为其履行职业义务的指导。该规范的序言指出："注册会计师承担超出法律和条例要求的自律的义务……和对荣誉行为坚定的承诺，甚至不惜牺牲个人利益。"规范中关键的术语是自律、荣誉行为、道德判断、公众利益、敬业精神、正直和技术与职业标准等。在调查各种专业人员职业道德的民意测验中，注册会计师一直排位很高。

注册会计师职业道德规范主要涉及以下几方面：

（1）对社会的责任：坚持独立性、客观性、公正性。

（2）对客户的责任：按时按质完成客户的委托业务；对客户提供的资料承担保密义务；不以审计结果决定收费的多少，如客户与会计师事务所约定，如果出具无保留意见的审计报告，支付审计费30万元，如果出具保留意见的审计报告，支付审计费15万元；不代行管理决策，审计人员只能出具审计报告或管理建议书，不能代替委托单位行使管理职能；发生矛盾时，不能私扣客户的记录；应以会计师事务所的名义承接业务，不得以个人名义承接业务。

（3）对同业的责任：不以不正当的手段与同行争揽业务；不做诋毁同业、内容虚假的广告；不收取也不支付回扣和佣金；严禁通过降低价格来争取客户；对后任会计师事务所予以配合。

会计作为市场经济活动中的一项重要职业，主要提供会计信息或鉴证服务，其服务质量如何直接影响着经营者、投资人和社会公众的利益，进而影响整个社会的经济秩序。市场经济的有序发展必须依赖于运行的游戏规则，但仅有法律制度是不够的，当巨大的经济利益与严肃的道德规范发生碰撞时，只有诚信教育才能使天平偏向道德规范。

1.3.6 格言、哲言、箴言

人生警示语

人生最大的敌人是自己；人生最大的失败是自大；
人生最大的愚蠢是欺骗；人生最珍贵的礼物是宽恕；
人生最大的悲哀是嫉妒；人生最为可怜的是自卑；
人生最大的痛苦是痴迷；人生最大的羞辱是献媚；
人生最危险的境地是贪婪；人生最烦恼的是争名利；
人生最大的欣慰是奉献；人生最大的错误是自弃；
人生最大的债务是人情；人生最大的无知是自欺；
人生最大的财富是健康；人生最大的破产是绝望；
人生最可佩服的是精神；人生最大的欠缺是智慧。

容易被炒的人

不够稳重沉着的人；不够成熟的人；理论与实际不能配合的人；对所犯错误耿耿于怀的人；斤斤计较，分不清主次的人；过高评估自己的能力的人；考虑问题不够严谨、全面的人；与周围环境不能相融的人；遇事犹豫不决的人；办事拖沓不守时的人；恃才傲物的人；过分谦虚自认卑微的人；缺乏创造力，因循守旧的人；刚愎自用，固执己见的人；缺乏团结协作精神的人。

德与才

有德有才的人是正品；有德无才的人是次品；无德无才的人是废品；无德有才的人是毒品。

六六赠言

世事六然：凡事由其自然，遇事处之泰然，得意之时淡然，失意之时坦然，艰辛曲折必然，历尽沧桑悟然。

人生六是：权力是一时的，财产是后人的，健康是自己的，知识是有用的，情谊是珍贵的，声誉是长远的。

身心六炼：认识修炼意义，进行修炼实践，养成修炼习惯，坚持锻炼身体，不断磨炼意志，总结修炼成果。

人品六为：大公无私为圣人，公而忘私为贤人，先公后私为善人，先人后己为良人，公私兼顾为常人，损公肥私为罪人。

行为六利：有利国家，有利民族，有利人民，有利社会，有利集体，有利个人。

为人六乐：进取有乐，知足常乐，先苦后乐，自得其乐，助人为乐，与众同乐。

陈毅诗：《手莫伸》

手莫伸，伸手必被捉。
党与人民在监督，万目睽睽难逃脱。
汝言惧捉手不伸，他道不伸能自觉，
其实想伸不敢伸，人民咫尺手自缩。

1.4 中国会计制度的改革

1.4.1 中国会计制度改革大事记

（1）1992年，财政部发布了“两则”（《企业会计准则》和《企业财务通则》）和“两制”（13个行业会计制度和10个行业财务制度），简称“两则两制”，并于1993年7月1日正式实施，从而结束了中国40多年来在计划经济基础上建立起来的会计模式，确立了与市场经济相适应并符合国际惯例的新会计模式，逐步建立起了国家统一的会计准则。

（2）为了规范股份有限公司的会计核算工作，维护投资者和债权人的合法权益，根据《中华人民共和国公司法》和《企业会计准则》的要求，1998年1月27日财政部以财会字［1998］7号文发布《股份有限公司会计制度——会计科目和会计报表》。

（3）1997年开始，陆续发布了关联方关系及其交易的披露，投资，收入，债务重组，非货币性交易，建造合同，借款费用，无形资产，租赁，会计政策、会计估计变更和会计差错更正，资产负债表日后事项，现金流量表，或有事项，存货，固定资产，中期报告共计16项具体会计准则。

（4）1999年，对《中华人民共和国会计法》进行了再次修订，突出强调了“单位负责人对本单位的会计工作和会计资料的真实性、完整性负责”，强化了单位内部监督、社会监督和国家监督三位一体的会计监督制度，加大了会计违法行为的处罚力度，提出了“国家实行统一的会计制度。国家统一的会计制度由国务院财政部门根据本法制定并公布”。

（5）2000年，国务院发布了《企业财务会计报告条例》。根据《中华人民共和国会计法》和《企业财务会计报告条例》，为规范企业的会计核算工作，提高会计信息的质量，财政部以财会［2000］25 号文的形式，下发了《企业会计制度》，要求自 2001 年 1 月 1 日起暂在股份有限公司执行，以后逐步推广。

（6）2001 年，财务部发布《金融企业会计制度》，对国有商业银行、保险公司、证券公司、租赁公司等的会计核算进行规范。

会计准则和会计制度属于部门规章的范畴，是两种不同层次的会计标准，它们都对会计要素和经济业务事项的确认、计量、记录和报告作出规定，但会计准则比较原则，会计制度较为具体且可操作性强。可以这样说，“准则代表了国际惯例，制度体现了中国特色”，二者之间是协调一致的。我国企业财会人员甚至注册会计师，习惯于按制度办事。只制定《中华人民共和国会计法》和《企业会计准则》，难以执行到位，没有具体操作制度作指导，信息的规范性和可靠性都成问题，所以一定要有制度。《企业会计制度》可以说是《中华人民共和国会计法》和《企业会计准则》的具体化。

（7）2006 年 2 月 15 日，财政部正式发布新修订的《企业会计准则》，新会计准则体系包括 1 项基本会计准则和 38 项具体会计准则。规定自 2007 年 1 月 1 日起在上市公司范围内施行，鼓励其他企业执行。新会计准则体系的建立，顺应中国经济快速市场化和国际化的需要，以提高会计信息质量为核心，强化为投资者和社会公众提供决策有用会计信息的理念，首次构建了与我国社会主义市场经济相适应、与国际准则趋同、涵盖企业各项经济业务、可独立实施的企业会计准则体系，并为改进国际财务报告准则提供了有益借鉴，实现了我国企业会计准则建设性的跨越和历史性的突破。

（8）2014 年，为适应社会主义市场经济发展，进一步完善我国企业会计准则体系，提高财务报表列报质量和会计信息透明度，保持我国企业会计准则与国际财务报告准则的持续趋同，2014 年伊始，财政部发布了《企业会计准则第 2 号——长期股权投资（修订）》、《企业会计准则第 9 号——职工薪酬（修订）》、《企业会计准则第 30 号——财务报表列报（修订）》、《企业会计准则第 33 号——合并财务报表（修订）》、《企业会计准则第 39 号——公允价值计量》、《企业会计准则第 40 号——合营安排》和《企业会计准则第 41 号——在其他主体中权益的披露》等最新准则，要求企业自 2014 年 7 月 1 日起执行；此外，财政部 2014 年初发布了《企业准则解释第 6 号》，要求 2014 年起执行。

在此次准则修订及制定过程中，“公允价值准则”成为亮点。公允价值方法和原则在存货、资产减值、股份支付等多项准则中均有涉及，随着各类资产市场交易条件的日趋完善，会计学界对公允价值的研究也日趋成熟，公允价值计量准则的发布使相关的会计处理有了指导性的操作规范。

1.4.2　我国的会计法规体系

会计法规体系是指国家权力机关和行政机关制定的各种会计法规性文件的总称，包括会计法律、会计行政法规、会计规章等。其基本构成如下：

1. 会计法律

会计法律是全国人民代表大会常务委员会通过的法律，如《中华人民共和国会计法》、《中华人民共和国注册会计师法》，是调整我国经济生活中会计关系的法律总称。《中华人民共和国会计法》是会计法律制度中层次最高的法律规范，是制定其他会计行政法规、会计规章的依据，也是指导会计工作的最高准则。

2. 会计行政法规

会计行政法规是由国务院制定发布，或者由国务院有关部门拟定经国务院批准发布，依据《中华人民共和国会计法》制定的法规，如《总会计师条例》、《企业财务会计报告条例》，是调整我国经济生活中某些方面会计关系的法律规范。

3. 会计规章和会计规范性文件

由主管全国会计工作的行政部门——财政部就会计工作中某些方面的内容所制定的，以财政部部长令发布实施的会计文件属于会计规章；财政部不以部长令形式发布的会计文件，属于规范性文件。现行的财政部门实施会计监督办法、会计准则、会计制度、会计档案管理办法、会计基础工作规范、单位内部会计控制规范等，有些属于会计规章，有些属于会计规范性文件。

会计法律、会计行政法规和会计规章具有强制执行的特点；会计规范性文件主要起指导和规范作用。

各省、自治区、直辖市人民代表大会及其常务委员会在与宪法和会计法律、行政法规不相抵触的前提下，制定发布的规范性文件，也是我国会计法规体系的重要组成部分（见图1—5）。

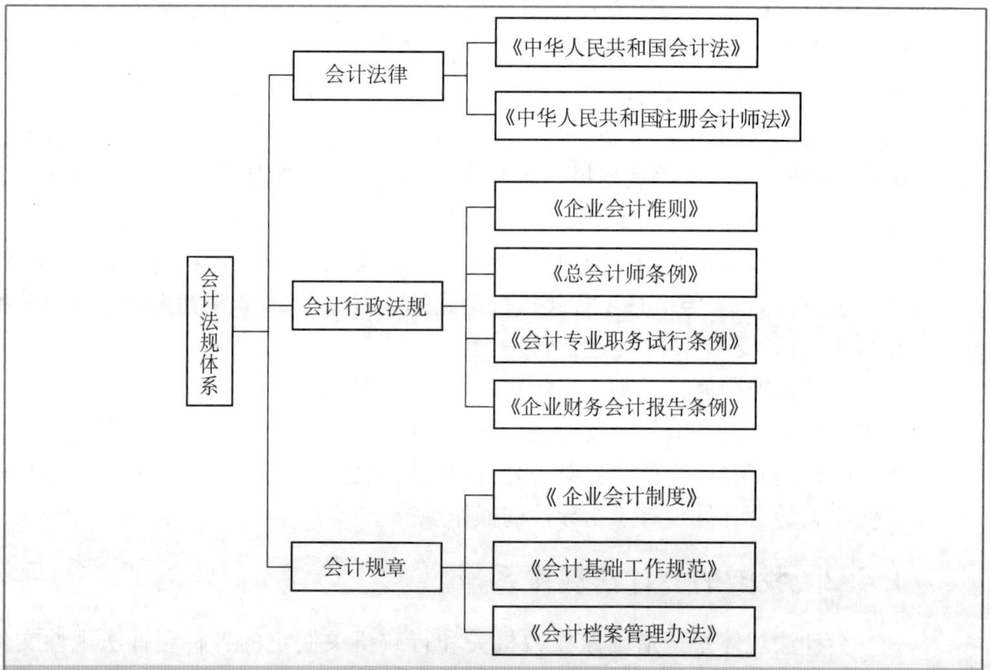

图1—5　会计法规体系示意图

我国会计法规体系，是以《中华人民共和国会计法》为主体形成的一个比较完整的体系，主要包括会计法、会计准则和会计制度等方面的法规。《中华人民共和国会计法》是我国会计工作的根本大法，也是我国进行会计工作的基本依据。它在我国会计法规体系中处于最高层次，居于核心地位，是其他会计法规制定的基本依据。其他会计法规都必须遵循和符合《中华人民共和国会计法》的要求。会计准则是我国会计核算工作的基本规范。会计准则以《中华人民共和国会计法》为指导，同时又驾驭会计制度，是我国会计制度制定的依据。会计制度是我国企业会计核算工作的具体规范，它以《中华人民共和国会计法》为依据，根据《企业会计准则》的要求，结合不同企业的特点和企业经营管理的要求制定。

1.4.3　我国企业内部会计制度的设计

会计制度是指由政府部门、企业单位通过一定程序制定的具有一定强制性的会计行为准则和规范。根据制定的单位可以分为统一会计制度和企业内部会计制度，前者由政府制定，后者由企业制定。

1. 企业内部会计制度设计的概念

企业内部会计制度设计就是用一定的理论、原则作指导，根据会计法规的规定，结合企业会计工作的实际情况，应用文字、图表等形式，对企业全部会计核算与监督业务的内容、会计事务处理程序和方法，以及企业负责人和会计人员的工作责权进行系统的规划和设计工作。

2. 企业内部会计制度设计的任务

（1）明确会计机构和会计人员责任。

（2）设计科学的会计指标体系。

（3）设计科学适用的会计核算制度。

（4）设计系统严密的内部监控制度。

3. 企业内部会计制度设计的基本要求

（1）应与国家财经法规要求相适应。

（2）应与经济管理体制相适应。

（3）应与企业实际情况相适应，充分考虑企业组织形式、企业规模、企业所处的行业和生产经营特点。

（4）应与企业管理要求相适应。

（5）应与社会各方所需会计信息要求相适应。

4. 会计法规体系和企业内部会计制度设计的关系（见图1—6）

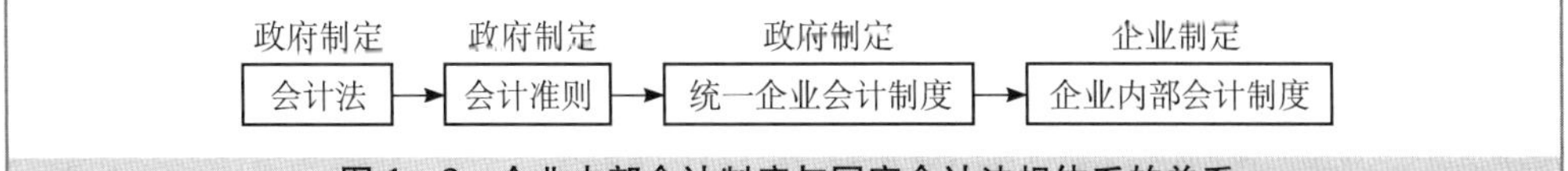

图1—6　企业内部会计制度与国家会计法规体系的关系

（1）会计法规体系和企业内部会计制度设计是总体与具体的关系。

（2）会计法规体系是企业内部会计制度设计的依据。

企业的会计实务活动是直接在企业内部会计制度的指导下开展的。

5. 企业内部会计制度设计的目标

（1）实现企业财务会计目标。

（2）维护国家财经法纪，增强自我约束机制。

（3）健全内部控制制度，加强会计监督。

（4）加强经营管理，提高经济效益。

（5）保护企业财产安全与完整。

6. 企业内部会计制度设计的内容

在充分研究企业组织形式的基础上，以建立科学的内部会计核算与内部会计控制制度为目标，满足多方面要求的企业内部会计管理体系主要包括：

（1）财务会计制度设计。具体内容包括会计科目设计、会计凭证设计、会计账簿设计、会计报表设计、会计核算程序设计等。

（2）成本会计制度设计。具体内容包括成本管理制度内容设计、成本开支范围设计、实际成本会计制度设计、计划成本会计制度设计等。

（3）内部控制制度设计。具体内容包括内部控制制度设计的原则、企业内部控制的环节、各环节内部控制的内容、权力责任的划分和明晰、业务办理程序和手续、各环节及经办人员的制约方式等。

（4）管理会计制度设计。具体内容包括内部管理会计制度设计的原则和内容、企业责任成本制度设计的内容等。

（5）计算机会计制度设计。具体内容包括计算机会计系统运行中的管理内容、人员配置、计算机内部控制制度的内容、会计软件的使用等。

7. 企业内部会计制度设计的原则

（1）保证会计信息质量。

（2）满足企业管理需要。

（3）坚持成本效益原则。

（4）体现内部控制要求。

8. 企业内部会计制度设计时应注意处理的几个关系

（1）集中领导与分级管理的关系。

（2）统一性和灵活性的关系。

（3）科学性和简易性的关系。

（4）不断改革与相对稳定的关系。

（5）理论与实际的关系。

练习题

1. 什么是会计？你是如何理解会计的？

2. 会计的发展与环境有何关系?
3. 如何理解会计的管理职能？为什么说经济越发展，会计越重要?
4. 简述财务会计与管理会计、公共会计与私用会计的异同点。
5. 有人说：会计的职业道德问题，可以遵守也可以不遵守。你的态度是什么?
6. 你为什么学习会计学?

第 2 章 会计信息——用于决策的信息

内容预览

2.1 会计信息的使用者和会计信息的生成

2.2 会计核算的基本前提

2.3 会计信息的质量要求

人类迈向新世纪，企业直面新经济，21 世纪人们面临的最大问题，就是不确定性因素大大增加了。要想在竞争中取胜，决策的正确性就显得至关重要。正确的决策来自准确的信息支持。在企业中，作为最主要的信息系统之一的会计信息系统将变得更加重要，并成为各阶层人士必须认真对待和解决的重要问题。我国《企业会计准则》对于企业会计信息系统目标作了明确的规定：向财务会计报告使用者提供与企业财务状况、经营成果和现金流量等有关的会计信息，反映企业管理层受托责任履行情况，有助于财务会计报告使用者作出经济决策。

2.1 会计信息的使用者和会计信息的生成

2.1.1 会计信息的使用者——决策者

决策者需要信息，决策越重要，对准确信息的需求就越迫切。会计为决策者提供信息，对企业会计信息的需求，来自企业内部与外部两个方面。

1. 企业内部会计信息的使用者

企业管理者是企业内部主要的会计信息使用者。企业会计要采用一定的程序和方法，将企业的大量经济数据转化为有用的会计信息，以便为企业管理决策提供依据。企业经理利用会计信息为企业制定经营目标，评价为实现目标而付出的行为是否合理，并在必要时采取改进措施。以会计信息为基础的决策包括购建何种固定资产、保持多少存货、向银行借入多少资金等业务，企业在筹资决策、投资决策、生产决策、销售决策以及人事决策等方面都需要会计信息。企业会计人员不再是单纯的记账、算账，而是能辅助管理者及时地将数据转化为信息，由信息提升到知识，再由知识付诸行动。

2. 企业外部会计信息的使用者

企业不是孤立存在的，它必然要与外界发生各种各样的联系，进行信息交流。企业的投资者、债权人、某些政府管理机关等在决策过程中都需要会计信息的帮助。下面讨论部分会计信息的使用者与群体。

（1）企业的所有者。在经营权与所有权分离的情况下，企业所有者需要利用会计信息了解企业的经营活动情况，评估投资报酬，判断投资风险，并作出决策。例如：

1）是否应该对企业进行投资？

2）是否应该转让所有者在企业中的投资（如出售股份）？

3）企业管理者的经营业绩如何？

4）企业的财务状况及经营成果如何？

5）企业的盈利分配政策（如股利政策）是否合理？

大多数人都可能成为企业的所有者，对于潜在的投资者来说，需要评估其投资回报，这意味着他要分析企业的会计报表。通过分析会计报表，掌握企业的运营情况，进而决定是否购买某家公司的股票。

（2）企业的债权人。贷给企业资金者，即成为企业的债权人。债权人主要关心企业是否能够按期还本付息，即要了解企业的偿债能力，以便作出有关决策。银行在作出贷款决策前需要评估企业的到期偿债能力，这种评估是以会计信息为基础的、对企业未来经营情况进行的预测。具体包括：

1）企业的资金是否充裕？是否足以偿还其债务？

2）企业的获利情况如何？

3）是否应该贷给企业更多的资金？

4）是否应该继续保持对企业的债权（如是否转让公司的债权）？

（3）政府部门。有关政府部门（如税务机关），要通过会计信息了解企业所承担义务的履行情况，税收金额是根据相关会计信息计算得出的。例如：

1）企业缴纳所得税和其他税金的情况如何？

2）企业是否遵守有关的法律规定？

3）企业是否有舞弊行为？

4）企业向各级政府的法定机构提供的各种报告是否正确？

对我国的国有企业来说，企业还有义务向有关政府管理部门提供进行宏观调控所需要的会计信息。

（4）职工。企业的职工主要关心下列问题：

1）企业是否按正确的方向从事经营？能否为其职工提供稳定而持久的工作岗位？

2）企业管理者是否有舞弊行为？

3）企业的分配政策是否合理？

4）企业的福利待遇有何变动？

（5）企业的顾客。企业的顾客虽然不参与企业资源的配置，但在许多方面与企业存在着利益关系。他们主要关心下列问题：

1）企业的经营活动是否稳健？是否能与客户形成稳定的供应链？

2）企业的产品定价是否合理？是否应该从该企业增加产品购买量？

3）企业的经营行为和政策是否和顾客的目的相矛盾？

此外，个人在理财活动、日常生活决策、评价工作前景是否乐观方面也经常需要会计信息。企业的管理当局除了要了解本企业的会计信息，还要关注与己有关的其他企业的会计信息，如供应商的会计信息、客户的会计信息及竞争对手的会计信息，以便及时作出改善企业经营环境的决策。

2.1.2　会计信息的生成

为满足会计信息使用者的需求，必须研究会计信息的生成。生成会计信息，一般要经过会计确认、计量、记录和报告等环节，重点应强调确认、计量和报告。企业日常发生的大量经济业务，包含着大量的经济信息。将经济信息按照会计的规则与方法加工成会计信息，提供给有关使用者，是一个十分复杂的过程。会计核算过程实质上是一个信息转换、加工和传输的过程，会计确认是信息转换的关键环节，而会计确认的核心问题就是会计计量。会计自形成之日起就与会计计量有着密切关系，将经济信息按一定的规则量化为会计信息，才能够进行确认，不能进行会计计量的信息自然也不能进行确认。会计对经济业务进行确认、计量，是为人们的决策活动提供有用的、正确的会计信息。要实现此目的，就需要借助于会计报告。会计报告则借助专门的方法揭示和披露会计信息。图 2—1 说明了企业会计是如何生成信息及如何为决策者服务的，该过程以决策为起点，又以决策为终点。确认解决定性问题，计量解决定量问题，确认和计量解决政策问题；报告是结果，是确认、计量的结果；记录是一种方法。

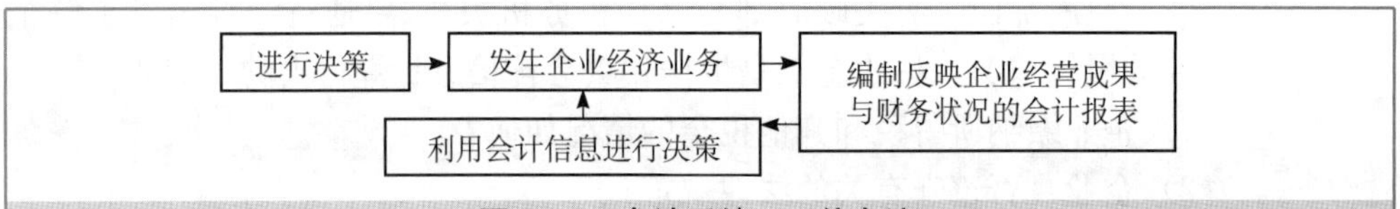

图 2—1　会计系统——信息流

1. 会计确认

会计确认是指按照一定的标准和方法，判断某项经济信息是否作为会计信息加以记录并列入财务报告的过程。按确认的任务不同，会计确认可以分为初次确认和再次确认。

（1）初次确认。初次确认是对原始的经济信息进行确认，判断其是否属于会计核算范围之列，能否作为会计信息进入会计核算系统。在企业日常的经济活动中发生大量的经济信息，但这些经济信息并非都属于会计核算的范围，如企业的购销合同、产品的品质特征、对职工的精神表彰等就不属于会计核算的内容。一项经济业务是否属于会计核算范围，受会计假设、会计目标和会计数据质量等多种条件的限制。只有经过会计的初次确认，才能将经济信息转化为会计信息，并登记有关账簿。因而，会计的初次确认过程实际上是一个筛选过程，即选择属于会计核算范围的经济信息进行会计核算的过程。初次确认实际上是对输入会计核算系统的原始经济信息进行的确认。这类原始经济信息的载体就是伴随经济业务发生的原始凭证。所以初次确认是从审核及填制原始凭证开始，对经济业务产生的原始数据及其内容，包括经济业务的种类、执行单位、经手人、时间、地点、数量、单价、金额等，进行具体的识别、判断、选择和归类，以便对其进行正式的记录。初次确认要依据会计目标或会计核算的特定规范要求，剔除多余的或不可接受的数据，将筛选后的有用的原始数据进行分类，运用复式记账法编制记账凭证，将经济信息转化为会计信息，并登记有关账簿。认真做好会计的初次确认工作，有助于加强企业会计监督，其本身也在升华着企业管理水平。

（2）再次确认。再次确认是对企业会计信息系统输出的会计信息进行的确认，属于对会计信息的再加工和提纯。经过初次确认的原始数据，借助会计的核算方法转化为账簿资料。为了保证会计信息的有效性，不可能将所有的会计信息都列入财务报表进行披露。再次确认就是要确定在财务报表中披露什么、披露多少、如何披露的问题，也就是依据管理者的需要，确认账簿中的哪些资料应列入财务报表，或是在财务报表中应揭示多少财务资料和何种财务资料。会计的再次确认还包括对已确认过的经济数据在日后由于变动影响的再次确认。对企业购入的各种资产，经初次确认后，以实际成本记录在账簿中，若物价发生变动，按照谨慎性会计原则核算时，须对变动影响进行再次确认，如对有关资产计提减值准备等。再次确认实际上是对已经形成的会计信息的再提纯、再加工，以保证其真实性及正确性，满足各会计信息使用者的需要。

总之，初次确认是将企业经济信息转化为账簿信息，再次确认是将账簿信息转化为会计报告信息。

2. 会计计量

会计计量是指根据一定的计量基础和计量单位，结合被计量对象的属性，确定应记录项目的金额的会计处理过程。会计确认与会计计量有着不可分割的联系，未经确认，就不能进行计量；没有计量，确认也就失去了意义。从会计核算的全过程来看，会计计量工作无处不在，初次确认的经济信息通过计算、汇总、比较、衡量与分配等复杂的计量，在有关凭证、账簿中进行归集，并使之系统化、条理化；再次确认的会计信息通过传递、输出、汇总等计量，在有关的会计报表中加以反映。在实际工作中，会计计量包括两方面的内容，即一方面计量实物量，另一方面计量价值量，后者是会计计量的主要方面。

(1) 会计计量单位。计量尺度的发展经历了实物量度、劳动量量度和价值量度的过程。在早先的经济活动中，由于过程和结果的简单性，实物量度就可以对经济活动进行全面的、综合的反映。随着商品经济的发展，实物量度和劳动量量度逐渐不能适应全面反映经济活动过程的需要，于是货币作为商品内在价值尺度的必然表现形式，逐渐取代实物量度和劳动量量度，成为计量的主要尺度。但必须指出的是，货币作为计量的主要尺度，并不排除以实物和劳动量作为计量的辅助量度。

当货币作为会计记账的一般标准后，解决了会计计量单位的问题，但同时也出现了新问题，主要表现为货币本身的价值变动后如何进行会计计量的问题以及在多币种的对外业务中选择哪种货币进行会计计量的问题。物价变动会计、外币业务会计与合并财务报表是财务会计的三大难题，其关键在于经济生活的现实突破了常规的会计假设体系。

(2) 会计计量基础。会计计量基础，又称会计计量属性，是指用货币对会计要素进行计量时的标准。根据基本准则的规定，会计计量基础主要有历史成本、重置成本、可变现净值、现值和公允价值。

1) 历史成本。历史成本是指企业对资产、负债的计量应当基于经济业务的实际交易价格或成本，而不考虑以后市场价格变动的影响，即资产的价值，按照购置该项资产支付的货币或与之等价的金额，或是按照为购置该项资产而付出的代价的价值计量。登记负债时，按照以债务为交换而收到的款项金额，或是按照在正常经营中为偿还负债将要支付的现金或与现金等价的金额计量。以历史成本为计量基础，比较客观、简便，符合会计核算真实性等原则。企业的会计计量，一般以历史成本为基础，而且会计持续经营、会计分期以及货币计量等假设都是以历史成本作为基础的。同时，按历史成本计量，也可使收入与费用的配比建立在实际交易的基础上，提高会计核算与会计信息的客观性与可靠性。但在市场经济条件下，由于物价的变动，历史成本计量将使会计报告信息与企业实际情况差距较大，会计报告不能准确反映企业的客观情况。

2）重置成本。简单地说，资产的重置成本就是资产的现行再取得成本。具体来说，重置成本又分为复原重置成本和更新重置成本两种。复原重置成本是指采用与评估对象相同的材料、建筑或制造标准、设计、规格及技术等，以现行价格水平重新购建与评估对象相同的全新资产所发生的支出。更新重置成本是指采用新型材料、现代建筑或制造标准、新型设计、规格和技术等，以现行价格水平购建与评估对象具有同等功能的全新资产所需的费用。

在重置成本计量下，资产按照现在购买相同或者相似资产所需支付的现金或者现金等价物的金额计量；负债按照现在偿付该项债务所需支付的现金或者现金等价物的金额计量。

3）可变现净值。在可变现净值计量下，资产按照其正常对外销售所能收到的现金或者现金等价物的金额扣减该资产至完工时估计将要发生的成本、估计的销售费用以及相关税费后的金额计量。

4）现值。在现值计量下，资产按照预计从其持续使用和最终处置中所产生的未来净现金流入量的折现金额计量；负债按照预计期限内需要偿还的未来净现金流出量的折现金额计量。

5）公允价值。在公允价值计量下，资产和负债按照市场参与者在计量日发生的有序交易中，出售资产所能收到或者转移负债所需支付的价格计量。

企业一般应当采用历史成本进行会计计量，如企业购入存货、建造厂房、生产产品等；采用重置成本、可变现净值、现值、公允价值计量的，应当保证所确定的会计要素金额能够取得并可靠计量。

3. 会计报表

会计信息系统的主要产品——会计报表，是以货币为计量单位报告组织经济活动的文件，提供报表使用者需要的信息。

企业会计信息系统向会计信息使用者提供的会计报表主要有资产负债表、利润表和现金流量表等。

资产负债表是反映企业某一特定日期财务状况的报表，主要反映企业在某一特定日期的资产总额及构成情况、负债总额及构成情况以及所有者权益总额及构成状况。会计信息的使用者通过阅读资产负债表，可以了解企业的财务状况、偿债能力、筹资能力以及总体合理性等会计信息，以作出正确的相关决策。

利润表是反映企业在一定期间经营成果的会计报表，会计信息的使用者可以通过阅读利润表来了解企业有关盈利能力、利润构成状况、经营业绩等方面的情况。

现金流量表是反映企业在特定报告期内的现金流量的会计报表，它可以提供由于企业经营、投资与筹资活动引起的有关现金流入、现金流出情况等方面的会计信息。

为了能够在每个会计期末及时、真实、完整地提供企业的财务状况及经营成果情况，企业应按会计的一般规律对其经济业务进行确认、计量、记录、分类汇总、加工处理及编表。这个过程就是通常所说的会计循环。会计循环的具体步骤包括：

（1）初次确认。以能否用货币计量为标准分析发生的经济业务，只有能够以货币计量的经济业务才能纳入会计核算系统。

（2）入账。通过审核原始凭证分析具体的经济业务，编制会计分录，填制记账凭证或登记日记账等工作，将能够以货币表现的经济业务记录到会计信息的载体上。

（3）过账。根据已编制的记账凭证或日记账登记到分类账簿中，以便分类反映各会计要素。

（4）调账。依据权责发生制原则对分类账户的有关记录进行调整，以便正确计算当期损益。

（5）结账。结清各资产、负债、所有者权益等账户的本期发生额和期末余额，并将余额转入下期，以便反映本期的财务状况；将各种收入账户和费用账户结转到有关账户中，结清收入和费用账户，以便计算出本期的经营成果；结束本期的账务处理，为编制报表做好准备工作。

（6）编表。根据上述结账后的资产负债表账户余额编制资产负债表，根据调整后的利润表账户发生额编制利润表。资产负债表内容的设计体现了再次确认的内容。

上述会计循环的内容可用图 2—2 表示。

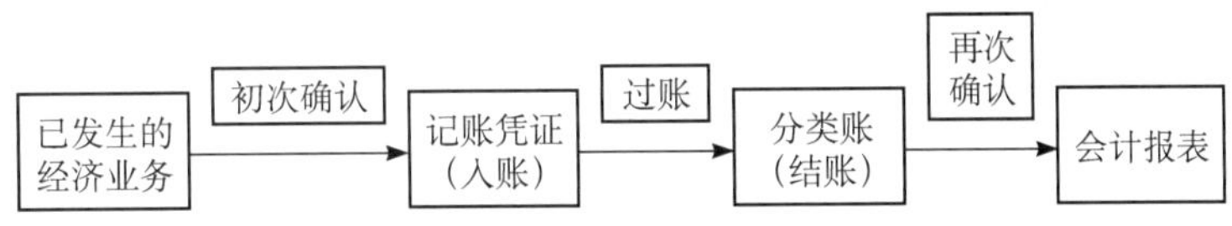

图 2—2　企业会计循环

2.1.3　企业所提供会计信息的特点

企业会计所能提供的信息，按时间因素可以分为反映过去、控制现在和预测未来三类会计信息。这三类会计信息对于企业内部的管理活动都有重要的作用。既然会计工作是企业管理的一个重要组成部分，企业内部的管理决策所需要的信息，凡是会计所能提供的，都应该予以提供，满足企业管理者的要求，即对于企业内部管理者决策活动需要的信息，企业会计能够提供的信息与实际提供的信息应该是一致的。

但是，企业会计对于企业外界有关方面所需要的信息，并非凡是能够提供的都实际提供。企业外界对会计信息的客观需要，并不意味着企业必须完全满足。这是由企业会计所处的地位决定的。企业对外提供会计信息，或者是自愿的，或者是按照有关规定必须提供的。

在很多情况下，企业对外提供会计信息在满足有关方面需要的同时，也是为了谋求企业自身的经济利益。例如，为了筹集资金而向潜在的投资者、债权人（如银行）提供财务会计报告，这是企业自愿的行为。在另一些情况下，企业对外提供会计信息对自身没有明显的、直接的利益，只是履行法律、制度等规定的义务。在这种情况下，对外提供财务会计报告并非企业的一种自愿行为，而只是履行规定的社会责任。例如，向国家发展计划、统计部门报送会计报表，向国家财政、税务、审计部门报送会计报表，就基本属于这一类型。向这些使用者提供会计信息主要不是企业的自愿行为，而是为了履行社会责任，而社会责任也是企业经营目标的一部分，所以，企业会计满足这些方面对会计信息的需要，从根本上讲仍然是实现企业经营目标所必不可少的。综上分析，企业对外提供会计信息的最终目的是为了实现企业的经营目标。

由于企业对外提供的会计信息，一般涉及面广，影响比较大，企业通常对此负有法律责任。《中华人民共和国会计法》第四条规定：单位负责人对本单位的会计工作和会计资料的真实性、完整性负责。因此，无论是从企业自身的利益还是从信息使用者的利益来考虑，都必须保证所提供的信息达到一定的质量要求，尽量避免不必要的法律纠纷。这就限定了企业会计对外提供信息的范围，决定了企业会计实际对外提供的信息（包括愿意提供的和必须提供的）通常要少于企业外界所需要的会计信息。在目前的条件下，企业会计主要是以财务会计报告的形式定期对外提供信息，这些信息主要反映企业编表日的财务状况、过去一定时期内的经营成果以及现金流量的情况，即主要是提供有关企业过去或现在的经济活动及其结果的会计信息。至于有关企业未来经营成果、财务状况及现金流量情况的会计信息，尚未普遍纳入企业对外报告的范围。企业一般按国家的有关规定和要求对外提供会计信息，这是对企业披露会计信息的最低要求。

2.2 会计核算的基本前提

会计核算的基本前提是对会计核算所处的时间、空间环境所作的合理设定。会计核算对象的确定、会计政策的选择、会计数据的收集都要以这一系列的基本前提为依据。

会计核算的基本前提又称会计假设（accounting postulate），是指会计人员面对变化不定的社会经济环境，所作出的一些合理推论（亦称环境假设）。依据这些假设所收集和加工出来的会计信息，可以满足使用者作出经济决策的需要，以保证会计信息的有用性、合理性和可靠性。会计假设是收集、加工处理会计信息所需依据的基础观念。会计假设对会计核算内容和会计数据的取舍起着决定性作用，即过滤和筛选的作用。例如，会计主体假设限定了企业会计的范围（对哪个会计主体进行核算）；持续经营假设限定了企业会计的时间（按哪种方式对企业的经营活动进行核算）；会计期间假设限定了企业会计的期间（对川流不息的企业经营活动人为地划分为不同会计期间进行核算）；货币计量假设限定了企业会计的内容（仅以货币金额反映的企业经营活动作为企业会计核算的对象）。这些会计假设是适应企业的社会经济环境和会计报表使用者的要求而作出的合理推论。

会计假设具体包括会计主体、持续经营、会计期间、货币计量和权责发生制五项。

2.2.1　会计主体

1. 会计主体的内涵

会计主体（accounting entity）是指会计为之服务的特定单位。要开展会计工作，首先应明确会计主体，也就是要明确会计人员的立足点（立场），解决为谁记账、算账、报账的问题。企业会计人员只为特定的会计主体进行会计工作。每一会计主体不仅与其他会计主体相区别，而且独立于其本身的所有者。也就是说，会计所反映的是一个特定会计主体的经济业务，而不是其他会计主体的经济业务，也不是企业所有者的财务活动。从会计的角度来看，会计主体应是一个独立核算的经济实体，需要单独反映经营成果、财务状况和现金流量并编制财务会计报告的实体。例如，中国人民大学与嘉陵集团是两个会计主体，中国人民大学的会计人员不应当去核算与中国人民大学无直接关系的嘉陵集团的经济业务。

2. 理解会计主体假设应注意的要点

第一，会计主体又称会计实体，是指会计信息所反映的特定单位。

第二，会计主体与法律主体并不是同一概念。法律主体往往是会计主体，但会计主体不一定是法律主体。

第三，具体来讲，会计主体：

（1）可以是独立法人，也可以是非法人，如个人独资企业、合伙企业。

（2）可以是一个企业，也可以是企业内部的某一单位或企业中的一个特定的部分，如企业的分公司、企业设立的事业部。

（3）可以是单一企业，也可以是由几个企业组成的企业集团。企业集团中母公司拥有若干个子公司，企业集团在母公司的统一领导下开展生产经营活动，尽管母子公司是不同的法律主体，但为了全面反映企业集团的财务状况、经营成果和现金流量，必须将整个企业集团作为一个会计主体，编制合并会计报表。

第四，会计主体作为会计工作的基本前提之一，为日常的会计处理提供了依据。

（1）明确会计主体，才能划定会计所要处理的经济业务事项的范围。

（2）明确会计主体，才能把握会计处理的立场。企业作为一个会计主体，对外销售商品时，一方面形成一笔收入，另一方面增加一笔资产或减少一笔负债，而不是相反。

（3）明确会计主体，才能将会计主体的经济活动与会计主体所有者的经济活动区分开来。例如，由自然人创办的独资企业或合伙企业，不具有法人资格，企业的资产和负债在法律上被视为业主或合伙人的资产和负债，但在会计核算上必须将企业作为一个会计主体，以便将会计主体的经济活动与会计主体所有者的经济活动区分开来。这主要是因为，无论是会计主体的经济活动，还是会计主体所有者的经济活动，都最终影响所有者的经济利益，但是，会计核算工作只涉及会计主体范围内的经济活动。

2.2.2 持续经营

1. 持续经营的内涵

持续经营（going concern）是指作为会计主体的企业，其经营活动将按照既定的目标持续下去，在可以预见的将来，不会面临破产，进行清算。这是绝大多数企业所处的正常状况。这样的会计主体，其所有资产将按照预定的目标在正常的经营过程中被耗用或出售，它所承担的债务也将能如期偿还。持续经营假设为会计的正常活动作出时间上的规定。这一概念，使财务会计上的一些公认原则和基本原理，如历史成本原则、收入实现原则、配比原则等得以建立在非清算基础之上，从而为很多常见的财产计价和收益确定问题提供了理论依据。例如，一般情况下，企业的固定资产可以在一个较长的时期内发挥作用，如果可以判断企业能够持续经营，就可以假定企业的固定资产会在持续经营的生产经营过程中长期发挥作用，并服务于生产经营过程，固定资产就可以根据历史成本进行记录，并采用折旧的方法，将历史成本分摊到各个会计期间或相关产品的成本中。也正是在这个假设之下，企业在会计信息收集和处理上所依据的会计原则、使用的会计方法才能保持稳定，才能实现正确记载和呈报，为决策者提供可靠、相关、可比的会计信息。

如果企业不再具备持续经营的前提条件，而是已经停止营业，进行清算，则需要处理其全部资产，清理其全部债权、债务。在这种情况下，就应改变会计处理的方法，所有以这一假定作为基础的会计原则、会计程序和会计处理方法就都不再适用，如破产会计中采用可变现净值对资产进行计价等。而在企业经济状况恶化、无法持续经营的情况下，也可以不采用持续经营这一假设而另行作出合乎情理的另一种会计处理，比如企业在停业整顿时，对不再继续使用的经济资源可按清理变现的实际价值计价，这些变动应当在企业的财务报告中作适当的披露。

2. 理解持续经营假设应注意的要点

第一，持续经营是指在可以预见的将来，企业将会按当前的规模和状态继续经营下去，不会停业，也不会大规模削减业务。

第二，会计核算上所使用的一系列会计处理方法都建立在持续经营前提的基础之上。

（1）采用历史成本计价，是设定企业在正常的情况下运用它所拥有的各种经济资源和依照原来的偿还条件偿付其所负担的各种债务；否则，就不能继续采用历史成本计价。

（2）只有设定企业是持续经营的，才能在历史成本的基础上进一步采用计提折旧的方法；否则，就不能继续采用折旧的方法，而只能采用可变现净值法进行计价。

第三，要定期对企业持续经营这一前提作出分析和判断。一旦判定企业不符合持续经营的前提，就应当改变会计核算的方法。

2.2.3 会计期间

1. 会计期间的内涵

会计期间（accounting period）又称会计分期，是指将一个企业持续经营的生产经营活动划分为一个个连续的、长短相同的期间，据以结算盈亏，按期编报财务会计报告，从而及时向各方提供有关企业财务状况、经营成果和现金流量的信息。

要确切了解企业经营的成败与否，唯一的途径就是停业关门，出售其全部资产并偿还全部负债，将剩余的现金交还给企业所有者，这个过程叫清算。但企业会计人员不可能按照这种方式来计量企业的收益成果。对于持续经营的企业来说，既然在可以预见的将来，它不会面临停业清算，企业就不能等到结束其经营活动时才去进行结算和编制财务会计报告。为了定期反映企业的经营成果和财务状况，向有关各方提供信息，需要划分会计期间，即人为地把持续不断的企业生产经营活动，划分为较短的经营期间，分期结算账目和编制财务会计报告。

这个期间，通常是以“年”为单位，称为会计年度。会计年度可以是确定的财政年度，也可以是企业自行确定的营业年度。实际上，许多国家的财政年度的划分并不一致，如美国的财政年度由 10 月 1 日开始，而英国则由 4 月 1 日开始。世界各国企业的会计年度起讫日期也并不统一，例如，有的企业以本年的 7 月 1 日至下年的 6 月 30 日为一个会计年度，有的企业以本年的 4 月 1 日至下年的 3 月 31 日为一个会计年度。我国《企业会计准则》规定，以日历年度作为企业的会计年度，即以每年 1 月 1 日至 12 月 31 日为一个会计年度。除了会计年度，会计期间还可分为半年度、季度和月度，它们均称为会计中期。

从理论上讲，将会计年度的起讫日期定在企业经营活动的淡季比较适当，因为在企业营业活动的淡季，各项会计要素的变化较小，便于对会计要素进行计量，特别是便于计算确定本会计年度的盈亏。由于淡季的经济业务较少，会计人员有较为充裕的时间办理年度结算业务；同时企业结账时间的微小变动，如提前或推迟几天结账，对该会计年度的会计信息影响并不大，便于及时准确地编制财务会计报告。西方国家许多企业的会计年度结算日就是处于经营活动的淡季。然而，将会计年度的起讫日定在营业活动的淡季也有其局限性，主要表现在淡季资产负债表所反映的年末财务状况往往缺乏代表性，年末所反映的短期偿债能力有可能比年中其他时间的结果要好，因为这时企业的现金资产较多，负债却较少。

由于有了会计期间的假设，才产生了当期与其他期间的差别，进而为了分清各个期间的经营成果和经营责任，出现了权责发生制和收付实现制，使不同类型的会计主体有了记账基准，进而出现了应收、应付、递延、预提、待摊等会计处理方法。

一个企业取得一项具有预期经济利益的资源之后，会计之所以能把它确认为资产（未耗用的、仍为预期的经济利益）和费用（已耗用的、已转为现实的经济利益），也是基于持续经营和会计期间的假设。

2. 理解会计期间假设应注意的要点

第一，会计期间是指将一个企业持续经营的生产经营活动划分为一个个连续的、长短相同的期间，又称会计分期。

第二，会计期间的目的是将持续经营的生产经营活动划分为连续的、长短相同的期间，据以结算盈亏，按期编报财务报告，从而及时地向各方提供有关企业财务状况、经营成果和现金流量的信息。

第三，会计期间对会计原则和会计政策的选择有着重要影响。由于划分会计期间，产生了当期与其他期间的差别，从而出现权责发生制和收付实现制的区别，进而出现了应收、应付、待摊、预提、递延等会计处理方法。

第四，最常见的会计期间是一年，以一年确定的会计期间称为会计年度，按年度编制的财务会计报告称为年报。在我国，会计年度自公历每年的 1 月 1 日至 12 月 31 日止。为了满足人们对会计信息的需求，还要求企业按短于一年的期间编制财务报告，如要求股份有限公司每半年、每季度提供中期财务会计报告等。

2.2.4 货币计量

1. 货币计量的内涵

货币计量（monetary measurement），是指会计主体在会计核算过程中采用货币作为计量单位，计量、记录和报告会计主体的生产经营活动。

在会计核算过程中之所以选择货币作为计量单位，是由货币本身的属性决定的。货币是商品的一般等价物，是衡量一般商品价值的共同尺度，具有价值尺度、流通手段、贮藏手段和支付手段等特点。其他计量单位，如重量、长度、容积、台、件等，只能从一个侧面反映企业的生产经营情况，无法在量上进行汇总和比较，不便于管理和会计计量。所以，为全面反映企业的生产经营、业务收支等情况，会计核算就选择了以货币作为计量单位。

以货币作为主要计量尺度，为会计计量提供了方便，但同时也带来了问题。货币作为一种特殊的商品，其价值不是固定不变的。货币计量是以货币币值保持不变为前提的，但在物价波动较大时，这一假设受到了冲击，对于会计核算如何反映通货膨胀的影响这种客观要求有逐渐增长的趋势，相应就有了“物价变动会计”。另外，影响企业财务状况和经营成果的因素，并不是都能用货币来计量的，比如，企业经营战略、在消费者心中的信誉度、企业的地理位置、企业的技术开发能力等。为了弥补货币计量的局限性，要求企业采用一些非货币指标作为会计报表的补充。

2. 理解货币计量假设应注意的要点

第一，货币计量是指采用货币为计量单位，记录和反映企业的生产经营活动。

第二，《中华人民共和国会计法》规定，我国的会计核算以人民币为记账本位币，但也允许外商投资企业等业务收支以外币为主的企业根据会计核算的实际需要，选定某种外币作为记账本位币，但编制的会计报表应当折算为人民币反映。境外企业提供给境内的财务会计报告，也应当折算为人民币反映。

2.2.5 权责发生制

所谓权责发生制（accrual basis）是指以权、责关系的实际发生及其影响期间来确认企业的收入和费用的一种会计核算方法，其核心内容是，凡是本期实现的收入和已经发生或应当负担的费用，不论款项是否收付都应作为本期的收入和费用入账。

权责发生制原则要求企业的会计核算应当以权责发生制为基础。凡是当期已经实现的收入和已经发生或应当负担的费用，不论款项是否收付，都应当作为当期的收入和费用；凡是不属于当期的收入和费用，即使款项已在当期收付，也不应当作为当期的收入和费用。显然，权责发生制所反映的经营成果与现金的收付是不一致的，它主要应用在需要计算盈亏损益的会计主体中。有时，企业发生的货币收支业务与交易或事项本身并不完全一致。例如，款项已经收到，但销售并未实现的预收账款；款项已经支付，但并不是为本期生产经营活动而发生的预付账款等。为了明确会计核算的确认基础，更真实地反映特定会计期间的财务状况和经营成果，就要求企业在会计核算过程中以权责发生制为基础。

收付实现制是与权责发生制相对应的一种确认基础，它是以收到或支付现金作为确认收入和费用的依据。目前，我国的行政单位采用收付实现制，事业单位除经营业务采用权责发生制外，其他业务也采用收付实现制。

我国《企业会计准则》规定，企业的会计核算应当采用权责发生制。在科学合理地反映企业的财务状况和经营成果方面，权责发生制比收付实现制具有较大的优越性。但采用权责发生制反映企业的财务状况也有其局限性：如果以权责发生制为基础进行会计核算，有时企业虽然有较高的销售利润，但一部分应收账款可能变成坏账收不回来，利润的质量就会降低，进而影响到现金的流动性。

在实际工作中，企业往往不是严格地采用权责发生制或者收付实现制，大多数企业都是以权责发生制为主，辅之以收付实现制。例如，就收入的确认来说，对于利息收入一般按权责发生制记账，而对于股利收入，则大多采用收付实现制记账。又如，有时对于一些数额较小的应计收入与应计费用，并不按权责发生制的要求调整入账，而是在实际收付款项时确认收入与费用。此外，企业往往通过编制与提供现金流量表来弥补权责发生制的不足。

2.3 会计信息的质量要求

财务报告最主要的目的就是为使用者的投资和贷款等决策提供有用的信息。而信息则必须在可靠、相关、可比的情况下才具有实用价值。要使会计信息满足使用者（主要是外部使用者）的要求，具有实用价值，实现财务报告的目标，保证会计信息的质量，必须明确会计信息的质量要求。会计信息的质量要求是财务报告所提供的信息应达到的基本标准和要求，具体包括可靠性、相关性、可理解性、可比性、实质重于形式、重要性、谨慎性和及时性等。

2.3.1 客观性

客观性（objectivity）又称可靠性、真实性或中立性。客观性要求会计记录必须以实际发生的经济业务的合法凭证为依据，正确运用会计原则和方法，如实反映企业的财务状况和经营成果，做到内容真实，数据准确，资料可靠。也就是，企业不得虚构、歪曲和隐瞒经济业务事项，它是杜绝会计信息失真的基本前提。具体包括以下三方面的属性：

（1）真实性。真实性是指会计计量的结果是否与它所反映的经济对象或经济事项相一致。但应当注意的是，由于现实经济中存在着大量的不确定性问题，会计信息不可能绝对不失真。在会计的计量中，几乎离不开会计人员的判断和估计，更离不开多少带有条件性的分类、汇总和分配，如在资产成本的分配中，对资产残值以及使用年限的估计都明显带有主观判断色彩等。严格地说，会计计量的结果在很大程度上是近似的，而不是精确的，而且由于相关性的影响，绝对精确的计量未必都有必要，因为绝对精确的计量所需支付的成本很高。因此，真实性并不要求，也不应当要求绝对精确，其目的是要求如实反映。

（2）可验证性。所谓可验证，一般是指有可靠的凭证可据以复查其数据的来源和转化为信息的计算过程，如购货发票就可以证明采购商品的价值。每一项会计记录都要有合法的凭证为依据，不允许弄虚作假，而是要求做到账证、账账、账表和账实之间相互一致。

（3）中立性。可靠的信息资料还必须是中立的，也就是不带偏向的。如果财务报表的编制是通过有意识地选取和列报某些资料来影响决策者的决策行为和判断结果，则这时的会计核算就不是中立的。

2.3.2 相关性

相关性（relevance）又称有用性。资料要成为有用的信息，就必须与使用者的决策需要相关联。信息的价值在于其与决策相关，有助于决策。相关的会计信息有助于会计信息使用者评价过去的决策，证实或修正某些预测，从而具有反馈价值；有助于会计信息使用者作出预测，作出决策，从而具有预测价值。在会计核算工作中坚持相关性，就要求在收集、加工、处理和提供会计信息的过程中，充分考虑会计信息使用者的信息需求。对于特定用途的会计信息，不一定都能通过财务会计报告来提供，也可以采用其他形式提供。

如果会计信息没有满足会计信息使用者的需要，对会计信息使用者的决策没有任何作用，就不具有相关性。当然，相关性不是要求会计提供的会计信息完全满足所有会计信息使用者的需要，事实上，再全面的会计报表也不可能满足所有方面的需要。只要企业的会计报表能提供通用的会计信息，会计信息使用者通过对会计报表的通用信息进行加工，能够得到其所需要的会计信息，就符合了会计相关性的要求。

相关性包括以下两个方面的属性：

第一，会计信息必须具有预测价值。例如，预测企业未来的财务状况和经营业绩是否面临财务危机，是否会破产；预测证券价格的变动，股利、工资的发放水平；预测企业在承诺到期时履行承诺的能力，等等。

第二，会计信息必须具有反馈价值。会计信息必须能够反映企业及其下属业务部门的上期经营成果，根据会计信息的反馈可以提出改进企业经营管理的措施。

2.3.3　可理解性

可理解性（comprehensibility）也称明晰性。要求企业的会计记录和所提供的会计报表，应当清晰明了，便于理解和使用。清晰明了有助于对报表的理解，这是衡量报表质量和报表是否利于决策者使用的一个标准。会计记录和会计报表只有清晰明了，才能使使用者易于理解、易于利用、便于决策。如果生成的会计信息不能清晰明了地反映企业的财务状况、经营成果和现金流量，就会影响会计信息的功用。这个质量特征对信息使用者和信息提供者都有要求。一方面，会计上假定信息使用者具有一定的工商经济活动和会计方面的知识，并且愿意下工夫去研究资料；另一方面，信息提供者应力求使会计信息通俗易懂，避免故意用晦涩难懂的专门术语为难信息使用者。在会计核算工作中坚持明晰性，会计记录应当准确、清晰，填制会计凭证、登记会计账簿必须做到依据合法、账户对应关系清楚、文字摘要完整；在编制会计报表时，项目勾稽关系清楚、项目完整、数字准确。

2.3.4　可比性

可比性（comparability）要求企业提供的会计信息应当具有可比性。具体包括下列要求：

（1）同一企业对于不同时期发生的相同或者相似的交易或事项，应当采用一致的会计政策，不得随意变更。

（2）不同企业发生的相同或者相似的交易或事项，应当采用规定的会计政策，确保会计信息口径一致、相互可比。即对于相同或者相似的交易或事项，不同企业应当采用一致的会计政策，以使不同企业按照一致的确认、计量和报告基础提供有关会计信息。

企业发生的交易或事项具有复杂性和多样性，对于某些交易或事项可以有多种会计核算方法。例如，存货的领用和发出，可以采用先进先出法、加权平均法、移动平均法、个别计价法或后进先出法等确定其实际成本；固定资产折旧可以采用年限平均法、工作量法、年数总和法、双倍余额递减法等。保证会计信息可比性的前提是企业在各个会计期间应尽可能地采用相同的会计核算方法。如果企业在不同的会计期间采用不同的会计核算方法，将不利于会计信息使用者对会计信息的理解，不利于会计信息作用的发挥。可比性制约和防止企业会计主体通过变更会计处理方法和程序，在会计核算中弄虚作假、粉饰会计报表的行为。

但应该注意的是：第一，对可比性的要求，不应当混同于单纯的统一性，从而成为改进会计程序和方法的障碍。如果企业当前采用的会计程序、会计处理方法等不符合相关性和可靠性的质量特征，不适应经济环境变化的需要，企业就有必要对其进行改进。第二，可比性还包括这样一个重要含义，即应当把企业采取的会计程序、方法、原则等会计政策，及其必要的变更和变更的影响结果告诉信息使用者。具体包括：（1）变更的具体内容。（2）变更的理由。（3）变更的累积影响数，即按照变更后的会计核算方法对以前各期追溯计算的变更年度期初留存收益应有的金额与现有的金额之间的差额。如果不能合理地确定变更的累积影响数，应当说明不能确定的理由，以使信息使用者能够鉴别同一企业在不同期间以及不同企业对相同的交易和其他事项所采用的会计政策之间的差别。

2.3.5 实质重于形式

实质重于形式（substance over form）要求企业按照交易或事项的经济实质进行会计确认、计量和报告，不应仅以交易或事项的法律形式为依据。如果企业仅以交易或事项的法律形式为依据进行会计确认、计量和报告，就容易导致会计信息失真，无法如实反映经济现实和实际情况。为了真实反映企业的财务状况和经营成果，就不能仅仅根据交易或事项的外在表现形式来进行核算，而应反映其经济实质。

例如，以融资租赁方式租入的资产，虽然从法律形式来讲承租企业并不拥有其所有权，但是由于：（1）租赁合同中规定的租赁期相当长，接近于该资产的使用寿命；（2）租赁期结束时承租企业有优先购买该资产的选择权；（3）在租赁期内承租企业有权支配资产并从中受益，故从其经济实质来看，企业能够控制其创造的未来经济利益。所以，会计核算上将以融资租赁方式租入的资产视为承租企业的资产并计提折旧。

2.3.6 重要性

重要性（materiality）要求企业提供的会计信息能够反映与企业财务状况、经营成果和现金流量有关的所有重要交易或事项。

企业的会计核算应当遵循重要性的要求，在会计核算过程中应当区分交易或事项的重要程度，采用不同的核算方式。所谓重要，是指会计信息能实质性地影响信息使用者的决策。对资产、负债、损益等有较大影响，进而影响财务会计报告使用者据以作出合理判断的重要会计事项，必须按照规定的会计方法和程序进行处理，并在财务会计报告中予以充分、准确的披露；对于次要的会计事项，在不影响会计信息真实性和不至于误导财务会计报告使用者作出正确判断的前提下，可适当简化处理。

强调会计核算的重要性，在很大程度上是出于对会计信息的效用与加工会计信息的成本这两个方面的考虑。如果把企业纷繁复杂的经济活动，事无巨细地详细记录与报告，不但会增加会计信息的加工成本，而且会使会计信息使用者无法有所侧重或有针对性地选择所需的会计信息，反而不利于作出正确的经济决策。在评价某些项目的重要性时，很大程度上取决于会计人员的职业判断。一般来说，应当从质和量两个方面综合进行分析。从性质方面来说，当某一事项有可能对决策产生一定影响时，就属于重要项目；从数量方面来说，当某一项目的数量达到一定规模时，可能对决策产生影响，就属于重要项目。

某些项目的重要性是由法律、行政管理规章、董事会决议或其他法令决定的；另一些项目的重要性则取决于惯例、习惯或当前的社会倾向，其重要程度甚至在相似的组织中也可能不同。确定相对重要性的通常和唯一的价值判断方法是以该项目的相对大小和一般特征以及管理当局对股东、雇员及公众所承担的责任为基础的，而且某些在今天认为是重要的因素在明天可能更重要或不太重要。作为公司管理当局的表达工具的财务报表只有在很好地开展重要性问题的价值判断的情况下才能被明智地编制。非重要项目应与其他同类项目合并；重要项目可以要求不同程度地揭示，如分别列示、表下注释或用括号注明。某些会计人员根据单凭经验的略计规则确立计量重要性的标准，如把金额为总资产的 5%或 5%以上的、或为净收入的 10%或 10%以上的任何项目或任何一类项目作为单独一项列入财务报表。但这种规则仍未解决以下问题：有些较小的项目，对其揭示可能是重要的，而无论其金额大小，例如企业的股利分配政策等；有些项目现在较不重要，但随着时间的推移，或是当现在的或有或未知事件在将来发生时，则可能发展为重要项目。有关报表、事实或项目的特征，对其揭示或对其表达的方法可能影响到使用者的判断。财务报表充分揭示的方式可以包括：描述性的标题，扼要的括弧内的说明，合乎逻辑的排列和格式，以及简明但完备的注释等。

2.3.7　谨慎性

谨慎性（conservation）要求企业对交易或事项进行会计确认、计量和报告时，应当保持应有的谨慎，不应高估资产或收益、低估负债或费用。

但是，谨慎性的应用并不允许企业设置秘密准备，如果企业故意低估资产或收益，或者故意高估负债或费用，将不符合会计信息的可靠性和相关性要求，损害会计信息质量，扭曲企业实际的财务状况和经营成果，从而对使用者的决策产生误导，这是会计准则所不允许的。

企业的经营活动充满着风险和不确定性，在会计核算工作中坚持谨慎性，要求企业在面临不确定因素的情况下作出职业判断时，应当保持必要的谨慎，充分估计到各种风险和损失，既不高估资产或收益，也不低估负债或费用。在进行会计处理的过程中，当对某一经济业务有几种会计处理方法可供挑选时，应当选用对所有者权益产生有利影响最少的那种方法。凡可能发生的损失或负债，应充分予以估计，而可能的（预期的）收入或利得，一般不予以估计，或必须十分谨慎地加以估计。

通常把谨慎性概括为“预计可能的损失，而不预计可能的收入”，从而使会计报表揭示的信息，不会引起人们由于根据不足而导致过于乐观，通过对经营风险加以合理的估计，起到防范风险的预警作用，有利于企业作出正确的经营决策，提高企业在市场上的竞争力，保护所有者和债权人的利益。

理解谨慎性应注意以下要点：

第一，谨慎性要求会计人员对某些经济业务或会计事项存在不同的会计处理方法和程序可供选择时，在不影响合理选择的前提下，尽可能选用一种不虚增利润和夸大所有者权益的会计处理方法和程序进行会计处理，合理核算可能发生的损失和费用。

第二，谨慎性又称稳健性，或称会计核算的保守主义，是针对经济活动中的不确定因素，要求人们在会计处理上保持谨慎小心的态度，充分估计到可能发生的风险和损失，尽量少计或不计可能发生的收益。

第三，在存货、有价证券等资产的市价低于成本时，按成本与可变现净值孰低计量，相应地减记资产的账面价值，并将减记金额计入当期损益，体现了谨慎性对历史成本的修正。

第四，谨慎性并不意味着可以任意提取各种准备，否则，就属于对谨慎性的滥用，将被视为重大会计差错，需要进行相应的会计调整。

2.3.8 及时性

及时性（prompt）要求企业对于已经发生的交易或事项，应当及时进行确认、计量和报告，不得提前或者延后。会计核算如果不及时，就很难准确地反映企业在一定时点上的财务状况以及一定期间的经营成果和现金流量。

及时性要求会计人员及时收集会计信息，在经济业务发生后，及时收集整理各种原始凭证，及时对会计信息进行加工处理并编制会计报表，并及时将报表信息传递给有关方面的使用者。信息的生命在于时效，对于同一信息而言，今天的价值一定大于明天。失去时效的会计信息会严重影响使用者的决策行为，降低其使用价值。有些企业甚至通过提前或延后确认收入、费用来人为地调节利润，造成会计信息失真，这明显违反了及时性要求，应该严厉禁止。

会计信息质量要求是对企业财务报告中所提供的会计信息质量的基本要求，是财务报告中所提供的会计信息对投资者、债权人等使用者决策应具备的基本特征，根据基本准则规定，它包括可靠性、相关性、可理解性、可比性、实质重于形式、重要性、谨慎性和及时性等。其中，可靠性、相关性、可理解性和可比性是会计信息的首要质量要求，是企业财务报告中所提供的会计信息应具备的基本质量特征；实质重于形式、重要性、谨慎性和及时性是会计信息的次级质量要求，是对可靠性、相关性、可理解性和可比性等首要质量要求的补充和完善，尤其是在对某些特殊交易或事项进行处理时，需要根据这些质量要求来把握其会计处理原则。另外，及时性还是会计信息相关性和可靠性的制约因素，企业需要在相关性和可靠性之间寻求一种平衡，以确定信息及时披露的时间。

练习题

一、选择题

1. 下列项目中，违背会计核算可比性要求的有（　　）。
   A. 对原材料计提跌价准备
   B. 鉴于利润计划完成情况不佳，将固定资产折旧方法由原来的双倍余额递减法改为直线法
   C. 鉴于某项专有技术已经陈旧，将其账面价值一次性核销
   D. 鉴于某项固定资产经改良后性能提高，决定延长其折旧年限
   E. 鉴于某被投资企业将发生重大亏损，将该投资由权益法核算改为成本法核算

2. 导致权责发生制的产生，以及预提、摊销等会计处理方法运用的基本前提或原则是（　　）。
   A. 谨慎性原则　　B. 历史成本原则　　C. 会计分期　　D. 货币计量

3. 下列项目中，在《中华人民共和国会计法》中未作规定的是（　　）。
   A. 采用借贷记账法　　B. 记账本位币
   C. 会计年度　　D. 会计核算的对象和内容

4. 下列说法中与重要性要求最一致的是（　　）。
   A. 会计记录重要损失，但不记录重要利得
   B. 不同公司依据其规模不同而有不同的重要性标准
   C. 应披露企业分部资料以满足重要性要求
   D. 公司报告说明某一重要方面的所有信息

5. 谨慎性要求避免报告（　　）。
   A. 不重要资料　　B. 太多利润　　C. 太多负债　　D. 附注

6. 下列项目中，符合实质重于形式的有（　　）。
   A. 售后回购不确认收益
   B. 承包人和被承包人属于关联方
   C. 融资租赁的会计处理，承租方对于租入资产作为固定资产确认
   D. 当资产达到预定可使用状态时，在建工程应结转固定资产

7. 下列各项支出中，属于资本性支出的是（　　）。
   A. 固定资产的改良支出
   B. 购入固定资产所支付的运杂费
   C. 按销售数量的一定比例支付的技术转让费
   D. 技术研制过程中发生的人员工资支出
   E. 购买专利权支出

8. 下列组织中可以作为一个会计主体进行会计核算的有（　　）。
   A. 销售部门　　B. 企业生产车间　　C. 分公司　　D. 企业集团

9. 相关性要求企业所提供的会计信息（　　）。

A. 满足企业内部加强经营管理的需要

B. 满足国家宏观经济管理的需要

C. 满足银行了解企业财务状况和经营成果的需要

D. 满足提高全民素质的需要

E. 满足投资者了解企业财务状况和经营成果的需要

10. 企业将劳动资料划分为固定资产和低值易耗品，是基于（　　）原则。

A. 重要性　　B. 可比性　　C. 谨慎性　　D. 权责发生制

二、判断题

1. 法律主体必定是会计主体，会计主体也必定是法律主体。（　　）

2. 会计主体的作用在于界定同一会计主体会计核算的范围。（　　）

3. 按照我国会计制度的规定，所有单位都应以权责发生制为基础进行会计核算。（　　）

4. 某一会计事项是否具有重要性在很大程度上取决于会计人员的职业判断。所以，同一个会计事项在一个企业具有重要性，在另一个企业则不一定具有重要性。（　　）

5. 在负债金额既定的情况下，企业本期净资产的增加额就是企业当期实现的利润数额，净减少额则是企业本期的亏损额。（　　）

6. 对于一项资产，即使不拥有其所有权，也可以作为企业的资产予以确认。（　　）

7. 可比性的要求是相对的，它必须以客观性的要求为基础。在特定的情况下，企业改变现行会计处理方法并不一定违背可比性。（　　）

三、指出下列各种情况违反了哪些会计信息的质量要求、会计假设或会计计量属性

1. 某建筑公司签署一份2年期为北京建桥的合同，公司经理立即将全部合同价款计入收入。

2. 竞争淘汰了许多小航空公司。某航空公司不愿意报告其出售一半飞机的计划。

3. 20×1年2月开始经营的某煤矿公司，20×1年、2×02年和2×03年都未进行会计记录。业主想等到煤矿开采完毕，决定企业的业绩后再记录。

4. 某连锁药店将其按成本记录的资产在每年年末上调至市价。

5. 某制造公司的会计，不论固定资产的金额多小，都对其进行详细的折旧记录。

6. 某个体诊所医生将其个人的会计记录与看病的会计记录混在一起。

7. 费用在会计员记录时入账，而不是在其相关收入赚得时。

8. 某削价商店正在冲销其毁损存货。为降低所得税，商店经理据其主观意见编制冲销分录。

9. 某复印店每年变更会计方法，以报告公认会计原则允许的最大净利润额。

10. 某私人医院的所有者将会计记录建立在医院随时可能关门的假设上，事实上该医院已存在了好多年。

四、思考题

1. 会计生成信息有哪些主要程序或环节？

2. 企业提供的会计信息的作用是什么？如何保证会计信息具有这些作用？

3. 如何理解会计计量？为什么会计计量的尺度必然是货币？

4. 会计信息系统的特点有哪些?

5. 不同资产计价方法对会计信息的影响是什么?

6. 为什么会计计量要坚持历史成本原则?

7. 经济信息与会计信息有何异同?

部分练习题答案

一、选择题

1. BE　2. C　3. A　4. B　5. B　6. AC　7. ABE　8. ABCD　9. ABCE　10. A

二、判断题

1. ×　2. √　3. ×　4. √　5. ×　6. √　7. √

三、

1. 客观性　2. 充分披露（重要性）　3. 会计期间假设　4. 历史成本　5. 重要性　6. 会计主体假设　7. 权责发生制　8. 可靠性　9. 可比性　10. 持续经营假设

第3章

会计对象、会计要素和会计科目

内容预览

3.1 会计对象
3.2 会计要素
3.3 会计科目

会计对象、会计要素和会计科目的关系，既是中级会计学中一个重要的理论问题，又是现实会计工作的一个实际问题。从事会计实务的人员几乎每天都要和会计科目打交道，但是对于会计科目，我们必须上升到会计要素乃至会计对象的高度来理解，唯有如此，才能实现会计目标，完成会计工作的任务。

会计对象是会计反映的物质内容，是能够用货币表现的企业经济业务。而企业中能够用货币表现的经济业务是大量的、各种各样的，会计如果不对其进行分类，以流水账的形式统一核算，则难以分类提供科学的会计信息，由此提供的信息不能满足使用者的需要。会计要素是对会计对象的具体化，是对会计对象的具体内容按其经济特征所作的分类。按照能够用货币表现经济业务的特点对会计对象进行分类，可将会计对象分为六大会计要素，即资产、负债、所有者权益、收入、费用、利润。如果仅有这六个会计要素的话，设想当我们用 10 万元的银行存款去购买设备，那只能反映为一项资产增加，另一项资产减少，其结果等于没有反映。用 20 万元的盈余公积转增资本，由于盈余公积和资本都属于所有者权益，会计上只能反映为所有者权益增加 20 万元、所有者权益减少 20 万元，其所有者权益总额没有变，这种会计并不能提供任何有用信息。由于每一类会计要素仍然包括较多的内容，如资产包括货币资金、存货、应收款项、固定资产、无形资产等，货币资金又由于其存放地点不同，分为存放于出纳人员处的库存现金和存放于银行的银行存款；负债包括从银行或其他金融机构取得的借款，由于赊购存货而形成的应付销货方的款项，由于应缴、应提等形成的应付款项；所有者权益包括所有者投资行为形成的实收资本和资本公积，利润分配形成的盈余公积和未分配利润等；收入包括主营业务收入、其他业务收入等；费用也同样包括主营业务成本、其他业务成本、期间费用等。为了将如此复杂的经济信息变成有规律的、易识别的会计信息，有必要对会计要素作进一步的分类。其分类的标志或项目就是会计科目。

通过会计科目，我们可以对上述经济业务处理如下：用银行存款购买设备的例子可以反映为："固定资产"增加了 10 万元，"银行存款"减少了 10 万元；盈余公积转增资本的例子可以反映为："实收资本"增加了 20 万元，"盈余公积"减少了 20 万元等。通过这种处理，就能具体地告诉我们：通过第一项资本运动，货币资金减少了 10 万元，固定资产增加了 10 万元；通过第二项资本运动，实收资本增加了 20 万元，盈余资本减少了 20 万元。我们还可以进一步联想到，增加的 10 万元的设备是否合理、能否满足生产需要，银行存款等流动资金减少以后是否妨碍偿还到期的债务以及货币资金的周转，企业的注册资本是否充足，转增是否合理，所有者能否实际增加财富，等等，这些都是企业所有者和管理者及有关方面所关心的信息。这样，就把问题反映清楚了，继而满足了会计信息使用者的需要。为此，在会计要素的基础上，根据编制报表或提供信息的要求，对会计要素预先进行科学的再分类就是会计科目，设置会计科目的实质就是对预期提供的会计信息的设计，会计科目决定着会计信息的分类，会计信息又影响着会计科目的设置，不同的会计信息需求，需要不同的会计科目来提供。

总之，会计对象决定着会计信息的广度，会计科目则影响着会计信息的深度，即会计信息的详细程度。大企业由于经济业务较为复杂，决策者需要较为详细的会计信息，会计科目的数量也较多；小企业经济业务较为简单，会计科目的数量也较少。

3.1 会计对象

3.1.1 现代企业组织形式

企业的组织形式可以按多种标准进行划分。目前，对于企业组织形式的划分主要有四种：首先，从企业进化发展的角度，将企业划分为古典企业和现代企业；其次，从所有制的角度，将企业划分为私人企业、集体企业和国有企业等；再次，根据剩余索取权和剩余控制权的分布状况以及企业制度在管理上的演变，将企业划分为所有者控制的企业、代理人控制的企业和职工控制的企业等；最后，根据资本产权结构和企业组织的法律形式，将企业划分为个人独资企业、合伙制企业和公司制企业等。这些划分都有一定的道理，而且都从一定的角度概括了一个企业某方面的特征，对于有关企业问题的研究具有重要意义。

出于主题研究的需要，本书按照最后一种划分方法，即对个人独资企业、合伙制企业和公司制企业进行探讨。

在现代社会经济生活中，有一大批企业存在着，并在广泛的领域中开展活动，这些企业一般采取三种基本形式，即个人独资企业、合伙制企业和公司制企业。这三种基本形式的出现和发挥作用，实际上是一个伴随着社会经济发展的企业组织形式的进步过程。但是，这三种形式的企业，各自有其产生和存在的客观条件，是一个接一个地向前发展，但又不是一个完全代替另一个，不是一种形式完全排斥另一种形式。在公司制形式被普遍采用的今天，独资形式、合伙形式仍然大量存在，并发挥着各自的作用。

有人曾提出个人独资企业是不是企业的问题，关于这个问题，我们认为个人独资企业符合企业的特征。个人独资企业当然是企业，它是一种企业组织形式，除具有企业的一般特点，还具有自己的特点。我们不能把企业形式——一人投资还是多人投资、企业规模——规模比较大还是规模比较小、企业的经济性质——企业的所有制、企业的经营范围——企业是从事生产经营还是从事提供服务、企业所有者承担责任的范围——企业的投资人对企业的债务承担有限责任还是承担无限责任等问题，作为认定企业的标准，进而判断个人独资企业不是企业。

在美国，公司是居主导地位的企业组织形式，公司制企业承担了较多的交易业务，在资产总额、销售额、收益额及就业职工人数方面大大超过了个人独资企业和合伙制企业。大多数著名企业，如百事可乐、通用汽车、IBM 和波音都是公司形式，它们的全称包含有限责任公司或股份有限公司字样，表明它们是公司组织，如百事可乐股份有限公司。尽管公司在上述诸多方面具有明显的优势，但个人独资企业和合伙制企业在数量上比公司制企业要多得多。

1. 个人独资企业

个人独资企业（sole proprietorship）是指在中国境内设立，由一个自然人投资，财产为投资人个人所有，投资人以其个人财产对企业债务承担无限责任的经济实体。这种企业是由企业经营者个人投资开办的。

个人独资企业的优点：

（1）经营收益由投资人独享，不用与其他合作者分配。

（2）组织机构简单。

（3）完全由投资人控制，投资人说了算，无须与他人协商。

（4）低税收。企业的收益纳入个人所得税核算，避免了双重征税，纳税额可能低于公司制企业。

个人独资企业的缺点：

（1）投资者独自承担企业所有损失。

（2）投资者对企业债务承担无限责任。

（3）资本金少，融资困难。

（4）经营能力受投资人个人能力的限制。

2. 合伙制企业

合伙制企业（partnership）是指由两个以上合伙人订立合伙协议，共同出资、合伙经营、共享收益、共担风险，并对合伙企业债务承担无限连带责任的营利性组织。会计师事务所、律师事务所和其他小型业务的企业多采用此种组织形式。

合伙制企业的优点：

（1）投资人为2人以上，资本金较个人独资企业增加。

（2）企业亏损由合伙人共担。

（3）由于合伙人多，可增加客户数量和业务种类。

合伙制企业的缺点：

（1）控制权分散，每个合伙人都对企业有控制权。

（2）合伙人对公司债务承担无限连带责任。

（3）利润要在合伙人中分配。

（4）如果合伙人中有人死亡或退出，合伙企业可能关闭。

3. 公司制企业

公司制企业（limited corporation）包括有限责任公司和股份有限公司，是最主要的企业组织形式，公司制企业是独立承担民事责任的企业法人。

公司制企业的优点：

（1）投资人（或称股东）只以出资额为限，承担偿债责任，即有限责任。

（2）融资能力强，资本可以很多。

（3）股权转让容易。

（4）股东人数较多，投资风险分散。

公司制企业的缺点：

（1）公司运营的费用高，开办费、审计费、代理费等，都比上述两种企业形式高。

（2）财务公开，企业的经营秘密容易外泄。

（3）所有权与经营权分离，会产生经理人的越权问题。

（4）高税收，公司所得税在一定情况下高于个人所得税；此外，投资人在分红时还要缴纳个人所得税，造成双重纳税。

（5）政府对公司的监管较严格。

在设立企业时，应根据每种企业的特点和自身情况选择合适的企业组织形式。一般情况，人们往往采用独资或合伙方式经营一些规模小、风险小的企业，如小商店、洗衣店、餐馆等。而要经营贸易、科技等业务，最好选择公司制，国家另有规定的除外，如会计师事务所、律师事务所，国家经常规定采取合伙制形式，目的是强化其责任。

从法律的角度来说，公司制企业完全区别于个人独资企业与合伙制企业。如果个人独资企业和合伙制企业到期不能偿债，债权人可以用所有者的个人资产，如现金及其他个人所拥有的资产来抵债。但如果公司制企业破产，债权人无权占有股东的个人财产，这种有限责任导致公司制企业成为企业的主要组织形式。公司制企业的所有权划分为众多股份可以被多个股东持有，如可口可乐公司，截至2014年底，其在外流通的股份43.5亿股，股东人数数十万。一个和公司及其他股东毫无关系的投资者可以通过购买公司股票而成为公司的所有者，而且投资者可以随时出售其股票。在通常情况下，出售一个个人独资企业和合伙制企业要比出售公司股票困难一些。

个人独资企业和合伙制企业都不是独立于所有者的法律主体，对个人独资企业和合伙制企业的收入课税主要是对所有者课税，而不是对企业征税，因此个人独资企业和合伙制企业不缴纳企业所得税，只缴纳个人所得税。但在会计上，个人独资企业或合伙制企业的所有者与企业是两个单独的会计主体，对所有者与企业的会计记录是完全分开的。公司制企业是单独的法律主体，要按其收入缴纳企业所得税，所有者按其从公司取得的收入还要缴纳个人所得税，公司的所有者和公司既是两个不同的法律主体，又是两个不同的会计主体。

3.1.2　企业财务活动汇总

新企业开始于所有者向企业投入的经济资源，这些资源包括实物资产和货币资产，是企业进行生产经营活动的物质条件。企业在生产经营活动中的资金短缺，可从债权人处借款。所有者投资和债权人的贷款是企业筹资的两条重要渠道。为了持续经营，企业必须购置长期资产和流动资产，并为员工支付工资，这就形成了企业与员工和供应商之间的关系。企业的营运以向顾客提供产品和服务并收取款项获得收入为中心。经过一个营业周期后，企业归还贷款，如有盈利，对于个人独资企业和合伙制企业的所有者来说，可直接从企业里提款；对于公司制企业的所有者来说，则是通过分发股利来进行分配。由企业的经营而引发的财务活动如图3—1所示。

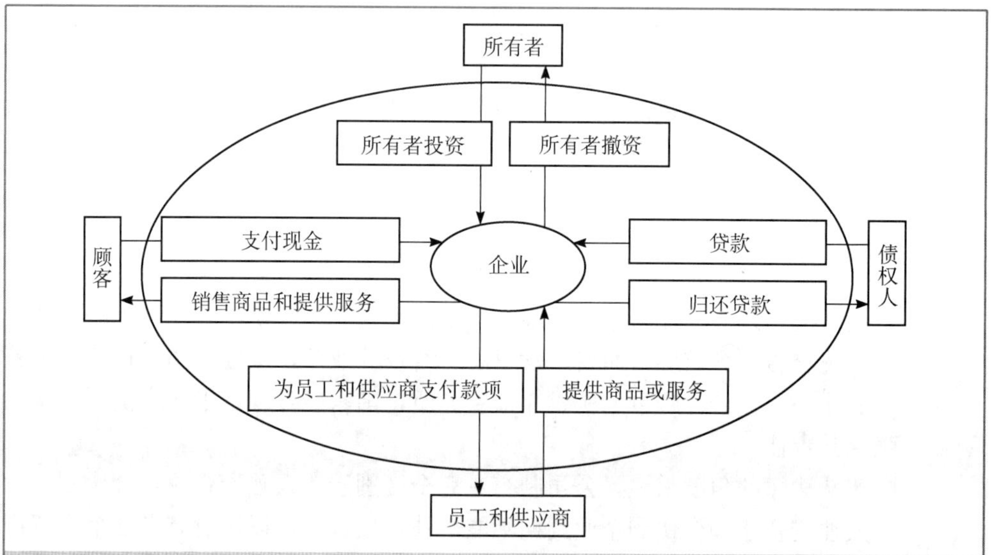

图3—1　企业财务活动汇总

所有者向企业投入或企业向债权人借入的这些经济资源虽然具有不同的形态，但它们均具有以下特点：(1) 为企业所拥有或控制；(2) 能够用货币计量；(3) 能够给企业带来未来的经济利益。在会计学中，把具备上述特点的经济资源称为资产。

企业拥有的资产总是有一定来源的，总有某一投资者投入一定量的资本。投资者以一定的方式对企业投资后，对企业的要求权是不一样的。有的投资者对企业投资后，仅要求企业按期偿还本金，并按照规定的利息率偿还利息，对于这种投资者，会计上称为债权人。债权人通常以购买企业债券、对企业赊销等形式对企业进行投资。债权人对企业的投资形式不同，但各种投资形式均具有以下特点：(1) 能够用货币计量；(2) 需要企业以债权人能够接受的资产或劳务偿还；(3) 企业承担偿债义务。会计学中将具备上述特点的债权人投资称为负债。

有的投资者对企业投资后，要求参与企业的经营管理，并按投资比例获取一定的回报。对于这种投资者，会计上称为所有者（业主）。所有者通常以投入货币、设备、材料等资产的形式对企业进行投资。所有者对企业的投资具有如下特点：(1) 不要求偿还，企业可在存续期内长期使用；(2) 所有者要求参与企业的经营管理；(3) 个人独资企业和合伙制企业的所有者通常要承担无限责任，公司制企业的所有者按投资比例承担有限责任；(4) 对企业剩余资产（资产减去负债后的余额，又叫净资产）有要求权，因为债权人对企业资产的要求权总是优先于所有者对资产的要求权；(5) 能够用货币计量。会计学中将具备上述特点的所有者投资称为所有者权益（业主权益）。

企业通过所有者和债权人的投资获得各种形式的资产，其目的是要进行经济活动，也就是为社会需求提供商品或劳务。在市场经济条件下，提供商品或劳务的目的必然是获得一定量的经济利益流入。当企业销售商品或对外提供劳务后，相应会发生现金流入或现金要求权增加，会计上将这种能够用货币计量的经济利益流入称为收入，如主营业务收入、其他业务收入等。企业为取得一定数量的收入，必然要付出相应的代价，即发生各种经济资源的耗费，包括现金的流出或债务的增加，如对外提供劳务要发生工资支出，销售商品要发生设备、房屋及材料的耗费，会计上将这种能够用货币计量的现金流出或耗费称为费用。

企业的收入与费用在量上是可以比较的，如果收入大于费用，企业就获得了利润；反之则为亏损。如果企业获得了利润，所有者将要求分享利润中的一部分，即利润分配；如果出现亏损，所有者应承担亏损造成的损失，并采用一定的方式进行弥补，以保证经济活动在原有的规模上进行，即亏损弥补。

综上分析，可以总结为：会计对象是企业会计工作的客体，是会计核算和监督的内容，它具体是指能以货币表现的企业经济活动，即企业的资金及其运动过程。图 3—2 列示了工业企业的资金运动过程。

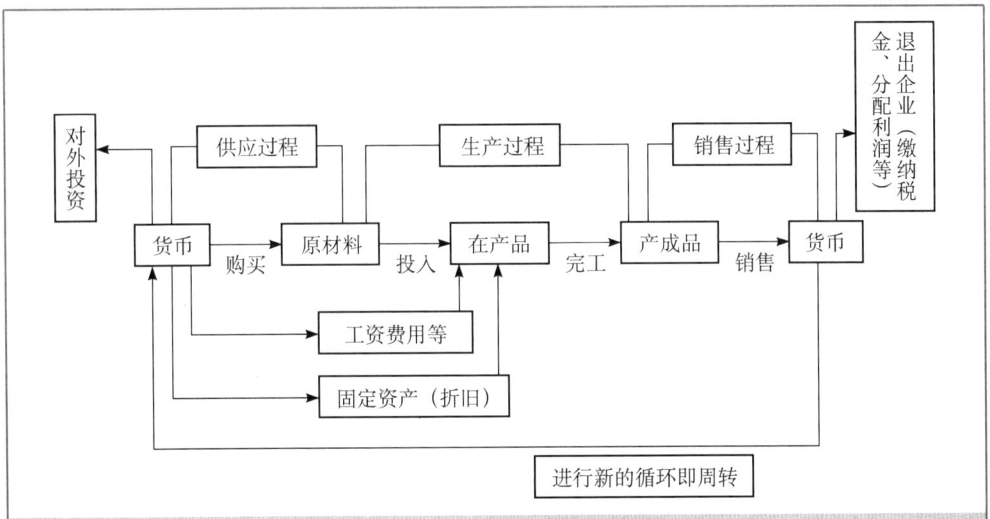

图 3—2　工业企业的资金运动过程

3.2 会计要素

企业在日常经营活动或业务活动中所表现出的资金运动构成了会计核算和会计监督的内容，即会计对象。会计要素是对会计对象所作的基本分类，是会计核算对象的具体化，是用于反映会计主体财务状况和经营成果的基本单位。由于会计要素是对会计对象的分类，所以会计要素是主观的，也就是说，不同的国家可以有不同的会计要素。我国《企业会计准则》将会计要素界定为六个，即资产、负债、所有者权益、收入、费用和利润。将会计对象划分为六个会计要素的根本目的是，便于进行会计核算和编制会计报表，分门别类地为企业外部的信息使用者和企业内部的管理者提供有用的经济信息。其中，资产、负债和所有者权益是反映企业财务状况的要素，即资产负债表的构成要素；收入、费用和利润是反映企业经营成果的要素，即利润表的构成要素。

3.2.1 会计要素的确认、计量和记录

《中华人民共和国会计法》第二十五条规定："公司、企业必须根据实际发生的经济业务事项，按照国家统一的会计制度的规定确认、计量和记录资产、负债、所有者权益、收入、费用、成本和利润。"

确认，是确定是否将企事业单位中的经济业务事项作为资产、负债等会计要素加以记录账簿和列入报表的过程；计量，是用货币或其他度量单位计算各项经济业务事项和结果的过程；记录，是用专门的会计处理方法在会计凭证、会计账簿、财务会计报告中登记经济业务事项的过程。确认主要解决某项经济业务事项"是什么，是否应当在会计上进行反映"的问题；计量主要解决某项经济业务事项在会计上"反映多少"的问题；记录主要解决某项经济业务事项在会计上"如何登记"的问题。

在对会计要素进行确认、计量、记录时必须注意两点：一是必须根据实际发生的经济业务事项进行确认、计量和记录；二是确认、计量、记录会计要素应当按照国家统一的会计制度的规定进行。

3.2.2 资产

1. 资产的确认

"巧妇难为无米之炊"，企业要从事生产经营活动必须具备一定的物质条件。在市场经济条件下，这些物质条件具体表现为货币资金、机器设备、厂房场地、原材料等，称为资产，因为这些资产具有一定的物质形态，又称为有形资产。除有形资产外，资产还包括不具备物质形态但有助于企业进行生产经营活动的专利权、商标权等无形资产，以及企业的对外投资。

资产是指过去的交易或事项形成的、由企业拥有或控制的、预期会给企业带来经济利益的资源。资产具有以下特征：

（1）资产预期能够给企业带来经济利益。这是资产的基本特征。资产能够带来未来经济利益，是指资产直接或间接地增加流入企业的现金或现金等价物的能力，如货币资金可以用来购买原材料、机器设备、厂房等，企业利用购买的这些原材料、机器设备可用于制造产品，出售产品后收回的货款即为企业所获得的经济利益。如果一项资产丧失了这种能力，则应终止确认其为资产，如某项待摊费用如果已经不能使企业受益，其摊余价值应一次全部转入当期成本、费用，不得留待以后期间摊销；一项设备如不再对企业有任何使用价值，也不具有市场价值，就应当将其报废，退出资产行列。如果这种能力下降，则应对下降部分调整资产账面价值，如企业的短期投资、应收款项、存货、委托贷款、长期投资、固定资产、在建工程、无形资产等预计发生的减值，应计提资产减值准备。

按照这个规定，企业的一些已经不能带来未来经济利益流入的项目，如陈旧毁损的实物资产、已经无望收回的债权资产等，都不能再作为资产来核算和列报。现

在，很多企业的资产和利润被虚夸，会计信息严重失真，潜亏严重，其中很重要的一个原因就是在会计核算中没有强调构成资产的这一标准，导致许多已经不能带来未来经济利益的项目仍被列为资产，形成巨额不良资产，积重难返。

这一资产的确认、计量原则，充分体现了资产所具有的最重要的质量特征，同时也是谨慎性原则的贯彻实施，对于挤干企业会计信息中的“水分”，促进企业会计信息真实、完整地反映客观实际情况，有着积极的作用。

(2) 资产是由过去的交易、事项所形成的。资产的成因是资产存在和计价的基础，资产必须是现时的资产。未来的、尚未发生的事项的可能后果不能确认为资产。对预期的资产不予确认，如不能根据谈判中的交易或者计划中的经济业务来确认资产。

(3) 资产从本质上讲是一种经济资源。资产可以作为要素投入企业的生产经营活动。这就把资产同一些已经不能再投入企业作为生产经营要素的耗费项目区别开来。

(4) 资产是企业所拥有的，或者即使不为企业所拥有，也是企业所能控制的。强调权属是会计主体假设的必然要求。拥有是从所有权的角度判断，而控制则是从支配权的角度判断，体现了“实质重于形式”的原则。如对于融资租入固定资产，企业虽然不拥有所有权，但有实际的控制权，可以作为企业的资产确认；对于以经营租赁方式租入的固定资产，由于租入企业既不拥有所有权，也不拥有控制权，所以不能将其确认为企业资产。

符合资产定义的资源，在同时满足以下条件时，确认为资产：1) 与该资源有关的经济利益很可能流入企业；2) 该资源的成本或者价值能够可靠地计量。

符合资产定义和资产确认条件的项目，应当列入资产负债表；符合资产定义但不符合资产确认条件的项目，不应当列入资产负债表。

2. 资产的分类

为了正确反映企业的财务状况，按照不同的标准，资产可以有多种分类方法。

(1) 按资产的流动性，可分为流动资产和非流动资产。流动资产是指可以在一年或者超过一年的一个营业周期内变现或耗用的资产，主要包括现金、银行存款、短期投资、应收及预付款项、存货等。有些企业的经营活动比较特殊，经营周期可能长于一年，如造船企业、飞机制造企业、大型机械制造企业等，从购买原材料、制造完工、实现销售至收回货款，一般周期比较长，往往要超过一年，此时，就不能以一年内变现作为流动资产的划分标准，而应将一个营业周期内变现作为流动资产的划分标准。除流动资产以外的其他资产，都属于非流动资产，如长期投资、固定资产、无形资产以及其他资产等。按流动性对资产进行分类，有助于了解企业资产的变现能力，并通过计算流动比率、速动比率等来分析企业的偿债能力。

(2) 按资产有无实物形态，可分为有形资产和无形资产。具有实物形态的资产如原材料、机器设备、厂房场地等是有形资产，因为它们具有物质实体；不具有实物形态的资产如货币资金、应收账款、短期投资、长期投资、专利权、商标权等为无形资产，因为它们没有物质实体，而是表现为某种法定权利或技术，这是广义上的无形资产。狭义上的无形资产仅指专利权、商标权等不具有物质形态，但能给企业带来超额利润的非货币性资产。随着技术的进步和竞争的加剧，无形资产在企业中的作用越来越大。

对资产进行科学合理的分类是进行会计核算和编制会计报表的基础。在资产负债表中，资产一般是按照其流动性从强到弱的顺序依次列报的。所谓流动性，指的是周转、变现的能力。

3.2.3 负债

精明的商人善于利用别人的钱来为自己赚钱。负债是企业权益的重要组成部分，是形成企业资产的途径之一。要全面反映企业的财务状况，在正确反映企业资产的同时，必须重视企业的负债。

1. 负债的确认

负债是指企业过去的交易或事项形成的、预期会导致经济利益流出企业的现时义务。现时义务是指企业在现行条件下已承担的义务。未来发生的交易或事项形成的义务，不属于现时义务，不应当确认为负债。负债具有如下特征：

（1）负债是由过去的交易或事项形成的。作为现时义务，负债是过去已经发生的交易或事项所产生的结果，是现时义务。只有过去发生的交易或事项才能增加或减少企业的负债。与资产一样，对于将来要发生的经济业务所可能产生的债务不能作为负债确认，如不能根据签订的采购合同来确认一笔负债。如果是过去的交易或事项形成的潜在义务，其存在需要通过未来不确定事项的发生或不发生予以证实，这样的义务不是负债，而是或有负债。

（2）对债务人的资产具有要求权，对负债的清偿预期会导致经济利益流出企业。清偿负债导致经济利益流出企业的形式多种多样，如用货币资金偿债；用实物资产偿债；以提供劳务偿债；部分提供劳务、部分提供资产偿债；以将负债转为所有者权益的方式偿债等。以债转股形式清偿债务，虽然没有实物资产流出，但转让出去的是企业净资产的所有权，也是经济利益流出企业。对于负债，企业一般不能回避。

（3）必须有能用货币确切计量或合理估计的金额。负债一般有一个确切的到期偿付金额，或者虽无确切金额，但有一个合理的估计数。若既无法确切计量又无法合理估计其金额，在会计上就不应该确认为负债。

（4）负债一般应有确切的受款人和偿付日期，或者受款人和偿付日期可以合理地估计。符合负债定义的义务，在同时满足以下条件时，确认为负债：1）与该义务有关的经济利益很可能流出企业；2）未来流出的经济利益的金额能够可靠地计量。符合负债定义和负债确认条件的项目，应当列入资产负债表；符合负债定义但不符合负债确认条件的项目，不应当列入资产负债表。

2. 负债的分类

（1）负债按偿还期限的长短，可分为流动负债和非流动负债。流动负债，是指将在一年内（含一年）或者超过一年的一个营业周期内偿还的债务，包括短期借款、应付票据、应付账款、预收账款、应付职工薪酬、应付股利、应交税费、一年内到期的长期借款部分等。非流动负债，是指偿还期限超过一年或超过一个营业周期的负债，包括长期借款、应付票据、长期应付款等。按负债偿还期限的长短，可大致分析企业的偿债能力。

（2）按产生负债的事实是否确定，未来偿付金额、偿付时间是否确定，可将负债划分为可确定性负债和或有负债。我们通常所说的负债主要是指可确定性负债。或有负债，是指过去的交易或事项所形成的潜在义务，其存在须通过未来不确定事项的发生或不发生予以证实；或过去的交易或事项形成的现时义务，履行该义务不是很可能导致经济利益流出企业，或该义务的金额不能可靠地计量。

3.2.4　所有者权益

所有者权益是指企业资产扣除负债后由所有者享有的剩余权益。公司制企业的所有者权益又称股东权益。所有者权益的来源包括所有者投入的资本、直接计入所有者权益的利得和损失、留存收益等。直接计入所有者权益的利得和损失，是指不应计入当期损益、会导致所有者权益发生增减变动的、与所有者投入资本或向所有者分配利润无关的利得或损失。

利得是指由企业非日常活动所形成的、会导致所有者权益增加的、与所有者投入资本无关的经济利益的流入；损失是指由企业非日常活动所发生的、会导致所有者权益减少的、与向所有者分配利润无关的经济利益的流出。

所有者权益金额取决于资产和负债的计量，是指所有者在企业资产中享有的经济利益；所有者权益项目应当列入资产负债表，是企业投资人对企业净资产的所有权，具体分为四个部分：

一是所有者投资形成的实收资本（股份公司称为股本），实收资本在数量上一般等于企业的注册资本。

二是资本公积，主要包括资本溢价和股本溢价、直接计入所有者权益的利得和损失。

三是盈余公积，指按国家规定从税后利润中提取的各种积累资金。《中华人民共和国公司法》规定：公司分配当年税后利润时，应当提取利润的10%列入公司法定公积金。公司法定公积金累计额为公司注册资本的50%以上的，可以不再提取。公司从税后利润中提取法定公积金后，经股东会或者股东大会决议，还可以从税后利润中提取任意公积金。法定公积金转为资本时，所留存的该项公积金不得少于转增前公司注册资本的25%。

四是未分配利润，是企业留待以后年度进行分配的结存利润。企业期末未分配利润＝期初未分配利润＋本期实现的净利润－提取的各种盈余公积和分配给股东的利润。未分配利润也是企业所有者权益的组成部分，是未指定特殊用途的部分，企业对其使用具有较大的自主权。盈余公积和未分配利润合称为留存收益。

所有者权益这四个部分在资产负债表中是按永久性递减排列的。越是排在前面的部分，稳定性越强，永久性越长。实收资本是法定资本，非经法定程序不得任意减少。需要明确的是，企业所有者权益只是在整体、抽象意义上与企业资产保持数量对应关系，而并不与具体、特定的资产形态保持一一对应的直接关系。企业所有者可以用各种资产形式（货币资金、固定资产、存货及无形资产等）对企业进行投资，一旦这些投资进入企业，便成为受资企业的资产，受资企业可以根据经营需要变更这些资产的形态。企业所有者与企业在会计意义上是两个主体，所有者投入企业的资产，其支配权属于企业，所有者只剩下抽象意义的所有权，当初投资的具体资产形态已经消失了。这就为不同所有者用不同资产形态对企业进行投资提供了可能。

实收资产和资本公积虽然都属于投入资本的范畴，但二者有明显的区别。实收资本一般是投资者投入的、为谋求价值增值的原始投资，而且属于法定资本，与企业的注册资本相一致。实收资本在工商管理登记中和会计核算上，都有比较严格的限制。资本公积有特定来源，其主要来源是资本（股本）溢价，是企业的投入资本（实缴资本超过股票面值或设定价值的部分），但由于法律的规定而无法直接以资本的名义出现。某些来源形成的资本公积，并不需要由原投资者投入，也并不一定需要谋求投资回报，如企业持有的可供出售金融资产的公允价值变动所形成的资本公积。不同来源形成的资本公积由所有投资者共同享有。投资者投入的资本通常被视为企业的永久性资本，一般不能任意支付给股东。通常在企业清算时，在清偿所有的负债后才可将剩余部分返还给投资者。

资本公积与盈余公积不同，盈余公积是从净利润中提取的，是净利润的转化形式，而资本公积的形成有其特定的来源，与企业的净利润无关。资本公积与净利润有本质的区别，在会计上通常需要划分资本与收益的界线。收益（净利润）是企业经营活动产生的成果，可以分配给投资人；资本公积是企业所有者投入资本的一部分，具有资本的属性，与企业的净利润无关，所以它不是净利润的一部分。

资本公积由全体股东享有，资本公积在转增资本时，按各个股东在实收资本中所占的投资比例计算的金额，分别转增各个股东的投资金额。

所有者权益具有以下特征：

第一，所有者投资所形成的资产可供企业长期使用，其出资额依法登记后，一般不得抽回。除非发生减资、清算，企业不需要偿还所有者权益。

第二，所有者投资所形成的资产是企业清偿债务的物质保证。在清偿顺序上，所有者权益列在负债之后，只有在清偿所有的负债后，所有者权益才能返还给所有者。

第三，所有者以其出资额享有获取企业利润的权益，同时也相应承担企业的经营风险。

3.2.5 收入

对于一个会计主体而言，收入表现为一定期间的现金流入、其他资产的增加或负债的减少。但是，并非所有因资产增加或负债减少而引起的所有者权益增加都是企业的收入，如所有者对企业的投资业务，虽然会引起资产增加或负债减少并使所有者权益增加，但这并不是企业的收入业务。收入是企业持续经营的基本条件，企业要经营下去，就必须取得收入，以补偿其经营活动中的耗费。收入的确认是经营成果的最初形式。

1. 收入的确认

收入是指企业在日常活动中形成的、会导致所有者权益增加的、与所有者投入资本无关的经济利益的总流入。具体包括主营业务收入和其他业务收入，不包括为第三方或客户代收的款项。收入具有以下特点：

（1）收入是企业日常活动产生的收益。在此主要强调的是日常活动。日常活动是指企业持续的、主要的或核心的业务活动。日常活动所取得的收入主要是指营业收入，它与营业外收入相区别。营业外收入是企业的偶然所得，与日常活动没有直接的关系，如处置固定资产净收益、罚款收入等，它们属于利得而不是收入。

（2）收入会增加企业的经济利益。收入可能表现为企业资产的增加，如货币资金、应收账款等的增加；也可能表现为负债的减少，如以商品或劳务抵偿债务；还可表现为二者的组合，如销售实现时，部分冲减预收款，部分增加银行存款或应收账款等。企业通过销售商品、提供劳务、让渡资产使用权等日常经营活动，取得经济利益。这些经济利益表现为不同资产，如现金、应收款项等。这也是判断企业收入真实可靠的主要鉴别标准。比如，一些企业为了在年度终了时扩大业绩，利用不正当手段制造假收入，虚开发票，次年再冲回，这种做法虽然能使企业账面收入增加，但并不能增加企业的经济利益，所以这不是真实的收入。例如蓝田股份作假：现金流入做收入，流出做投资，使资产虚增17亿元。

（3）收入是个总额，它没有扣除各种成本或费用。扣除了成本或费用后的收入净额，即利润或亏损，不一定会增加企业的所有者权益。

（4）收入只包括本企业经济利益的流入，不包括为第三方或客户代收的款项。企业为第三方或客户代收的款项，如增值税、代收利息等，一方面增加了企业的资产，另一方面增加了企业的负债，而所有者权益并没有增加，所以这种业务不属于本企业的经济利益，不应确认为企业的收入。

2. 收入的分类

按收入的性质，可将企业收入分为销售商品收入、提供劳务收入和让渡本企业资产的使用权所取得的收入。其中，让渡本企业资产使用权所取得的收入，主要表现为对外贷款的利息收入，对外投资的债券投资利息收入、股票投资股息收入，以及对外出租资产的租金、租赁收入等。

按企业经营业务的主次，可分为主营业务收入和其他业务收入。主营业务收入和其他业务收入的划分，是相对于企业的经营内容和发展目标而言的，并非一成不变。一般而言，主营业务收入所占企业营业收入的比重较大，而其他业务收入所占比重较小。主营业务收入是企业为完成其经营目标而从事的日常经营活动中的主要项目，如工商企业的销售商品收入、金融企业的贷款利息收入等。其他业务收入是主营业务以外的其他项目，如工业企业销售原材料所实现的收入、商品流通企业销售包装物所实现的收入、银行的中间业务收入等。

收入只有在经济利益很可能流入从而导致企业资产增加或者负债减少，且经济利益的流入额能够可靠计量时才能予以确认。符合收入定义和收入确认条件的项目，应当列入利润表。

3.2.6 费用

一般来讲，收入是费用发生的结果，费用是获得收入的代价。企业发生费用表现为资产减少或负债增加，即所有者权益减少。但是，并不是所有因资产减少或负债增加而引起的所有者权益减少都意味着企业发生了一项费用，如所有者的撤资业务和企业的利润分配业务，尽管会引起资产减少或负债增加，并使所有者权益减少，但这并不是企业发生费用的经济业务。

1. 费用的确认

费用是指企业在日常活动中发生的、会导致所有者权益减少的、与向所有者分配利润无关的经济利益的总流出。费用与收入相配比，是企业日常经营活动包括生产产品、提供劳务等活动中耗用的资产或承担的义务，表现为企业经济利益的减少。这里的费用是狭义的费用概念，主要包括计入利润表中的营业成本和期间费用，也就是与当期收入相配比的费用。广义的费用概念是指企业在生产经营过程中发生的各项耗费，既包括生产经营过程中的生产费用，也包括计入利润表的费用。费用具有以下特征：

（1）费用是企业在日常活动中发生的经济利益的流出，而不是从偶发的交易或事项中发生的经济利益的流出。工商企业销售的商品、金融企业支付的存款利息等所发生的经济利益的流出，属于费用；企业所得税属于日常活动中发生的经济利益的流出，也是费用。但是，有些交易或事项虽然也能使企业发生经济利益的流出，但由于不属于企业的日常经营活动，所以，其经济利益的流出不属于费用而是损失，如固定资产清理损失。

（2）费用可能表现为资产的减少，或负债的增加，或二者兼而有之。例如，支付当期工资，一方面费用增加，另一方面现金资产减少；计提银行借款利息，一方面费用增加，另一方面负债增加。

（3）费用将引起所有者权益的减少。

2. 费用的分类

（1）按照费用与收入的关系，费用可以分为营业成本和期间费用。费用的确认应与收入的确认相配比，配比的方式有因果配比和期间配比两种，利用因果配比方式来确认和计量营业成本。营业成本是指所销售商品或提供劳务的成本。营业成本按照其所销售商品或提供劳务在企业日常活动中所处的地位可以分为主营业务成本和其他业务成本。期间费用包括管理费用、销售费用和财务费用。管理费用是企业行政管理部门为组织和管理生产经营活动而发生的各种费用；销售费用是企业在销售商品、提供劳务等日常活动中发生的除营业成本以外的各项费用，以及专设销售机构的各项经费；财务费用是企业筹集生产经营所需资金而发生的费用。

(2) 成本按性态分类。根据成本的总额对业务总量（产量或销售量）的依存关系，把企业的全部成本分为固定成本、变动成本和混合成本三类。成本按性态分类是管理会计的基石，许多决策方法特别是短期决策方法需要借助于这一分类方法。固定成本是指其总额在一定期间和一定业务量范围内，不受业务量变动的影响，相对保持不变的成本，如管理人员的工资、办公费、直线法计提的折旧费等。变动成本是指在一定期间和一定业务量范围内其总额随着业务量的变动而呈正比例变动的成本，如直接材料费、计件工资等。混合成本是指介于固定成本和变动成本之间的成本，如水费、电费、电话费等一些半变动成本。在实际决策中，一般将混合成本按一定的方式转化为固定成本和变动成本，使成本总额符合 $y=a+bx$ 模型。

费用只有在经济利益很可能流出从而导致企业资产减少或者负债增加，且经济利益的流出额能够可靠计量时才能予以确认。企业为生产产品、提供劳务等发生的可归属于产品成本、劳务成本等的费用，应当在确认产品销售收入、劳务收入等时，将已销售产品、已提供劳务的成本等计入当期损益；企业发生的支出不产生经济利益的，或者即使能够产生经济利益但不符合或者不再符合资产确认条件的，应当在发生时确认为费用，计入当期损益；企业发生的交易或事项导致其承担了一项负债而又不确认为一项资产的，应当在发生时确认为费用，计入当期损益。符合费用定义和费用确认条件的项目，应当列入利润表。

3.2.7　利润

企业作为独立的经营实体，应当以自己的营业收入抵补营业支出，并实现盈利。企业在一定期间利润的大小直接反映出企业在该期间的经济效益。严格说来，要正确地计算企业所实现的利润，需要等到企业停止经营时，出售其全部资产和偿还全部负债，才能准确计算从企业开业到停业所增加的现金资产总额，进而确定利润总额。但这是不现实的。对于持续经营的企业，要计算利润，必须适当划分会计期间，按期计算盈亏，利润在金额上表现为收入减费用。其计算公式如下：

利润＝收入－费用

下面举例分析企业会计要素之间的数量关系。

刘华医师经批准独资兴办诊所。2×08 年 1 月 31 日，他以个人现金 100 000 元投入企业作为资本并存入银行，同日他以银行存款 60 000 元购置一套住房作为诊所的营业用房，2 月 10 日又向别人借入现金 500 元作为周转资金，2 月 12 日用银行存款支付已采购药品款 15 000 元，2 月份该诊所共发生诊费收入 20 000 元已存入银行，为取得这些收入发生了工资费用 2 000 元已用银行存款支付，销售药品的成本10 000元。请分析该诊所 2 月份期初和期末会计要素之间的数量关系。

期初（2月1日）该诊所资产、负债及所有者权益的数量关系如下：

单位：元

资产		负债	
银行存款	40 000		
固定资产	60 000	所有者权益	
		资本——刘华	100 000
资产合计	100 000	负债及所有者权益合计	100 000

资产（40 000 元＋60 000 元）＝负债（0）＋所有者权益（100 000 元）

所有者权益（净资产）＝资产（100 000 元）－负债（0）＝100 000 元

期末（2月28日）该诊所的收入、费用及利润的数量关系如下：

单位：元

项目		金额
收入		20 000
费用		12 000
药品成本	10 000	
工资费用	2 000	
利润		8 000

收入（20 000 元）－费用（12 000 元）＝利润（8 000 元）

期末（2月28日）该诊所的资产、负债及所有者权益的数量关系如下：

单位：元

资产		负债	
现金	500	短期负债	500
银行存款	43 000		
药品存货	5 000	所有者权益	
固定资产	60 000	资本——刘华	108 000
资产合计	108 500	负债及所有者权益合计	108 500

资产（500 元＋43 000 元＋5 000 元＋60 000 元）

＝负债（500 元）＋所有者权益（108 000 元）

3.3 会计科目

会计科目是对会计对象具体内容即会计要素进一步分类的项目。每一个会计科目都有明确的含义和核算范围。企业设置会计科目，是为了全面系统地反映和监督各项会计要素的增减变动情况，为决策者提供分类的会计信息。通过设置会计科目，可以将企业复杂的经济业务进行科学的分类，从而将复杂的经济信息转化成有规律、易识别的经济信息，为生成会计信息准备条件。在会计核算的各种方法中，设置会计科目占有重要的位置，它决定着账户的开设和报表结构的设计，是一种基本的会计核算方法。我国的会计科目依据企业会计准则中确认、计量和报告的规定制定，涵盖了各类企业的交易或事项。企业在不违反会计准则中确认、计量和报告规定的前提下，可以根据本单位的实际情况自行增设、分拆、合并会计科目。企业不存在的交易或事项，可不设置相关会计科目。对于明细科目，企业可以自行设置。

3.3.1 设置会计科目应遵循的原则

会计科目作为对会计要素进行分类的标志，需要按照一定的原则来设置。一般来说，会计科目的设置应满足合法性原则、相关性原则和实用性原则。具体地说，会计科目的设置，应遵循以下原则：

1. 必须结合会计对象的特点，全面反映会计对象的内容

结合会计对象的特点，就是根据不同单位经济业务的特点，本着全面核算其经济业务的全过程及结果的目的，确定应设置哪些会计科目。会计对象的特点包含两方面的内容：(1) 行业的特点。行业不同，其生产经营活动的内容也有差别，设置的会计科目也会不同。如工业企业的主要经营活动是制造产品，为制造产品必然会有各种各样的耗费，为制造产品而发生的耗费构成产品的成本，为此工业企业应设置“生产成本”会计科目，用于归集产品的生产成本。而商业企业的主要经营活动是组织商品流通，因此不需要设置“生产成本”会计科目。(2) 各企业的特点。每个企业的生产经营活动均有其各自的特点，设置的会计科目也各不相同。例如，同为工业企业，如果一个企业为上市公司，则要求其会计信息披露充分，设置的会计科目可能多于非上市公司。设置会计科目时，应能保证会计科目全面系统地反映会计对象的全部内容。

2. 设置会计科目必须考虑会计信息使用者的要求

会计信息使用者包括政府有关部门、企业内部管理部门、企业投资者及债权人。政府部门需要根据企业的会计信息掌握国家经济运行状况，据此进行宏观决策，为此要求设置统一的会计科目，规定每一会计科目的核算范围和内容、会计科目的使用方法等，以便于会计信息的汇总，保证各企业会计信息的可比性。企业内部经济管理部门需要根据会计信息，掌握企业的财务状况和经营成果，据此进行有关经营管理方面的决策，为此要求按照企业经济管理的需要设置会计科目。企业投资者及债权人需要根据企业会计信息，掌握企业的偿债能力和盈利能力，据此进行有关投资决策，因而要求企业会计为满足其要求设置会计科目。

3. 设置会计科目要将统一性与灵活性结合起来

所谓统一性，就是在设置会计科目时，根据企业会计制度的要求对一些主要会计科目的设置进行统一的规定，对于核算指标的计算标准、口径都要统一。所谓灵活性，就是在能够提供统一核算指标的前提下，各个单位根据自己的具体情况及投资者的要求，设置或增补会计科目。贯彻统一性和灵活性相结合的原则设置会计科目，实际上是为了保证会计信息的有用性，进而满足企业内部和外部信息使用者的需求。在具体工作时要防止两种倾向：一是要防止会计科目过于简单化，过于简单

就不能提供准确的信息；二是要防止会计科目过于烦琐，如果核算资料超过会计信息使用者的要求，就会不合理地加大会计核算的工作量，不符合成本效益原则。

4. 会计科目设置要有周延性和互斥性

所谓周延性，是运用全部一级科目，能全面、完整地规范本企业的会计对象要素，能涵盖所有会计要素的一切增减变化的全部内容，能反映企业的整个经济业务。发生任何一笔会计事项都相应地有一个一级科目可以使用，不致有所遗漏。同样，就二级科目和明细科目来说，凡设有二级科目的一级科目，集合它所统驭的全部二级科目要能穷尽这个一级科目的全部内容；集合某个二级科目所统驭的全部明细科目，要能穷尽这个二级科目的全部内容。所谓互斥性，是指每个科目（包括一级、二级和明细科目）所规范的内容都有严格确切的范围，各个科目相互之间界限明确，不容许含混不清或相互交叉。发生任何一笔经济业务只能有一个科目可以适用，不致混乱。

5. 遵循成本效益原则，设置的一级科目的数量要适当

一级科目数量过多，处理业务时选用科目不方便，对以后的试算平衡和编制报表工作不利；但一级科目过少，则获得的分类数据指标往往难以确切地说明客观情况，从而对会计信息的质量产生不利影响。

6. 会计科目设置要考虑报表、计划和统计指标

报表、计划和统计指标，只能依靠整个会计科目体系（包括一级、二级和明细科目）来满足需要，因此，有必要使会计科目的设置与报表、计划和统计指标保持大体一致。但不能要求一级科目的设置必须与统一报表项目一一对应，也不宜强调直接根据总分类账户数字填列统一报表。片面追求编表填写的简便，会使会计科目设计复杂，账务处理困难。

7. 设有分支机构的单位，总机构与分支机构的相应会计科目要保持大体一致

总机构与分支机构之间关于资金调拨和其他结算业务，所属各分支机构之间的结算往来，应设置相应的对口科目，对于核算同一业务的科目，其名称和内容应相互一致，以便于总机构进行检查、管理、对账以及汇总编制合并报表。

8. 科目名称的含义要确切、简明、通俗

科目名称必须按照企业会计制度的规定命名，基层单位一般不应自立名目。必须增删或合并使用会计科目时，应不影响统一会计报表的编制。在制定统一会计制度时，对科目名称应考虑含义确切、简明通俗，以利核算工作。

3.3.2 会计科目的分类

为了正确使用会计科目，应按一定的标准对会计科目进行分类。会计科目的分类方法通常有下列几种：

1. 按其核算的经济内容分类

每个会计科目核算的经济内容是不同的，会计科目按其反映的经济内容，可以分为六大类：资产类、负债类、共同类、所有者权益类、成本类、损益类。每一大

类会计科目可按一定的标准再分为小类。

资产类科目，按资产的流动性分为反映流动资产的科目和反映非流动资产的科目。反映流动资产的科目有“库存现金”、“原材料”、“库存商品”、“应收账款”等科目；反映非流动资产的科目有“长期股权投资”、“固定资产”、“无形资产”等科目。

负债类科目，按负债的偿还期限分为反映流动负债的科目和反映非流动负债的科目。反映流动负债的科目有“短期借款”、“应付账款”、“应交税费”等科目；反映非流动负债的科目有“长期借款”、“应付债券”、“长期应付款”等科目。

共同类科目，按业务性质不同，可具体分为“清算资金往来”、“ 货币兑换”、“衍生工具”、“ 套期工具”、“ 被套期项目”等科目。

所有者权益类科目，按权益的形成和性质可分为反映资本的科目和反映留存收益的科目。反映资本的科目有“实收资本”和“资本公积”等科目；反映留存收益的科目有“盈余公积”、“本年利润”、“利润分配”等科目。

成本类科目，主要反映企业在生产产品和提供劳务过程中发生的成本的科目，如“生产成本”、“制造费用”及“劳务成本”科目。

损益类科目，主要反映企业在生产经营过程中取得的各项收入和发生的各项费用的科目。收入类科目，如“主营业务收入”、“其他业务收入”等科目；费用类科目，如“管理费用”、“财务费用”、“销售费用”、“所得税费用”等科目。

2. 按其提供核算指标的详细程度分类

会计科目按其提供核算指标的详细程度，可以分为总分类科目和明细分类科目。总分类科目，亦称总账科目或一级科目，它是对会计对象的具体内容进行总括分类的项目，能提供某一具体内容的总括核算指标。明细分类科目，是对总分类科目进一步分类的项目，它能提供某一具体经济业务的明细核算指标。在实际会计实务中，除少数总账科目，如“累计折旧”、“本年利润”等，不必设置明细科目外，大多数总账科目都需设置明细科目。明细科目提供的信息主要是满足企业内部管理的需要，所以明细科目主要是企业依据其具体经济业务需要而设置的。如果某一总分类科目所属的明细分类科目较多，可以增设二级科目。下面以原材料为例说明总分类科目与各级明细分类科目之间的关系，如表 3—1 所示。

表 3—1　　会计科目设置

总分类科目（一级科目）	明细分类科目	
	二级科目	三级科目
原材料	原料	甲材料 乙材料
	辅助材料	润滑油 油漆
	燃料	煤炭 汽油

3.3.3 会计科目的内容和级次

会计科目的内容是指在制定会计制度时要规定会计科目反映的经济内容和登记方法，要依据会计要素各组成部分的客观性质划分，并要适应宏观和微观经济管理的需要。按会计科目反映会计信息的详略程度，可将会计科目分为总分类科目和明细分类科目两个级次。总分类科目是对会计对象所作的总括分类，明细科目是对总分类科目所作的进一步分类。如果总分类科目下明细科目太多，可在总分类科目和明细科目之间增设二级科目。会计科目的级次要体现会计信息的详细程度，要兼顾会计信息使用者的需要。一般情况下，会计科目的级次可分为以下两类：总分类科目和明细分类科目。

一般说来，会计科目可分为二级、三级、四级等级次，级次的多少取决于企业需要会计信息的详细程度，需要的会计信息越详细，会计科目的级次越多；反之越少。总分类科目统辖下属数个明细科目，或者统辖下属数个二级科目，再在每个二级科目下设置明细科目。比如，上例某个需要消耗多种原材料的会计主体，它的原材料账户设置为三级（见表3—1）。其中，原材料为一级账；原料、辅助材料和燃料为二级账；原料下又分为甲材料、乙材料等，它们属于三级账。在三级账下，还可根据需要进一步设置四级账，如在汽油三级账下设置90号汽油、93号汽油等四级账。习惯上，将一级账称为“总分类账户”或“总括账户”，它们位于账户体系的最高层次，二级以下的账户，统称为“明细分类账户”或“补充账户”。

3.3.4 会计科目编号

企业和各个单位在进行会计核算时，所运用的会计科目很多，为了表明它们的性质及所属的类别关系，便于记账时迅速、准确地使用会计科目，并有助于会计核算从传统的手写簿记系统逐步发展为电子数据处理系统，我国财政部统一规定的会计科目，都按照一定的方法予以编号。

会计科目编号的常用方法是数字编号法。采用这种编号方法，一般用四位数字作为每个会计科目的号码，并规定每一位数字所代表的特定含义。从左至右的第一位数字表示会计科目的主要大类，例如，可用“1”表示资产类科目，用“2”表示负债类科目，用“3”表示共同类科目，用“4”表示所有者权益类科目，用“5”表示成本类科目，用“6”表示损益类科目；第二位数字表示会计科目的主要大类下属的各个小类，例如，在资产类科目中，用“0”表示货币资金类科目，用“4”表示材料类科目，用“6”表示固定资产类科目等；第三位、第四位数字表示各小类下的各个会计科目，例如，在货币资金类科目中，用“01”表示“库存现金”科目，用“02”表示“银行存款”科目等。在国家规定的会计科目表中，科目编号并不连续，允许企业在不影响会计报表使用者需求的情况下，根据自身的需要增加一些会计科目，这是统一性与灵活性原则的具体体现。

经济业务比较复杂，拥有账户数量较多，需要会计信息较为详细的公司，其科目编码一般都较长。如重庆普金软件公司对银行存款的核算采用三级账的形式，其编码有八位数字，在中国银行人民币账户上的存款用“10020201”表示。美国的科洛克斯公司，其账户代码长达 35 位，可见其会计核算是多么详细。这种账户编码系统能够反映企业经济业务的多样性和复杂性。科目编号与科目级次如图3—3所示。

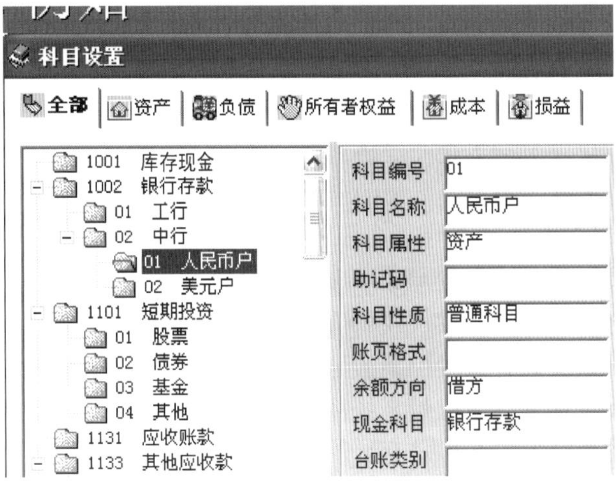

图 3—3　科目编号与科目级次

练习题

一、选择题

1. 企业购买了价值 10 000 元的货物，并立即可以 15 000 元的价格出售，记录该批货物价值时，应遵守的会计计量属性或会计假设是（　　）。

A. 会计主体假设　　B. 可靠性　　C. 历史成本　　D. 持续经营假设

2. 企业拥有的能用货币计量的可以为企业带来经济利益的经济资源称为（　　）。

A. 资产　　B. 负债　　C. 所有者权益　　D. 应收款项

3. 企业资产总计为 140 000 元，负债 60 000 元，则所有者权益为（　　）元。

A. 0　　B. 80 000　　C. 140 000　　D. 200 000

4. 同时报告资产、负债和所有者权益的报表是（　　）。

A. 财务报表　　B. 资产负债表

C. 利润表　　D. 所有者权益变动表

5. 下列事项中，能够引起所有者权益减少的有（　　）。

A. 以低于成本价销售产品　　B. 用盈余公积弥补亏损

C. 宣告分配利润　　D. 宣布发放股票股利

E. 经批准，将盈余公积转增资本

6. 在会计实务中，下列事项中能够引起资产总额增加的有（　　）。

A. 支付在建工程人员工资
B. 转让短期投资产生收益
C. 计提未到期的长期债券投资的利息
D. 长期股权投资权益法下实际收到的股利
E. 从银行提取现金

7. 收入具有的特点有（　　）。
A. 收入能导致企业所有者权益的增加
B. 收入可以表现为企业资产的增加或企业负债的减少
C. 收入是从日常生产经营活动中产生的
D. 收入不仅仅包括本企业经济利益的流入
E. 收入可能会导致企业负债的增加

8. 资产具有的基本特征有（　　）。
A. 资产是由于过去的交易或事项所引起的
B. 资产必须是投资者投入或向债权人借入的
C. 资产是企业拥有或者控制的
D. 资产预期能够给企业带来经济利益
E. 资产的存在形式必须是有形的

9. 企业设置“待摊费用”和“预提费用”账户的依据是（　　）。
A. 可比性　　B. 权责发生制
C. 重要性　　D. 及时性

10. 应收账款科目代码是1122，科目代码1122001最有可能是指（　　）。
A. 负债　　B. 企业的一个客户
C. 企业的一个供应商　　D. 所有者

二、思考题

1. 会计对象、会计要素和会计科目三者的关系是什么?
2. 企业设置会计科目时应考虑哪些因素?
3. 总账科目与明细账科目各自的作用是什么?
4. 科目编号的作用是什么?

部分练习题答案

一、选择题

1. C　2. A　3. B　4. B　5. AC　6. BC　7. ABC　8. ACD　9. B　10. B

第 4 章 记录企业经济交易事项

内容预览

企业在商业上的成功需要以下条件：顾客需要你的产品或服务；企业具有以优惠的价格和较高的质量提供这些产品和服务的能力；企业领导者具有坚韧的毅力和永不放弃的追求卓越的精神。

在某种程度上，大多数企业都需要进行会计记录，这里的会计记录包括两方面的内容：一是反映企业的经营成果、现金流量和财务状况，因为企业的潜在客户都要求提供财务报表以了解企业的运营情况，预测企业的发展趋势；二是对企业的生产经营活动进行控制，以提高企业的管理水平，达到提高经济效益的目的。

会计对象是企业的资金及其运动过程。随着生产经营活动的进行，企业会发生许许多多的具体的资金运动形式。在会计上，除了将会计对象概括为资金运动这一总的说法，还根据实际概括出“交易”、“事项”、“经济业务”等说法。所谓“交易”，原意是指在一个会计主体与其他主体之间发生的，以商品或劳务购销为主要内容，体现等价交换的每一项经济活动。但把其运用到财务会计中，由于主体间的经济关系十分复杂，其范围并不局限于商品购销活动，还有理财及投资等其他活动。因此，财务会计上的“交易”，其内涵及外延均有扩展，往往泛指主体与主体之间或主体与外界一切单位之间已发生的每一项往来，这些经济往来（涉及企业外部）形成的数据含有财务信息，从而要由会计运用货币形式加以记录和反映，都可以视为交易。所谓事项，是指会计主体除了同外部发生经济关系外，在会计主体内部也会发生各种经济活动，这些活动所形成的数据，同样也含有财务信息，从而必须通过财务会计运用货币的形式加以记录和反映，这些不涉及外部、应由会计来记录和反映的经济活动，称为“事项”。在我国的习惯上，往往不分“交易”和“事项”，而统称为“经济业务”，有人也称之为“会计事项”。因此，在本书中，对“交易”、“事项”和“经济业务”、“会计事项”不加严格区分。

由于公司会计包含许多复杂的内容，为便于学习，按先易后难的顺序，我们首先主要讨论个人独资企业和合伙制企业的会计记录问题。这样，在账户的具体运用上，我们并不严格按照国家规定的公司制企业所采用的账户名称，而是根据国际通用的处理方法，采用比较通俗、易理解的账户名称表现形式，对账户的设置按需要而定。随着内容的深化，逐步过渡到采用国家会计制度规定的公司制企业所使用的账户名称。

4.1 会计等式

4.1.1 会计等式

企业的所有经济资源都来自某处。这些资源和其来源之间的基本会计关系（会计恒等式）可表述如下：

所有资源＝所有资源之来源

或　所有资源＝对所有资源的要求权＝权益

在某处来源的资源，某处就对其有要求权（求偿权），即权益。以货币表示的所有资源的数量必然同以货币表示的所有资源之来源的数量相等。在会计学中，企业的所有经济资源的抽象含义是资金，其具体形态称为资产，企业通过两种来源取得资产：借入（产生债务）和所有者投资。资产的货币数量必然等于债务的货币数量与所有者投资的货币数量之和。结果产生如下等式：

资产＝债务＋所有者投资

债务与所有者投资在会计学上分别称为债权人权益（负债）与所有者权益。所有者权益既包括所有者的直接投资，又包括未分配给所有者的企业盈余（净利润）。这样，上述等式（有时称为资产负债等式）在会计学上表述为：

资产＝债权人权益＋所有者权益＝负债＋所有者权益

负债是外部要求权，它是企业对外部有关机构或人士承担的经济义务，这些外部机构或人士通常被称为债权人；所有者权益是内部要求权，它是企业所有者对企业净资产（偿还债务后的资产）的要求权，所有者的这种权利源自他们对企业的投资。理解资产负债等式对于理解会计知识及财务报表至关重要。这一等式为我们编制资产负债表提供了理论依据，同时也向我们提供了一套检验会计核算准确性的系统工具（试算平衡）。这一检验系统称作复式记账法，这是由于每个经济事件都以两种方式对会计等式的平衡性产生影响，从而使等式得以平衡。为说明这一点，假设你投资 150 000 元设立一家企业，这 150 000 元投资影响了等式的两个因素：它增加了资产（现金是公司的一种资产）及所有者权益（投资的来源）。如果我们只增加资产或只增加所有者权益的话，这一等式将不能平衡。

资产＝负债＋所有者权益

150 000 元＝0 元＋150 000 元

再假设企业用 45 000 元购置厂房，这种情况下，厂房资产增加而现金资产减少，一种资产以等值交换另一种资产，我们会发现这一等式仍然平衡：

	资产	＝	负债	＋	所有者权益
期初余额	150 000 元	＝	0 元	＋	150 000 元
厂房	＋45 000 元				
现金	－45 000 元				
总计	150 000 元	＝	0 元	＋	150 000 元

现在假设公司需要银行提供一笔 6 个月的贷款以投入初期运作，这笔贷款的数目为 20 000 元。这笔交易使资产和负债都增加了，也就是说，资产项目即现金增加，而负债项目即到期应付的银行贷款项目也增加。应付银行贷款项目的增加显示企业从银行（企业资源之来源）收到现金（资源或资产），同时产生一项 6 个月内需要偿还的负债。

	资产	=	负债	+	所有者权益
初始平衡	150 000 元	=	0 元	+	150 000 元
现金	20 000 元				
应付银行贷款			20 000 元		
总计	170 000 元	=	20 000 元	+	150 000 元

我们会发现资产负债等式仍然平衡。当银行贷款偿还后，现金项目和应付银行贷款项目减少，这一等式仍保持平衡。必须清楚运用复式记账原则，每一经济行为都同时影响至少两个项目。

通过商业活动，资产增加，从而所有者权益增加。比如，一家企业对外销售产品或提供服务，收到现金或取得在将来某个时间收回现金的承诺，这种由买方作出的付款承诺叫做应收账款项目（如果这种承诺用书面文字写下来，并以正式票据证明，就是一项应收票据），这一项目也是资产的一种。这种情况下，我们会很容易发现这一会计等式还是保持平衡的，这是由于现金项目或应收账款项目增加，而销售或服务收入也增加了所有者权益。

通过商业活动，资产减少或负债增加，从而使所有者权益减少。比如，企业在向其客户销售产品或提供服务的过程中发生各种费用，这些费用包括工资支出、佣金支出、销售费用及所得税。假设企业通过向客户提供咨询服务得到 75 000 元收入，收到现金；同时产生 32 000 元工资支出，以现金支付；另外，产生了需下月支付的 10 000 元佣金支出。其对资产负债等式的影响如下：

	资产	=	负债	+	所有者权益
初始平衡	170 000 元	=	20 000 元	+	150 000 元
现金	+75 000 元				
咨询费收入					+75 000 元
工资支出					−32 000 元
现金	−32 000 元				
佣金支出					−10 000 元
应付佣金			+10 000 元		
总计	213 000 元		30 000 元		183 000 元

资产负债等式仍然保持平衡。作为会计要素，收入与费用相对于资产项目、负债项目及所有者权益项目并无差异，收入会增加所有者权益，费用则减少所有者权益。在上述会计等式中，我们分别接触了资产、负债、所有者权益、收入及费用等会计要素，简单讨论如下：

1. 资产

一家企业拥有多种资产，且每种资产在报表中以不同项目表示，每一项目有其自身名称。货币数量显示每一项目的余额。典型企业的资产包括现金、存货、土地、厂房、设备等项目。如上所述，企业通过借款或取得收入使得资产增加，通过偿债、费用支出或业主收回投资（业主撤资）使得资产减少。此外，一种资产可以用来交换另一种资产，如我们举例说明的，一家企业以现金购入厂房即属此列。

2. 负债

与资产相同，企业也以单独项目显示其负债。负债也称“应付账项”，而且在负债项目名称下也不难找到“应付”这个词。典型的负债账项包括应付账款（对卖方或他人欠款的账项）、应付银行贷款、应付职工薪酬、应付票据及应付债券。负债以多种方式增加，包括实际借款或承诺（应付项目）在将来某时为货物或服务付款而产生的负债，负债必须通过偿债才能得以减少。此外，一种负债可转换为另一种负债，例如，企业为偿还债务而再次借款（企业的短期借款转换为长期借款），实际上，是将一种贷款义务转为另一种，通常以协议形式进行更改。

3. 所有者权益

所有者权益是总资产减去负债后的剩余资产，故又称净资产。我们经常将会计等式进行变形，以反映所有者对企业的要求权，这种要求权是一项剩余权利，即扣除负债（债权人的要求权）后的剩余权利。

资产－负债＝所有者权益（企业净资产）

企业经营的目的就是通过为顾客提供商品或服务以增加收入进而增加企业资产和所有者权益。收入能够增加所有者权益，是因为收入能够提高企业的资产数额，而负债保持不变，因此所有者权益部分也相应增加。相对于所有者的投资活动，所有者撤资是企业所有者从企业撤出资金。费用是企业为顾客提供商品或服务过程中所有者权益的减少额，它是交易的成本，是收入的对立物。费用包括工资支出、办公支出、租金支出及广告支出等。图 4—1 反映了所有者投资和收入增加所有者权益，所有者撤资和费用减少所有者权益。

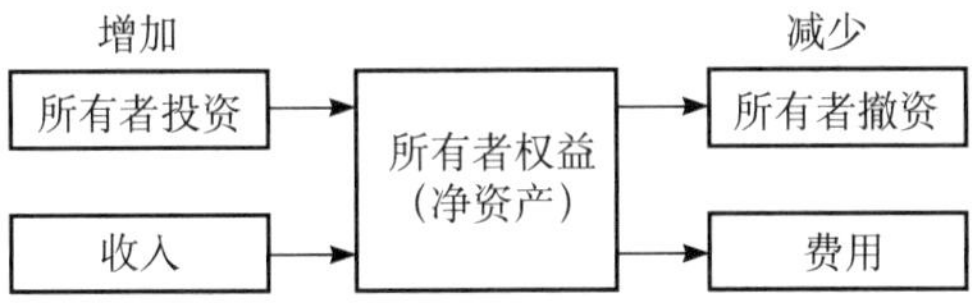

图 4—1　增加和减少所有者权益的交易

因此，上述会计等式可以加入收入和费用，扩展为如下等式：

资产＝负债＋所有者权益＋利润（收入－费用）

这一等式包含了所有公开的财务报表中的会计项目。

要点：现金的增加并不都是收入。企业的银行借款能使现金增加，但这是增加了负债而不是增加收入。收入来源于企业销售产品和提供服务的活动，而不一定是同时收到现金，有时收入引起企业债权的增加，而现金不变。同理，现金的减少也不都是费用，如企业购买机器设备时现金减少，但同时也增加了另一项企业资产。费用是企业为获取收入而支付的商品或服务的成本，不一定需要立即支出现金。

大多数企业都是由所有者投资而不是由贷款开始的，因为债权人需要企业所有者拥有属于自己的部分企业资产，以保证贷款的安全性。

企业所有者一般都以现金的形式从企业提款以满足自己消费之需。提款也叫所有者撤资，撤资减少所有者投资或所有者在企业中的权益，但它不是费用，因为它不是为实现收入而发生的。

应收账款一般属于资产，应付账款属于负债。

4.1.2 企业交易的类型

企业的经济业务非常复杂，交易事项种类繁多，我们无法在经济上对这些交易进行准确的分类。但在会计上，根据会计等式所涉及的两边，我们较容易对其进行分类。经济业务不断发生，必然会引起各项会计要素经常发生增减变动。但是，无论企业的经济业务的数额如何变动，都不会改变会计等式的数量平衡关系，企业资产总额总是等于权益总额，即资产＝权益＝债权人权益＋所有者权益＝负债＋所有者权益，等式的左右两边永远相等。从各种经济业务对企业会计要素的影响来看，可以概括为两大类：一类只涉及资产和权益；另一类只涉及收入和费用。

1. 涉及资产和权益的经济业务发生后对会计等式的影响

(1) 一项资产增加，另一项资产减少，增减金额相等，即会计等式左边有增有减的交易。例如，企业从银行提取现金，一方面现金资产增加，另一方面银行存款资产减少；企业用银行存款支付当时购买的材料款，一方面存货（材料）资产增加，另一方面银行资产减少。

(2) 一项权益增加，另一项权益减少，增减金额相等，即会计等式右边有增有减的交易。具体包括：

1）一项负债增加，另一项负债减少。如用发行债券的方式偿还企业的短期借款，这是短期借款减少而应付债券增加的业务。

2）一项所有者权益增加，另一项所有者权益减少。如经批准用盈余公积转增资本，这是盈余公积减少而实收资本（股本）增加的业务。

3）一项负债增加，一项所有者权益减少。如企业在宣告发放现金股利时，一方面企业所有者权益即未分配利润减少，另一方面企业的负债即应付股利增加。

4）一项所有者权益增加，一项负债减少。如债转股将企业债权人的债权转为股权的业务。

(3) 资产与权益同时增加，双方增加金额相等，即会计等式两边同时增加的业务。具体包括：

1）一项资产增加，一项负债增加。如企业赊购原材料的业务，一方面企业材料资产增加，另一方面企业债务增加。

2）一项资产增加，一项所有者权益增加。如企业所有者的投资业务，一方面增加企业所有者权益，另一方面增加企业资产。

(4) 资产与权益同时减少，双方减少金额相等，即会计等式两边同时减少的业务。具体包括：

1）一项资产减少，一项负债减少。如用银行存款归还银行借款业务，一方面企业的银行存款资产减少，另一方面银行贷款负债也减少。

2）一项资产减少，一项所有者权益减少。如企业所有者的撤资业务，一方面企业的现金资产减少，另一方面企业的所有者权益也减少。

2. 涉及收入和费用的经济业务发生后对会计等式的影响

在会计年度开始时，基本的会计等式为：资产＝负债＋所有者权益。在会计年度中，由于经营，企业一方面会取得收入，并因此增加资产（或减少负债）；另一方面要发生费用，并因此减少资产（或增加负债）。这类经济业务发生时所引起会计等式中有关会计要素的增减变动，概括起来不外乎上述第一类经济业务发生对资产和权益影响的四种类型，即：

（1）收入发生引起资产和所有者权益同时增加，即会计等式两边同增的业务。如企业采用现销或赊销方式销售商品时，一方面现金或应收账款资产增加，另一方面企业的收入即所有者权益增加。

（2）收入发生引起负债减少，所有者权益增加，即会计等式右边有增有减的业务。如企业采取先收款后发货的预收账款方式销售商品时，在销售实现时，一方面企业负债（预收账款）减少，另一方面企业的收入即所有者权益增加。

（3）费用发生引起负债增加，所有者权益减少，即会计等式右边有增有减的业务。如企业的应付所得税业务，一方面企业的应付所得税即负债增加，另一方面所得税费用增加即所有者权益减少。

（4）费用发生引起资产和所有者权益同时减少，即会计等式两边同减的业务。如用现金支付广告费用，一方面现金资产减少，另一方面费用增加即所有者权益减少。

由于上述经济业务的发生，会计等式转化为：资产＋费用＝负债＋所有者权益＋收入，即资产＝负债＋所有者权益＋（收入－费用）。在会计年度结束之时，将收入与费用配比，计算出利润或亏损，并与年度开始时的所有者权益归并在一起，这时会计等式又恢复为期初的形式，即资产＝负债＋所有者权益。

综上所述，会计等式的平衡原理揭示了会计要素之间的规律性联系，因而它是设置会计科目、复式记账和编制会计报表等方法的理论依据。反过来讲，运用这一平衡原理建立的各种会计方法，就可以把握会计要素之间的这种规律性联系，为经济管理提供各种会计信息。

4.2 一个现实企业的财务报表

4.2.1 企业的经营活动

企业需要高效的现金流动，使其能够同客户进行日常交易活动，支付日常开支，偿付各种债款。如果此类商业活动属生产性或经营性范畴，则需以现金购进原材料以供生产或再次出售。企业经营管理者明白需要认真对待现金流动使其满足要求。然而其他一些利益集团，包括贷款人、供应商、雇员以及现有的或潜在的所有者亦对企业现金流动产生兴趣。贷款人希望收回借款，供应商希望企业的欠款能付清，雇员希望能按时得到工资和福利，所有者希望其投资能增值。因此，这些集团都密切关注现金流动。企业的商业活动如何发生，现金是如何运动的呢？下面我们举例来说明。

假设以下是有关全美运动器材商行（简称全美商行）的一些情况。

背景：王明于三年前投资 250 000 元创办了一个销售运动器材的企业——全美运动器材商行。王明雇用了 3 名销售人员，负责销售商店各种运动器材并领取工资。

在企业运作的第 1 年 1 月 1 日，企业以 95 000 元现金购入房屋，在当时，房屋预计可使用 25 年。与此同时，以 10 000 元现金购入商店设备，这些设备预计可用 10 年。在头两年，该企业收入高于费用约 101 900 元，王明既未收回投资也未接受过其他报酬。

第 3 年：也就是目前，是该企业经营的第 3 个年头，该企业财务年度结束日是 12 月 31 日，我们以第 3 个经营年度的 12 月 31 日作为基准日来衡量其财务报告。

以下信息是发生在当前年度（第 3 年）的交易情况：

（1）年初现金总量为 250 000 元。

（2）本年度 1 月 1 日王明从银行获得贷款 40 000 元，同意于明年 1 月 1 日偿还一半本金 20 000 元及本年利息，并在后年 1 月 1 日偿还其余部分。本年度的利息费用为 2 500 元。

（3）本年度 1 月 1 日商行以现金 2 800 元添购商店设备，这些设备预计可用 7 年。

（4）本年度王明追加 5 000 元的现金投资。

（5）销售情况：本年度运动器材销售总额 120 000 元，收回 100 000 元现金，其中本年年初顾客欠款 5 000 元，则本年年末顾客欠款总额为 25 000 元。本年度器材销售成本为 40 000 元。

（6）工资情况：本年度现金支付雇员工资总额 35 000 元，其中 3 000 元系去年 12 月份雇员工资并于本年度 1 月份支付。本年年末，雇员 12 月份工资总额为 2 000 元，该项工资款本年度 12 月 31 日不需支付，将于下一年度 1 月份支付。

（7）维修费、保险费及其他销售费用情况：本年度维修费、保险费及其他销售费用支出总额为 19 000 元，全部以现金支付。

（8）采购情况：本年全美商行向各供应商采购各种运动器材 50 000 元，商行本年度向供应商支付 51 000 元的现金，其中 8 500 元为本年年初的应付账款，相应本年年末有 7 500 元的应付账款。本年度初商行的运动器材存货成本为 20 000元。

（9）企业所得税：本年度应缴所得税款 10 290 元，该项税款将于下一年度 4 月份支付，年初应缴所得税款总额 7 000 元（上一年度的企业所得税）已于本年度 4 月份支付。

（10）业主提款：王明提取 40 000 元作为自已的工作及投资回报。

在第 3 个营业年度期末，王明的会计师提交报告显示该商行的现金收入及支付情况（见表 4—1）。

表 4—1　　**全美运动器材商行第 3 年度现金收入及支出情况表**　　单位：元

现金收入：	
业主追加投资	5 000
销售收入及收回上年欠款	100 000
贷款	40 000
现金收入总额	**145 000**
现金支出：	
企业所得税	7 000
本年度及上年度供应商货款	51 000
追加办公设备	2 800
本年度及上年度工资支出	35 000
业主提款	40 000
本年度维修费、保险费及其他销售费用	19 000
现金支出总额	**154 800**
本年度现金减少	**(9 800)***

*（　）中为负值，下同。

问题：

（1）全美商行今年的经营状况如何？

从会计师报告中我们看到本年度企业现金减少了 9 800 元。初看起来，也许会得出结论认为全美商行今年情况不好，但为了验证结论是否正确，就需要深入研究一下。因为现金收支表未能回答以下两个非常重要的问题：该年度企业是否盈利？年末企业的财务状况如何？

（2）现金流量与企业收益是不是一回事？

确实，一家企业某段时期的现金流量与收益都是企业经营活动成果的评价指标。在某段时期，一家企业的现金流量与其收益（或亏损）相等的情况相当罕见。这是由于绝大多数企业以信用为基础进行交易。它们以信用销售产品或提供服务，从而在会计年度末产生未收款项，即应收账款。此外，许多企业购买货物再转手卖出，在报表中产生营业成本，从而对未付款购入的货物或使用的服务产生债务，这些对别人的欠债项目称为负债，这种负债又称为应付账款。

这样我们会发现，某个当前时期的已收款并不能确切衡量该时期的所得收益。企业已收款项可能包含前一时期实现的销售收入在本期收到现金，但不包含顾客在本期购买但却在下一时期以现金支付的对企业的欠款（企业本期实现的收入，但本期未收到现金）。同样，企业已付现金并不是衡量费用的手段，因其包括支付的前期欠款（前期发生的费用，本期付款），且不包括本期已发生但并未支付的欠款数（本期发生的费用，本期未付款），该项负债将于下一期间支付。

在衡量某一企业是否盈利时，需区分现金收入的来源及支出目的。需要记住，现金来源于企业的经营行为、所有者投资及贷款。企业并不把来自债权人或业主的现金计入营业收入。我们会在全美商行的现金收支表中找到贷款及业主追加投资两个现金收入来源。支出包括雇员工资，同时还有所得税款、维修费、保险费及其他营业支出，这些当然都是费用。向供货商付款（51 000 元），部分支付上年的采购欠款，部分支付本年的采购款。本年购进的商品部分已出售，已出售商品的成本转为本年销售成本，即费用；本年购进的商品部分未出售，未出售的商品形成企业的期末存货资产。业主提款及购入办公设备并非费用，这种对业主的付款是对其投资和工作的回报；购入的办公设备是一种在相当长的一段时期内可使用的资产，将办公设备作为一项仅一年的费用是没道理的，而是应将其“伸展”开，在其预计可使用的时间内进行“消费”。

这样我们会发现，通过现金收支表不足以了解全美商行本期是否取得利润（收入超过费用的部分）。只以现金的收付来评价企业的损益情况的方法叫做现金收付制或收付实现制，如果我们利用收付实现制来评价全美商行的损益情况，那么它在当前年度就是亏损 9 800 元，经过上面的分析，我们知道这是不科学的。

为正确计量企业的收益，必须对上述报表中的账目作出调整，且须考虑报表中未显示的项目以确定利润数，作出上述调整需引入权责发生制。权责发生制确认某段时期的收入以收入是否实现为标准，而不管何时收到现金；确认费用以费用是否发生为标准，而不管何时支付现金。权责发生制要求记录以信用销售产生的应收款项，并在确定收入、费用及利润的正确数额时要求将未支付现金的费用和采购计入负债，即应付项目。全美商行的现金收支表并未充分说明当年年度期末资产及其来源的情况。根据现金收支表，我们知道全美商行期末的现金数量，但不知道它的其他资产、负债及所有者权益等财务状况，也不知道它的损益情况。了解这些信息，要依赖企业的财务报表。

4.2.2 编制财务报表

企业基本的财务报表主要有：利润表；所有者权益变动表；资产负债表；现金流量表。报表的基本格式包括表头、正文、附注，其中表头又包括编报企业名称、财务报表名称、报表所覆盖的时间范围。

1. 利润表

利润表反映某一会计期间内（而非某一时间点）的收入和费用情况。有关收入和费用的报告仅出现在利润表中。收入超过费用为净利润，反之为净损失。全美商行的利润表是当前年度（第 3 年）的。利润表中各项目推导如下（单位：元）：

收入：

　已实现销售收入　　　　120 000

费用：

　运动器材销售成本　　　　40 000

　工资费用（本期现金支付工资－年初应付职工薪酬＋年末应付职工薪酬）

　　　35 000－3 000＋2 000＝34 000

维修费、保险费及其他销售费用　　19 000
利息费用　　2 500
建筑物与办公设备的折旧费用
3 800＋(1000＋400)＝ 5 200（见资产负债表部分）
企业所得税　　10 290
费用合计　　110 990
净利润　　9 010

全美商行的利润表如表 4—2 所示。

2. 所有者权益变动表

所有者权益变动表是报告企业某一会计期间所有者权益增减变动情况的报表。以期初所有者的业主资本账户余额开始，加上本期所有者的投资和净利润（或减去净损失），减去本期所有者撤资，以期末所有者的业主资本账户余额结束。其中，净利润（或净损失）数据直接来自反映该期间内所有收入与费用结果的利润表。全美商行的所有者权益变动表是当前年度（第 3 年）的。所有者权益变动表中各项目推导如下（单位：元）：

期初业主资本——王明　　351 900
（业主初始投资 250 000 元＋商行上两年度盈利 101 900 元）
加：本期所有者追加投资　　5 000
本期净利润（来自利润表）　　9 010
减：所有者撤资　　40 000
期末业主资本——王明　　325 910

全美商行的所有者权益变动表如表 4—2 所示。

3. 资产负债表

资产负债表是报告企业某一会计期间企业期末（某一时间点）的资产、负债和所有者权益的余额情况的报表。其他报表均不反映资产和负债信息，资产负债表以会计等式为基础。资产负债表报告所有者期末业主资本余额，该项数据直接来源于所有者权益变动表。在全美商行这个例子中，该时间点是 12 月 31 日（年末），由于资源与其来源相等，即资产＝负债＋所有者权益。资产负债表通过以下方式推导（单位：元）：

资源即资产

现金：（期初余额＋现金收支表中的现金增加－现金收支表中的现金减少）
250 000＋145 000－154 800＝240 200
应收账款：（期初余额＋本期销售额－已收现金）
5 000＋120 000－100 000＝25 000
运动器材存货：（期初余额＋本期采购额－运动器材销售成本）
20 000＋50 000－40 000＝30 000
建筑物：95 000
减去：建筑物累计折旧（11 400）

建筑物预计使用 25 年，那么，会计师以其寿命“延长”其成本。这意味着建筑物成本以每年消耗 3 800 元得以延长（95 000 元/25 年），即每年应计提折旧3 800 元，由于拥有此建筑物已达 3 年，累计折旧为：3×3 800 元＝11 400元。

办公设备：（期初余额＋本期购入办公设备成本）

10 000＋2 800＝12 800

减去：办公设备累计折旧（3 400）

商行起初购入 10 000 元办公设备，预计使用寿命为 10 年，因此每年设备的折旧额为 1 000 元（10 000 元/10 年）。由于该批设备已拥有 3 年，累计折旧 3 000 元。本年度，商行添购办公设备 2 800 元，预计使用寿命为 7 年，每年的折旧额为 400 元（2 800 元/7 年）。累计折旧额合计为：3 000＋400＝3 400 元。

总资产：　　388 200

资源之来源

负债

一年内商行的流动负债：

应向供应商付款的应付账款：（期初余额＋采购额－本年付款额）

8 500＋50 000－51 000＝7 500

应付职工薪酬：（期初余额＋利润表中工资费用－已付工资）

3 000＋34 000－35 000＝2 000

应付所得税：（期初余额＋利润表中所得税费用－已付所得税）

7 000＋10 290－7 000＝10 290

应付贷款利息：2 500

应付短期借款：20 000

一年以上的非流动负债：

应付银行长期负债：20 000

所有者权益

王明对企业权益（来自所有者权益变动表）：325 910

负债与所有者权益合计：388 200

全美商行的财务报表如表 4—2 所示。

表 4—2　　全美商行第 3 年度的财务报表

利润表——全美运动器材商行　（截至 12 月 31 日）　　单位：元

销售收入	120 000
减：销售成本	40 000
毛利	80 000
减：销售费用	
工资费用	34 000
维修费、保险费及其他销售费用	19 000
折旧费用	5 200
销售费用合计	58 200

续前表

营业利润	21 800
利息费用	(2 500)
税前利润	19 300
所得税	(10 290)
净利润	9 010

所有者权益变动表——全美运动器材商行　（截至 12 月 31 日）　单位：元

期初业主资本——王明	351 900
加：本期业主追加投资	5 000
本期净利润	9 010
减：本期业主提款	40 000
期末业主资本——王明	325 910

资产负债表——全美运动器材商行　（截至 12 月 31 日）　单位：元

资产		
流动资产：		
现金		240 200
应收账款		25 000
存货		30 000
流动资产合计		295 200
非流动资产：		
建筑物	95 000	
减去：建筑物累计折旧	11 400	
建筑物净值		83 600
办公设备	12 800	
减去：办公设备累计折旧	3 400	
办公设备净值		9 400
非流动资产合计		93 000
资产总计		388 200
负债		
流动负债：		
应付账款		7 500
应付职工薪酬		2 000
应付所得税		10 290
应付利息		2 500
应付短期借款		20 000
流动负债合计		42 290
非流动负债：		
应付长期借款		20 000
负债总计		62 290
所有者权益		
王明的权益		325 910
负债与所有者权益合计		388 200

现金流量表——全美运动器材商行　（截至12月31日）		单位：元
经营活动产生的现金流量：		
现金流入		
自顾客收入现金		100 000
现金流出		
缴企业所得税	(7 000)	
付供应商款	(51 000)	
支付工资	(35 000)	
支付维修费、保险费及其他销售费用	(19 000)	(112 000)
经营活动净现金流量		(12 000)
投资活动产生的现金流量：		
购入办公设备		(2 800)
筹资活动产生的现金流量：		
银行借款	40 000	
业主追加投资	5 000	
业主提款	(40 000)	
筹资活动净现金流量		5 000
现金减少		(9 800)
期初现金数		250 000
期末现金数		240 200

注意四个报表中三个箭头的方向，各财务报表之间的关系是通过箭头联系起来的，现金流量表中的期末现金数等于资产负债表中的现金期末数。通过上面的报表，我们发现全美商行第3年度的经营效果还不错，尽管现金净流量减少了9 800元，但该年度却获得了9 010元的利润。

4.2.3　对财务报表的审计

股东、债权人、经济学家、财务分析家、供应商以及顾客都关注企业年度报告中的财务信息。由于财务报表及附加说明（附注）必须满足广大使用者的需求，年度报告要受到会计准则及法律条文的严格限制。

企业的财务报告由财务报表、财务报表附注和财务情况说明书组成。年度财务报告会对企业的许多问题进行披露和探讨，其中主要是基于会计数字方面的财务报表，但在财务报告的财务情况说明书中，通常还应包括对企业当前年度经营管理活动的评价及企业对未来年度的计划。此外，企业在对外公布其财务报告前，应由企业外部独立审计师（注册会计师）评估其年度报告中提供的所有财务信息。注册会计师的审计报告是注册会计师对企业对外提供的财务报表及其有关文件是否公允、完整地反映了企业的实际情况发表的专家意见，这些意见是年报的重要部分。

上市公司编制财务报告时，往往与债权人、股东关系对立，如公司为了取得债权人和股东的信任，可能会夸大公司的偿债能力及获利能力；为了延缓缴税或少缴税，可能会隐瞒收入、多计费用等。为了确保公司财务报告客观真实和合法，公司年度财务报告必须由中介机构，即会计师事务所中的注册会计师，根据独立审计准则的要求予以审计。注册会计师在接受了委托方的委托后，要实施全部预定审计程序，审计工作的最后阶段是出具审计报告。对于审计报告的类型，审计准则将其规范为四种：无保留意见、保留意见、否定意见、拒绝表示意见。注册会计师应当根据审计结论，出具具有其中一种审计意见的审计报告。

无保留意见的审计报告，是指注册会计师经过审计后，认为被审计单位的会计报告符合会计准则及国家其他有关财务会计法规的规定，在所有重要方面公允地反映了被审计单位的财务状况、经营成果和资金变动情况；会计处理方法的选用遵循一贯性原则，不存在需要调整或查实的问题，这种报告为标准审计报告。

保留意见的审计报告，是指注册会计师经过审计后，认为被审计公司的财务报告就其整体而言是公允的，但报告中某些方面的内容待查。这些待查内容主要是指某些对公司财务状况可能有重大影响但又尚未确定的因素，或因受会计记录限制对某些资料是否属实持保留意见。一般来说，这种报告并不影响其可用性。

否定意见的审计报告，是指注册会计师经过审计后，认为被审计单位的会计报告在某一方面或几个方面存在不合法或不真实的情况。

拒绝表示意见的审计报告，是指注册会计师在审计过程中，由于审计范围受到委托人、被审计单位或客观环境的严重限制，不能获取必要的审计证据，以致无法对会计报告整体反映发表审计意见。这种情况是由于受上市公司客观条件限制而形成的，并不意味着审计单位的会计报告一定存在问题或存在严重问题。因此，拒绝表示意见的审计报告和否定意见的审计报告性质是不同的。

在我国，企业对外提供的财务会计报告的内容、财务报表的种类和格式、财务报表附注的主要内容等，由国家统一的会计制度规定，企业内部管理需要的会计报表由企业自行规定。这样，对外财务报表就有规定的格式并形成高度的结构性，但有人会认为由于财务报表的高度结构性，其内容一定晦涩难懂；财务报表的严格结构意味着其无法满足所有使用者的特殊需要，于是他们会认为报表提供的信息内容有所欠缺。但正由于其高度结构性及注册会计师的介入，大多数财务报告使用者才会确信他们所得到的是可靠、相关、可比的有用信息。

4.3 账户与复式记账法

由 4.2 节的内容可知，由企业经济业务直接编制会计报表相当麻烦，特别是在企业经济业务较多时，这种方法是行不通的。事实上，在编制报表前要经过一系列会计处理程序，特别是采用一定的记账方法将经济业务发生后所引起的各项具体的会计要素的增减变动登记在账户中。所谓记账方法就是指在经济业务发生后，如何将其记录到账簿中的账户里的方法。要理解这些会计处理程序，我们有必要掌握账户和复式记账法。

4.3.1 账户

账户是按照规定的会计科目在账簿中对各项经济业务进行的分类、系统、连续记录的一种手段。会计科目是对会计对象的具体内容（会计要素）进行的分类，但它不能反映经济业务发生后引起的各项资产、权益项目的增减变动情况及其结果，因此，必须根据会计科目开设相应的账户。账户的载体就是按照会计科目设置并具有一定的格式，用来分类、系统、连续地记录经济业务的账页。它由账户的名称（以会计科目为名）和账户的结构两部分组成。

会计科目与账户是两个既有区别又有联系的概念。其共同点在于，两者都按会计对象的内容设置，相同名称的会计科目与账户反映的经济内容相同。两者的区别在于，会计科目只是一个名称，只表明某类经济内容，而账户既有名称又有结构，可以记录和反映某类经济内容的增减变动情况及其结果。在实际工作中，会计人员往往不加区分地把会计科目与账户视作同义语。

1. 账户的基本结构

为了记录经济业务的发生所引起的会计要素和会计科目的增减变动情况，必须设置一系列账户，并为账户设置一定的格式和结构，如实地反映各会计要素增减变动的方向、金额及其结果。

一般来说，账户的结构应包括以下内容：(1) 账户的名称；(2) 日期和摘要，即经济业务发生的时间和内容；(3) 凭证号数，即账户记录的来源和依据；(4) 增加和减少的金额。我们知道，经济业务引起的会计要素变动，从数量上说，只有增加和减少两种情况。账户要用来记录经济业务、反映会计要素变化情况和结果，在结构上就应该有反映各会计要素的增加数和减少数两个部分。同时，还要反映各会计要素的增减变动结果，即结余数。这样，反映各会计要素的增加数、减少数和结余数三部分就是账户的基本结构，如表 4—3 所示。

表 4—3　　账户的基本结构

账户名称（会计科目）

2010 年		凭证号数	摘　要	左方	右方	余额
月	日					

在借贷记账法下，账户的实际格式如图 4—2 所示（其中：借方在左边，贷方在右边，其后是余额）。

在会计教学中，为了简化格式便于理解，教学中经常采用被简化格式的丁字形账户来代表账户结构。这种丁字形账户仅仅用来说明实际记账所用的轮廓。有些资料如日期和其他资料一般被省略了。丁字形账户又称 T 形账户，因为它们在外形上很像汉语的“丁”字或英文大写字母“T”。

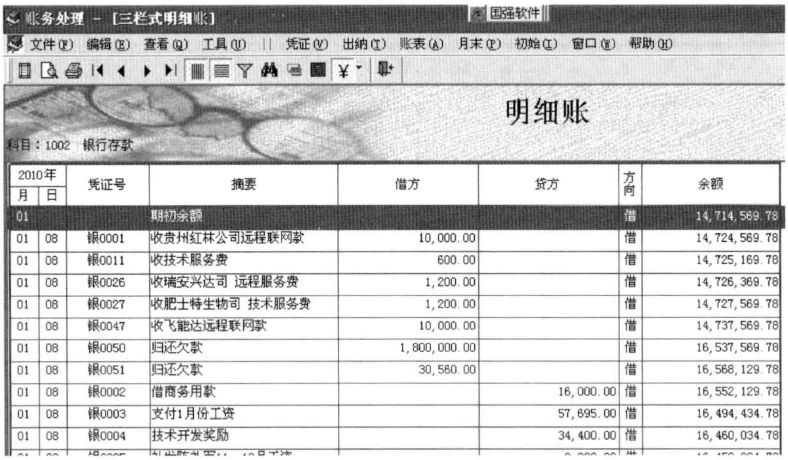
账务处理 －［三栏式明细账］

明细账

科目：1002　银行存款

2010年 月	日	凭证号	摘要	借方	贷方	方向	余额
01			期初余额			借	14,714,569.78
01	08	银0001	收贵州红林公司远程联网款	10,000.00		借	14,724,569.78
01	08	银0011	收技术服务费	600.00		借	14,725,169.78
01	08	银0026	收瑞安兴达司 远程服务费	1,200.00		借	14,726,369.78
01	08	银0027	收肥士特生物司 技术服务费	1,200.00		借	14,727,569.78
01	08	银0047	收飞能达远程联网款	10,000.00		借	14,737,569.78
01	08	银0050	归还欠款	1,800,000.00		借	16,537,569.78
01	08	银0051	归还欠款	30,560.00		借	16,568,129.78
01	08	银0002	借商务用款		16,000.00	借	16,552,129.78
01	08	银0003	支付1月份工资		57,695.00	借	16,494,434.78
01	08	银0004	技术开发奖励		34,400.00	借	16,460,034.78

图 4—2　账户的实际格式

账户名称（会计科目）

（左方）借	（右方）贷

丁字形账户中的竖线将账户分成左右两方，账户的名称即会计科目写在横线的中间。账户的左边叫做借方（debit），右边叫做贷方（credit）。初学者经常会对“借”、“贷”这两个说法迷惑不解，为了简单起见，我们只要记住借方＝左边，贷方＝右边就行了。虽然“左边”、“右边”的说法更形象一些，但是“借方”、“贷方”的说法由来已久，至今仍广泛运用。

账户左右（借贷）两方记录期初余额、本期增加额、本期减少额及期末余额。“期”指会计报告期。一般的会计报告期分为月、季、年。本期增加额和减少额是在本期间内直接记入账户的对象，是记入账户的初始信息，又可称为本期增加发生额和本期减少发生额。而期初余额与期末余额是反映每一个账户一定期间的结果，期初余额指本期原来的数据，在此基础上经过把本期增加额与减少额加以比较，其比较结果构成期末余额。如果将本期期末余额转入下一期，就是下一期的期初余额。这四项金额的关系可以用下列公式来表示：

本期期末余额＝本期期初余额＋本期增加额－本期减少额

由于账户所记录的经济内容不同，其左右（借贷）两方记录的内容也不同。但是，其左右（借贷）两方都是按相反方向来记录增加额和减少额的，即如果规定在左方（借方）记录增加额，就应该在右方（贷方）记录减少额。反之，规定右方（贷方）记录增加额，则左方（借方）就应该记录减少额。究竟哪个账户的哪一方用来登记增加额，哪一方用来登记减少额，要看账户反映的经济内容和账户的性质，但账户余额一般与增加额在同一方向。

借贷记账法的账户，其左方一律称为借方，其右方一律称为贷方。“借”、“贷”作为记账符号具有抽象的双重含义，是一种始终同时出现的矛盾性概念。对于不同性质的账户，“借”、“贷”含义也不相同。以制造业企业为例，各类性质账户的

“借”、“贷”含义如图 4—3 所示。

	借方	账户 贷方	
资金的“去向”	资产增加	资产减少	资金的“来源”
	负债减少	负债增加	
	权益减少	权益增加	
	费用增加	费用转销	
	成本增加	成本转销	
	收入转销	收入增加	
	利得转销	利得增加	

图 4—3　各类账户的借贷含义

运用借贷记账法在账户中登记经济业务时，凡是记入账户借方的账项称为借项，凡是记入账户贷方的账项称为贷项。每个账户的借方和贷方在一定时期内所登记的金额合计称为本期发生额。账户借方登记的金额合计称为本期借方发生额，账户贷方登记的金额合计称为本期贷方发生额。每个账户的本期借方发生额和贷方发生额相抵后的差额称为余额。

2. 各会计要素的账户结构

(1) 资产类账户。资产类账户的结构是：账户的借方记录资产的增加额，贷方记录资产的减少额。在一个会计期间内（年、季、月），借方记录的合计数额称作借方发生额，贷方记录的合计数额称作贷方发生额，在每一会计期间的期末将借贷方发生额相比较，其差额称作期末余额。资产类账户的期末余额一般在借方。例如，“存货”账户，借方记录的增加额与期初余额合计一般要大于（至少等于）贷方记录的减少额，所以形成借方期末余额（或无余额），借方期末余额转到下一期就成为下一会计期间的借方期初余额。用公式可以表示如下：

资产类账户借方期末余额＝借方期初余额＋借方本期发生额
　　　　　　　　　　　　－贷方本期发生额

如果用丁字形账户来表示，如表 4—4 所示。

表 4—4　　资产类账户结构

借方	资产类账户	贷方	
期初余额	×××	(1) 减少额	×××
(1) 增加额	×××	(2) 减少额	×××
(2) 增加额	×××		
本期借方发生额	×××	本期贷方发生额	×××
期末余额	×××		

(2) 负债及所有者权益类账户。负债及所有者权益类账户的基本结构是：账户贷方（右方）记录各项负债及所有者权益的增加额；账户借方（左方）记录各项负

债及所有者权益的减少额；在同一会计期内各项负债及所有者权益的贷方发生额与借方发生额相抵后为期末余额，期末余额一般在贷方，其计算公式：

负债及所有者权益贷方期末余额＝贷方期初余额＋贷方本期发生额
－借方本期发生额

负债及所有者权益类账户结构用丁字账户表示，如表 4—5 所示。

表 4—5　负债及所有者权益账户结构

借方		负债及所有者权益账户	贷方
（1）减少额	×××	期初余额	×××
（2）减少额	×××	（1）增加额	×××
		（2）增加额	×××
本期借方发生额	×××	本期贷方发生额	×××
		期末余额	×××

（3）费用与收入类账户。企业在生产经营过程中要有各种资产的耗费，即有费用发生，在费用抵消收入以前，可以将其看做一种“资产”。所以，费用类账户的结构与资产类账户的结构基本相同，账户的借方记录费用的增加额，账户的贷方记录费用转出到抵消（减少）收益类账户的数额。由于费用账户借方记录的费用增加额，在期末一般都要通过贷方转出到本年利润账户，因此费用账户通常没有期末余额。如果因某种情况有余额，也表现为借方余额。

收益类账户的结构则与负债及所有者权益类账户的结构一样，收益的增加额记入账户的贷方，收益转出（减少额）则应记入账户的借方。由于贷方记录的收益增加额，在期末一般要通过借方转出到本年利润账户，所以收益账户通常也没有期末余额。如果因某种情况有余额，同样也表现为贷方余额。

费用类与收益类账户结构如表 4—6 所示。

表 4—6　费用类与收益类账户结构

借方		费用类账户	贷方
（1）增加额	×××	（1）转出额	×××
（2）增加额	×××		
本期借方发生额	×××	本期贷方发生额	×××

借方		收益类账户	贷方
（1）转出额	×××	（1）增加额	×××
		（2）增加额	×××
本期借方发生额	×××	本期贷方发生额	×××

综上所述，“借”、“贷”二字作为记账符号所表示的经济内容含义是不同的：

“借”字表示：资产的增加，费用的增加，负债及所有者权益的减少，收益的转销；

“贷”字表示：资产的减少，费用的转销，负债及所有者权益的增加，收益的增加。

“借”、“贷”作为记账符号，指示着账户记录的方向是左边还是右边。一般来说，各类账户的期末余额与记录增加额的一方都在同一方向，即资产类账户的期末余额一般在借方，负债及所有者权益类账户的期末余额一般在贷方。资产、负债和所有者权益是资金运动相对静止状态下的基本内容，故称为静态要素，资产负债表也称作静态报表；收入、费用和利润是资金运动循环周转中的基本内容，故称为动态要素，利润表也称作动态报表。

4.3.2 复式记账法

设置账户仅是对会计要素所作的进一步分类，为加工会计信息提供了“场所”和工具。但要对企业发生的大量经济业务进行会计记录，仅靠设置账户是不行的，还要运用科学的记账方法，以解决按什么方式记录经济业务的问题。会计上运用的记录经济业务的方法有单式记账法和复式记账法。

所谓单式记账法，是指对发生的每一笔经济业务只在一个账户中进行登记，在通常情况下，只重视记录现金的收付，以及人欠、欠人等往来的账项。例如，用现金支付费用，只记现金的减少而不记费用的增加。单式记账法的优点是手续简便、原理简单、易学易懂。在规模较小、业务较少、经济关系不复杂，同时又不可能配备专职会计人员的单位，采用这种方法基本能满足了解日常经济活动情况的需要。但是，由于这种方法没有全面反映资金运动的来龙去脉，账户的设置并不完整，各账户之间没有严格的对应关系，账户记录也不可能相互平衡，不便于检查账户记录的正确性和完整性。目前，很少采用这种记账方法。

复式记账法是与单式记账法相对的一种记账方法。在复式记账法下，在每一项经济业务发生后，都在相互联系的两个或两个以上账户中以相等金额进行登记，以便以相互联系的方式反映企业资金运动的来龙去脉，反映某一经济业务的全貌。例如，从银行提取现金 6 000 元，这项经济业务的发生，一方面引起企业现金增加 6 000 元，另一方面使得企业银行存款减少 6 000 元。运用复式记账法记录此项经济业务，则在“库存现金”和“银行存款”这两个相互联系的账户中，以 6 000 元相等的金额同时作记录，即一方面在“库存现金”账户中作增加（借方）6 000 元记录，另一方面在“银行存款”账户作减少（贷方）6 000 元记录。记录结果全面、完整地反映了上述业务引起的资产会计要素中库存现金和银行存款的增减变动和来龙去脉。

复式记账法主要表现在通过两个或两个以上相互联系的账户以相等的金额来记录一项经济业务，以反映“资金从何处来，又到何处去”的企业资金运动的全貌。概括地说，对每项经济业务作双重登记的思想，是复式记账的本质。复式记账与单式记账比较，有其显著的理论特征：

(1) 复式记账需要建立完整的会计账户体系，以满足其对经济业务的全面反映和记录的需要。

(2) 复式记账对发生的每一项经济业务都必须在两个或两个以上相互联系的账户中记录，通过账户记录反映该项经济业务引起的会计要素变化过程及全貌。

(3) 复式记账对发生的每一项经济业务都要以相等的金额在两个或两个以上账户中同时记录，因此可以对账户记录的结果进行试算平衡，以验证账户记录的正确性和完整性。

与单式记账相比，复式记账具有科学性。在会计核算方法体系中，复式记账占有重要位置。复式记账在世界各国会计实务中广泛应用，我国企业和行政、事业单位会计核算中也普遍采用复式记账方法。复式记账方法种类很多，具体包括借贷记账法、增减记账法和收付记账法等。其中，借贷记账法在会计实务中应用最为广泛。我国《企业会计准则》规定：我国所有企业会计核算时均采用借贷记账法。采用借贷记账法在相关账户中记录各项经济业务，可以清晰地反映经济业务的来龙去脉，便于试算平衡和检查账户记录的正确性。

4.4 借贷记账法

作为复式记账法的一种，借贷记账法起源于十三四世纪的意大利。这个时期，西方资本主义的商品经济有了发展。在商品交换中，为了适应产业资本和借贷资本经营者管理的需要，逐步形成了这种记账方法。“借”、“贷”二字的含义，最初是从借贷资本家的角度来解释的，借贷资本家以经营货币资金的借入和贷出为主要业务，对于贷出去的款项，则记在借主（debtor）名下，表示自身的债权（人欠）增加；对于借进来的款项，记在贷主（creditor）名下，表示自身的债务（欠人）增加，这样，“借”、“贷”二字分别表示债权（应收款）、债务（应付款）的变化。随着商品经济的发展，经济活动的内容日趋复杂，记录的经济业务也不再仅限于货币资金的借贷业务，而逐渐扩展到其他经营资金等的增减变动。这时，为了求得记账的一致性，对于涉及非货币资金的经营业务，也利用“借”、“贷”二字说明经济业务的变化情况。因此，“借”、“贷”逐渐失去了原来的字面含义，转化为目前单纯的记账符号，变成会计上的专门术语（对于初学会计的同学，不必花费时间去钻“借”、“贷”二字含义的牛角尖，不要从字面上去理解“借”、“贷”，只要记住它们是记账符号就行了，否则它将是学习和掌握借贷记账法的一大障碍）。到 15 世纪，借贷记账法逐渐完备，被用来反映资金的存在形态和权益的增减变化。与此同时，西方国家的会计学者提出了借贷记账法的理论依据，即所谓“资产＝负债＋业主资本”的平衡公式。根据这个理论确立了借贷的记账规则，使借贷记账法成为一种科学的记账方法，并为世界上许多国家广泛采用。这使得会计成为一种广泛的信息，成为一种国际通用的商业语言。由此可见，借贷记账法是以“借”、“贷”二字作为记账符号，记录会计要素中各项目增减变动情况的一种复式记账法。

4.4.1 账户的增减记账方向

作为一种记账方法，一般包括记录经济业务的方式、记账原理、记账符号、平衡公式、记账规则以及试算平衡方法等要素。其中记账规则是记账方法的核心，它体现不同记账方法的本质特征。借贷记账法的记账规则是：根据复式记账原理及借贷记账法下账户结构的特点，对每一笔经济业务都以相等的金额，按借贷相反的方向，在两个或两个以上相互联系的账户中进行登记，即一个账户记借方，同时另一个或几个账户记贷方；或者一个账户记贷方，同时另一个或几个账户记借方，并且借贷金额相等、方向相反。借贷记账法的记账规则可以概括为：有借必有贷，借贷必相等。

借贷记账法是建立在会计等式基础上的：资产＝负债＋所有者权益。将会计等式和借贷记账规则联系起来，就有了表4—7所列示的关系。

表4—7　　会计等式和借贷记账规则

会计等式	资产		＝	负债		＋	所有者权益	
借贷规则	借	贷		借	贷		借	贷
增减方向	＋	－		－	＋		－	＋

下面举例说明表4—7反映的会计等式与借贷记账规则之间的关系。

【例4—1】 刘华医师经批准独资兴办诊所。2×08年1月31日，他个人以现金100 000元投入企业作为资本并存入银行。

分析：这项经济业务属于所有者的投资业务，业务发生后将使企业的银行存款增加100 000元，同时，使所有者对企业的投资增加100 000元，它涉及“银行存款”这个资产类账户和“业主资本”这个所有者权益类账户。银行存款的增加是资产的增加，应记入“银行存款”账户的借方；业主资本的增加是所有者权益的增加，应记入“业主资本”账户的贷方。这项经济业务引起会计等式两边同时增加，增加金额相等，所以并不破坏会计等式的恒等性，具体在账户中登记的结果如下：

资产　＝　负债　＋　所有者权益

借方	银行存款	贷方
(1) 100 000		

借方	业主资本——刘华	贷方
		(1) 100 000

资产的借方余额合计（100 000元）等于负债加所有者权益的贷方余额合计（100 000元），会计等式相等。

【例4—2】 同日，刘华医师以银行存款60 000元购置一套住房作为诊所的营业用房。

分析：这笔业务使得企业的固定资产增加60 000元，同时，使企业的银行存款减少60 000元，涉及“固定资产”和“银行存款”这两个资产类账户。固定资产的增加应记入“固定资产”账户的借方；银行存款的减少应记入“银行存款”账户的贷方。这项经济业务引起会计等式左边（资产项目）有增有减，增减金额相等，所以也不破坏会计等式的恒等性，具体在账户中登记的结果如下：

资产　＝　负债　＋　所有者权益

借方	银行存款　贷方
(1) 100 000	
	(2) 60 000
借方余额 40 000	

借方	业主资本——刘华　贷方
	(1) 100 000

借方	固定资产　贷方
(2) 60 000	

资产的借方余额合计（100 000 元）等于负债加所有者权益的贷方余额合计（100 000 元），会计等式相等。

【例 4—3】　2×08 年 2 月 10 日，刘华医师又向别人借入现金 500 元作为周转资金。

分析：这项经济业务使企业的现金资产增加 500 元，同时使企业其他应付款增加 500 元，它涉及“库存现金”资产类账户和“其他应付款”负债类账户。现金的增加是资产的增加，应记入“库存现金”账户的借方，其他应付款的增加是负债的增加，应记入“其他应付款”账户的贷方。这项经济业务引起会计等式两边同时增加，增加金额相等，所以并不破坏会计等式的恒等性，具体在账户中登记的结果如下（为简化丁字形账户的格式，在以后的图示中，我们不特别注明账户的借方和贷方，但是账户的左边一定是借方，右边一定是贷方）：

资产　＝　负债　＋　所有者权益

银行存款	
(1) 100 000	(2) 60 000
借方余额 40 000	

业主资本——刘华	
	(1) 100 000

固定资产	
(2) 60 000	

库存现金	
(3) 500	

其他应付款	
	(3) 500

资产的借方余额合计（100 500 元）等于负债加所有者权益的贷方余额合计（100 500 元），会计等式依然相等。

【例 4—4】　2×08 年 2 月 12 日刘华医师用银行存款支付采购药品款 15 000 元，药品同时收到。

分析：这项经济业务使企业的银行存款资产减少 15 000 元，同时使企业药品存货资产增加 15 000 元，它涉及“银行存款”资产类账户和“存货”资产类账户。存货的增加是资产的增加，应记入“存货”账户的借方，银行存款的减少是资产的减少，应记入“银行存款”账户的贷方。这项经济业务引起会计等式左边有增有减，增减金额相等，所以并不破坏会计等式的恒等性，具体在账户中登记的结果如下：

资产 = 负债 + 所有者权益

银行存款

(1) 100 000	(2) 60 000
	(4) 15 000
借方余额 25 000	

业主资本——刘华

	(1) 100 000

固定资产

(2) 60 000	

库存现金

(3) 500	

其他应付款

	(3) 500

存货

(4) 15 000	

资产的借方余额合计（100 500 元）等于负债加所有者权益的贷方余额合计（100 500 元），会计等式依然相等。

【例 4—5】 2×08 年 2 月份，该诊所共取得诊费收入 20 000 元，已存入银行。

分析：实现收入是企业成长的前提，收入增加所有者权益。所以，这项经济业务使企业的银行存款资产增加 20 000 元，同时使企业的所有者权益，即收入增加 20 000 元，它涉及“银行存款”资产类账户和“收入”账户。银行存款的增加是资产的增加，应记入“银行存款”账户的借方；收入的增加，应记入“收入”账户的贷方。这项经济业务引起会计等式两边同时增加，增加金额相等，所以并不破坏会计等式的恒等性，具体在账户中登记的结果如下：

资产 = 负债 + 所有者权益

银行存款

(1) 100 000	(2) 60 000
(5) 20 000	(4) 15 000
借方余额 45 000	

业主资本——刘华

	(1) 100 000

固定资产

(2) 60 000	

收入

	(5) 20 000

库存现金

(3) 500	

其他应付款

	(3) 500

存货

(4) 15 000	

资产的借方余额合计（120 500 元）等于负债加所有者权益的贷方余额合计（120 500 元），会计等式依然相等。

【例 4—6】 刘华诊所为取得收入主要发生了工资费用 2 000 元，已用银行存款支付。

分析：费用与收入的结果正好相反，它使企业收缩，发生费用引起资产总额与所有者权益的数额都有所减少。费用减少所有者权益，所以，这项经济业务使企业的银行存款资产减少 2 000 元，同时使企业的所有者权益减少，即费用增加 2 000 元，它涉及“银行存款”资产类账户和“工资费用”账户。在会计核算中，我们将每一项费用都单独记录，这样有助于企业管理者了解每一项费用支出的合理性，以利于加强管理。银行存款的减少是资产的减少，应记入“银行存款”账户的贷方，费用的增加是所有者权益的减少，应记入“工资费用”账户的借方。企业管理者应尽量使其收入超过费用，企业不断发展壮大，收入超过费用的部分叫做净利润、净收益或净盈余；如果费用超过收入，企业将发生亏损，净资产将减少，长此下去，企业将难以为继。这项经济业务引起会计等式两边同时减少，减少金额相等，所以并不破坏会计等式的恒等性，具体在账户中登记的结果如下：

资产　　=　　负债　　+　　所有者权益

银行存款

(1) 100 000	(2) 60 000
(5) 20 000	(4) 15 000
	(6) 2 000
借方余额 43 000	

业主资本——刘华

	(1) 100 000

固定资产

(2) 60 000	

收入

	(5) 20 000

库存现金

(3) 500	

其他应付款

	(3) 500

工资费用

(6) 2 000	

存货

(4) 15 000	

资产的借方余额合计（118 500 元）等于负债加所有者权益的贷方余额合计（118 500 元），会计等式依然相等。

每笔交易发生后，会计等式仍然保持相等，但资产、负债和所有者权益的余额会有所变化。只要每笔交易中的借贷方相等，会计科目运用准确，记账正确，会计等式就保持相等。由以上 6 笔交易的记录我们发现，按照借贷记账法的记账规则——有借必有贷，借贷必相等记录的交易，有三个方面的数量平衡关系：(1) 每一笔记账的借方和贷方金额是平衡的；(2) 一定时期账户借方、贷方的发生额合计数是平衡的；(3) 所有账户的借方、贷方余额的合计数是平衡的。这三个平衡关系，是会计期末进行试算平衡的理论依据。

4.4.2　在记账凭证中进行会计初次确认

1. 记账凭证的内容

正如上面刘华诊所的 6 笔经济交易事项一样，在会计实务中，能否直接在账户中记录所有的交易事项呢？答案是否定的，因为每一事项都涉及两个以上账户，如果直接把经济业务记录到账户中，就会使账户的对应关系不清楚，要了解某项交易影响的借贷关系，必须检查所有的账户，但查账费时。为了保证账户对应关系的正确性，把某项交易记入账户前，应当先根据交易所涉及账户的借贷方向和金额，编制会计分录。所谓会计分录，就是确定每项交易应借应贷账户的名称及其金额的记录。会计分录包含三个要素：(1) 账户名称；(2) 借贷方向；(3) 记账金额。在实际会计工作中，会计分录是根据各项交易的原始凭证进行编制的，通常在具有规定格式的记账凭证上标明，如图 4—4 所示。

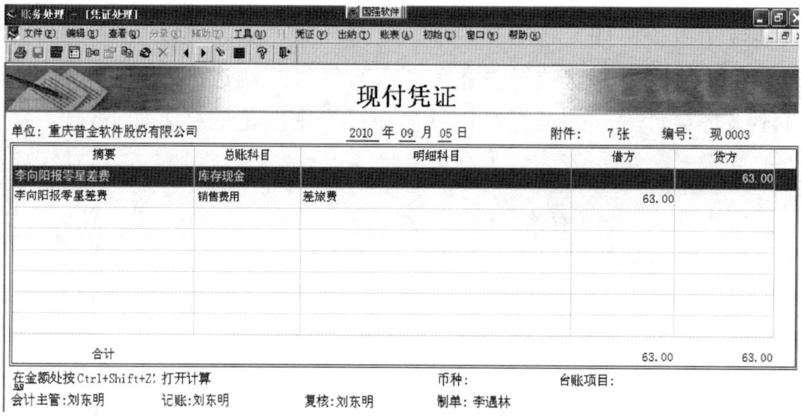

图 4—4 记账凭证

图 4—4 所示的交易可表述为：2010 年 9 月 5 日，普金公司职工李向阳报销零星差旅费 63 元并用现金支付，对应账户为“库存现金”和“销售费用”。编制的会计分录为：

借：销售费用 63

　贷：库存现金 63

会计分录的写法一般是先借后贷，贷方的符号、科目名称及金额比借方要后退两格。会计分录的作用是：可以明确规定一项交易要用到的账户名称、登记的方向（借记还是贷记）和入账的金额，以利于登记账簿。

根据以上原理，将刘华诊所的 6 笔交易编制会计分录如下：

(1) 2×08 年 1 月 31 日，刘华医师以个人现金 100 000 元投入企业作为资本并存入银行。

借：银行存款 100 000

　贷：业主资本——刘华 100 000

(2) 同日，刘华医师以银行存款 60 000 元购置一套住房作为诊所的营业用房。

借：固定资产 60 000

　贷：银行存款 60 000

(3) 2×08 年 2 月 10 日，刘华医师向别人借入现金 500 元作为周转资金。

借：库存现金 500

　贷：其他应付款——×× 500

(4) 2×08 年 2 月 12 日，刘华医师用银行存款支付采购药品款 15 000 元，药品同时收到。

借：存货 15 000

贷：银行存款 15 000

(5) 2×08 年 2 月份，该诊所共取得诊费收入 20 000 元，已存入银行。

借：银行存款 20 000

贷：收入 20 000

(6) 刘华诊所为取得收入主要发生了工资费用 2 000 元，已用银行存款支付。

借：工资费用 2 000

贷：银行存款 2 000

记账凭证是会计人员根据审核后的原始凭证进行归类、整理，并确定会计分录而编制的凭证，是直接凭以登账的依据。记账凭证记载的是会计信息，从原始凭证到记账凭证是经济信息转换成会计信息的过程，是一种质的飞跃。记账凭证必须具有一些基本要素，这些基本要素主要包括以下七个方面（见图 4—4)：(1) 填制凭证日期；(2) 凭证编号；(3) 经济业务内容摘要；(4) 会计科目、记账方向；(5) 记账金额；(6) 所附原始凭证张数；(7) 填制凭证人员、稽核人员、记账人员、会计主管人员的签名或盖章。收付款的记账凭证还应由出纳人员签名或盖章。

记账凭证和原始凭证同属于会计凭证，但二者存在以下差别：(1) 原始凭证是由经办业务的人员填制或取得的，并由经手人、批准人签字证明、负责；记账凭证一律由本单位会计人员填制，并由会计人员签章负责。(2) 原始凭证是根据发生或完成的经济业务填制的；记账凭证是根据审核后的原始凭证填制的。(3) 原始凭证仅用以记录、证明经济业务已经发生或完成；记账凭证要依据会计科目对已经发生或完成的经济业务进行归类、整理。(4) 原始凭证是填制记账凭证的依据；记账凭证是登记账簿的依据。

会计凭证对于提供会计信息、加强会计监督、明确经济责任有重大意义。在此，我们对会计凭证作一简单的介绍。

会计凭证是在会计工作中记录经济业务、明确经济责任的书面证明，是登记账簿的依据。按用途和填制程序具体分为原始凭证和记账凭证。任何单位办理每一项交易活动，都必须办理凭证手续，企业的每一项经济业务的发生都要有真凭实据。由执行或完成该项经济业务的有关人员（经手人和批准人）填制或取得会计凭证，详细说明该项经济业务的内容，并在会计凭证上签名或盖章，同时还应有业务批准人的批准签名，以利于明确经济责任。填制或取得会计凭证后，要由有关人员进行审核，经审核无误，并由审核人员签章后，才可作为记账的依据。会计凭证的填制和审核，对于客观如实地反映经济业务的内容，有效监督经济交易活动的合法性和合理性，保证会计核算资料的真实性、可靠性、合理性，保证企业内部管理制度的具体落实，发挥会计在经济管理中的作用，具有重要意义。

原始凭证记载着大量的经济信息，是经济交易发生的初始文件，与记账凭证相比较，具有较强的法律效力。原始凭证按其来源分为外来原始凭证和自制原始凭证。各种原始凭证都必须具备一些基本要素，这些基本要素主要包括以下七个方面：(1) 凭证的名称；(2) 填制凭证的日期；(3) 填制凭证单位或填制人姓名；

（4）经办人员的签名或盖章；（5）接受凭证单位的名称；（6）经济业务内容；（7）数量、单价和金额。

在计算机会计中，会计数据是依赖凭证输入计算机的，依靠计算机和专门的会计软件程序，财务报表能在短时间内编制完成。把关不严，造成凭证信息不正确，将影响输入计算机中会计数据的正确性，这种错误也将传递至财务报表，从而造成会计信息失真，严重影响会计信息使用者的决策行为。因此填制和审核凭证，就成为会计核算的专门方法之一。对会计凭证的审核主要有合规性审核、完整性审核和技术性审核等三个方面。

2. 进行会计初次确认——编制会计分录的程序

在会计实务中，会计人员首先在记账凭证中确认并记录企业的交易活动，通过按交易发生的时间顺序编制会计分录来实现企业的经济信息向会计信息的转化。该过程一般要经过五个步骤，我们以刘华医师开办诊所的投资事项为例来说明编制会计分录的五个步骤。

（1）根据原始凭证，确认经济交易事项是否属于会计确认的内容。根据刘华医师的银行进账单和验资报告等原始凭证确认所有者的投资交易事项发生。

在会计上，交易事项是指影响企业财务状况并能用货币可靠地加以计量的业务。许多事情，如宏观经济的繁荣与萧条、领导人的选举、企业家的各种荣誉、企业管理者的各种社会职务、政府对企业的各种精神奖励等，可能会对企业的财务状况和经营活动成果造成较大的影响。但由于这种影响的结果无法通过货币手段加以可靠的计量，因此，这些事件即使对企业影响很大，会计也不会进行记录。应该进行会计记录的原始凭证主要有银行进账单、销货发票、购货发票、企业内部领料单、工人工作时间记录卡、支票存根等，以原始凭证来确认企业交易事项确实发生。

（2）确认交易影响的账户及账户性质。刘华的投资业务影响两个账户，一是"银行存款"，属于资产类账户；二是"业主资本"，属于所有者权益类账户。

（3）确定交易引起各账户的增减变动方向及金额。两个账户均增加 100 000 元，"银行存款"是增加资产类账户，"业主资本"是增加所有者权益类账户。

（4）使用借贷记账规则，决定借记还是贷记该账户，即确定账户的方向。借记"银行存款"以反映资产的增加，贷记"业主资本"以反映所有者权益的增加。

（5）编制记账凭证，记录整个交易。记账凭证包括会计分录的摘要，先记借方，后记贷方。

借：银行存款	100 000	
贷：业主资本——刘华		100 000

通过记账凭证可以反映企业每一笔交易的来龙去脉，反映交易的全貌。设想一下，如果没有记账凭证和会计分录，就没有对每一笔经济业务的单独记录，要把每天发生的成百上千笔业务的对应科目、借贷方关系联系起来是多么困难。记账凭证正好解决了这一难题。每一笔业务编制一张记账凭证，从而保证了会计记录经济业务的完整性，为查账提供了方便。企业交易经过会计人员的分析，编制会计记账凭证后，接下来，财务软件就可以使计算机代替人工自动完成后面的记账、调账、编

制报表、结账等会计处理业务。此外，记账凭证也可自动生成，例如，顾客购买的商品经过商场的 POS 机扫描并付款后，系统将自动生成会计凭证并记录：现金增加，销售收入增加。当顾客采用信用卡购买商品，商场的售货员将顾客的信用卡输入信用卡读取器时，系统就同时记录了企业实现的销售收入和对信用卡发放单位的应收账款。计算机的强大处理能力和高度的准确性，使会计人员从大量的手工转抄、核对、调账、编表的烦琐工作中解脱出来，有更多的时间和精力参与企业的管理活动。

4.4.3　将记账凭证的信息过账至分类账

1. 过账

过账也叫记账或登账，就是将会计凭证的内容转记至分类账中相对应的账户。记账凭证中会计分录的借方转记至分类账户的借方，会计分录的贷方转记至分类账户的贷方，图 4—5 列示了刘华诊所业主投资业务的过账过程。

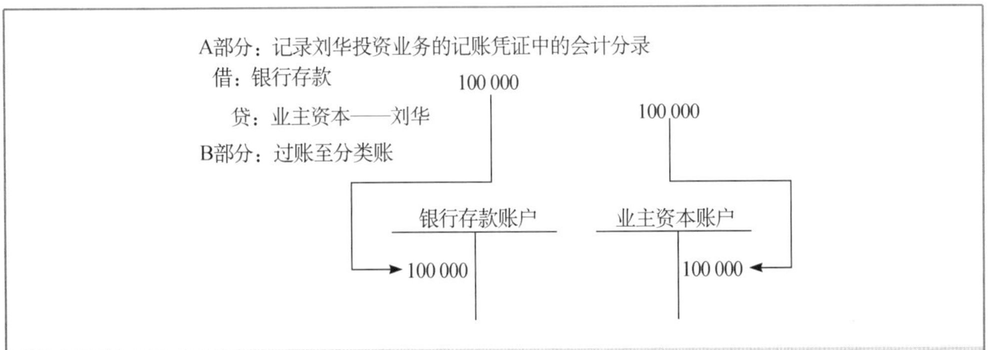

图 4—5　业主投资业务的过账

计算机能够迅速地完成上述过账工作，将图 4—4 和图 4—6 作比较，图 4—4 是会计实务中的一张记账凭证，图 4—6 是一张记录现金收支的明细分类账，将记账凭证中的如下信息都转记至明细分类账：（1）填制凭证日期；（2）凭证编号；（3）经济业务内容摘要；（4）会计科目、记账方向；（5）记账金额。通过这些信息将记账凭证和明细账建立了某种联系。

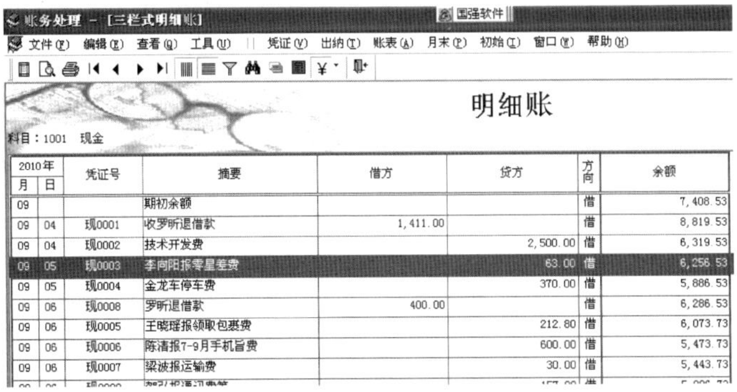

2010年 月	日	凭证号	摘要	借方	贷方	方向	余额
09			期初余额			借	7,408.53
09	04	现0001	收罗昕退借款	1,411.00		借	8,819.53
09	04	现0002	技术开发费		2,500.00	借	6,319.53
09	05	现0003	李向阳报零星差费		63.00	借	6,256.53
09	05	现0004	金龙车停车费		370.00	借	5,886.53
09	06	现0008	罗昕退借款	400.00		借	6,286.53
09	06	现0005	王晓瑶报领取包裹费		212.80	借	6,073.73
09	06	现0006	陈清报7-9月手机旨费		600.00	借	5,473.73
09	06	现0007	梁波报运输费		30.00	借	5,443.73

图 4—6　现金明细分类账

编制记账凭证只是生成会计信息的第一步，企业发生交易后，编制的记账凭证实现了由经济信息向凭证信息的转化，但凭证信息是片段的、零碎的、不系统的，凭证信息不能向外界提供。为了把分散在会计凭证中的大量核算资料加以集中归类反映，为经营管理提供系统、完整的会计信息，并为编制会计报表提供依据，就必须设置和登记账簿。

2. 会计账簿

会计账簿，简称账簿，是由具有一定格式的账页组成的，以会计凭证为登记依据，全面、连续、系统地记载各种经济业务的簿册。

会计凭证、会计账簿和会计报表都是会计核算的信息载体。会计账簿在会计核算中居于重要地位，是会计核算的中间环节。设置和登记会计账簿，对于全面、连续、系统地反映与监督经济业务，整理、积累、存储会计信息，加强经济核算，提高经济效益具有重要作用：（1）为经营管理提供全面、系统的会计信息；（2）有利于加强岗位责任制；（3）有利于保护企业财产物资的安全和完整；（4）为编制会计报表和进行会计检查提供依据；（5）有利于企业各项资金的合理运用。

会计账簿按用途可分为序时账簿、分类账簿和备查账簿。会计账簿的主要形态是分类账簿。分类账簿又称分类账，是对全部经济业务按总分类账户（总账）和明细分类账户（明细账）进行分类登记的账簿。分类账簿按其反映指标的详细程度，可分为总分类账簿和明细分类账簿两种。总分类账簿是根据总分类科目设置总分类账户，记录全部经济业务的账簿。只应用货币计量单位从价值方面进行的总括反映，一般采用借方、贷方、余额三栏式账簿，如图 4—7 所示。由于总分类账能够全面、总括地反映经济活动情况，并为编制会计报表提供资料，因而任何单位都要设置总分类账。

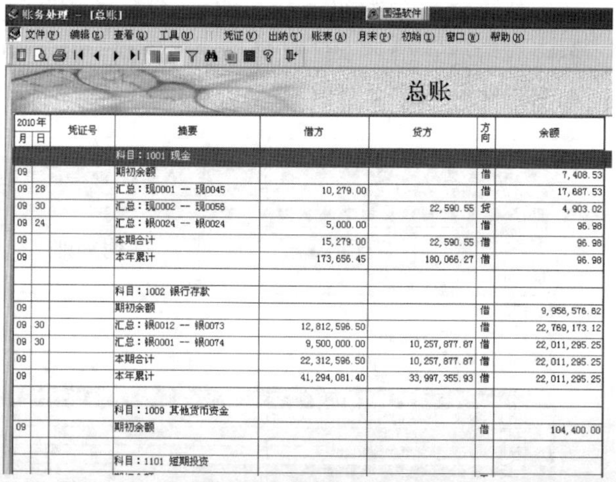

2010年 月	日	凭证号	摘要	借方	贷方	方向	余额
			科目：1001 现金				
09			期初余额			借	7,408.53
09	28		汇总：现0001 -- 现0045	10,279.00		借	17,687.53
09	30		汇总：现0002 -- 现0056		22,590.55	贷	4,903.02
09	24		汇总：银0024 -- 银0024	5,000.00		借	96.98
09			本期合计	15,279.00	22,590.55	借	96.98
09			本年累计	173,656.45	180,066.27	借	96.98
			科目：1002 银行存款				
09			期初余额			借	9,956,576.82
09	30		汇总：银0012 -- 银0073	12,812,596.50		借	22,769,173.12
09	30		汇总：银0001 -- 银0074	9,500,000.00	10,257,877.87	借	22,011,295.25
09			本期合计	22,312,596.50	10,257,877.87	借	22,011,295.25
09			本年累计	41,294,081.40	33,997,355.93	借	22,011,295.25
			科目：1009 其他货币资金				
09			期初余额			借	104,400.00
			科目：1101 短期投资				

图 4—7　总分类账

由于总分类核算不够详细具体，一般只有货币指标，仅限于价值核算，远远满足不了现代企业精细化管理对详细的会计信息的要求。因此，在会计核算中，除了应正确组织总分类核算，提供总括反映资金运动的各项价值指标外，还应正确组织明细分类核算，提供详细反映各项资产、债权债务，以及各有关收入、费用和所有者权益变动的详细具体信息。各个单位在设置总分类账的基础上，还应根据管理的需要，按照总账科目设置若干必要的明细分类账，作为总分类账的必要补充。这样，既能根据总分类账了解某一科目的总括情况，又能根据有关的明细分类账进一步了解该科目的详细情况。各个单位应根据经营管理的需要，为各种材料物资、应收应付款项、收入、费用等有关总账科目设置各种明细分类账，进行明细分类核算。根据管理的要求和各种明细分类账记录的经济内容，明细分类账主要有两种格式：(1) 三栏式明细分类账。三栏式明细分类账的格式同三栏式总分类账相同，即账页只设有借方、贷方和余额三个金额栏，不设数量栏。这种格式适用于那些只需要进行金额核算而不需要进行数量核算的债权、债务结算科目，如“应付账款”、“应收账款”等科目。三栏式明细分类账账页的一般格式如图 4—6 所示。(2) 数量金额式明细分类账。数量金额式明细分类账的账页，在借方（收入）、贷方（发出）和余额（结存）栏内，分别设有数量、单价和金额三个栏次。这种账页格式适用于既要进行金额核算，又要进行实物数量核算的各种财产物资科目，如“材料”、“库存商品”等。数量金额式明细分类账账页的一般格式如图 4—8 所示。

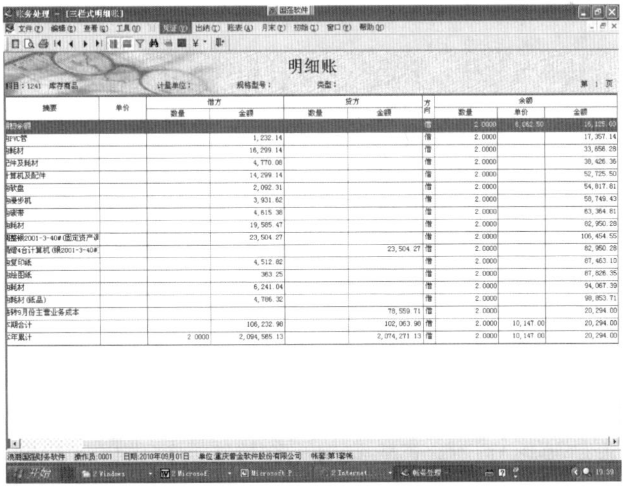

摘要	单价	借方 数量	借方 金额	贷方 数量	贷方 金额	方向	余额 数量	余额 单价	余额 金额
期初余额						借	2.0000	8,062.50	16,125.00
PVC管			1,232.14			借	2.0000		17,357.14
耗材			16,299.14			借	2.0000		33,656.28
配件及耗材			4,770.08			借	2.0000		38,426.36
计算机及配件			14,299.14			借	2.0000		52,725.50
软盘			2,092.31			借	2.0000		54,817.81
漫步机			3,931.62			借	2.0000		58,749.43
碳带			4,615.38			借	2.0000		63,364.81
耗材			19,585.47			借	2.0000		82,950.28
调整银2001-3-40#(固定资产调			23,504.27			借	2.0000		106,454.55
购增4台计算机(银2001-3-40#					23,504.27	借	2.0000		82,950.28
复印纸			4,512.82			借	2.0000		87,463.10
绘图纸			363.25			借	2.0000		87,826.35
耗材			6,241.04			借	2.0000		94,067.39
耗材(纸品)			4,786.32			借	2.0000		98,853.71
结转9月份主营业务成本					78,559.71	借	2.0000		20,294.00
本期合计			106,232.98		102,063.98	借	2.0000	10,147.00	20,294.00
本年累计		2.0000	2,094,585.13		2,074,271.13	借	2.0000	10,147.00	20,294.00

图 4—8　数量金额式明细分类账格式

3. 平行登记

总分类账和明细分类账都是用以提供会计核算指标的，但从其提供指标之间的关系考虑，总分类账对其所属的明细分类账起着统驭和控制的作用，可称之为统驭账户；明细分类账对其总分类账起着补充和说明的作用，可称之为从属账户。在会计实务中，并不是任何总分类账户都要分设明细分类账户，因为有些账户没有必要进行明细核算，如“累计折旧”、“本年利润”账户，没有设明细分类账户的总分类账户不能称之为统驭账户。虽然总分类账户和明细分类账户提供的核算内容的详细程度不同，但两者核算内容是一致的，都以会计凭证为依据。根据会计凭证在总分类账户和明细分类账户中记录经济业务时，必须独立地、互不依赖地进行。

账簿平行登记法是指经济业务发生后，根据会计凭证，一方面登记有关的总分类账户，另一方面又要登记该总分类账户所属的各有关明细账户的一种登记方法。总分类账户与明细分类账户平行登记的方法要点如下：

(1) 每一项经济业务发生后，应在同一会计期间，依据审核无误的会计凭证，既记入有关总分类账户（依据记账凭证），又记入有关明细分类账户（依据原始凭证或记账凭证）。简言之，即“依据相同”。

(2) 每一项经济业务发生后，记入总分类账户和明细分类账户的记账方向（借方或贷方）应相同。即总分类账户记在借方，其所属明细分类账户亦记在借方；总分类账户记在贷方，其所属明细分类账户亦记在贷方。简言之，即“方向一致”。

(3) 每一项经济业务发生后，记入总分类账户的金额应与记入其所属明细分类账户的金额或金额之和相等。简言之，即“金额相等”。

账户平行登记之后可产生的数量关系如下：

总分类账户本期发生额＝所属明细分类账户本期发生额合计

总分类账户期末余额＝所属明细分类账户期末余额合计

在会计核算过程中，通常利用这种相等关系来检查总分类账和明细分类账记录的完整性和正确性，做到“账账相符”，以便相互制约和相互配合，使之组成一个严密的账簿反映和控制体系。

以企业赊销为例说明平行登记的原理，如图 4—9 所示。为了增加企业的市场份额，大多数企业采取赊销这种销售方式。为了掌握顾客的信用情况，保证应收账款的及时收回，降低坏账损失，企业需要掌握每个客户的欠款情况。这样在设置“应收账款”总分类账户后，还应在“应收账款”总分类账户下按客户姓名设置明细账户。假设全美运动器材商行在第四个年头（假设为 2×08 年）的 1 月份发生了几笔如 A 部分所述的赊销业务，会计处理如下：

企业设置销售日记账记录企业的赊销行为，借以了解和控制客户的欠款情况。销售日记账可看做记账凭证汇总表，该表可以通过计算机自动生成，许多计算机会计系统被设计成既能读到销售金额（从商品的条形码中），又能读到商品的销售成本。设想顾客用信用卡购买商品时，系统就自动生成同时记录了企业实现的销售收入和对信用卡发放单位的应收账款的记账凭证。将记账凭证中应收账款的信息既记录到应收账款明细账（按客户记录），又记录到应收账款总账（依据相同，不是同时记账而是在同一会计期间记账，明细账每日记账，总账月末记账），应收账款总账和明细账都记入借方（方向一致），应收账款总账的期初余额（3 770 元）和期末余额（8 518 元）分别等于应收账款总账账户所统驭的各明细账账户的期初余额的合计（3 770 元）和期末余额的合计（8 518 元）（金额相等）。

A部分：销售日记账

销售日记账				
日期	发票号	借方明细科目	凭证编号	借记应收账款 贷记销售收入
2×08年				
1月5日	0833	四通公司	001	1 500
1月8日	0834	黎明	002	1 100
1月15日	0835	当代商城	003	800
1月20日	0836	黎明	004	680
1月26日	0838	当代商城	005	668
1月31日		合计		4 748

单个应收账款账户逐日或逐笔过账

合计数在月末过账

B部分：过账

应收账款明细账

四通公司					
	凭证编号	期初余额	借	贷	期末余额
1.5	S001	35 00	1 500		5 000

黎明					
日期	凭证编号	期初余额	借	贷	期末余额
1.8 1.20	S002 S004	150	1 100 680		1 930

当代商城					
日期	凭证编号	期初余额	借	贷	期末余额
1.15 1.26	S003 S005	120	800 668		1 588

总账

应收账款					
日期	凭证编号	期初余额	借	贷	期末余额
1.31	S001—S005	3 770	4 748		8 518

销售收入					
日期	凭证编号	期初余额	借	贷	期末余额
1.31	S001—S005			4 748	

图 4—9　销售日记账和过账

思考： 假设全美运动器材商行每月有400笔赊销业务，每笔业务都涉及一个客户。从销售日记账向总分类账的过账次数有多少？不考虑产品销售成本和存货，如果要求应收账款明细账应逐笔过账，向客户应收账款明细账过账次数有多少？

答案： 从销售日记账过账到总分类账只有两次，在月末，一个过账到应收账款总账账户，一个过账到销售收入总账账户。如果要求应收账款明细账逐笔过账，向客户应收账款明细账过账次数为400次。

可见，生成会计账表信息一般要经历如下几个阶段，如图4—10所示。

图4—10　会计核算资料的流程

4.4.4　试算平衡

为提高会计信息的质量，必须确保账簿记录准确。在会计实务中，期末一般要进行试算平衡。试算平衡是检验会计账户记录是否正确的一种方法。

1. 编制试算平衡表

根据会计等式"资产＝负债＋所有者权益"的平衡关系和借贷记账规则的要求，企业在经济业务发生后，按照借贷记账法的记账规则来记账，借贷两方的发生额必然是相等的。不仅每一笔会计分录借贷发生额相等，而且当一定会计期间（年、季、月）的全部经济业务的会计分录都记入相关账户后，所有账户的借方发生额与贷方发生额的合计数也必然相等。依此类推，全部账户的借方期末余额与贷方期末余额的合计数也必然相等。

进行试算平衡常用的公式有：

（1）余额平衡公式：会计账户借方余额合计＝会计账户贷方余额合计；

（2）发生额平衡公式：会计账户借方发生额合计＝会计账户贷方发生额合计；

（3）发生额余额平衡公式：会计账户期初借方余额＋本期借方发生额－本期贷方发生额＝会计账户期初贷方余额＋本期贷方发生额－本期借方发生额。

通过运用上述平衡公式进行账簿试算平衡，可单一反映总账本期发生额或余额记录的正确性，亦可综合反映发生额和余额记录的正确性。试算平衡一般通过编制试算平衡表来进行。对刘华医师独资兴办诊所在2×08年发生的6笔交易记账后，用试算平衡表来检验过账是否正确。编制刘华诊所总分类账户本期发生额和期末余额试算平衡表，如表4—8所示。

表 4—8　　刘华诊所总分类账户本期发生额和期末余额试算平衡表（2×08 年）　　单位：元

账户名称	期初余额		本期发生额		期末余额	
	借方	贷方	借方	贷方	借方	贷方
库存现金			（3）500		500	
银行存款			（1）100 000 （5）20 000	（2）60 000 （4）15 000　（6）2 000	43 000	
药品存货			（4）15 000		15 000	
固定资产			（2）60 000		60 000	
其他应付款				（3）500		
业主资本				（1）100 000		500 100 000
收入				（5）20 000		20 000
工资费用			（6）2 000		2 000	
合计			197 500	197 500	120 500	120 500

通过试算平衡表，刘华诊所总分类账户本期借贷方发生额和期末借贷方余额都相等。

试算平衡表有利于检查和发现记账过程中的差错并及时纠正，为及时准确地编制会计报表提供准备条件，因为会计处理错误，根据错误的账簿记录，就不可能编制正确的会计报表。通过试算平衡表来检查账簿记录是否有错误并不是绝对的，如果试算平衡表的借贷金额不相等，就可以肯定账户的记录或计算有错误；但是如果借贷方相等，却不能肯定记账正确，因为有些错误并不影响借贷双方的平衡关系。例如，在以下四种情况下就不能通过试算平衡发现错误：（1）记账时重记或漏记整笔业务；（2）相互对应的账户都以大于或小于正确的金额入账；（3）用错会计科目；（4）将借贷记账方向弄反，相互对应的账户串户。如以下几笔错误就不能通过试算平衡发现：

（1）从银行提取现金 10 000 元。

借：库存现金　　1 000

　　贷：银行存款　　1 000

借贷金额同时记错，少计 9 000 元，并不破坏上述平衡关系。

（2）购买固定资产 18 000 元，同时用银行存款支付。

借：存货　　18 000

　　贷：银行存款　　18 000

用错会计科目，将固定资产记成了存货，也不破坏上述平衡关系。

（3）用银行存款归还应付账款 5 000 元。

借：银行存款　　5 000

　　贷：应付账款　　5 000

记账发生串户，借贷方向搞错了，也不破坏上述平衡关系。

在以上三种情况下，都不会影响试算平衡表的平衡关系，即在上述三种情况下，平衡表是平衡的，但会计处理错误。所以，试算平衡表不是“万能表”，试算平衡表有局限性，它只能在会计分录正确的情况下，才能起到试算平衡的作用。

不要将试算平衡表与资产负债表混为一谈。试算平衡表是企业会计人员编制的内部报表，其目的是保证会计记录正确，不向外界公布。而资产负债表是一种正式的财务报表，它反映企业的整体财务状况，要向外界公布。同时，财务报表是会计核算循环过程的终点，而试算平衡表仅仅是编制财务报表中的一个步骤。

2. 错账的查找方法

会计期末的对账工作，主要包括账证核对、账账核对和账实核对。在对账中，有可能发现错账，需及时查找更正。在查找时，要根据造成错账的不同原因，采取不同的方法。一般说来，手工账务处理中，账簿在登记上的错误通常有以下两种情况：

（1）影响借贷不平衡的错误。会计期末进行会计资料的综合试算，编制总分类账户发生额、余额试算平衡表时，发现借贷记录不平衡。但是，试算平衡表只能发现错误，不能查找错误。当发现差错时，一般可以采用下列两种方法查找：

1）除 2 法。就是先将借贷方的差数用 2 来除，如果能除尽，有可能是一方重复记录的错误。比如已查明贷方合计数大于借方合计数 560 元，除以 2 得 280 元。这种情况下，就可以查找有无一笔 280 元的借方记录被当做贷方记录，因而使差错数变成错账数字的 2 倍。

2）除 9 法。就是先将差错数用 9 来除，如果能除尽，一种可能是属于两位数的数码倒置，比如 18 误记为 81，借贷方相差 63，能被 9 整除；如果借贷方相差 81，也能被 9 整除，差错可能发生在 90 与 9 的误记；如果发现借贷方的差额是 72，可以被 9 整除，差错可能发生在 91 与 19、80 与 8 之间的误记。另一种可能是数字串位，比如将 2 100 记成 21 000，借贷方的差额将是 18 900（即 21 000－2 100），用 18 900 除以 9，得数为 2 100，这就是正确的数字；如果借贷方的差额是 324，被 9 整除商是 36（两位数），差错可能是把 36 误记为 360 或把 360 误记为 36。

如果产生差错的数在 100 以内，数字的位置记颠倒了，如 53 误记成 35，86 误记成 68，15 误记成 51，等等。100 以内的数，由于数字位置颠倒造成的错误，除去其差额能用 9 除尽外，组成这个数的两个数字之差还等于差额除以 9 的商。例如，38 误记为 83，差额 45，45÷9＝5，而 8－3＝5。但是，实际上即使已知发生差错的数在 100 以内、差额能被 9 除尽、两个数字之差等于差额除以 9 的商这三点，也还是不能马上确定究竟是哪个数字搞错了。因为符合上述三个条件的数不止一个。仍以上述情况为例，假定发生差错的数在 100 以内，差额为 45，两个数字之差为 5，符合上述条件的数有 38 与 83，49 与 94，27 与 72，16 与 61，5 与 50 五组。而每一组中又可以分成两种情况，因为差额为 45，可以是比正确数大 45，也可以是比正确数小 45。例如，38 误记为 83，是差错数 83 比正确数 38 大 45，而 83 误记为 38，则是差错数 38 比正确数 83 小 45。依此类推，5 组就有 10 种情况。①

① 参见吴水澎主编：《会计学原理》，2 版，沈阳，辽宁人民出版社，2005。

因此，上述查找计算只是初步的，应在上述计算的基础上，结合账簿的实际记录进一步分析确定差错所在。

（2）不影响借贷记录平衡的错误。这种错误是试算平衡表本身所发现不了的。这种错误又分为两种情况：

1）重记或漏记了一项会计分录。这种错误不会影响总分类账户发生额余额试算平衡表的平衡，只是本期发生额不正确。查找方法：可以将总分类账户发生额余额试算平衡表的本期发生额，同本期全部记账凭证的借贷方合计数核对，如果记账凭证的合计数比试算平衡表的本期发生额小，可能是重记；如果记账凭证的合计数比试算平衡表的本期发生额大，可能是漏记。

例如，总分类账户发生额余额试算平衡表本期借贷方发生额均为 88 950 元，本期全部记账凭证的借贷方合计数均为 88 000 元，两者相差 950 元，这可能是有一笔金额为 950 元的记账凭证重记所致；如果试算平衡表本期借贷方发生额均为 86 000 元，则比本期全部记账凭证的借贷方合计数小 2 000 元，可能有一笔金额为 2 000 元的记账凭证漏记所致。

2）会计分录中用错了会计科目。这种错误比较难查找。要避免这种错误，在编制会计分录时，要认真负责并经过严格的复核，确保会计分录的编制正确。

3．错账的更正方法

错账必须按规定的更正程序更正，以与正常的业务相区别。常用的方法有划线更正法、红字更正法、补充登记法三种。切记，记账发生错误，不准涂改、挖补、刮擦或用药水消除字迹，不准重新抄写，必须用正确的方法更正，以便明确经济责任。

（1）划线更正法。划线更正法是指用划线来更正的方法。这种方法适应于记账后结账前，如果发现账簿记录有错误，而记账凭证无错误，纯属笔误造成登账时文字或数字出现的错误，应用划线更正法进行更正。具体做法是，先将错误的文字或数字全部用红线予以注销；然后在划线上方用蓝字填写正确的记录；更正后经办人应在划线的一端盖章以明确责任。划线更正时应注意以下几个问题：1）在划线时，如果是文字错误，可只划错误部分；2）如果是数字错误，应将全部数字划销不得只划错误数字；3）划线时必须注意使原来的错误字迹仍可辨认。

（2）红字更正法。红字更正法是用红字冲销或冲减原记录数，以更正或调整账簿记录的一种方法。这种方法适应于记账后发现由于记账凭证错误而导致记账错误的情况。红字记录表示对原记录的冲减。具体更正操作方法是：1）全部冲销。记账依据的记账凭证中应借、应贷的方向、科目或金额有错误，导致账簿记录错误，首先用红字（只限数字用红字，填写摘要仍用蓝字书写）填写一张与原凭证相同的记账凭证，在摘要中注明注销××凭证，并用红字金额登记入账，以冲销原来的账簿记录，然后再用蓝字填写一张正确的会计凭证，并据以登记入账。2）部分冲销。记账以后，如果发现记账凭证中应借、应贷的会计科目和记账方向都没有错误，记账凭证和账簿记录的金额相吻合，只是所记金额大于应记的正确金额，也采用红字更正法。更正方法为：将多记的金额用红字填制一张与原错误记账凭证所记的借贷方向、会计科目相同的记账凭证，在摘要栏注明“冲销某月某日第××号凭证错账”，并据以登记入账，以冲销多记金额。

【例 4—7】 从银行提取现金 350 元，在填制记账凭证时，误将金额填为 530 元，并据以登记入账。

错误的记账分录为：

借：库存现金　　530

　贷：银行存款　　530

更正方法一：

其改错分录为：

借：库存现金　　[530]

　贷：银行存款　　[530]

再填制一张正确分录为：

借：库存现金　　350

　贷：银行存款　　350

更正方法二：

其改错分录为：

借：库存现金　　[180]

　贷：银行存款　　[180]

采用红字更正法进行错账更正时应注意，不得以蓝字金额填制与原错误记账凭证记账方向相反的记账凭证去冲销错误记录或冲销原错误金额，因为蓝字记账凭证反方向记载的会计分录反映某些特殊经济业务，而不反映错账更正的内容。如编制蓝字记账凭证借记“库存现金”，贷记“管理费用”，反映已支付的管理费用款项收回，而借记“材料”，贷记“制造成本”，反映车间已领用的材料退库。尽管这样记录也能使账户的余额与实际情况相符，但这不能表明更正错误记录的内容，这样的分录也无法附上与分录内容相吻合的原始凭证，所以，很容易使人们产生误解；同时，这样做也不能反映实际情况，违反了客观性原则。如上述例子，若无法取得收款凭证，但发现以前年度的错误后，因错误的账簿记录已经在以前会计年度终了进行结账，不可能再将已经结账的数字用红字冲销，这时只能用蓝字凭证对除文字外的一切错账进行更正，并在更正凭证上，特别注明更正××年度错账的印记。

(3) 补充登记更正法。补充登记更正法是用补记差额来更正账簿记录错误的一种方法。这种方法主要适用于记账依据的会计凭证金额有错误，并且错误金额小于应记的金额，导致账簿记录金额少记，而且会计科目及记账方向均无错误的情况下可用此种方法。具体做法是：填写一张会计科目、借贷方向与原始记账凭证一致，但金额是少记金额的记账凭证，并在摘要中注明补记××号记账凭证少记的金额，并据以记账。

【例 4—8】 以银行存款 6 500 元归还前欠的购货款，在填制记账凭证时，误将金额填为 5 600 元，并据以登记入账。

错误的记账分录为：

借：应付账款　　5 600
　　贷：银行存款　　5 600

改错分录为：

借：应付账款　　900
　　贷：银行存款　　900

问：实现会计电算化后，错账如何更正？

答：与手工错账的方法相对应，可以采用红字冲销法（用负数表示红字）和补充登记法更正，但不同的是会计电算化中不能采用划线更正法。此外，电算化会计还可采用其他方法进行错账的更正。

在过账前，如果发现记账凭证分录有误，可以重新编写。如果立即发现，还可以改正。电算化会计系统能够十分轻松地寻找错误的会计分录（如借贷方不相等的分录）。如果在过账后才发现会计错误，会计人员可以编制更正分录。假设 5 月 13 日刘华用银行存款 5 000 元支付购买办公家具而误记为存货。

5 月 13 日编制错误的会计分录并记账：

借：存货　　5 000
　　贷：银行存款　　5 000

该分录的借方记录是错误的，误将办公家具固定资产记为存货，因此需要编制更正分录如下：

5 月 15 日发现错账后编制更正分录：

借：固定资产　　5 000
　　贷：存货　　5 000

（更正 5 月 13 日的会计分录）

更正分录的贷记存货抵消了错误分录借记存货的影响，更正分录的借方记录也使固定资产价值得到了正确的反映。现在办公家具固定资产和银行存款资产都已正确地记入账簿，更正分录真正起到了更改错账的作用。

此外，当过账后发现的错账，取消记账和复核后，将错误的分录作废时，该分录的过账也随之作废。然后我们重新编制正确的记账凭证会计分录，并过账。

4.5　借贷记账法应用举例

李辉决定创办一家儿童培养咨询服务机构——李辉策划室，属个人独资企业，并于 2×08 年 1 月开始营业。该月李辉策划室发生了下列业务：

（1）1 月 6 日，李辉以李辉策划室的名义开立银行账户，并投资 100 000 元。

（2）1 月 9 日，李辉购买业务用商品房，价值 50 000 元，并用银行存款支付。根据实际情况估计，该商品房能使用 20 年，残余价值 2 000 元。

（3）1 月 12 日，赊购办公用家具，价值 20 000 元，估计使用 10 年，无残值。

(4) 1月15日，李辉策划室举行开业典礼并正式对外营业。

(5) 1月15—31日，李辉策划室共获取服务收入8 000元，款项已存入银行。

(6) 1月15—31日，用银行存款支付雇员薪金1 400元、房租1 000元。

(7) 1月28日，李辉购买了工作服100元、西装1 000元，并用银行存款支付。

(8) 1月31日，偿还应付账款1 500元。

(9) 1月31日，李辉用个人资金支付家庭房屋装修费10 000元。

(10) 1月31日，从银行获得贷款20 000元，从2月份起每月负担利息200元，每三个月支付一次。

(11) 1月31日，支付全年的订报纸、杂志费1 200元。

(12) 1月31日，计算本月应缴纳的所得税。

要求：请对李辉策划室1月份的业务按借贷记账法进行会计处理。

4.5.1 交易分析、编制记账凭证及过账

交易1：1月6日，李辉以李辉策划室的名义开立银行账户，并投资100 000元。

分析：李辉的投资增加银行存款资产，应借记“银行存款”；同时增加所有者权益，应贷记“业主资本”。

会计分录：

借：银行存款　　100 000

　　贷：业主资本——李辉　　100 000

过账，总分类账户为：

银行存款	
(1) 100 000	

业主资本——李辉	
	(1) 100 000

交易2：1月9日，李辉购买业务用商品房，价值50 000元，并用银行存款支付。根据实际情况估计，该商品房能使用20年，残余价值2 000元。

分析：这项购买使银行存款资产减少，应贷记“银行存款”；同时增加固定资产，应借记“固定资产”。根据会计准则规定：企业一般应当按月提取折旧，当月增加的固定资产，当月不提折旧，从下月起计提折旧；当月减少的固定资产，当月照提折旧，从下月起不提折旧。固定资产提足折旧后，不管能否继续使用，均不再提取折旧；提前报废的固定资产，也不再补提折旧。本月购进的固定资产属于当月增加固定资产，当月不提折旧。

会计分录：

借：固定资产　　50 000

　　贷：银行存款　　50 000

过账，总分类账户为：

银行存款	
	(2) 50 000

固定资产	
(2) 50 000	

思考： 假设你是一个银行的信贷人员，现在李辉向你申请 10 000 元的银行贷款。你现在能评估信贷风险吗？如果李辉只有 1 000 元的初始投资，并已经向其他银行负债 250 000 元，你的评估结论有什么不同？

回答： 你可能会很乐观地评估李辉的贷款申请，因为李辉有 100 000 元的初始投资，尽管银行存款只有 50 000 元，但固定资产还有 50 000 元，并且没有负债，因而可以肯定李辉策划室具有很强的偿还能力。但如果他只有 1 000 元的初始投资，并已向银行负债 250 000 元，其信贷风险将大大增强，这时最好不批准对其发放贷款。

交易 3： 1 月 12 日，赊购办公用家具，价值 20 000 元，估计使用 10 年，无残值。

分析： 该项赊购增加企业的固定资产，应借记“固定资产”；同时增加企业的负债，应贷记“应付账款”。

会计分录：

借：固定资产　　20 000

　贷：应付账款　　20 000

过账，总分类账户为：

固定资产	
(3) 20 000	

应付账款	
	(3) 20 000

思考： 你现在能够为李辉策划室编制资产负债表和利润表吗？

回答： 能够编制资产负债表。银行存款资产为 50 000 元，固定资产为 70 000 元，应付账款为 20 000 元，业主资本为 100 000 元。由于企业尚未发生收入和费用，故不能编制利润表。

交易 4： 1 月 15 日，李辉策划室正式对外营业。

分析： 此项业务属于经济业务但不能用货币计量，不属于会计事项。任何企业一般都有开业的程序，这是企业对外营业的开始，注意这不是法律程序，好比结婚登记和举行婚礼一样，企业有资格开展经营活动是以领取营业执照为标志。

交易 5： 1 月 15—31 日，李辉策划室共获取服务收入 8 000 元，款项已存入银行。

分析： 收入增加所有者权益，李辉策划室的收入与销售商品不同，它是以提供劳务形式实现的，这种收入叫服务收入，应贷记“服务收入”；同时增加银行存款资产，应借记“银行存款”。

会计分录：

借：银行存款　　8 000

　贷：服务收入　　8 000

过账，总分类账户为：

银行存款	
(5) 8 000	

服务收入	
	(5) 8 000

交易6：1月15—31日，用银行存款支付雇员薪金1 400元、房租1 000元。

分析：银行存款减少，应贷记“银行存款”，金额为所有费用之和；同时工资费用、租金费用增加。

会计分录：

借：工资费用	1 400	
租金费用	1 000	
贷：银行存款		2 400

过账，总分类账户为：

银行存款		工资费用		租金费用	
	（6）2 400	（6）1 400		（6）1 000	

交易6同时影响到3个账户，该会计分录称为复合会计分录。会计分录有简单会计分录与复合会计分录之分。仅由两个相互对应的账户组成的会计分录叫做简单会计分录；由两个以上账户相对应组成的会计分录叫做复合会计分录。在复合会计分录中，不管包含多少账户，其借方合计一定等于贷方合计。

交易7：1月28日，李辉购买了工作服100元、西装1 000元，并用银行存款支付。

分析：购买工作服属于企业的杂项费用增加；购买西装不属于为获得收入而支付的费用，是所有者用企业的钱为自己支付的生活费用，属于所有者撤资的会计事项，应减少所有者投入企业的资本。上述交易的结果是既减少了资产“银行存款”，同时也减少了李辉（业主）在李辉策划室（企业）的产权。虽然所有者权益的减少可以直接记入“业主资本——李辉”账户的借方，但会计上不作这样的处理。因为业主李辉最好有一个单独的账户，即“业主提款——李辉”账户。有了这个单独记录业主李辉从企业撤资的账户，就能使业主李辉随时准确地了解到某时提款的总额，而不必去详细分析资本账户。所以，“业主提款”账户普遍应用于私人企业（也称为私人账户）。

> **业主提款账户**：提款账户表明所有者权益的减少，企业的所有者如果把企业的现金或其他资产用做个人目的而不是为企业使用，企业的所有者权益和资产就会减少。为什么不能把提款也记录在资本账户中呢？因为如果提款直接记录在资本账户中，所有者提款的数量就不明显，决策将更加困难。如果所有者的提款账户金额很大，你愿意跟他合作吗？

从上述分析可知：提款账户是一种备抵性质的账户，它的余额代表其相关账户“业主资本”的减少数或抵消额。用借记“业主提款”账户反映业主产权的减少，就如同借记“业主资本”账户表示减少一样。期末，当收入已加进“业主资本”账户的贷方后，就应减去提款账户的借方余额，以得出“业主资本”账户的期末余额。

会计分录：

借：杂项费用	100	
业主提款——李辉	1 000	
贷：银行存款		1 100

过账，总分类账户为：

银行存款	
	(7) 1 100

业主提款——李辉	
(7) 1 000	

杂项费用	
(7) 100	

交易 8： 1 月 31 日，偿还应付账款 1 500 元。

分析： 此项交易，减少了企业的资产，应贷记“银行存款”；同时减少了企业的负债，应借记“应付账款”。

会计分录：

借：应付账款　　1 500

　　贷：银行存款　　1 500

过账，总分类账户为：

银行存款	
	(8) 1 500

应付账款	
(8) 1 500	

交易 9： 1 月 31 日，李辉用个人资金支付家庭房屋装修费 10 000 元。

分析： 此项交易是李辉的私人活动，不是企业的会计事项，根据会计主体假设，该项交易对企业的会计主体而言没有影响，不予反映。主体假设将企业和所有者两个会计主体的业务活动区分开来，为进行会计确认提供了方便。

交易 10： 1 月 31 日，从银行获得贷款 20 000 元，从 2 月份起每月负担利息 200 元，每三个月支付一次。

分析： 此项交易使企业的银行存款资产增加，应借记“银行存款”账户；同时又使企业的负债增加，应贷记“银行借款”账户。由于此项贷款企业在 1 月份尚未使用，因此不用负担利息费用。

会计分录：

借：银行存款　　20 000

　　贷：银行借款　　20 000

银行存款	
(10) 20 000	

银行借款	
	(10) 20 000

注意：银行存款是资产类账户，银行借款是负债类账户。

交易 11： 1 月 31 日，用银行存款支付全年的订报纸、杂志费 1 200 元。

分析： 此项交易使银行存款资产减少了 1 200 元，应贷记“银行存款”，由于支付的 1 200 元的订报纸、杂志费属于全年都受益的费用，根据费用应按其受益期分担的原则，1 月份只能分担 100 元，其余作为“待摊费用”，等以后分期摊销。

> **待摊费用：** 企业经常预先支付某些费用，待摊费用是一项资产，因为企业在将来就不必为这一费用而支付现金，即尚未摊销的待摊费用是资产。

所以，本期的杂项费用增加 100 元，待摊费用增加 1 100 元，应分别借记“杂项费用”、“待摊费用”账户。

会计分录：

借：杂项费用　　100

　　待摊费用　　1 100

　贷：银行存款　　1 200

过账，总分类账户为：

银行存款	
	(11) 1 200

杂项费用	
(11) 100	

待摊费用	
(11) 1 100	

交易 12：1 月 31 日，计算本月应缴纳的所得税。

分析：企业所得税是按照纳税人每一纳税年度的应纳税所得额和适用税率计算征收的。纳税年度自公历 1 月 1 日起至 12 月 31 日止。纳税人在一个纳税年度的中间开业，或者由于合并、关闭等原因，使该纳税年度的实际经营期不足 12 个月的，应当以其实际经营期为一个纳税年度；纳税人清算时，应当以清算期间作为一个纳税年度。由此可见，税款入库必然在纳税年度终了后的一段时间，但这样一来就必然影响国家稳定、均衡地取得财政收入。为此，世界各国对企业所得税都采取了预缴及汇算清缴的办法。

企业所得税法规定，缴纳企业所得税，按年计算，分月或者分季预缴。月份或者季度终了后 15 日内预缴，年度终了后 4 个月内汇算清缴，多退少补。

月末，企业应当根据收益情况计算所得税费用。本月李辉策划室共发生收入 8 000 元，费用 2 400＋100＋100＝2 600 元。利润＝收入－费用＝8 000－2 600＝5 400 元。适用税率 27%，所得税费用＝5 400×27%＝1 458 元。

此项事项是企业的所得税费用增加，应借记“所得税费用”；同时欠国家的税金也增加，应贷记“应交税费——应交所得税”。

会计分录：

借：所得税费用　　1 458

　贷：应交税费——应交所得税　　1 458

过账，总分类账户为：

所得税费用	
(12) 1 458	

应交税费——应交所得税	
	(12) 1 458

记账凭证中的凭证编号连同会计分录一起过账到分类账，这样任何一笔交易都可以由记账凭证追溯到分类账，通过凭证编号也可以方便地由分类账回溯至记账凭证直至原始凭证。这种联系能使我们非常方便地获得所需查询的信息。

企业可以根据会计核算的需要设立账户，为进行会计核算而设立一个新账户的过程称为开设账户。为了核算李辉策划室的会计事项，我们开设了“银行存款”、“银行借款”、“业主资本——李辉”、“应付账款”、“服务收入”、“固定资产”、“租金费用”、“工资费用”、“业主提款——李辉”、“杂项费用”、“待摊费用”、“应交税费——应交所得税”、“所得税费用”等会计账户。

4.5.2　过账后账户的余额

过账后，账户一般都有余额，该余额就是账户借贷方金额的差额。资产类账户的余额合计应该等于负债和所有者权益类账户的余额合计。现将过账后各账户按照资产类、负债类、所有者权益类、损益类账户列示见表 4—9。

表 4—9　　**李辉策划室各账户过账后的余额情况表**

资产　　=　　负债　　+　　所有者权益

资产

银行存款

(1) 100 000	(2) 50 000
(5) 8 000	(6) 2 400
(10) 20 000	(7) 1 100
	(8) 1 500
	(11) 1 200
余额 71 800	

固定资产

(2) 50 000	
(3) 20 000	
余额 70 000	

待摊费用

(11) 1 100	

负债

银行借款

	(10) 20 000

应付账款

(8) 1 500	(3) 20 000
	余额 18 500

租金费用

(6) 1 000	

业主提款——李辉

(7) 1 000	

应交税费——应交所得税

	(12) 1 458

所有者权益

业主资本——李辉

	(1) 100 000

服务收入

	(5) 8 000

工资费用

(6) 1 400	

杂项费用

(7) 100	
(11) 100	
余额 200	

所得税费用

(12) 1 458	

如果账户借方发生额大于账户贷方发生额，该账户就有借方余额，如"银行存款"账户；如果账户贷方发生额大于借方发生额，该账户就有贷方余额，如"应付账款"账户。

4.5.3　平衡检验

按照资产、负债、所有者权益、收入、费用账户的顺序列示所有账户余额，通过检验借方与贷方余额的合计是否相等，来判断会计处理是否有错误。表 4—10 列示了李辉策划室账户余额试算表。

表 4—10　　**李辉策划室账户余额试算表（2×08 年 1 月 31 日）**　　单位：元

账户名称	余额	
	借方	贷方
银行存款	71 800	
固定资产	70 000	
待摊费用	1 100	
银行借款		20 000

续前表

账户名称	余额	
	借方	贷方
应付账款		18 500
应交税费——应交所得税		1 458
业主资本——李辉		100 000
业主提款——李辉	1 000	
服务收入		8 000
租金费用	1 000	
工资费用	1 400	
杂项费用	200	
所得税费用	1 458	
合计	147 958	147 958

4.5.4 编制会计报表

李辉策划室 2×08 年 1 月 31 日有关财务报表如表 4—11 所示。

表 4—11 **李辉策划室财务报表** 单位：元

利润表——李辉策划室（2×08 年 1 月份）

收入		
服务收入		8 000
费用		
工资费用	1 400	
租金费用	1 000	
杂项费用	200	
所得税费用	1 458	
净利润		3 942

所有者权益变动表——李辉策划室（2×08 年 1 月份）

期初业主资本（2×08.1.6）	0
加：本期所有者投资	100 000
净利润	3 942
	103 942
减：业主撤资	1 000
期末业主资本（2×08.1.31）	102 942

资产负债表——李辉策划室（2×08 年 1 月 31 日）

资产		**负债**	
银行存款	71 800	银行借款	20 000
待摊费用	1 100	应付账款	18 500
固定资产	70 000	应交税费	1 458
		所有者权益	
		业主资本——李辉	102 942
总资产	142 900	负债和所有者权益合计	142 900

现金流量表——李辉策划室（2×08年1月份）

营业活动现金流量		
现金流入		
收顾客现金		8 000
现金流出		
支付租金	(1 000)	
支付工资	(1 400)	
支付报纸、杂志订阅费	(1 200)	
支付杂项费用	(100)	
现金流出小计	(3 700)	
营业活动产生的现金流量净额		4 300
投资活动现金流量		
购固定资产——房屋	(50 000)	
支付部分赊购办公家具款	(1 500)	
投资活动产生的现金流量净额		(51 500)
筹资活动现金流量		
所有者投资		100 000
银行借款所收到的现金		20 000
现金流入小计		120 000
支付业主提款	(1 000)	
筹资活动产生的现金流量净额		119 000
现金净增加		71 800
期初现金余额		0
期末现金余额		71 800

应注意表4—10和表4—11之间的关系：利润表和资产负债表主要根据期末各账户余额试算平衡表分析填列。在没有其他形式现金的情况下，现金流量表中期末现金数额等于资产负债表中银行存款账户的余额，现金流量表根据本期银行存款账户的发生额分析填列，具体可分析表4—9中银行存款账户发生额与现金流量表中各个项目之间的对应关系。

现金流量表中的现金是指现金和现金等价物，它是广义上的现金，包括货币资金以及较容易变现的各种有价证券。具体内容包括：(1) 库存现金，指企业持有的用于临时周转需要的现款。(2) 银行存款，指企业存在金融企业中随时可以用于支付的各种存款。(3) 其他货币资金，指企业存放在金融企业中有特定用途的资金，如外埠存款、银行汇票存款、银行本票存款、信用证保证金存款、信用卡存款等。(4) 现金等价物，指企业持有的期限短、流动性强、易于转换为已知金额现金且价值变动风险较小的短期投资，主要指各种有价证券。现金等价物虽然不是严格意义上的现金，但其支付能力与现金的差别不大，可视为现金。一项投资被认定为现金等价物必须同时具备四个条件：期限短、流动性强、易于转换为已知金额现金、价值变动风险很小。其中，期限短一般是指从购买日起，3个月内到期。现金流量是某一段时期内企业现金流入和流出的数量，主要包括经营活动产生的现金流量、投资活动产生的现金流量和筹资活动产生的现金流量三类。

编制现金流量表的目的，是为会计报表使用者提供企业一定会计期间内现金和现金等价物流入和流出的信息，以便于报表使用者了解和评价企业获取现金和现金等价物的能力，并据以预测企业未来现金流量。企业在一定时期内的现金流入和流出是由企业的各种业务活动产生的，如购买商品支付现金，对外销售商品和提供劳务收到现金，支付职工工资流出现金等。首先要对企业的业务活动进行合理的分类，并据此对现金流量进行适当分类。我国《企业会计准则第 31 号——现金流量表》将企业的营业活动按其发生的性质分为经营活动、投资活动与筹资活动。为了在现金流量表中反映企业在一定时期内现金净流量变动的原因，相应地将企业一定期间内产生的现金流量归为以下三类：

（1）经营活动产生的现金流量。经营活动是指企业投资活动和筹资活动以外的所有交易和事项。经营活动流入的现金主要包括：销售商品、提供劳务收到的现金；收到的税费返还；收到的其他与经营有关的现金。经营活动流出的现金主要包括：购买商品、接受劳务支付的现金；支付给职工以及为职工支付的现金；支付的各项税费；支付的其他与经营活动有关的现金。

（2）投资活动产生的现金流量。投资活动是指企业长期资产的购建和不包括在现金等价物范围内的投资及其处置活动。投资活动流入的现金主要包括：收回投资所收到的现金；取得投资收益所收到的现金；处置固定资产、无形资产和其他长期资产所收回的现金净额；收到的其他与投资活动有关的现金。投资活动流出的现金主要包括：购建固定资产、无形资产和其他长期资产所支付的现金；投资所支付的现金；支付的其他与投资活动有关的现金。

（3）筹资活动产生的现金流量。筹资活动是指导致企业资本及债务规模和构成发生变化的活动。筹资活动流入的现金主要包括：吸收投资所收到的现金；取得借款所收到的现金；收到的其他与筹资活动有关的现金。筹资活动流出的现金主要包括：偿还债务所支付的现金；分配股利、利润或偿付利息所支付的现金；支付的其他与筹资活动有关的现金。

对于企业日常活动之外的、不经常发生的特殊项目，如自然灾害损失、保险赔款、捐赠等，应当归并到现金流量表的相关类别中，并单独反映。

4.6 特殊账户

所谓特殊账户是指账户的类型与账户的性质与前面所述内容有所不同，如“累计折旧”属于资产类账户，但“累计折旧”账户贷方表示的却是“增加”。特殊账户也叫做调整账户。调整账户是为调整某个账户的余额，进而反映被调整账户的实际余额而开设的账户。调整账户不能离开被调整账户而独立存在，如“累计折旧”账户离不开“固定资产”账户，“固定资产”账户也离不开“累计折旧”账户。调整账户与被调整账户结合在一起，用以说明一个经济事项即固定资产净值，单独拿出一个账户没有任何意义。“累计折旧”账户余额在贷方，反映固定资产价值的减少额。在会计核算工作中，由于经营管理上的需要或其他原因，要求某些账户反映该项经济活动的原始数据。但在实际工作中，该项经济活动的实际数据又往往会发生增减变化。如固定资产由于使用，其价值不断减少，但从经营管理的角度考虑，需要“固定资产”账户反映固定资产的原始价值。为反映固定资产不断减少的价值，需开设“累计折旧”账户，通过“累计折旧”账户对“固定资产”账户进行调整，反映固定资产的净值。反映经济活动原始数据的账户，称为被调整账户；对被调整账户进行调整的账户，称为调整账户。

调整账户按调整方式划分，又可分为抵减账户、附加账户和抵减附加账户三类。

4.6.1　抵减账户

抵减账户亦称备抵账户，它是用来抵减被调整账户所反映的会计具体对象的原始数额，进而确定其现有实际数额的账户。抵减账户的特点是：其账户的余额方向与被调整账户的余额方向一定相反。其调整方式可用下列计算公式表示：

被调整账户余额－抵减账户余额＝被调整账户实际数额

常见的被调整账户与抵减账户有固定资产与累计折旧、应收账款与坏账准备、短期投资与短期投资跌价准备、固定资产与固定资产减值准备、在建工程与在建工程减值准备、无形资产与无形资产减值准备、利润与利润分配、业主资本与业主提款等。

下面举例说明抵减账户的调整方式。假设有一个企业，期末有关账户的余额如下：

被调整账户	固定资产（借）	固定资产（贷）	应收账款（借）	应收账款（贷）	在建工程（借）	在建工程（贷）	业主资本（借）	业主资本（贷）
	(1)150 000		(2)10 000		(3)500 000			(4)40 000

调整账户	累计折旧（借）	累计折旧（贷）	坏账准备（借）	坏账准备（贷）	在建工程减值准备（借）	在建工程减值准备（贷）	业主提款（借）	业主提款（贷）
		(1)20 000		(2)1 000		(3)150 000	(4)30 000	

(1) 固定资产的实际数额（账面净值）＝150 000（原始价值）－20 000（抵减价值）＝130 000（元）
(2) 应收账款的实际数额＝10 000－1 000＝9 000（元）
(3) 在建工程的实际数额＝500 000－150 000＝350 000（元）
(4) 业主资本的实际数额＝40 000－30 000＝10 000（元）

抵减账户与被调整账户的这种调整方式，可通过表 4—12、表 4—13 表示。

表 4—12　　抵减账户与被调整账户的调整方式（一）

被调整账户 借方	被调整账户 贷方	抵减账户 借方	抵减账户 贷方
余额：某项经济活动的原始余额			余额：该项经济活动的抵减数额

从表 4—12 可看出下列平衡关系成立：

被调整账户借方余额－抵减账户贷方余额＝该项经济活动的实际数额

表 4—13　　抵减账户与被调整账户的调整方式（二）

被调整账户 借方	被调整账户 贷方	抵减账户 借方	抵减账户 贷方
	余额：某项经济活动的原始余额	余额：该项经济活动的抵减数额	

从表 4—13 可看出下列平衡关系成立：

被调整账户贷方余额－抵减账户借方余额＝该项经济活动的实际数额

上例中（1）、（2）、（3）属于表 4—12 的情况，（4）属于表 4—13 的情况。

4.6.2　附加账户

附加账户是用来增加被调整账户所反映的会计具体对象的原始数额，进而确定其现有实际数额的账户。附加账户的调整方式可用下列计算公式表示：

被调整账户余额＋附加账户余额＝被调整账户实际数额

附加账户的余额一定要与被调整账户的余额方向一致，上述公式才能成立。如果被调整账户的余额在借方，附加账户的余额也一定在借方；如果被调整账户的余额在贷方，附加账户的余额也一定在贷方。附加账户的特点是：附加账户与其被调整账户的性质相同，账户的结构相同，账户的余额方向相同。具体如表 4—14、表 4—15 所示。

表 4—14　　附加账户与被调整账户的调整方式（一）

被调整账户 借方	被调整账户 贷方	附加账户 借方	附加账户 贷方
余额：某项经济活动的原始余额		余额：该项经济活动的附加数额	

从表 4—14 可看出下列平衡关系成立：

被调整账户借方余额＋附加账户借方余额＝该项经济活动的实际数额

表 4—15　　附加账户与被调整账户的调整方式（二）

被调整账户 借方	被调整账户 贷方	附加账户 借方	附加账户 贷方
	余额：某项经济活动的原始余额		余额：该项经济活动的附加数额

从表 4—15 可看出下列平衡关系成立：

被调整账户贷方余额＋附加账户贷方余额＝该项经济活动的实际数额

【例 4—9】　企业溢价发行长期债券，票面价值 50 000 元，实收价款 60 000 元。其会计分录如下：

借：银行存款　　60 000
　　贷：应付债券——债券面值　　50 000
　　　　　　　　——利息调整　　10 000

过账：

银行存款		应付债券——债券面值		应付债券——利息调整	
60 000			50 000		10 000

应付债券是总分类账户，会计制度规定，应付债券要进行明细核算，在应付债券总账科目下设置债券面值、利息调整、应计利息等明细科目。“应付债券——债券面值”表示应付债券中债券面值的数额，前者是总分类账户，后者是明细分类账户。本例符合表 4—15 的情形。

应付债券的实际数额＝应付债券——债券面值＋应付债券——利息调整
＝50 000＋10 000＝60 000（元）

如果企业折价发行长期债券，则应按债券面值记入“应付债券——债券面值”账户的贷方，将其折价金额借记“应讨债券——利息调整”账户的借方。在这种情况下，“应付债券——利息调整”账户对“应付债券——债券面值”账户起抵减作用，“应付债券——利息调整”账户属于抵减账户。

【例 4—10】　企业折价发行长期债券，票面价值 50 000 元，实收价款 40 000 元。其会计分录如下：

借：银行存款　　40 000
　　应付债券——利息调整　　10 000
　　贷：应付债券——债券面值　　50 000

过账：

银行存款		应付债券——债券面值		应付债券——利息调整	
40 000			50 000	10 000	

应付债券的实际数额＝应付债券——债券面值－应付债券——利息调整
＝50 000－10 000＝40 000（元）

这符合表 4—13 的情形。

4.6.3　抵减附加账户

抵减附加账户是依据调整账户的余额方向不同，用来抵减被调整账户余额，或者用来附加被调整账户余额，以求得被调整账户实际数额的账户。当调整账户的余额与被调整账户的余额方向相反时，该类账户起抵减账户的作用，其调整方式与抵减账户相同；当调整账户的余额与被调整账户的余额方向一致时，该类账户起附加账户的作用，其调整方式与附加账户相同。

抵减附加账户，如“材料成本差异”账户。下面以“材料成本差异”账户为例，说明抵减附加账户的调整作用。

在对材料按计划价格核算的情况下，材料的实际购进价格和计划价格并不经常一致，可能有差异，我们用“材料成本差异”来核算这种差异。在计划价格高于实际价格的情况下，“材料成本差异”起抵减作用；在计划价格低于实际价格的情况下，“材料成本差异”起附加作用。

【例 4—11】 某企业采购甲材料 10 吨，计划单价为 100 元，实际采购成本为 110 元，货款已付，材料已入库。

分析：甲材料每吨计划价格与实际价格的差额是 10 元，实际采购成本是 1 100 元，计划成本是 1 000 元，两者的差额是 100 元，属于材料成本差异，在甲材料按计划成本核算的情况下，“材料成本差异”账户就起附加作用。

会计分录如下：

借：材料——甲材料	1 000	
材料成本差异	100	
贷：银行存款		1 100

过账：

材料——甲材料		材料成本差异		银行存款	
1 000		100			1 100

甲材料的实际成本＝甲材料的计划成本＋材料成本差异

＝1 000＋100＝1 100（元）

这符合表 4—14 的情形。

该企业又购入乙材料 50 吨，计划价格每吨 150 元，实际采购成本每吨 120 元，货款已付，材料已验收入库。

分析：乙材料每吨计划价格与实际价格的差额是 30 元，实际采购成本是 6 000 元，计划成本是 7 500 元，两者的差额是 1 500 元，属于材料成本差异，在乙材料按计划成本核算的情况下，“材料成本差异”账户就起抵减作用。

应作会计分录如下：

借：材料——乙材料	7 500	
贷：银行存款		6 000
材料成本差异		1 500

过账：

材料——乙材料		材料成本差异		银行存款	
7 500			1 500		6 000

乙材料的实际成本＝乙材料的计划成本－材料成本差异

＝7 500－1 500＝6 000（元）

这符合表 4—12 的情形。

综上所述，在实行采购材料按计划成本入账的情况下，“材料成本差异”账户对“材料”账户起抵减附加的作用。当计划价大于实际价，差异记入“材料成本差异”账户的贷方，在此种情况下，起抵减作用；当实际价大于计划价，差异记入“材料成本差异”账户的借方，在此种情况下，起附加作用。当“材料成本差异”账户的余额在借方时，表现为附加作用；当其余额在贷方时，表现为抵减作用。

调整账户不能离开被调整账户而独立存在，有调整账户就一定有被调整账户，它们是相互联系、相互结合在一起的一组账户。调整账户与被调整账户所反映的经济内容是相同的，被调整账户反映原始数额，调整账户反映对原始数额的调整数额，二者结合起来使用，提供经营管理上所需要的某些特定指标。

财务决策问题

资本结构与偿债能力

资本结构是指公司资金来源中负债与净资产或股东权益的对比关系。企业的资本结构是由于企业采取不同的筹资方式形成的，表现为企业长期资本的构成及其比例关系，即企业资产负债表右方的非流动负债、优先股、普通股权益的结构。各种筹资方式及其不同组合类型决定企业的资本结构及其变化。不同资金来源的组合配置产生不同的资本结构，并导致不同的资金成本、利益冲突以及财务风险，进而影响企业的股东财富。如何通过融资行为使负债和股东权益保持合理的比例，形成最佳的资本结构，是企业财务管理工作的一项重要内容。一般来讲，负债筹资成本较低，但风险较高；所有者投资，风险较低，但成本较高。会计的主要目的就是为决策提供信息，会计信息的使用者一般根据企业财务报告各个项目的对比关系计算各种财务指标，以此评价企业的财务状况。在资本结构中，如果负债过多，企业的偿债能力一般也较弱。

偿债能力主要与公司偿还长期债务的能力有关。长期债权人（如债券持有者）关心偿债能力，因为他们要收取利息并期望归还本金。股东关心企业的偿债能力，因为即使公司运作良好，股利也只有在公司具备偿债能力的情况下才能支付。负债率有助于确定长期债权人权益与所有者权益的相对规模，常用的偿债能力的评价指标如下：资产负债率，负债与股东权益比率，利息、固定费用周转倍数。

一、资产负债率

资产负债率是一个常用的偿债能力评价指标，公式如下：

资产负债率＝负债总额/资产总额

有些人更愿意使用负债与股东权益比率指标：

负债与股东权益比率＝总负债/股东权益

我们都知道，引起资产负债率变化的因素是多种多样的，但企业资产负债率所有的变化都涉及这样一个问题：企业是否陷于债务危机？其他条件不变，负债率越高，企业风险越大。债务过多会对经营产生牵制，同时也增加了股东的风险。这是因为企业必须定期支付固定数额的债务利息费用，因而会减少收益和现金流量。

高负债率的另一个后果是使债权人的风险增加，因而债权人不愿意继续贷款给公司，公司的资金会出现短缺，或只能以相当高的利率获得。这样会降低企业的现金流量和收益。不管怎样计算企业的资产负债率，资产负债率一般应小于1，如果大于1的话，公司就会进入资不抵债状态。公司的资产负债率应参照一个标准值，如行业平均资产负债率指标等。观察一个公司的负债率，还要看其变化趋势，是增加还是减少。

二、利息、固定费用周转倍数

评价公司债务水平的另一指标是利息、固定费用周转倍数。两项指标可以帮助确定企业利息和其他固定费用（租金、保险费）给企业带来的负担是否合理。公司负担的利息或其他固定费用部分应具体分析，因为不同行业情况不同。但总的说来，倍数越高，企业越有能力支付利息和各种固定费用。两项比率的计算公式如下：

利息周转倍数＝息税前盈余（或营业利润）/利息费用

固定费用周转倍数＝息税前盈余/（利息费用＋租金＋其他固定费用）

两种比率都用息税前盈余做分子，由于利息是可以进行税前抵扣的，息税前盈余＝税后利润＋所得税费用＋利息费用，息税前盈余是衡量企业基本盈利能力的一个指标，也可用营业利润指标来代替息税前盈余指标。

关于负债的一点说明——不要因为债务对企业收益和现金流量有影响就认为负债多是件坏事。经理人员可以通过财务杠杆用增加长期借款的方式来增加股东权益（所有者权益）。所谓杠杆，指的是利用负债增加的股东投资收益。公司可以通过增加负债来提高资产、净资产回报率，前提是只要资产回报率高于支付给债权方的利息率。因此，长期债务只要不过量就不是坏事。

练习题

一、选择题

1. 企业资产总计为200 000元，负债为120 000元，则所有者权益为（　　）元。

A. 0　　B. 80 000　　C. 140 000　　D. 200 000

2. 企业赊购固定资产，将（　　）。

A. 同时增加资产和负债　　B. 同时增加资产和所有者权益

C. 资产一增一减　　D. 增加资产，减少负债

3. 为顾客提供咨询服务并立即收取现金，将（　　）。

A. 资产一增一减　　B. 同时增加资产和所有者权益

C. 同时减少资产和负债　　D. 同时增加资产和负债

4. 用银行存款偿付应付账款，将（　　）。

A. 资产一增一减　　B. 同时减少资产和所有者权益

C. 同时减少资产和负债　　D. 同时增加资产和负债

5. 复式记账法的优点包括（　　）。

A. 进行试算平衡　　B. 了解经济业务的来龙去脉

C. 简化账簿登记工作　　D. 检查账户记录的正确性

6.“借”字表示（　　）。

A. 资产的增加　　B. 负债的减少

C. 收益的转销　　D. 费用的增加

7.“贷”字表示（　　）。

A. 资产的增加　　B. 负债的增加

C. 所有者权益的增加　　D. 收益的增加

8. 某企业拥有现金 30 000 元，应付账款 40 300 元，应付票据 2 500 元，服务收入 15 600 元，租金费用 2 800 元，业主资本 20 000 元，外加固定资产账户。根据上述资料，该企业的固定资产为（　　）元。

A. 45 600　　B. 6 800　　C. 35 200　　D. 13 800

9. 公司采购商品尚未支付货款，该记账凭证中会计分录为（　　）。

A. 借记“材料”，贷记“应付账款”　　B. 借记“应付账款”，贷记“收入”

C. 借记“应付账款”，贷记“收入”　　D. 借记“材料”，贷记“应收账款”

10. 收回应收账款应借记的账户是（　　）。

A.“银行存款”　　B.“材料”　　C.“服务收入”　　D.“应收账款”

二、思考题

1. 什么是账户？它分为几类？
2. 简述设置会计科目的意义和原则。
3. 账户与会计科目的关系是什么？
4. 账户的基本结构是什么？
5. 经济业务的发生对会计恒等式的影响有几种情况？
6. 应收账款与应付账款的区别是什么？
7. 简述会计信息的流程。
8.“借就表示增加，贷就表示减少”，这种说法是否正确？
9. 什么是过账？它一般要经过几个步骤？
10. 原始凭证和记账凭证各自的作用是什么？

三、分析题

1. 资料：

如果你是一家银行的分析师，你的职责是为银行贷款审批委员会提供是否批准贷款的建议。2×08 年 1 月，明伦工厂正在向你所在的银行申请 100 000 元的贷款，并提供了相关的财务资料如下：

明伦工厂财务资料 单位：元

利润表资料	2×07 年	2×06 年	2×05 年
总收入	860 000	700 000	760 000
总费用	650 000	500 000	580 000
净利润	210 000	200 000	180 000

资产负债表资料	2×07 年	2×06 年	2×05 年
总资产	740 000	670 000	590 000
总负债	250 000	210 000	280 000
所有者权益	490 000	460 000	310 000
负债与所有者权益合计	740 000	670 000	590 000

要求：

(1) 计算 2×05—2×07 年明伦工厂资产负债率。

(2) 计算 2×05—2×07 年明伦工厂总资产利润率。

(3) 如果给明伦工厂提供贷款，请计算贷款后的企业资产负债率。

(4) 根据以上资料，请写一份分析意见书，是否批准向明伦工厂提供贷款。

2. 资料：

(1) 2×08 年 1 月 1 日，A 公司有关账户的借方余额如下：

库存现金 1 000 元，银行存款 100 000 元，应收账款 10 000 元，库存商品 100 000 元，固定资产 200 000 元。

(2) 2×08 年 1 月 1 日，A 公司有关账户的贷方余额如下：

银行借款 10 000 元，应付账款 100 000 元，预提费用 10 000 元，实收资本 200 000 元，资本公积 70 000 元，未分配利润 1 000 元，累计折旧 20 000 元。

(3) 2×08 年 1 月 1 日至 12 月 31 日发生如下交易：

1) 支付工资费用 10 000 元。

2) 销售商品一批，售价 190 000 元，成本 80 000 元，款项未收。

3) 向银行借款 50 000 元，存入银行。

4) 采购商品 40 000 元，其中用银行存款支付 10 000 元，余下 30 000 元尚未支付。

5) 预提利息费用 4 000 元。

6) 提取折旧 20 000 元（假设全部计入管理费用）。

7) 以现金形式收回以前年度应收账款 5 000 元。

8) 以银行存款支付以前年度应付账款 50 000 元。

9) 以银行存款支付预提的利息费用 5 000 元。

要求：编制 2×08 年度的财务报表。

3. 资料：

你作为一名会计人员，你的朋友向你提出请求："我的会计突然辞职了，我需要了解公司的资产负债表。会计辞职时留下了一本账簿，数字已经登录过了。你能帮我编制一份资产负债表吗？同时也希望你能对这些账目提出一些意见。会计还告诉过我 6 月份公司的净收益为19 635元。”

账簿中包括了详细的交易记录，你能够从账簿中得出公司月初和月末余额，如下表所示。你的朋友拥有公司的全部股份。

公司 6 月份各有关账户余额表　　单位：元

	6 月 1 日	6 月 30 日
应付账款	8 517	21 315
应收账款	21 798	26 505
应付职工薪酬	1 974	2 202
累计折旧——建筑物	156 000	157 950
累计折旧——设备	5 304	5 928
应付银行票据	8 385	29 250
建筑物	585 000	585 000
业主资本	390 000	390 000
现金	34 983	66 660
设备	13 260	36 660
土地	89 700	89 700
商品存货	29 835	26 520
应收票据——业主	11 700	0
其他非流动资产	4 857	5 265
其他非流动负债	2 451	2 451
预付保险费	3 150	2 826
留存收益	221 511	229 446
办公用品	5 559	6 630
应交税费	5 700	7 224

要求：

(1) 用常规形式编制 6 月 1 日和 6 月 30 日的资产负债表。

(2) 比较 6 月初与 6 月末的财务状况，并对 6 月末的财务状况进行评价。

(3) 为什么 6 月份的净收益没有使公司的留存收益增加相同的金额?

(4) 你认为 6 月 30 日公司的股东权益价值达到 619 446 元了吗?

四、讨论题

资料包括本章分析题第 3 题所给出的部分数据。接下来：

你的朋友很感激你为他编制了一份资产负债表。在审查数据时，他说：“这有点奇怪！现金增加了 31 677 元，而净收益却只有 19 635 元，为什么会这样呢?”

你回答说：“这个问题的答案部分需要从 6 月份的利润表上找，我想我可以找到为你编制报表所需要的数据。”

除了上例给出的数据外，你又找到一份现金收支记录汇总表，并且发现所有的应付账款都是由购买商品存货而欠供应商的，6 月份的销售成本是 39 345 元。

现金收支情况汇总表

单位：元

现金收入		现金支出	
现销	44 420	购置设备	23 400
赊销	21 798	购置其他资产	408
应收票据	11 700	偿付应付账款	8 517
银行借款	20 865	商品现金采购	14 715
现金收入合计	98 783	办公用品采购	1 671
		股利	11 700
		支付工资	5 660
		支付公用事业费	900
		杂项支出	135
		现金支出合计	67 106
调整：			
6 月 1 日现金余额	34 983		
收入	98 783		
小计	133 766		
支出	67 106		
6 月 30 日现金余额	66 660		

问题：

1. 编制一份 6 月份的利润表，并解释表中每个项目的由来。
2. 编制一份 6 月份的现金流量表。
3. 试解释为什么现金余额的变动会大于净收益的变动。
4. 为什么 14 715 元不是 6 月份的销售成本？
5. 上述案例使你对会计工作有怎样的认识？

部分练习题答案

1. B　2. A　3. B　4. C　5. ABD　6. ABCD　7. BCD　8. A，40 300＋2 500＋20 000＋(15 600－2 800)－30 000＝45 600 元　9. A　10. A

第 5 章

会计循环

内容预览

会计循环是企业为编制特定会计期间内的财务报表而必须经过的全部过程。对于新创办的企业来说，会计循环开始于开设分类账账户。对于经历过一个会计期间以后的企业，会计循环开始于各有关账户的期初余额。自经济业务发生后填制会计凭证，至会计期末编制会计报表的会计工作过程，它事实上包括一连串的步骤和程序：

（1）开始于各分类账账户期初余额或新开设账户。

（2）对经济业务进行分析，采用借贷记账法编制记账凭证。

（3）将记账凭证内的会计账项分别过入总分类账和明细分类账。

（4）根据分类账中的各账户资料，计算各账户未调整余额，进行账项调整前的试算平衡。

（5）将账项调整前的试算余额记入工作底稿，按权责发生制要求找出需要期末调整的账项，记入工作底稿，并计算出调整后的试算余额（非必需步骤）。

（6）根据调整后的试算余额平衡表：

1）编制财务报表；

2）找出应期末进行调整的账项，编制调整会计分录并过账；

3）编制结账的会计分录并过账，将收入和费用账户结平。

（7）编制结账后的试算平衡表，该表是本会计期间与下一个会计期间的过渡，本期的期末余额，就是下一个会计期间的期初余额，标志着下一个会计循环的起始。

“今年干得怎么样?”这恐怕是大多数经理、投资人最为关心的问题。会计师与财务报表使用者普遍认为利润表比资产负债表更为重要。盈利能力强的会计记录可以克服资产负债表中高额债务的不利影响并吸引投资人对公司投资。反之，如果盈利记录不好的话，即使是中等水平的债务记录也会使投资人怀疑公司能否继续维持下去。这告诉我们这样一个事实，会计所披露的利润直接影响人们的行为。从企业高层管理者，到证券市场的投资者，无不受这一因素的影响，可见利润是一个非常重要的信息。尽管利润是一个非常重要的信息，但确定利润并非一件容易的事。假设李辉策划室2月份发生了如下业务：

（1）2月4日，收取家长交来的孩子的当月培养费，人民币现金15 000元。

（2）2月6日，用现金购买办公用品1 500元。

（3）2月8日，预付2月、3月、4月的房租3 000元，预付2月、3月的水电费600元，款项已用银行存款支付。

（4）2月10日，李辉策划室为一孩子作了一项成长设计方案，费用共计2 000元，孩子的家长交来现金1 500元，李辉同时开出一张金额为500元的账单给该家长。

（5）2月28日，收到银行通知，2月份的存款利息收入60元已到账。

（6）2月28日，李辉从李辉策划室提款1 000元供自己消费。

（7）2月28日，计算本月工资费用1 500元，准备下个月支付。

（8）2月28日，实地盘点发现办公用品只剩下800元。

根据以上业务，评价李辉2月份干得怎么样。

5.1　期末账项调整

会计循环通常分为会计期间内完成的工作（编制记账凭证和过账），以及会计期末的编制财务报表和结账工作。会计期末的工作同时也是为下一个会计期间的会计循环做准备。尽管企业发生的经济业务一般都要作出会计处理，但由于会计分期假设和权责发生制原则，就使会计期间内的会计工作并不能反映企业的最新信息。因为有些事项在形式上并未发生（没有现金的收支），但根据会计的核算原则，应当进行核算，例如，应当对未支付的贷款利息费用、固定资产的折旧费用、未支付的工资费用、上期支付属于本期负担的费用、上期收款属于本期实现的收入等予以确认。为了准确地计量收益，企业通常在会计期末进行这些会计处理，以保证会计记录在编制会计报表前能反映最新信息，这个过程就叫做期末账项调整。

要进行账项调整，必须依据一些公认的会计原则，具体包括会计核算前提、会计信息质量要求、会计具体准则等。也就是说，只有在这些公认的会计原则指导下进行账项调整，才能保证利润计量的准确性、科学性。这些会计原则是权责发生制原则、会计期间原则、收入原则，而后两个原则又都是在权责发生制记账基础下必须坚持的原则，会计期间与权责发生制又要求企业的会计核算必须坚持收入与成本相配比。

5.1.1　权责发生制与收付实现制

在企业的日常经济活动中，有关收入与费用等经济业务的发生与现金的实际收支行为的发生不总是一致的，有时现金收支行为先于经济业务而发生，有时则经济业务先于现金收支行为而发生。根据收入和费用的确认与现金收支的关系，出现了两大记账基础：权责发生制和收付实现制。

权责发生制亦称应计制，是指以是否具有收取现金的权利或承担支付现金的责任的权责发生为标志来确认本期收入和费用及债权和债务。即收入事项按现金收入以及未来现金收入（企业债权）的发生来确认，费用事项按现金支出及未来现金支出（企业债务）的发生来确认，而不是以现金的实际收入与支付来确认收入和费用。按照权责发生制原则，凡是本期已经实现的收入和已经发生或应当负担的费用，不论其款项是否已经收付，都应作为本期的收入和费用处理；凡是不属于本期的收入和费用，即使款项已经在本期收付，也不应确认为本期的收入和费用。因此，权责发生制属于会计要素确认计量方面的要求，它解决收入和费用何时予以确认及确认多少的问题。权责发生制的实践依据是，在会计主体的经济活动中，经济业务的发生和货币的收支是不完全一致的，即存在着现金流动与经济活动在时间上的分离。由此产生两个确认和记录会计要素的标准，一个标准是以货币的收支来作为收入和费用确认和记录的依据，称为收付实现制；另一个标准是以取得收款权利或承担付款责任作为记录收入或费用的依据，称为权责发生制。

权责发生制可以恰当地判别收入和费用的期间归属。由于权责发生制根据经济业务的权责实际发生与否来确认收入与费用，实际上也是实质重于形式会计原则的必然要求。采用权责发生制，可以正确反映各个会计期间实现的收入和为实现收入应负担的费用，从而可以把各期的收入与其相关的费用相配合，加以比较，以正确确定各期的财务成果。按照权责发生制的要求，就需要根据账簿记录对期末账项进行调整。即将本期应收未收的收入（应计收入）和应付未付的费用（应计费用）记入账簿；同时，将本期已收取现金的预收收入和已付出现金的预付费用在本期与以后各期之间进行分配和摊销。这种期末按权责发生制要求对部分会计事项予以调整的行为，就是账项调整。账项调整时所编制的会计分录，就是调整分录。企业需要调整账项的多少，视企业规模的大小及相关经济业务发生的多少而定，但通常的账项调整共包括四类：（1）应计收入的记录；（2）应计费用的记录；（3）预收收入的分配；（4）预付费用的摊销。

收付实现制和权责发生制不同，收付实现制对于收入和费用按照现金的实际收付日期确定其归属期，也就是说，凡属本期收到现金的收入事项和支出现金的费用事项，不管其是否应当归属本期，都作为本期的收入和费用；反之，凡本期未收到现金的收入事项和未支付现金的费用事项，即使应当归属本期，也不能作为本期的收入和费用。由于收付实现制确定本期收入和费用是以现金实际收付为标准，所以又称为现金制或实收实付制。采用收付实现制，由于按照现金收付日期确定其归属期，因此，凡属本期收到现金的收入事项，都作为本期收入；凡属本期支付现金的费用事项，都作为本期费用。这些实收的收入和实付的费用均已登记入账。于是根据账簿记录就可以确定本期的收入和费用，不存在对账簿记录进行期末账项调整的问题。这种处理方法的优点是会计处理简便，不需要对账簿记录进行期末账项调整。但是，这种确认本期收入、费用的方法不符合配比原则的要求。按照配比原则的要求，收入与其相关的费用应当相互配比。而收付实现制却把预收款项作为本期收入，把一些预付款项作为本期费用；把应列入本期收入的应收款项不列入本期收入，把应列入本期费用的应付款项不列入本期费用，等等。这就完全违背了配比原则的要求，据此计算出来的各期损益就不够正确了。所以，我国颁布的会计准则要求一般企业不采用收付实现制，而采用权责发生制作为记账基础。

权责发生制能更加准确地反映特定会计期间实际的财务状况和经营业绩。权责发生制在反映企业的经营业绩时有其合理性，几乎完全取代了收付实现制；但在反映企业的财务状况时却有其局限性，一个在利润表上看来经营很好、效率很高的企业，在资产负债表上却可能没有相应的变现资金而陷入财务困境。这是由于权责发生制把应计的收入和费用都反映在利润表上，而其在资产负债表上则部分反映为现金收支，部分反映为债权债务。为揭示这种情况，应编制以收付实现制为基础的现金流量表以弥补权责发生制的不足。权责发生制原则与收付实现制的这种关系，举例说明如下。

【例 5—1】 3 月 5 日，一个企业发生一笔赊销 50 000 元，4 月 10 日收到现金。

分析： 3 月 5 日经济业务实际发生，4 月 10 日收到现金。在 3 月 31 日编制的资产负债表和利润表中：

按照权责发生制：在资产负债表中，3 月 31 日就多了一笔应收账款资产，同时多了一笔收入（所有者权益）；在利润表中，由于增加了 50 000 元的收入，相应的利润就会增加。

按照收付实现制：由于 3 月份没有现金的收支，所以该笔业务不进行会计处理，3 月 31 日资产负债表和利润表都不反映这笔赊销业务。事实上在 3 月份，该企业已完成了交易，但按收付实现制，显然低估了企业的业绩和形象，不利于企业吸引投资和吸收贷款。

【例 5—2】 假如一个企业 3 月份雇用了 1 000 名职工，每名职工月工资 1 500 元，3 月份工资费用是 150 万元，但企业到 4 月 5 日才实际支付 3 月份的工资。

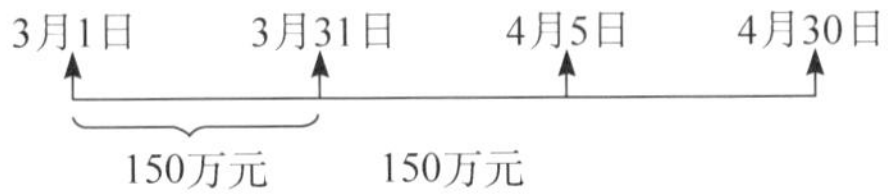

分析： 3 月份应付职工薪酬 150 万元，实际支付在 4 月 5 日，那么 3 月 31 日资产负债表和利润表中：

按照权责发生制：3 月份资产负债表中，应付职工薪酬负债增加 150 万元，所有者权益减少（工资费用增加）150 万元；利润表中由于工资费用增加 150 万元，利润减少 150 万元。

按收付实现制：3 月份的工资事项由于不涉及现金的收付，所以该笔业务不反映。显然，收付实现制高估了企业的业绩，美化了企业的形象，但债权人的债权风险依然存在。

【例 5—3】 你是中国人民大学的一名三年制的自费研究生，入学时，你交了三年的学费共计 3 万元人民币，站在你自己的会计主体和中国人民大学的会计主体上，请分别按权责发生制和收付实现制作出在开学时、第 1 年年末、第 2 年年末、第 3 年年末的会计分录。

分析： 按照权责发生制：

	研究生自己的会计分录			中国人民大学的会计分录		
开学时：	借：预付账款	30 000		借：库存现金	30 000	
	贷：库存现金		30 000	贷：预收账款		30 000
第 1 年年末：	借：教育费用	10 000		借：预收账款	10 000	
	贷：预付账款		10 000	贷：学费收入		10 000

第 2 年年末、第 3 年年末的会计分录与第 1 年年末相同。

按照收付实现制：

	研究生自己的会计分录			中国人民大学的会计分录		
开学时：	借：教育费用	30 000		借：库存现金	30 000	
	贷：库存现金		30 000	贷：学费收入		30 000

第 1 年年末、第 2 年年末和第 3 年年末不进行账项调整。

由上述案例可以得出结论：权责发生制能够提供更加完整、真实、科学的信息，这对决策者来说至关重要，因为资料越全面，决策就越准确。

所以，世界大多数国家都要求企业采用权责发生制进行会计确认和计量，我国也要求企业的会计核算要以权责发生制为基础，以便正确计算收支盈亏。但采用权责发生制后，一部分应收账款可能收不回来，变成坏账，利润虚拟出现了可能（账面有利润，实际为亏损），从而使利润表不能反映企业的实际经营成果。

5.1.2 收入原则

收入原则要解决两个问题：一是何时确认收入，即记录收入；二是确认收入的金额，即收入是多少。收入应在其实际完成时确认而不是在完成前确认，也就是说，企业已完全让渡了商品或提供了服务，同时取得了现金或取得了收回现金的权利时（应收账款）就可以确认收入。

收入是资产的源泉，它是通过企业的商业活动产生或实现的。收入可通过销售、提供服务、收取资产使用费收入、佣金收入、租赁收入或其他商业行为获得。资产的产生通常是通过顾客支付现金或取得顾客支付现金的承诺来实现的。营业收入是资产的来源，通过公司的商业活动产生。一家五金店以销售五金工具作为其业务活动，其收入的取得是通过"五金工具销售收入"实现的。如该商店允许某些顾客先买后付，顾客所付利息则是非营业收入，即利息收入。然而，如果这种信用支付业务发展为该店业务活动很重要的一部分，则利息收入就成为仅次于主营业务收入的第二类营业收入。

表 5—1 为 Gentex 公司利润表，Gentex 公司列出四种不同的营业收入。

表 5—1　　利润表——Gentex 公司(年度截至 3 月 31 日)

单位：千美元（每股金额以美元计）

	1993 年	1992 年	1991 年
收入			
居民建筑及银行抵押收入	1 561 012	1 137 913	1 078 818
承包及建筑服务收入	783 222	865 009	965 826
建筑产品收入	141 164	135 676	149 633
储蓄及借贷收入	17 294	27 109	49 559
	2 502 692	2 165 707	2 245 836
成本和费用			
居民建筑及银行抵押	1 437 597	1 064 109	997 172
承包及建筑服务	787 325	861 267	954 257

续前表

	1993年	1992年	1991年
建筑产品	136 516	134 538	147 973
储蓄及借贷	14 267	24 994	48 305
一般管理费用	13 120	12 807	12 124
利息费用	22 108	22 140	27 423
	2 410 933	2 119 855	2 187 254
税前利润	91 759	45 852	56 582
所得税	30 721	11 295	12 977
净利润	61 038	34 557	43 605
每股收益	1.91	1.11	1.42

1. 退货、折让与折扣

公司通常允许顾客返还其不满意的商品并得到退款；相应地，顾客也可保留其不满意的商品但得到价格折让，折让可在顾客提出对所收到的商品不满意时予以支付，例如，顾客可能抱怨所租赁的工具不能正常工作，于是出租公司会将顾客所欠余款打折；许多公司对于主要顾客经常给予销售价格优惠，即商业折扣，例如，商品价格15元/件，顾客购买10件以上，商品价格为12元/件，3元/件即为商业折扣。

退货、折让和折扣的金额单独计算，便于管理人员对企业的交易活动进行监测和分析评价。从营业收入中减去退货、折让和折扣以得到此期间的营业收入净额。营业收入总额及退货、折让和折扣都在利润表中出现以衡量净收入，但实践中在利润表中并不经常看到退货、折让和折扣项目。利润表通常只显示营业收入净额，这是用营业收入总额减去所有退货、折让和折扣后得出的数字。

2. 收入的确认和计量

由于可能发生减价，出现折扣或折让，应收账款可能收不回来，面对种种情况我们也许会问：当收入事项产生时，何时确认收入？确认多少收入？

收入的确认实际上是指收入在什么时候入账，并在利润表上反映。我国《企业会计准则第14号——收入》对销售商品、提供劳务、他人使用本企业资产等分别规定了收入的确认和计量原则。

(1) 销售商品收入的确认和计量。商品销售是出售商品的一种交易行为，它包括两种类型：一是取得货币资产方式的商品销售；二是正常情况下的以商品抵偿债务的交易。这里的销售商品主要指取得货币资产方式的商品销售。

1) 商品销售收入的确认。企业销售商品时，如果能同时满足以下五个条件，即可确认为收入。

第一，企业已将商品所有权上的主要风险和报酬转移给购货方。风险是指商品由于贬值、损坏、报废等造成的损失；报酬是指商品中包含的未来经济利益，包括商品因升值等给企业带来的经济利益。如果一项商品发生的任何损失均不需要本企业承担，带来的经济利益也不归本企业所有，则意味着该商品所有权上的风险和报酬已转移出该企业。判断一项商品所有权上的主要风险和报酬是否已转移给买方，需要视不同情况而定：

①大多数情况下，所有权上的风险和报酬是否已转移给买方，伴随着所有权凭证的转移或实物的交付而转移，例如大多数零售交易。

②有些情况下，企业已将所有权凭证或实物交付给买方，但商品所有权的主要风险和报酬并没有转移。有时，企业已将商品所有权凭证或实物交给买方，但尚未完成商品的安装或检验工作，且商品的安装或检验工作是销售合同的重要组成部分，或销售合同规定了退货条款，且企业又不能确定退货的可能性。在这种情况下，商品所有权上的主要风险和报酬并未真正转移给买方，因而不能确认销售商品收入。在采用支付手续费方式委托代销的情况下，委托方应在受托方售出商品，并取得受托方提供的代销清单时确认收入。

③有些情况下，企业已将商品所有权的主要风险和报酬转移给了买方，但实物尚未交付，这时应在所有权的主要风险和报酬转移时确认收入，而不管实物是否交付，先交款后提货的销售方式就属于这种情况。

第二，企业既没有保留通常与所有权相联系的继续管理权，也没有对已售出的商品实施有效控制。也就是说，如果企业将商品所有权上的主要风险和报酬转移给买方，但仍然保留通常与所有权相联系的继续管理权，或者仍然对售出的商品实施控制，则该项销售不能成立，不可确认为销售收入。有时，企业在商品售出后，对该商品规定了回购等条款，规定买方不得出售，卖方继续对该商品实施控制。在这种情况下，企业不能确认销售商品收入。

第三，收入的金额能够可靠地计量。收入能否可靠地计量，是收入确认的基本前提。如果收入不能可靠地计量，则无法确认收入。企业在销售商品时，售价通常已经确定，但销售过程中由于某种不确定因素，也有可能出现售价变动的情况，在新的售价未确定之前，企业不应确认收入。例如，甲、乙两公司签订合同，甲公司销售一批商品给乙。合同规定：乙公司在收到商品后三个月付款，商品的价格以付款日的市场价格为基础确定。如果该商品的市场价格波动较大，那么甲公司在发货后不能确认收入实现，因为甲公司发出商品时无法可靠地计量收入金额。

第四，相关的经济利益很可能流入企业。在销售商品交易中，与交易相关的经济利益即为销售商品的价款。销售商品的价款能否收回是确认销售收入的一项重要条件。如果企业在销售商品时，估计价款能够收回的可能性较小，即使收入确认的其他条件已满足，也不能确认为收入。该项判断往往依靠经验、政府的有关政策或其他相关信息。

第五，相关的已发生或将发生的成本能够可靠地计量。根据收入与费用的配比原则，任何一项收入，应与相关的费用（或成本）在同一会计期间予以确认。如果成本不能够确切地计量，相应地，收入也不能被确认。

企业销售的商品应同时满足上述五个条件，才能确认收入。任何一个条件没有满足，即使收到货款，也不能确认收入。

2）商品销售收入的计量。商品销售收入的计量就是确定销售收入的金额。商品销售收入的入账金额根据企业与购货方签订的合同或协议金额来确定，如果没有合同或协议，则应按购销双方都同意或都接受的价格确定。现金折扣应在实际发生时作为当期的财务费用；销售折让也在实际发生时直接抵减当期收入。

（2）提供劳务收入的确认和计量。企业提供劳务的收入，应分三种情况确认和计量：1）在同一会计年度内开始并完成的劳务，应在劳务完成时确认收入，计量的金额为合同或协议规定的金额。2）劳务的开始和完成分属不同的会计年度，且在资产负债表日能够对该项交易结果作出可靠估计的，应按完工百分比法确认收入。完工百分比法是指按照劳务的完成程度确认收入和费用的方法。3）在资产负债表日不能对提供劳务的交易结果作出可靠估计，则不能按完工百分比法确认收入，在这种情况下，企业应按照谨慎性原则进行处理，对已发生的成本和可能收回的金额进行尽可能合理的估计，应当分别按下列情况处理：①如果已经发生的成本估计能够全部得到补偿，应按已经发生的成本金额确认收入，并按相同的金额结转劳务成本，不确认损益；②如果已经发生的成本估计不能得到补偿，则不能确认劳务收入，应当将已经发生的劳务成本计入当期的损益。

（3）让渡资产使用权收入的确认和计量。让渡资产使用权收入包括两种形式：一是因他人使用本企业现金而取得的利息收入，主要是指金融企业存贷款形成的利息收入及同业之间发生往来形成的利息收入等；二是因他人使用本企业的无形资产（如商标权、专利权、专营权、软件、版权等）而取得的使用费收入。利息收入和使用费收入应遵循以下确认原则：1）相关的经济利益很可能流入企业；2）收入的金额能够可靠地计量。

3. 收入的确认方法

（1）销售法。在销售法下，收入在销售时予以确认。在零售业务中，顾客付款并取得商品时确认收入。商场记录销售业务时应借记“库存现金”账户，贷记“销售收入”账户。在FOB起运地条款（物权以发货时为转移）下，当销售方运往购货方的货物起运时，即可视为销售成立。假设明光工厂销售设备给大理公司，在铁路部门办理了发货手续后，明光工厂就完成了其责任并预计可收回现金，如果收入的金额可以可靠地计量，账款回收可以合理肯定，明光工厂就可记录这笔收入，会计分录是借记“应收账款——大理公司”，贷记“销售收入”。销售法多用于商品的销售和对外提供劳务的收入确认。

（2）收款法。应收款能否收到不能确定，收入（及利润）直至收回现金后才能记录，叫做收入确定的收款法。收款法仅在账款回收不确定时使用，医生和律师等专业人员多采用收款法，因为他们发现收回应收账款很困难。由于他们不能很容易地预计是否能收回收入中的现金，因此要等到收回现金时再记录收入。收款法是一种比较保守的方法，它要求在收到现金之前不记录收入。

（3）分期收款法。分期收款法确定收入有两种形式：1）成本弥补法；2）分期收款销售法。成本弥补法假定第一笔现金收入是对已售商品成本的弥补。当全部成本得以弥补后，剩余的现金收回就是利润。成本弥补法用于特许权与房地产的销售，系因其收回现金的不确定性较大。如一家公司以2 000美元出售成本为1 000美元的土地，四次每笔500美元的收入用以下方式记录。

收款	成本弥补	利润	单位：美元
500	500		
500	500		
500		500	
500		500	
2 000	1 000	1 000	

成本用前两笔收款弥补，后两笔收款则为利润。

当使用分期收款销售法确认收入时，每一美元的现金收回是成本回收，同时又是利润的一部分。如上所示，如果公司以 2 000 美元出售成本为 1 000 美元的土地，每笔 500 美元的收入应为 50％的成本弥补和 50％的利润。

收款	成本弥补	利润	单位：美元
500	250	250	
500	250	250	
500	250	250	
500	250	250	
2 000	1 000	1 000	

（4）完工百分比法。在劳务的完成程度能够可靠确定的情况下，通过以下方式求出当年完工的百分比：1）已完成的工作量占应完成的工作总量的百分比；2）已经提供的劳务占应提供劳务总量的百分比；3）已经发生的成本占估计总成本的百分比。在得出完工百分比的情况下，本期收入与相关的费用可以按以下公式计算：

本年确认的收入＝劳务总收入×本年末止劳务的完工百分比
　　　　　　　　－以前年度已确认的收入

本年确认的费用＝劳务总成本×本年末止劳务的完工百分比
　　　　　　　　－以前年度已确认的费用

【例 5—4】 某咨询公司于 2×08 年 10 月 1 日与客户签订一项咨询合同，咨询期为 5 个月，合同总收入 500 000 元。至年底已预收款项 400 000 元，实际发生成本250 000元，估计还会发生 150 000 元的成本。

分析：年末咨询公司应作如下会计处理：

（1）按实际发生的成本占估计总成本的比例确定劳务的完工百分比。

实际发生的成本占估计总成本的百分比＝250 000/(250 000＋150 000)
　　　　　　　　　　　　　　　　　＝62.5％

2×08 年确认收入＝500 000×62.5％－0＝312 500（元）

2×08 年结转成本＝400 000×62.5％－0＝250 000（元）

（2）2×08 年应编制的会计分录。

1）实际发生成本。

借：项目成本　　　　250 000

　贷：银行存款等　　　　250 000

2）预收账款。

借：银行存款　　400 000

　　贷：预收账款　　400 000

3）确认收入。

借：预收账款　　312 500

　　贷：主营业务收入　　312 500

4）结转成本。

借：主营业务成本　　250 000

　　贷：项目成本　　250 000

4. 附注中收入确认的信息披露

企业应当在附注中披露与收入有关的下列信息：（1）收入确认所采用的会计政策，包括确定提供劳务交易完工进度的方法；（2）本期确认的销售商品收入、提供劳务收入、利息收入和使用费收入的金额。表5—2显示了Sun Microsystems公司的收入确认附注，Sun Microsystems公司在货物交运或提供服务后确认收入。表5—3中显示了西南航空公司对其以乘客起飞后而非在机票售出后确认收入的解释。利润表读者应该谨慎地对待收入确认的各种方法并理解其对净利润的影响。

表5—2　　收入确认附注——Sun Microsystems公司

附注：收入确认——Sun Microsystems公司通常于硬件或软件交运时确认收入，服务性收入在签约时或提供服务后按比例确认。

表5—3　　收入确认附注——西南航空公司

附注：收入确认——乘客收入确认于运输服务提供后，已售机票尚未使用的记入“空运负债”。

5.1.3　配比原则

会计期间与权责发生制要求企业的会计核算必须坚持收入与成本相配比。一定的收入是由一定的费用实现的，一定的费用必然要获得一定的收入。在会计期间内取得的收入与其发生的费用应当配比，这样才能准确计量当期盈亏。收入与费用相配比，就能使收入与费用的确认与计量科学化，为准确地编制财务报表打下基础。按费用与收入联系的紧密程度可以把费用分为两类：成本费用和期间费用。

成本费用与收入紧密相关，是通过配比方式确定的为取得收入而发生的各种耗费，可导致企业各类资产的减少或负债的增加。成本费用与收入之间具有因果关系，可以进行直接配比。某些费用容易与特定的收入配比。例如，百事可乐公司的销货成本直接与公司的销售收入相关，没有销售收入，也就没有销售成本；没有销售成本，也无法获得销售收入；销售成本是因，销售收入是果。成本费用是为取得收入而付出的代价，一定要与收入配比才能确定。如销售500件产品，收入是5 000元，而每件产成品的成本是8元，那么这500件产品的成本费用是多少呢？500 件产品的销售成本是 500×8＝4 000 元。收入与费用相配比，即 5 000－4 000＝1 000 元，为销售毛利。

期间费用则不宜与特定的销售收入配比，因为无论是否有销售收入，它们都得发生。如租金、利息、薪金，这类费用与收入无直接关系，而只与某一期间有关，与某一期间相配比。会计人员常将这类费用依据其发生的时间与收入配比。例如，公司用于管理的办公楼，不论每年收入水平高低，这一使用寿命为 30 年的建筑物的直线折旧额，即建筑物成本的 1/30 都会在每年等额地费用化。应通过时间配比关系来确认期间费用，期间费用要直接计入企业当期损益。

营业利润＝主营业务利润＋其他业务利润－销售费用－管理费用－财务费用

销售费用、管理费用、财务费用构成了期间费用。

为了使配比的结果富有意义，配比原则有个附则，称为受益原则，即费用谁受益，归谁负担，哪个期间受益，就确认在哪个期间。受益原则承认得失之间存在着因果关系。基本业务上的费用、成本，是因为取得基本业务收入而发生，归基本业务负担，应当和基本业务收入配比；其他业务收入亦然。同时，每一会计期间的营业收入，应与归集该期间的费用、成本配比，不得混杂，以正确确定每一会计期间的利润及其构成。

配比原则规定费用的记录和列报方法，这一原则与收入原则一起规定会计中利润的确认。在任何会计期间，企业都要首先依据收入原则计量收入。然后，企业要确认和计量该期间为赚得收入所发生的所有费用。收入与费用配比意味着从收入中减去费用，其结果是当期利润。配比原则有三个方面的含义：（1）某产品的收入必须与该产品的耗费相匹配；（2）某会计期间的收入必须与该期间的耗费相匹配；（3）某部门的收入必须与该部门的耗费相匹配。

5.1.4　期末账项调整

会计核算的一个基本前提是会计分期，通过会计分期将川流不息、循环往复的生产经营过程人为地划分为会计期间。会计期间的产生使会计核算必然涉及划分本期和非本期的收入、费用、利润等问题，于是就产生了权责发生制和收付实现制等记账基础。从权责发生制的角度分析，企业日记账（记账凭证）的记录尽管能全面地反映企业的经济交易事项，但不能反映企业经营的最新信息。如，有些款项虽已收到入账，但它不属于本期的收入；有些款项虽已支付，但它不属于本期的费用。所以，在结账前需对这些账项进行调整，通过调整，合理地确定各期的收入，通过配比方式，根据收入确认费用，以正确地计量各期的经营成果，准确地反映企业的财务状况。

期末账项调整的主要内容是：调整各期的收入、费用，但由于在确认收入、费用的同时，也要影响资产、负债的确认，因此，期末账项调整既影响利润表又影响资产负债表，既影响财务成果的计算又影响企业财务状况的计量。期末账项调整是针对权责发生制基础下需要调整的非现金账项而言的，所以，期末不需要对现金账户进行调整，因为现金账户已经对涉及现金交易事项中的现金本身的收付作了客观真实的反映，不需要再调整，需要调整的是现金的对应账户或其他非现金账户。

根据现金收付时间与收入和费用记录（确认）时间的不同，可以把需要调整的账项分为预付类调整账项和应计类调整账项。现金收付在前、收入与费用记录在后的账项称为预付类账项，具体包括预收收入和预付费用。预付款项又称为递延款项，因为收入与费用的记录要递延至现金的收付后才能进行。现金收付在后、收入与费用记录在前的账项称为应计类账项，具体包括应计收入和应计费用。

1. 预收收入的分配

所谓预收收入，是指已经收到现金，但尚未交付产品或提供劳务的收入。按照权责发生制，虽然企业已收到现金，但只要相应的义务未履行，这笔收入就不能算作企业已经实现的收入，在以后期间里，企业就有责任履行相关的义务。对商业企业来说，预收收入上的义务要在后续期间里以商品交付的方式来履行；对服务企业来说，预收收入上的义务要在后续期间里以提供服务的方式来履行。如果企业没有履行相应的义务，就不能将预收收入作为本期的收入入账。只要企业履行了部分义务，就有权利将这部分预收收入转为本期已实现的收入。因此，到每期的期末，都要对预收收入账项进行调整，将已实现的部分分配作为本期的收入，未实现的部分递延到下期。不属于本期收入的预收款项是一种负债性质的预收收入。

预收收入既然不属于或不完全属于本期收入，也就不能直接全部记入有关的收入科目，应通过负债类的“预收账款”科目予以核算。待确认为本期收入后，再从“预收账款”科目转入有关的收入科目。

【例5—5】 某单位于1月5日收到房屋承租单位交来的本年全年房屋租金1 200元，并已存入银行。

分析：预收全年房屋租金收入并已存入银行，应根据收到的金额借记“银行存款”科目，贷记“预收账款”科目。在每月月末账项调整时，把该月应得的租金收入从“预收账款”科目的借方转入“其他业务收入”科目的贷方。编制会计分录如下：

1月5日收到房租时。

借：银行存款	1 200	
贷：预收账款		1 200

1月31日，将1月份已实现的租金收入部分分配作为本期的收入。

借：预收账款	100	
贷：其他业务收入		100

2. 预付费用的摊销

已在上期或本期付款入账，但应由本期和以后各期分别负担的费用，在计算本期费用时，应该对这部分费用进行调整。

企业在经营过程中，由于各种原因，会出现大量的先支付、后受益的事项。这些支付在先、发生在后的费用就是预付费用。支付与发生的时间差不超过一个会计年度的，称为收益性支出，应在一个会计年度内按实际发生或受益情况，全部摊销完毕。收益性支出一般在待摊费用科目核算。支付与受益的时间长于一个会计年度的，属于资本性支出，应该按其可能受益年限进行分摊。企业大量的固定资产支出属于资本性支出，固定资产支出的分摊一般称为折旧。此外，还存在其他种类的资本支出，在固定资产之外的资本支出，如购置无形资产支出、长期待摊费用支出，都需要以摊销的方式将其支出成本在预计的可使用年限内分摊完毕，即要根据使用年限进行费用化处理。预付费用在每个受益期末进行确认，编制借记费用账户、贷记资产账户的分录，如果在编表日不进行调整，该摊销的费用没有摊销，将高估资产和所有者权益（低估费用）。

（1）待摊费用的会计处理。预付的各项收益性支出，既然不属于或不完全属于本期费用，就不能直接全部记入本期的有关费用科目，应先记入资产类的“待摊费用”科目。待摊费用是一种典型的寿命不长的杂项资产，例如，预付房屋租金对房客来说是一项债权类资产，因为支付房租后，房客就获得了在未来一定时间内使用租入房屋的经济权利。一般而言，待摊费用都是摊销期限不超过一个会计年度的预付费用，如预付保险费、预付报刊征订费、预付房屋租金（租期短于一年的部分）等。它们都有一个共同的特征，就是与费用有关的现金支付在先，受益期在后。因此，其现金支付发生时，不应计入当期的费用，而应作为预付费用，递延到以后的会计期间。

【例5—6】 某房屋承租单位于1月5日支付给房屋出租单位本年全年房屋租金1 200元，并已从银行支付。

分析：本例与例5—5是同一项经济交易，只是站在不同会计主体角度进行的会计处理不同。站在承租方的角度，相当于用现金资产换来了一项房屋的使用权，而这项使用权在会计上也是作为资产来确认的，用待摊费用科目来核算。预付全年度的房费，应由全年共同负担，所预付的房费具有待摊费用的性质。因此，预付时，应借记“待摊费用”科目，贷记“银行存款”科目。待到各月月末，再把本月受益应属本月摊销的房费，借记“管理费用”科目，贷记“待摊费用”科目。编制会计分录如下：

1月5日支付房租时。

借：待摊费用	1 200	
贷：银行存款		1 200

1月31日，将本月受益应属本月负担的费用在本月摊销。

借：管理费用	100	
贷：待摊费用		100

（2）固定资产与折旧的会计处理。固定资产是企业的长期有形资产，如土地、建筑物、家具、机器和设备等。一位会计学家曾说过：“除土地外的所有资产都将变成废物。”的确，除土地外的所有资产的性能都会随着其使用寿命的延长而下降，固定资产因使用磨损而使其价值下降的部分，也是一种费用，会计人员应将所有资产的成本在其使用期内分配摊销，作费用化处理。将固定资产的成本分摊成费用的

过程就叫折旧。

从经济意义上看，企业购买固定资产的支出也是一种支付在先、受益在后的预付费用。由于固定资产的使用寿命一般长于一年，有的甚至达数十年，因此，按照划分资本性支出与收益性支出的原则，它的支出作为一项资本性支出，它的收回通过折旧的方式分期进行。从某种程度来说，固定资产是跨越几个会计年度的待摊费用，它和待摊费用都是企业的资产，都有其使用寿命，随着资产的使用，其价值将逐渐转化为费用。两者最大的区别就是资产失去其效用的时间跨度不同，待摊费用通常在一年内即耗用完毕，而多数固定资产的使用寿命却长达数年。

企业应根据估计的使用年限将固定资产的实际成本按期分摊到产成品成本或当期的费用中去。在会计学中，折旧是指在固定资产的预计使用年限内，按照可遵循的方法对固定资产原值扣除其预计残值后的余额进行的摊销。固定资产随着使用年限的增加或受其他因素的影响，其提供效用和获取收益的能力逐渐减退，以致最终要报废退出生产经营过程。因此，其成本价值应该在其提供服务的各个会计期间内分摊，从产品销售收入中收回，用以更新固定资产，这就是计提折旧的原因。影响固定资产提供效用和获取收入能力减退的因素有两个：有形损耗和无形损耗。在实际工作中，会计人员要以三项要素作为计算每期折旧的依据，它们是：固定资产原值、估计的固定资产使用年限、预计固定资产净残值。举例说明如下。

【例 5—7】　某设备原价 13 000 元，估计使用 10 年，10 年后净残值为 1 000 元。

用直线法计算该设备的年折旧额为：

（13 000－1 000）÷10＝1 200（元）

月折旧额为：

1 200÷12＝100（元）

固定资产在使用中，因磨损而使其价值逐渐降低，但其物理形态保持不变。减少资产的价值转变为折旧费用。同时，我们还要掌握固定资产的净值情况，以及对于这一切，会计是如何处理的。会计上，设置固定资产账户用以核算固定资产原始价值，累计折旧账户反映自获取固定资产时至目前累计提取的折旧费用，即固定资产价值的降低额。

固定资产原值－累计折旧＝固定资产的账面净值

以上三个项目应分别在账户中反映。这能反映出固定资产的新旧程度。如果把累计折旧（40 000 元）与固定资产原值（50 000 元）对比，可看出固定资产新旧程度（二成新，八成旧）。累计折旧的账户余额在贷方，反映固定资产价值的减少额。我们继续以上例来说明这一问题。

1）现金购买一台设备，价值 13 000 元。

借：固定资产	13 000	
贷：库存现金		13 000

2）月末要记录固定资产的磨损情况，使用第 2 个月（当月不提折旧）计提折旧（使用直线法，预计使用 10 年，净残值 1 000 元）。

借：折旧费用——设备　　100

　　贷：累计折旧　　100

2 个月后，与固定资产有关的各账户余额为：

库存现金		固定资产		累计折旧		折旧费用	
	(1)13 000	(1)13 000			(2)100	(2)100	

2 个月后固定资产净值为：13 000－100＝12 900（元）

在权责发生制下，获取资产时就应记录该项资产。随着资产的使用，部分资产的成本也逐渐由资产账户转记至折旧费用账户。这种方法可以使资产转化的部分费用与当期收入进行配比。在电算化系统中，编制折旧的调整分录通常是在资产的使用寿命期内由计算机每月自动完成。企业必须对每一项固定资产开列一个折旧明细表，记录其原始成本和每一项折旧费用，这对于企业内部管理相当有用，因为经理能对企业每一项固定资产的使用情况了如指掌。只有成本可以折旧，一旦固定资产的总成本折旧完毕，折旧费用就不再记录。这时，即使固定资产仍然可以再用数年，固定资产也不再计提折旧。

3. 应计收入的记录

应计收入是指已经实现但尚未收取现金的收入，在会计期间结束、编制报表之前，需要将这种未入账的应计收入计算入账，并按复式记账的要求予以记录，以使收入恰当地归属到应归入的会计期间。企业在本期已向其他单位或个人提供商品或劳务，或财产物资的使用权，理应获得属于本期的收入，但由于尚未完成结算过程，或延期付款等原因，致使本期的收入尚未收到现金。如应收金融机构的存款利息、应收的销售货款等。凡属于本期的收入，不管其款项是否收到，都应作为本期收入，期末时将尚未收到现金的收入事项调整入账，在确认收入的同时，也要确认一笔债权资产（收取现金的权利）。

【例 5—8】 某企业 1 月 1 日从银行获得 100 万元的 1 年期的贷款，年利率为 12%，每半年付息一次，请编制 1 月份银行的会计分录。

分析：将银行作为会计主体，1 月份银行应该有贷款利息收入 100×12%/12＝1 万元，但这笔钱银行半年后才能得到。根据权责发生制原则，利息收入实质上在 1 月份已经实现了 1 万元，应将其登记入账。为了系统地反映利息收入的变动情况，可以单独设置一个“利息收入”科目予以核算，“应收利息”是银行的一项债权资产。

银行 1 月 31 日的会计分录为：

借：应收利息　　10 000

　　贷：利息收入　　10 000

在资产负债表日，如果不调整记录本期已经赚取的收入，则企业的资产和所有者权益（收入）会被低估。因此，按照权责发生制调整应计收入时，应编制借记资产账户和贷记收入账户的会计分录。

4. 应计费用的记录

企业经常会在现金支付前发生费用，而在以后支付现金，如员工的工资、应付银行借款利息支出等。以员工的工资为例，只要企业职员开始工作，就应记录工资费用与相应的负债。因此，这种负债称为应计负债。对于企业来说，费用发生后，企业就有支付现金的责任，从而形成了企业的负债。所以对于未入账费用的账项调整，同时还要增加企业的负债。要每小时、每天甚至每周都编制应计费用的调整分录是一项很耗时的工作，因此会计人员通常在会计期末编制分录，这使得在财务报表编制前，各项费用及相应的负债都能反映及时、全面的信息。例如，企业 3 月份发生的工资费用 10 万元，4 月 5 日实际发工资，3 月 31 日企业应编制的会计分录是：

借：工资费用　　100 000

　贷：应付职工薪酬　　100 000

企业在本期已耗用，或本期已受益的支出，理应归属本期发生的费用。由于这些费用尚未支付，故在日常的账簿记录中尚未登记入账。凡属于本期的费用，不管其款项是否支付，都应作为本期费用处理。期末应将那些属于本期而尚未支付的费用调整入账。

企业从银行借入的款项是有偿使用的，须支付利息。通常银行借款利息是按季结算的，每个季度的最后一个月结算借款利息。但由于整个季度内企业都从贷款中受益，按权责发生制原则，应每月负担借款利息。因此，每个季度的各个月份应支付的借款利息要估算入账。

【例 5—9】 某企业 1 月 1 日从银行获得 100 万元的 1 年期的贷款，年利率为 12%，每半年付息一次，请编制 1 月份企业的会计分录。

分析：与例 5—8 相反，以企业作为会计主体，1 月份应付银行借款利息支出为 10 000 元，月末应将其登记入账。企业的利息支出在财务费用科目中核算，同时应设置“预提费用”科目来核算已经发生但尚未付款的费用情况，这是一个负债类科目，表示应付未付的费用情况。

企业 1 月 31 日编制的会计分录为：

借：财务费用——利息费用　　10 000

　贷：预提费用——应付利息　　10 000

应计费用作为一项在资产负债表日现存的义务和应归属当期的费用，如果在编表日不确认，则会导致低估负债和费用，同时高估所有者权益，所以应该在编表日进行调整，做借记费用账户和贷记负债账户的分录。

5.2 工作底稿

工作底稿是将一定会计期间核算所得的会计资料汇集在一起，为最终取得一定的会计信息而进行调整、试算、分析的表式。在一般情况下，期末是会计部门会计工作繁忙的高峰，调账、对账、编制报表、结账，一环扣一环，大量的业务工作要在短短几天内完成。为了避免差错，尽快了解本期的经营状况和经营成果，及时报送报表，可以先通过编制工作底稿的办法实现上述目的。应当强调的是，工作底稿不是日记账，也不是分类账，更不是财务报表，也就是说，它不是正式会计系统的组成部分，但它可以大大加速期末的会计工作，对会计师的工作大有帮助。实际上，工作底稿只是一种对会计人员工作有帮助的汇总工具而已。会计人员经常借助工作底稿，将试算平衡表中的数据转记至财务报表。通过列示所有账户及其未调整的余额，工作底稿能帮助会计人员发现需要调整的账户。此外，通过列示所有账户调整后的余额，工作底稿还能加快结账的程序，并能及时发现相关错误。因此，各个会计主体都十分重视工作底稿。

工作底稿有五组十栏式，包括调整前试算表、账项调整、调整后试算表、利润表和资产负债表，每组有借、贷两栏，如表 5—4 所示。工作底稿是会计资料由账簿向报表过渡的一项重要的会计核算工作。

表 5—4　　　　甲公司工作底稿（2×08 年度）

账户名称	调整前试算表		账项调整		调整后试算表		利润表		资产负债表	
账户方向	借方	贷方	借方	贷方	借方	贷方	借方	贷方	借方	贷方

表的顶端分别是企业的名称、会计文件的名称和文件反映的会计期间。使用工作底稿可以方便地完成会计循环。工作底稿的具体用途如下：（1）节省工作量，简化会计核算程序；（2）将期末会计工作有关资料汇总起来进行处理，依照工作底稿直接取得编表和结账所需的数据，可以减少错误的发生，顺利完成期末报表的编制工作。

工作底稿把账户分为资产负债表类账户和利润表类账户，这使财务报表的编制变得容易。权责发生制要求期末必须对账项进行调整，工作底稿可以帮助会计人员确定哪些账户需要调整，并直接将调整分录记入工作底稿。同时，在期末，还要将需调整的账项编制记账分录并过账至分类账。在会计实务中，并不要求过账和编制工作底稿同步进行。将调整的分录过账一般在结账前即可，而报表可以根据完成后的工作底稿直接编制，主要是为加快速度。比如，期中可以直接根据工作底稿编制财务报表，而不需要将调整分录记入日记账并过账。

我们以李辉策划室 2 月份的会计事项为例说明编制工作底稿和财务报表的过程。

5.2.1　期初余额试算平衡表

根据李辉策划室 1 月份账户余额试算表（表 4—10），将收入、费用和业主提款账户的余额转入业主资本账户，结转后这些账户没有余额。根据李辉策划室 1 月份的所有者权益变动表（表 4—11）可知，期末业主资本为 102 942 元。李辉策划室 2

月初各账户的期初余额试算平衡表，如表 5—5 所示。

表 5—5　　**李辉策划室账户余额试算表（2×08 年 2 月 1 日）**　　单位：元

账户名称	余额	
	借方	贷方
银行存款	71 800	
固定资产	70 000	
待摊费用	1 100	
银行借款		20 000
应付账款		18 500
应交税费——应交所得税		1 458
业主资本——李辉		102 942
业主提款——李辉		
服务收入		
租金费用		
工资费用		
杂项费用		
所得税		
合计	142 900	142 900

5.2.2 经济交易事项的会计处理（会计期间内完成的工作：编制记账凭证和过账）

根据李辉策划室 2 月份发生的交易事项，按照借贷记账法编制会计分录并过账。本章开篇给出的交易 1～6 为会计期间内发生的交易事项，要进行会计处理；交易7～8为期末会计调整事项，在期末账项调整中处理。

交易 1：2 月 4 日，收取家长交来的孩子的当月培养费，现金 15 000 元人民币。

借：库存现金　　15 000

　贷：服务收入　　15 000

过账：略，下同。

交易 2：2 月 6 日，用现金购买办公用品 1 500 元。

借：办公用品　　1 500

　贷：库存现金　　1 500

交易 3：2 月 8 日，预付 2 月、3 月、4 月的房租 3 000 元，预付 2 月、3 月的水电费 600 元，款项用银行存款支付。

借：待摊费用　　3 600

　贷：银行存款　　3 600

交易 4：2 月 10 日，李辉策划室为一孩子作了一项成长设计方案，费用共计 2 000 元，孩子的家长交来现金 1 500 元，李辉同时开出一张金额为 500 元的账单给该家长。

借：库存现金　　1 500
　　应收账款　　500
　贷：服务收入　　2 000

交易 5：2 月 28 日，收到银行通知，2 月份的存款利息收入 60 元已到账。

借：银行存款　　60
　贷：财务费用　　60

交易 6：2 月 28 日，李辉从李辉策划室提款 1 000 元供自己消费。

借：业主提款——李辉　　1 000
　贷：库存现金　　1 000

5.2.3 计算各账户本期发生额和期末余额（会计期末的工作：计算各账户的本期发生额和期末余额）

根据各账户的过账情况，计算各账户本期借方发生额和贷方发生额。根据表 5—5 中各账户的期初余额加上本期交易事项引起的增减变动金额，计算期末账项调整前各账户的余额，如表 5—6 所示。

表 5—6　　期末账项调整前各账户本期发生额和期末余额

库存现金

（1）15 000	（2）1 500
（4）1 500	（6）1 000
本期发生额 16 500	本期发生额 2 500
期末余额 14 000	

银行存款

期初余额 71 800	（3）3 600
（5）60	
本期发生额 60	本期发生额 3 600
期末余额 68 260	

办公用品

（2）1 500	
本期发生额 1 500	
期末余额 1 500	

待摊费用

期初余额 1 100	
（3）3 600	
本期发生额 3 600	
期末余额 4 700	

应收账款

（4）500	
本期发生额 500	
期末余额 500	

固定资产

期初余额 70 000	
本期发生额 0	
期末余额 70 000	

银行借款

	期初余额 20 000
	本期发生额 0
	期末余额 20 000

应付账款

	期初余额 18 500
	本期发生额 0
	期末余额 18 500

应交税费——应交所得税

	期初余额 1 458
	本期发生额 0
	期末余额 1 458

业主资本——李辉

	期初余额 102 942
	本期发生额 0
	期末余额 102 942

服务收入

	(1) 15 000
	(4) 2 000
	本期发生额 17 000

业主提款——李辉

(6) 1 000	
本期发生额 1 000	

财务费用

	(5) 60
	本期发生额 60
	期末余额 60

5.2.4　编制账项调整前试算平衡表

根据表 5—5、表 5—6 编制试算平衡表，将表 5—5 中各账户的余额直接填列在表 5—7 中的期初余额试算栏，将表 5—6 中各账户的本期借方发生额和贷方发生额填列在表 5—7 中本期发生额栏内，将表 5—6 中各账户期末余额填列在表 5—7 中期末余额栏内。

表 5—7　　李辉策划室总分类账户本期发生额余额试算平衡表（2×08 年 2 月 28 日）　单位：元

账户名称	期初余额		本期发生额		期末余额	
	借方	贷方	借方	贷方	借方	贷方
库存现金	0		16 500	2 500	14 000	
银行存款	71 800		60	3 600	68 260	
办公用品	0		1 500		1 500	
待摊费用	1 100		3 600		4 700	
应收账款	0		500		500	
固定资产	70 000		0		70 000	
银行借款		20 000		0		20 000
应付账款		18 500		0		18 500
应交税费——应交所得税		1 458		0		1 458
业主资本——李辉		102 942		0		102 942
业主提款——李辉	0		1 000		1 000	
服务收入		0		17 000		17 000
财务费用	0			60		60
合计	142 900	142 900	23 160	23 160	159 960	159 960

全部账户借方发生额合计＝全部账户贷方发生额合计，全部账户借方余额合计＝全部账户贷方余额合计。

5.2.5　分析期末需要调整的账项

根据权责发生制原则、收入原则、会计分期假设和配比原则，找出期末需要调整的账项并编制调整分录，调整分录的过账可以在编制工作底稿前也可以在编制工作底稿后，但一般要在结账前过账。本书对调整分录的过账在编制工作底稿后进行，以突出显示工作底稿的作用。李辉策划室 2 月末需要调整的账项如下：

(1) 计算应计工资费用。2 月 28 日，计算本月工资费用 1 500 元，准备下个月支付。账项调整分录为：

借：工资费用　　1 500
　贷：应付职工薪酬　　1 500
　(应计费用的确认)

(2) 计算办公用品费用。2 月 28 日，实地盘点发现办公用品只剩下 800 元。

本月购进办公用品 1 500 元，期末实际剩余 800 元，差额是李辉策划室 2 月份在对客户服务的过程中已经使用的部分，即已经变成费用的部分，应记入“杂项费用”科目。

本月可以使用的办公用品（1 500 元）－月末办公用品余额（800 元）＝本月已经使用的办公用品（费用，700 元）。

会计分录为：

借：杂项费用　　700
　贷：办公用品　　700
　(预付费用的摊销)

(3) 计提 2 月份折旧费用。1 月 9 日，李辉购买业务用商品房，价值 50 000 元，并用银行存款支付，根据实际情况估计，该商品房能使用 20 年，残余价值 2 000 元。

按直线法对房屋计提折旧：

每年应计提的折旧额＝（50 000－2 000）÷20＝2 400（元）
每月应计提的折旧额＝年折旧额/12＝2 400÷12＝200（元）

1 月 12 日，赊购办公用家具，价值 20 000 元，估计使用 10 年，无残值。

按直线法对家具计提折旧：

每月应计提的折旧＝20 000÷（10×12）≈167（元）
2 月份李辉策划室应计提折旧额＝计提房屋折旧＋计提家具折旧
＝200＋167＝367（元）

编制会计分录如下：

借：折旧费用　　367
　贷：累计折旧　　367
　(计提固定资产折旧)

(4) 预付费用的摊销。1 月 31 日，用银行存款支付全年的订报纸、杂志费 1 200 元，属于 2 月份负担的金额为 100 元；2 月 8 日，预付 2 月、3 月、4 月的房租 3 000 元，预付 2 月、3 月的水电费 600 元，款项用银行存款支付，属于 2 月份负担的房费＝3 000÷3＝1 000 元，属于 2 月份负担的水电费＝600÷2＝300 元。

2 月份应摊销的预付费用＝100＋1 000＋300＝1 400（元）

编制会计分录如下：

借：租金费用　　1 000
　　杂项费用　　400
　贷：待摊费用　　1 400
　（预付费用的摊销）

（5）预提利息费用。1 月 31 日，从银行获得贷款 20 000 元，从 2 月份起每月负担利息 200 元，每三个月支付一次。利息费用属于企业的财务费用，2 月份应确认一笔 200 元的财务费用，同时确认一项 200 元的预提费用，即负债。会计分录为：

借：财务费用　　200
　贷：预提费用　　200
　（应计费用的确认）

（6）计算所得税。2 月份的收入 17 000 元，费用情况：财务费用＝200－60＝140 元，工资费用 1 500 元，杂项费用＝700＋400＝1 100 元，折旧费用 367 元，租金费用 1 000 元，费用合计＝140＋1 500＋1 100＋367＋1 000＝4 107 元。

利润＝收入－费用＝17 000－4 107＝12 893 元，适应税率为 33%，李辉策划室 2 月应缴纳的企业所得税＝12 893×33%≈4 255 元。

会计分录为：

借：所得税费用　　4 255
　贷：应交税费——应交所得税　　4 255
　（应计费用——税金的确认）

5.2.6　编制工作底稿

工作底稿并不是会计循环中的一个必需环节，它只是为了节省工作量而设立的一个步骤。工作底稿的格式也可以依企业实际需要而定。一般的工作底稿，应包括调整前试算表、账项调整、调整后试算表、利润表和资产负债表等栏目。下面逐步列示工作底稿的编制方法。

（1）将调整前的总分类账户余额过入“调整前试算表”栏，进行调整前的试算平衡，平衡后进行下一步账项调整程序；否则检查错误，直到平衡为止。各账户的名称和余额直接取自编制调整分录前的各分类账账户，且按照分类账的顺序分类列示，如表 5—8 所示。将表 5—7 调整前各账户期末余额转记至工作底稿（表 5—8）中的调整前试算表栏。

表 5—8　　李辉策划室会计工作底稿（一）（2×08 年 2 月 28 日）　　单位：元

账户名称	调整前试算表		账项调整		调整后试算表		利润表		资产负债表	
	借方	贷方	借方	贷方	借方	贷方	借方	贷方	借方	贷方
库存现金	14 000									
银行存款	68 260									
办公用品	1 500									
待摊费用	4 700									
应收账款	500									
固定资产	70 000									
累计折旧										
应付职工薪酬										
预提费用										
银行借款		20 000								
应付账款		18 500								
应交税费——应交所得税		1 458								
业主资本——李辉		102 942								
业主提款——李辉	1 000									
服务收入		17 000								
工资费用										
折旧费用										
租金费用										
杂项费用										
财务费用		60								
所得税										
合计	159 960	159 960								

（2）进行账项调整。将上面编制的期末调整账项的调整分录填入工作底稿中的“账项调整”栏的对应账户内，进行借贷试算平衡，平衡后进行下一步编制调整后试算表程序；如不平衡，检查错误直至平衡。这一步骤可以和 5.2 节中的“分析期末需要调整的账项”合并进行，如表 5—9 所示。

（3）编制调整后的试算平衡表。计算调整后各账户的余额，填入“调整后试算表”栏，并进行试算平衡。调整后的试算余额反映调整后的各账户的余额，它是由调整前各账户的金额加上或减去调整金额计算出来的。如办公用品账户，调整前借方余额 1 500 元，减去调整数（贷方金额）700 元，等于调整后余额 800 元。如果某些账户不需要调整，没有调整分录对其影响，则其在调整前和调整后的余额均保持不变，如库存现金账户、银行存款账户等。具体如表 5—9 所示。

表 5—9　　**李辉策划室会计工作底稿（二）（2×08 年 2 月 28 日）**　　单位：元

账户名称	调整前试算表		账项调整		调整后试算表		利润表		资产负债表	
	借方	贷方	借方	贷方	借方	贷方	借方	贷方	借方	贷方
库存现金	14 000				14 000					
银行存款	68 260				68 260					
办公用品	1 500			(2) 700	800					
待摊费用	4 700			(4) 1 400	3 300					
应收账款	500				500					
固定资产	70 000				70 000					
累计折旧				(3) 367		367				
应付职工薪酬				(1) 1 500		1 500				
预提费用				(5) 200		200				
银行借款		20 000				20 000				
应付账款		18 500				18 500				
应交税费——应交所得税		1 458		(6) 4 255		5 713				
业主资本——李辉		102 942				102 942				
业主提款——李辉	1 000				1 000					
服务收入		17 000				17 000				
工资费用			(1) 1 500		1 500					
折旧费用			(3) 367		367					
租金费用			(4) 1 000		1 000					
杂项费用			(2) 700 (4) 400		1 100					
财务费用		60	(5) 200		140					
所得税			(6) 4 255		4 255					
合计	159 960	159 960	8 422	8 422	166 222	166 222				

（4）将调整后试算平衡表各栏目的金额，分别填入利润表和资产负债表各栏。每个账户不是资产负债表账户就是利润表账户。其中，资产、负债、所有者权益账户应记入资产负债表；收入、费用账户应记入利润表。利润表的借、贷方的差额就是本期损益，贷方金额大于借方金额（收入大于费用），就是净利润；贷方金额小于借方金额（费用大于收入），就是亏损，如表 5—10 所示。

表 5—10　　**李辉策划室会计工作底稿（三）（2×08 年 2 月 28 日）**　　单位：元

账户名称	账项调整		调整后试算表		利润表		资产负债表	
	借方	贷方	借方	贷方	借方	贷方	借方	贷方
库存现金			14 000				14 000	
银行存款			68 260				68 260	
办公用品		(2) 700	800				800	
待摊费用		(4) 1 400	3 300				3 300	
应收账款			500				500	

续前表

账户名称	账项调整		调整后试算表		利润表		资产负债表	
	借方	贷方	借方	贷方	借方	贷方	借方	贷方
固定资产			70 000				70 000	
累计折旧		(3) 367		367			(367)	
应付职工薪酬		(1) 1 500		1 500				1 500
预提费用		(5) 200		200				200
银行借款				20 000				20 000
应付账款				18 500				18 500
应交税费——应交所得税		(6) 4 255		5 713				5 713
业主资本——李辉				102 942				102 942
业主提款——李辉			1 000					(1 000)
服务收入				17 000		17 000		
工资费用	(1) 1 500		1 500		1 500			
折旧费用	(3) 367		367		367			
租金费用	(4) 1 000		1 000		1 000			
杂项费用	(2) 700 (4) 400		1 100		1 100			
财务费用	(5) 200		140		140			
所得税	(6) 4 255		4 255		4 255			
合计	8 422	8 422	166 222	166 222	8 362	17 000	156 493	147 855
净利润					8 638			8 638
合计					17 000	17 000	156 493	156 493

8 638 元的净利润应记入利润表的借方栏，以与贷方的金额 17 000 元相平衡。同时，该项净利润还应记入资产负债表的贷方栏，因为利润增加资本，而资本的增加应该记入贷方。如果收入小于费用，则企业发生亏损，亏损应记入利润表的贷方栏和资产负债表的借方栏。这主要是由于亏损减少资本，而资本的减少应记入借方。上述过程完成后，工作底稿中的利润表和资产负债表借贷栏的金额总和就分别相等了。资产负债表借贷栏目的金额合计为 156 493 元。将净利润列入资产负债表的贷方，就可以编制资产负债表。以后就可以根据工作底稿编制基本的财务报表，具体见表 5—10。为了说明问题的方便，我们在此去掉了“调整前试算表”一栏，财务报表是根据调整后的试算平衡表编制的。

5.3 使用工作底稿完成会计循环

工作底稿能帮助会计人员组织会计资料以计算会计期间的净损益，同时它还能帮助会计人员编制财务报表，记录调整分录和结账。财务报表是会计信息的载体，会计最终通过提供财务报表来向经济决策者传递相关信息。因此，编制财务报表是会计循环中的一个非常重要的程序，需要按照报表要素，根据一定的方法进行编制。

5.3.1　编制财务报表

尽管工作底稿已经计算出企业的净损益，但仍有必要编制财务报表。工作底稿把账户划分为资产负债表类账户和利润表账户，这样就比较容易编制财务报表。根据表 5—10 编制财务报表如表 5—11 所示。

表 5—11　　**李辉策划室 2 月份财务报表**　　单位：元

利润表——李辉策划室（2×08 年 2 月）

收入：		
服务收入		17 000
费用：		
工资费用	1 500	
折旧费用	367	
租金费用	1 000	
杂项费用	1 100	
财务费用	140	
所得税	4 255	
费用合计		8 362
净利润		8 638

所有者权益变动表——李辉策划室（2×08 年 2 月）

期初业主资本（2×08.2.1）	102 942
加：本期所有者投资	0
净利润	8 638
	111 580
减：业主撤资	1 000
期末业主资本（2×08.2.28）	110 580

资产负债表——李辉策划室（2×08 年 2 月 28 日）

资产		负债	
库存现金	14 000	应付职工薪酬	1 500
银行存款	68 260	银行借款	20 000
办公用品	800	预提费用	200
应收账款	500	应付账款	18 500
待摊费用	3 300	应交税费	5 713
固定资产	70 000		
减：累计折旧	(367)	所有者权益	
		业主资本——李辉	110 580
总资产	156 493	负债和所有者权益合计	156 493

5.3.2 记录调整分录

期末编制调整分录是权责发生制会计的重要组成部分。工作底稿能帮助会计人员确认需要调整的账户，并直接将调整分录记入工作底稿。但在会计实践中，调整分录要过账至各分类账账户，详见表5—12。过账后，还要将账户调整前余额与调整金额合并计算该账户调整后余额，该余额应等于工作底稿中调整后的试算余额。

调整分录在记入工作底稿的同时可以记入各有关账户，但没必要同时进行。多数会计人员一般在完成工作底稿后立即编制财务报表，他们只要在编制结账分录前将调整分录过账至各有关账户即可。能够使调整分录的入账过程推迟是工作底稿的另一大优势，许多企业只是在年底才记录上述调整分录，这样有利于简化调整过程，提高记账效率。在编制月份或季度财务报表时，通过工作底稿这一快捷工具，企业就能够在不将调整分录过账的条件下编制这些中期财务报表。

表5—12　　将调整分录过账至各有关账户

调整分录（2月28日）

（1）借：工资费用	1 500	
贷：应付职工薪酬		1 500
（2）借：杂项费用	700	
贷：办公用品		700
（3）借：折旧费用	367	
贷：累计折旧		367
（4）借：租金费用	1 000	
杂项费用	400	
贷：待摊费用		1 400
（5）借：财务费用	200	
贷：预提费用		200
（6）借：所得税费用	4 255	
贷：应交税费——应交所得税		4 255

将调整分录过账至各有关分类账账户

工资费用

（1）1 500	
余额 1 500	

应付职工薪酬

	（1）1 500
	余额 1 500

杂项费用

（2）700	
（4）400	
余额 1 100	

办公用品

1 500	
	（2）700
余额 800	

折旧费用

（3）367	
余额 367	

累计折旧

	（3）367
	余额 367

租金费用

（4）1 000	
余额 1 000	

待摊费用

4 700	
	（4）1 400
余额 3 300	

续前表

财务费用	
	60
(5) 200	
余额 140	

预提费用	
	(5) 200
	余额 200

所得税费用	
(6) 4 255	
余额 4 255	

应交税费——应交所得税	
	1 458
	(6) 4 255
	余额 5 713

5.3.3 结账与结账分录

1. 结账

将期末调整分录过账至各有关账户后，就可以进入结账程序。结账就是在会计期末计算并结转各账户的本期发生额和期末余额的过程。各会计期间内所发生的经济业务，全部登记入账并经过调整账项以后，尽管可通过账簿的记录了解经济业务的发生和完成情况，但管理上需要掌握各会计期间的经济活动情况及其结果，并相应编制各会计期间的财务报表。而根据会计凭证将经济业务记入账簿后，还不能直观有规律地获得所需的各项数字信息，必须通过结账的方式，把各种账户的记录结算清楚，以对外提供结构化的、有规律的会计信息。

结账时，应结计出每个账户的期末余额。需要结计出当期（月）发生额的，应单列一行进行发生额的登记，在摘要栏内注明“本期（月）合计”字样；需要结出本年累计发生额的，为了反映自年初开始直至本期（月）末为止的累计发生额，还应在期（月）结下面再单列一行进行累计发生额的登记，如图 5—1 所示。

2008年 月	日	凭证号	摘要	借方	贷方	方向	余额
01			期初余额			平	
03	30	转0016	计提3月份福利费		10,255.00	贷	10,255.00
03			本期合计		10,255.00	贷	10,255.00
03			本年累计		10,255.00	贷	10,255.00
04	30	转0014	计提4月份福利费		9,877.00	贷	20,132.00
04			本期合计		9,877.00	贷	20,132.00
04			本年累计		20,132.00	贷	20,132.00
05	31	转0056	计提5月份福利费		9,580.62	贷	29,712.62
05			本期合计		9,580.62	贷	29,712.62
05			本年累计		29,712.62	贷	29,712.62
06	25	银0038	儿童节礼品	960.00		贷	28,752.62
06	27	转0075	计提福利费		10,346.00	贷	39,098.62
06			本期合计	960.00	10,346.00	贷	39,098.62
06			本年累计	960.00	40,058.62	贷	39,098.62
07	31	银0060	7月份清凉饮料费	4,150.00		贷	34,948.62
07	31	转0036	计提7月份福利费		12,295.50	贷	47,244.12
07			本期合计	4,150.00	12,295.50	贷	47,244.12
07			本年累计	5,110.00	52,354.12	贷	47,244.12
08	02	现0003	探望生病员工用款	73.50		贷	47,170.62

图 5—1　账户的结账过程

期末对所有账户结计本期发生额和期末余额时，要区别不同类型的账户分别进行。企业所开设的全部账户可分为两大类：一类是永久性账户，如资产类账户、负债类账户、所有者权益类账户。这些账户期末一般有余额，随企业的持续经营，这些账户的期末余额一般要递延到下一个会计期间，构成下一个会计期间的期初余额。由于资产、负债和所有者权益类账户不是用来计量企业收益的，其余额在期末没有必要结平。与收入、费用账户不同，库存现金、应收账款、办公用品、建筑物、应付账款、应付票据、业主资本等账户并不代表一定期间内资本的增加或减少，而仅表示企业在某特定时点上拥有的资产、负债和所有者权益情况，这也是它们的期末余额继续结转至下一会计期间而成为期初余额的原因，在我国，这类账户称为实账户。另一类是临时性账户，如收入类账户、费用类账户。它们反映某一期间企业的经营成果，应归属于特定的会计期间，只要该会计期间结束，会计人员都要结平收入与费用账户。由于这些账户的余额仅与特定会计期间相关，因此必须在期末结平，收入和费用账户也因此称为临时账户。所有者提款（撤资）账户虽然不是收入与费用账户，但由于所有者的提款（撤资）仅与特定会计期间有关，因而也是临时账户。到下一个会计期间，必须重新开设这些临时账户，以核算该期间企业经营的损益情况，这类账户在我国称为虚账户。

2. 结账分录

所有实账户期末都按其实际变动情况予以记录，并将其余额结转到下一个会计期间，作为期初余额（见图 5—1）。所有虚账户则应全部结平，在会计期末为结平收入、费用以及提款（撤资）等虚账户所作的会计分录，就是结账分录。

收入增加所有者权益，费用和所有者提款减少所有者权益。只有当结账分录过账后，临时账户余额才能影响业主资本账户。但是，作为过渡，所有的收入与费用账户的余额均首先结转至“本年利润”账户。所有收入账户的余额结转至“本年利润”账户的贷方，所有费用账户的余额结转至“本年利润”账户的借方，然后将该账户的余额再结转至资本账户。如果“本年利润”账户是贷方余额，表示企业实现了利润，利润增加所有者权益，所以应将利润结转到资本账户的贷方；如果“本年利润”账户是借方余额，则说明企业出现了亏损，亏损减少所有者权益，应将亏损结转至资本账户的借方。在这里，“本年利润”账户起到了一个承上启下的作用。李辉策划室 2 月份的结账程序如下：

（1）借记所有的收入账户，贷记“本年利润”账户。该分录将所有的收入总额结转至“本年利润”账户的贷方。

（2）贷记所有的费用账户，借记“本年利润”账户。该分录将所有的费用总额结转至“本年利润”账户的借方。

（3）借记“本年利润”账户，贷记“业主资本”账户。该分录将净损益从“本年利润”账户结转至资本账户。

（4）贷记“业主提款”账户，借记“业主资本”账户。该分录将提款账户的余额结转至所有者资本账户的借方。业主提款不是费用，不影响企业的净损益。

假设李辉策划室在2月份结账，表5—13反映了李辉策划室结账的全部过程。A部分是结账分录，B部分反映了结账分录过账后各账户的结构。各收入、费用账户的余额都是账项调整后的余额。例如，“财务费用”的借方余额140元，“杂项费用”的借方余额1 100元，“服务收入”结账前的贷方余额17 000元，这些金额可以直接来自工作底稿调整后试算表栏（见表5—10）或取自将调整分录过账后的各有关分类账账户（见表5—12）。在这里，请仔细体会一下工作底稿的作用。

结账分录（1）将服务收入的总额结转至“本年利润”账户，该分录结平服务收入，并将2月份的收入转记至“本年利润”账户的贷方。结账分录（2）结平所有费用账户，并将其总额转记至“本年利润”账户的借方。此时，“本年利润”账户已经包括了2月份所有收入与费用的影响，因此，“本年利润”账户的余额就是本月的净利润（8 638元）。结账分录（3）将净损益结转至“业主资本”账户，从而结平“本年利润”账户。结账分录（4）将所有者提款转结至“业主资本”账户的借方，并结平“业主提款”账户。

结账后，所有收入、费用和提款账户都结平为零，以记录下一会计期间的经济交易。“业主资本”账户已包括2月份收入、费用和提款的全部影响。通过资本账户的期初余额，可以计算出资本账户的期末余额110 580元。该金额与表5—11中的所有者权益变动表和资产负债表中的金额完全一致。

表5—13　　编制结账分录并过账

A部分：编制结账分录		
2月28日：		
（1）借：服务收入	17 000	
贷：本年利润		17 000
（2）借：本年利润	8 362	
贷：工资费用		1 500
折旧费用		367
租金费用		1 000
杂项费用		1 100
财务费用		140
所得税费用		4 255
（3）借：本年利润	8 638	
贷：业主资本——李辉		8 638
（4）借：业主资本——李辉	1 000	
贷：业主提款——李辉		1 000
B部分：过账		

续前表

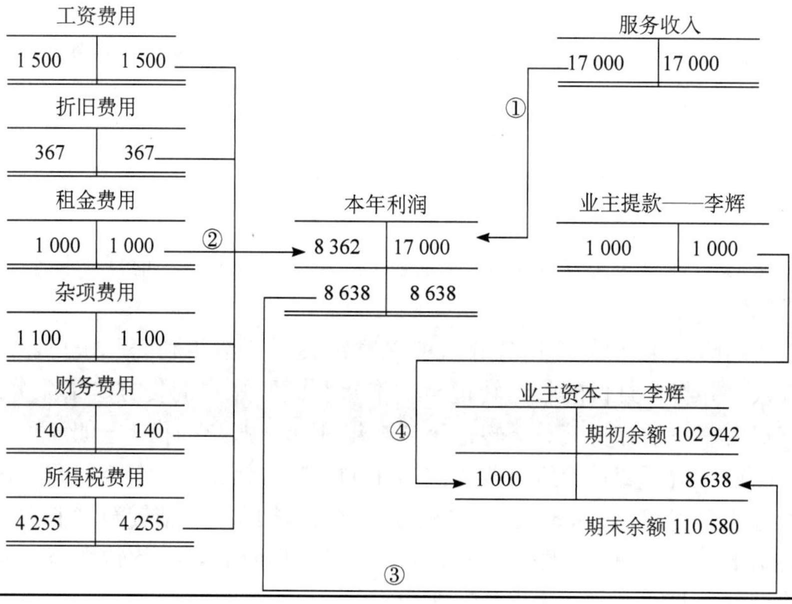

如果李辉策划室 2 月份发生亏损，结账将如何进行呢？假设李辉策划室 2 月份的费用不是 8 362 元，而是 18 000 元，其他情况不变，这样就有 1 000 元的亏损，将分录（2）过账后，“本年利润”账户将会出现借方余额：

本年利润	
18 000	17 000
余额 1 000	

这 1 000 元的借方余额就是 2 月份的亏损额，需要编制结账分录将亏损结转至资本账户：

借：业主资本——李辉　　1 000

　贷：本年利润　　1 000

过账后，“本年利润”和“业主资本”账户的结构如下：

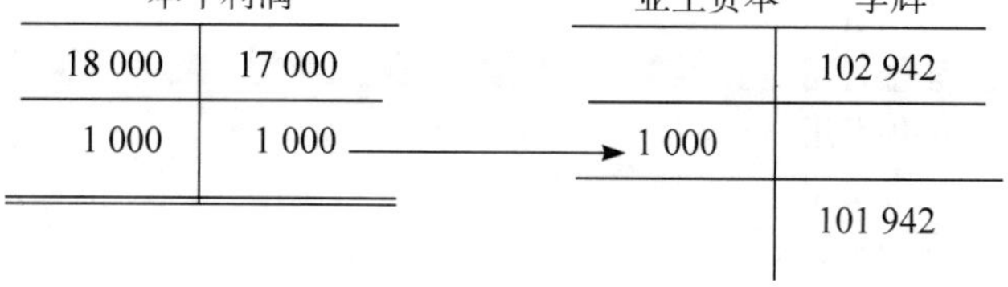

3. 结账后试算平衡表

在结出所有永久性账户的余额并结平所有临时性账户后，就可以编制结账后的试算表。会计循环结束于结账后试算平衡表，结账后试算平衡表是对调整分录和结账分录过账后的正确性的最后检查。该步骤确保各账户的余额是下一会计期间的期初余额。结账后试算平衡表的编制日期为会计期末。由于结账后只有永久性账户的余额，而永久性账户又都是资产负债表账户，因此，结账后试算平衡表和资产负债表很相似。结账后试算平衡表包括所有永久性账户（资产负债表账户）如资产、负债和资本账户的期末余额；临时账户由于余额为零而不包括在内。各分类账也已包括了最新信息，且为下一会计期间的核算做好准备，如表5—14所示。

表5—14　　李辉策划室结账后试算平衡表（2×08年2月28日）　　单位：元

账户名称	借方	贷方
库存现金	14 000	
银行存款	68 260	
办公用品	800	
待摊费用	3 300	
应收账款	500	
固定资产	70 000	
累计折旧		367
应付职工薪酬		1 500
预提费用		200
银行借款		20 000
应付账款		18 500
应交税费——应交所得税		5 713
业主资本——李辉		110 580
合计	156 860	156 860

说明：结账后试算平衡表的借方合计156 860元，而表5—11中资产负债表中资产合计156 493元，两者相差367元，正是折旧。在资产负债表中，折旧列入资产的减项，从资产中减去折旧就是资产总额；在结账后试算平衡表中，折旧列入贷方合计中，没有从资产中减去。

在编制结账后试算表之后，一个完整的会计循环也就结束了。事实上，结账后试算平衡表具有承上启下的作用，它标志上一期会计循环的结束，也孕育着下一期会计循环的开始。

最后，需要说明的是，由于会计期间有年度和月份之分，平时每个月份对上述临时性账户的结账，一般都在工作底稿上进行，不作结账分录，也不结平每一个账户。只有到会计年度结束时，才做上述结账分录，并结清收入和费用类账户。习惯上，把通过编制结账分录并过入相应的账户中去、以结平各虚账户的方法叫做“账结法”，而把不编制结账分录、只在工作底稿中进行结转的方法叫做“表结法”。年度内不进行结账，只在工作底稿上进行收入、费用和资本账户间的结转，以编制中期财务报表。这样做，是为了让各有关账户能完整地反映一个会计年度内企业的经营成果，如全年收入总额、全年费用总额、全年利润总额等。到会计年度结束时，才用账结法将所有虚账户结清。下一会计年度开始时，再重新开设收入、费用以及本年利润等账户，以记录新的会计年度的经营成果。

但是，在电算化会计系统中，由于结账过程基本不变，结账程序相对稳定，这样就可以由计算机自动完成结账过程，既按账结法进行月结，又保留该账户的本年累计发生额。这就解决了在手工会计系统下，利用账结法进行月结和保留本年累计发生额二者只能选其一的弊端。图5—2、图5—3列示了在计算机会计系统下每月按账结法进行结账，同时又保留本年累计数的情况。

2008年 月	日	凭证号	摘要	借方	贷方	方向	余额
01			期初余额			平	
01	08	银0001	收贵州红林公司远程联网款		10,000.00	贷	10,000.00
01	08	银0011	收技术服务费		600.00	贷	10,600.00
01	08	银0026	收瑞安兴达司 远程服务费		1,200.00	贷	11,800.00
01	08	银0027	收肥士特生物司 技术服务费		1,200.00	贷	13,000.00
01	08	银0047	收飞能达远程联网款		10,000.00	贷	23,000.00
01	30	转0009	销计算机耗材一皮		97,075.50	贷	120,075.50
01	30	转0015	结转主营业收入	23,000.00		贷	97,075.50
01	30	转0015	结转主营业收入	97,075.50		平	
01			本期合计	120,075.50	120,075.50	平	
01			本年累计	120,075.50	120,075.50	平	
02	08	现0009	北碚嘉欣远程联网服务费		1,200.00	贷	1,200.00
02	22	银0009	收嘉陵贝斯特技术服务费		4,200.00	贷	5,400.00
02	22	银0025	收天津统一工业司技术服务费		13,000.00	贷	18,400.00
02	26	转0014	结转主营业收入	44,200.00		借	25,800.00
02	26	转0014	结转主营业收入	52,200.00		借	78,000.00
02	28	银0027	补计肥士特生物司 技术服务费		5,800.00	借	72,200.00
02	28	银0054	收技术服务费		20,000.00	借	52,200.00
02	28	银0055	潼南项目款		52,200.00	平	
02			本期合计	96,400.00	96,400.00	平	
02			本年累计	216,475.50	216,475.50	平	
03	27	银0031	收四川小型轴承厂 远程联网服务		13,000.00	贷	13,000.00

图 5—2　主营业务收入的月结情况

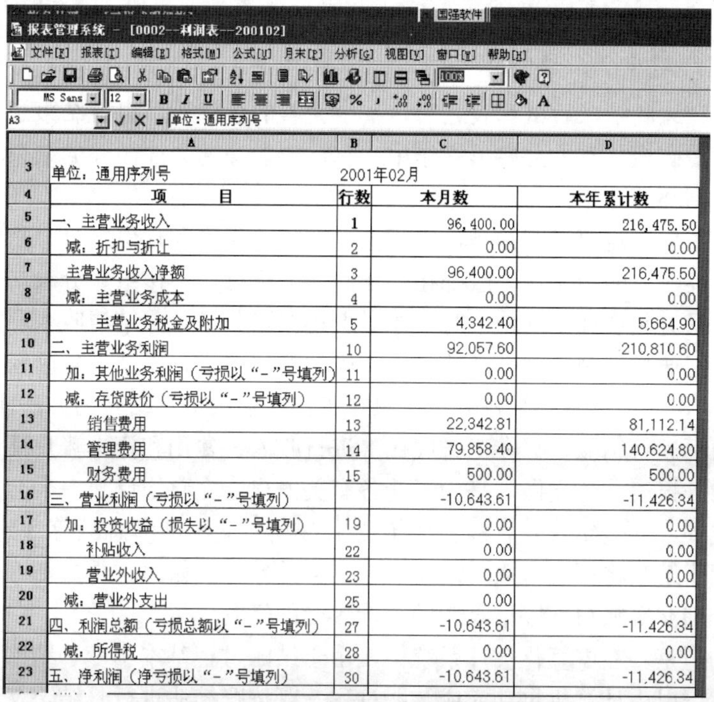

	A	B	C	D
3	单位：通用序列号	2001年02月		
4	项　　目	行数	本月数	本年累计数
5	一、主营业务收入	1	96,400.00	216,475.50
6	减：折扣与折让	2	0.00	0.00
7	主营业务收入净额	3	96,400.00	216,475.50
8	减：主营业务成本	4	0.00	0.00
9	主营业务税金及附加	5	4,342.40	5,664.90
10	二、主营业务利润	10	92,057.60	210,810.60
11	加：其他业务利润（亏损以"-"号填列）	11	0.00	0.00
12	减：存货跌价（亏损以"-"号填列）	12	0.00	0.00
13	销售费用	13	22,342.81	81,112.14
14	管理费用	14	79,858.40	140,624.80
15	财务费用	15	500.00	500.00
16	三、营业利润（亏损以"-"号填列）		-10,643.61	-11,426.34
17	加：投资收益（损失以"-"号填列）	19	0.00	0.00
18	补贴收入	22	0.00	0.00
19	营业外收入	23	0.00	0.00
20	减：营业外支出	25	0.00	0.00
21	四、利润总额（亏损总额以"-"号填列）	27	-10,643.61	-11,426.34
22	减：所得税	28	0.00	0.00
23	五、净利润（净亏损以"-"号填列）	30	-10,643.61	-11,426.34

图 5—3　某公司 2001 年 2 月的利润表

说明：图 5—3 中主营业务收入的本月数与本年累计数来自图 5—2，2 月份利润表中的主营业务收入直接来自图 5—2 中主营业务收入账户的本期发生额；2 月份利润表中主营业务收入的本年累计数来自图 5—2，即主营业务收入账户中 1 月份和 2 月份发生额的合计数。

5.4　对账和财产清查

工作底稿在检查会计差错方面是有局限性的，因为工作底稿主要由总分类账账户组成，并不包括各有关明细账账户，也不与财产物资的实存数额相核对，这样工作底稿就不能发现存在于各明细账和各种财产物资实存数额之间的会计差错。我们知道，会计是一个以提供财务信息为主的经济信息系统，在对会计信息系统质量方面的要求中，财务信息的真实性与可靠性是最重要的；为了进一步提高输出财务报表信息的可靠性，在编制财务报表前还要进行对账和财产清查。

5.4.1　对账

对账，就是核对账目，在有关经济业务入账以后，对有关账簿的记录进行核对。为了保证账簿记录和会计报表数字的真实可靠，应当充分利用复式记账法的自动平衡机制，核对各种账簿记录中的平衡和勾稽关系是否正确，通过对账可以在结账和编表之前找出账簿记录的差错和原因，以便及时更正和调整。对账工作是为保证账证相符、账账相符和账实相符的一项检查性工作。

对账是内部会计控制的一个重要环节，在手工会计系统中是必不可少的。从理论上来说，会计核算系统从取得、审核原始凭证开始，经过编制、审核记账凭证，到过入有关账户环环相扣，应该不会发生错误。但在实际工作中，由于会计人员的疏忽大意、手工操作笔误，或由于某些人员的故意行为，或由于某些财产物资的盘盈和盘亏等，往往会造成账证、账账和账实之间的不符，造成会计信息的失真。所以在会计实务中，必须具有对账这一程序。对账分为日常核对和定期核对两种。日常核对是指会计人员在编制会计凭证时，对原始凭证和记账凭证的审核；在登记账簿时，对账簿记录与会计凭证的核对。定期核对是指在期末结账前，对凭证、账簿记录等进行的核对。对账的主要内容包括以下几个方面：

1. 账证相符

账证相符是会计账簿记录与会计凭证有关内容核对相符的简称。保证账证相符，是会计核算的基本要求。由于会计账簿记录是根据会计凭证等资料编制的，两者之间存在逻辑联系，因此，通过账证核对，可以检查、验证会计账簿和会计凭证的内容是否正确无误，以保证会计资料真实、完整。各单位应当定期将会计账簿记录与其相应的会计凭证（包括时间、编号、内容、金额、记账方向等）逐项核对，检查是否一致。如果发现有不一致之处，应当及时查明原因，并按照规定予以更正。月终，如果发现账证不符，就应对账簿记录与会计凭证进行核对，以保证账证相符。会计凭证是登记账簿的依据，账证核对主要检查登账中的错误。

2. 账账相符

账账相符是会计账簿之间相互对应的记录核对相符的简称。保证账账相符，同样是会计核算的基本要求。由于会计账簿之间，包括总账各账户之间，总账与明细账之间，总账与日记账之间，会计机构的财产物资明细账与保管部门、使用部门的有关财产物资明细账之间等相对应的记录存在着内在联系，通过定期核对，可以检查、验证会计账簿记录的正确性，便于发现问题，纠正错误，保证会计资料的真实、完整和准确无误。账账相符的具体内容有：

（1）核对总分类账中各账户期末的借方发生额、余额总计数与贷方发生额、余额总计数是否平衡。

（2）各种明细分类账和现金、银行存款日记账的余额应该同总分类账有关账户的余额按期核对相符。

（3）总分类账户中，各账户的月末余额与所属的明细账账户月末余额之和核对相符。

（4）会计部门有关财产物资的明细分类账的结存数（数量和金额）应该同财产物资的保管、使用部门所记载的内容核对相符。

3．账实相符

账实相符是账簿记录与实物、款项实有数核对相符的简称。保证账实相符，是会计核算的基本要求。由于会计账簿记录是实物、款项使用情况的价值量反映，实物、款项的增减变化情况，必须在会计账簿记录上如实记录、登记，因此，通过检查会计账簿记录的正确性，发现财产物资和现金管理中存在的问题，有利于查明原因、明确责任，有利于改进管理、提高效益，有利于保证会计资料真实、完整。账实相符的具体内容有：

（1）现金日记账每天的余额与每天的库存现金余额核对相符。

（2）银行存款日记账与银行对账单核对相符。

（3）各有关债权债务总账、明细账余额应当经常或定期同有关的债务人和债权人的查询结果核对相符。

（4）各种材料、物资总分类账、明细分类账账面余额与财产清查时材料、物资的实际盘存数额核对相符。

账实相符，一般要结合财产清查来进行。

4．账表相符

账表相符是会计账簿记录与会计报表有关内容核对相符的简称。保证账表相符，也是会计核算的基本要求。由于会计报表是根据会计账簿记录及有关资料编制的，两者之间存在对应的关系，因此，通过检查会计报表各项目的数据与会计账簿有关数据是否一致，确保会计信息的质量。

5．查找错账的逆查法与顺查法

出现错账的原因：一是会计凭证填制错误，主要表现为记录内容有误、计算错误、会计科目错误、借贷方向错误、借贷金额有误；二是记账错误，主要表现在账簿记录出现重记、漏记、混记、错记等情况。

逆查法是沿着“试算—结账—过账—制证”的逆账处理程序，从尾到头进行的普遍检查。（1）检查试算平衡表本身，复核试算平衡表内各栏金额合计数是否平衡；检查平衡表内各账户的期初余额加减本期发生额是否等于期末余额；核对平衡表内该账户的各栏金额是否抄写错误。(2) 检查各账户的发生额及余额的计算是否正确。(3) 将记账凭证、原始凭证及账簿记录逐笔核对，检查过账有无错误。(4) 检查记账凭证的填制是否正确。

顺查法是沿着“制证—过账—结账—试算”的账务处理程序，从头到尾进行的普遍检查。(1) 将记账凭证与原始凭证核对，检查有无制证错误。(2) 将记账凭证及所附原始凭证与账簿记录逐笔核对，检查有无错误。(3) 结算各个账户的发生额及期末余额，检查有无计算错误。(4) 检查试算平衡表上有无抄写与计算错误。

5.4.2 财产清查

所谓财产清查，就是通过对实物、现金的实地盘点和对银行存款、债权债务的查对，来确定财产物资、货币资金和债权债务的实存数，并查明账面结存与实存数是否相符的一种专门方法。在企业的日常会计核算过程中，由于种种主观和客观因素，常常会出现账实不符的现象。客观因素包括：财产物资的自然损耗，计量器具失灵，不可抗力的发生如自然灾害导致的非常损失等；主观因素包括：保管人员的个人素质导致的收发错误，会计凭证和会计账簿对某些财产物资的漏记、重记、错记等，不法分子的营私舞弊、贪污盗窃等。尽管复式簿记系统本身有一定的内部牵制机制，但由于以上因素的存在，为了进一步保证日常核算的会计信息真实可靠，必须进行财产清查，在账实相符的基础上编制财务报表。

1. 财产清查的作用

通过财产清查，可以起到如下作用：

(1) 通过财产清查，可以查明各项财产的实存数，实存数同账存数的差异，以及发生差异的原因和责任，以便采取措施，寻找消灭差错的有效方法，保证账实相符和会计资料的准确可靠。

(2) 健全财产物资的管理制度，促进企业保持各项财产物资的安全、完整和有效利用。尽管造成账实不符的因素很多，但最主要的是企业自身的原因。一个企业经常出现账实不符的现象，这很可能是企业管理不善的信号。通过财产清查，可以及时发现企业财产管理上存在的问题和薄弱环节，从而促使企业不断改进管理手段和方法，进而提升企业的管理水平。财产清查手段不断坚持下去，企业就能逐渐建立一套比较完善的财产管理制度。例如，通过财产清查，可以查明各项财产的保管情况是否良好，有无因管理不善使财产损失浪费、霉烂变质、损坏丢失，或者被非法挪用、贪污盗窃的情况，以便采取措施，改善管理，保护各项财产的安全完整。另外，在财产清查中，还要查明各种财产物资的储存和使用情况，储备不足要补足，多余积压要及时处理。

(3) 通过财产清查，可以查明各项债权债务、往来款项的结算情况是否正常，有无账款长期被拖欠、在途物资逾期到达、发出商品无故拒付等情况。查明原因，以便采取措施，及时处理，促使企业对外经济交易的正常进行，促进企业在维持其信用的基础上合理使用资金并加速资金周转。

（4）通过财产清查，可以查明有关财产验收、保管、收发、调拨、报废以及现金出纳、账款结算等手续制度的贯彻执行情况，以便采取措施，建立和健全有关财产的管理与核算制度，以及经济上、财务上的责任制度。

（5）财产清查是内部会计监督制度的重要内容之一。在企业内部建立一套有效的相互监督、相互牵制的制度，包括企业各项重大决策和相应资金的有效运转，最大限度确保公司会计信息的真实可靠，我们通常称之为内部会计监督制度。它包括：一套有效的内部牵制制度；定期财产清查制度；有效的内部审计制度。内部牵制是以账目间的相互核算为主要内容并实施岗位分离，以确保所有账目正确无误的一种控制机制。其主要特征是以任何个人或部门不能单独控制任何一项获益部分业务权力的方式进行组织上的责任分工，每项业务通过正常发挥其他个人或部门的功能进行交叉核查。内部审计是建立于组织内部、服务于管理部门的一种独立的核算、监督和评价活动，用于对内部牵制制度的充分性和有效性对会计及相关信息的真实、合法、完整，对资产的安全、完整，对企业自身经营绩效、经营合法性进行检查、监督和评价。企业建立会计监督制度可以保证企业内部各项财产物资的安全、完整以及有序、有效的流通和使用，同时保证企业会计信息能真实、可靠地反映企业的财务状况和经营成果。

2. 财产清查的种类

（1）按清查对象的范围分为全面清查和局部清查。

1）全面清查。全面清查就是对所有权属于本单位的所有财产物资、债权债务进行全面盘点和核对。一般来说，由于全面清查内容多、范围广、费用高等，一般只对以下几种情况，才需要进行全面清查：①年终决算之前，为确保年终决算会计资料真实、正确，需要进行一次全面清查；②单位撤销、合并或改变隶属关系，需要进行全面清查；③中外合资、国内联营，需要进行全面清查；④开展清产核资，需要进行全面清查；⑤单位主要负责人调离工作，需要进行全面清查。

2）局部清查。局部清查就是根据管理的需要或依据有关规定，对部分资产、债权债务进行盘点和核对。局部清查范围小、内容少、费用也少，但专业性较强，一般有：①对于现金，应由出纳人员在每日业务终了时清点，做到日清月结，同时，会计主管人员应不定期地对出纳人员的库存现金、现金日记账与银行对账单进行核对；②对于银行存款和银行借款，应由有关会计人员每月同银行核对一次；③对于库存材料，在产品和产成品除年度清查外，应有计划地每月重点抽查，对于贵重的财产物资，应每月清查盘点一次；④对于债权债务，应在年度内至少核对1～2次，有问题的应及时处理解决。

（2）按清查的时间分为定期清查和不定期清查：

1）定期清查。定期清查是指根据管理制度的规定或预先计划安排的时间对财产物资所进行的清查。定期清查可以是全面清查，也可以是局部清查。清查的目的在于保证会计核算资料的真实正确，一般是在年末、季末或月末结账前进行。

2）不定期清查。不定期清查是指根据需要进行的临时清查，一般属局部清查。不定期清查主要在下列情况发生时进行：①为了分清经济责任，在更换财产物资和现金的保管人员时，要对有关人员所保管的财产物资进行清查；②发生非常灾害和意外损失时，要对相关财产进行清查，以查明损失情况及分清责任；③企业破产、倒闭、合并、兼并或改变隶属关系时，应对企业各项财产物资、债权债务进行清查，等等。

3. 财产清查前的准备工作

财产清查是一项复杂的工作，涉及面广、工作量大，为了保证财产清查工作有条不紊地进行，应按照一定的程序，在财产清查前做好准备工作。

（1）成立清算小组。在财务总监或有关负责经理的领导下，成立以会计部门为主，有设备、物资、技术、生产、供销、行政等各有关部门参加的财产清查小组，具体负责财产清查的组织、管理和实施。清查小组一般由会计部门、保管部门、管理部门及使用部门等人员组成。

（2）为账实核对提供正确的账簿资料。财会人员应在财产清查之前将所有已经发生的经济交易编制记账凭证并登记入账，结出余额，做到账证相符。总分类账中反映货币资金、财产物资和债权债务的有关科目，应与其所属明细分类账核对清楚，做到账账相符，为进行财产清查提供可靠依据。管理或使用被清查财产物资的部门和人员，应将截至财产清查时点之前的各项财产物资的变动情况办理凭证手续，全部登记入账（保管部门或业务部门登记的财产物资账簿），结出余额，并与会计部门的有关账簿核对相符（注意：在财产清查之前，应首先保证会计部门的账簿和保管、业务部门的相关账簿相符，这是进行财产清查的前提）。此外，财产物资保管人员应将其保管的各种财产物资码放整齐，挂上标签，标明品种、规格和结存数量，以方便进行实物盘点。

（3）准备好各种计量器具和有关清查登记的表册，如盘存表、实存账存对比表、未达账项登记表等。

4. 财产清查的方法

（1）实物的清查。财产清查的重要环节是盘点财产物资的实存数量，为使盘点工作顺利进行，应建立一定的盘存制度。

1）财产物资的盘存制度。一般说来，财产物资的盘存制度有两种：永续盘存制和实地盘存制。

①永续盘存制。永续盘存制也称账面盘存制，是对各项财产物资的增加或减少，都必须根据会计凭证逐笔或逐日在有关账簿中进行连续登记，并随时结算出该项物资的结存数的一种方法。其公式为：

账面期末余额＝账面期初余额＋本期收入数－本期发出数

永续盘存制的优点：能随时了解各种财产物资的收入、发出和结存情况，有利于加强对库存物资的管理，实际工作中每一单位均广泛应用这种方法。永续盘存制的缺点：采用这种方法，也可能发生账实不符的情况，如变质、损坏、丢失等，所以仍需对各种财产物资定期进行清查盘点，以查明账实是否相符和账实不符的原因。

②实地盘存制。同永续盘存制相对应的是实地盘存制。采用这种方法，平时只根据会计凭证在账簿中登记财产物资的增加数，不登记减少数，到月末，对各项财产物资进行盘点，根据实地盘点确定的实存数，倒挤出本月各项财产物资的减少数。其公式为：

本期减少数＝账面期初余额＋本期增加数－期末实际结存数

根据以上计算倒挤出的本期减少数，登记有关账簿。所以，每月末对各项财产物资进行实地盘点的结果，是计算、确定本月财产物资减少数的依据。采用这种方法，工作简单、工作量少，但各项财产物资的减少数没有严格的手续，不便于施行会计监督。倒挤出的各项财产物资的减少数中成分复杂，除去正常耗用的外，可能还有毁损和丢失的。所以，除非特殊原因，一般情况下不宜采用该方法。

2）清查财产物资实存数的方法。财产清查的主要实物对象是原材料、固定资产、在产品、产成品等。不同品种的财产物资，由于其实物形态、体积重量、码放方式不同，采用的清查方法也不同，一般有实地盘点和技术推算盘点两种。

①实地盘点。实地盘点是指在财产物资堆放现场进行逐一清点数量或用计量仪器确定实存数的一种方法，如逐个清点产品的数量，用秤计量财产物资的重量等。

②技术推算盘点。技术推算盘点是利用技术方法，对财产物资的实存数进行推估测算的一种方法，如煤场中的煤炭、冷库中的冻品等。

为了明确经济责任，进行财产物资的盘点时，有关保管人员必须在场。对各项财产物资的盘点结果，应如实登记在盘存表上，并由参加盘点的人员和实物保管人员共同签章生效。盘存表是记录各项财产物资实存数量的书面证明，也是财产清查工作的原始凭证。盘点完毕，将盘存表中所记录的实存数额与账面结存余额核对，发现某些财产物资账实不符时，填制账存实存对比表，确定财产物资盘盈或盘亏的数额。实存账存对比表是调整会计账面记录的原始凭证，也是分析盈亏原因、明确经济责任的重要依据，应严肃认真地填报。财产物资盘存表和账存实存对比表的一般格式如表5—15、表5—16所示。

表5—15　　盘存表

单位名称：　　财产类别：　　盘点序号：　　货币单位：元

编号	品名	存放地点	盘点时间	规格	计量单位	数量	单价	金额	备注

盘点人：（签章）　　实物保管人：（签章）

表 5—16　　　　账存实存对比表

单位名称：　　　　年　　月　　日　　　　货币单位：元

编号	品名	计量单位	单价	账存		实存		对比结果				备注
								盘盈		盘亏		
				数量	金额	数量	金额	数量	金额	数量	金额	

单位负责人：（签章）　　　　填表人：（签章）

3）清查财产物资金额的方法。在清查对象的实存数量确定后，就要进一步确定其金额。有些财产物资没有实存数量只有金额时，可直接确定其金额量。对于各项财产物资实存金额的清查，一般采用账面价值法、评估确认法、协商议价法和查询核实法等。

（2）货币资金的清查方法。

1）现金的清查。现金的清查，是通过实地盘点的方法，确定库存现金的实存数，再与现金日记账的账面余额核对，以查明库存现金的余缺情况。现金盘点结束，直接填制现金盘点报告表，由盘点人员、出纳人员及有关负责人签章，并据以调整账簿记录。在进行现金清查时，为了明确经济责任，出纳员必须在场。在清查过程中不能用白条抵库，即不能用不具有法律效力的借条、收据等抵充库存现金。现金盘点报告表的一般格式如表 5—17 所示。

表 5—17　　　　现金盘点报告表

单位名称：　　　　年　　月　　日

账存金额	实存金额	对比结果		备注
		盘盈	盘亏	

单位负责人：（签章）　　　　盘点人：（签章）　　　　出纳人员：（签章）

2）银行存款的清查。企业在银行里面的现金，有两种账簿记录：企业银行存款日记账（企业记录）；银行的对账单（银行记录）。这两个账簿的余额经常不一致，不一致的原因是未达账项。在清查银行存款时，应将企业银行存款日记账同银行对账单逐日逐笔核对，将一方已经记账而另一方未入账的收付款事项填制未达账项登记表。

所谓未达账项是指由于企业与银行取得凭证的时间不同，导致记账时间不一致，发生的一方已取得结算凭证且已登记入账，而另一方尚未取得结算凭证尚未入账的款项。未达账项有以下四种：①企业存入各种款项，企业已经登记入账，作为存款的增加，而银行尚未入账；②企业开出支票和其他付款凭证，企业已经登记入账，作为存款的减少，而银行尚未支付或尚未办理转账手续，所以尚未入账；③企业委托银行代收的货款和银行应付的存款利息等事项，银行已于款项收到日登记入账，作为企业存款的增加，而企业尚未收到通知，所以尚未入账；④委托银行代付的款项，银行已于付款后登记入账，作为企业存款的减少，而企业尚未收到通知，所以尚未入账。在①④两种情况下，会使企业账面的存款余额大于银行账面的存款余额；而在②③两种情况下，又会使企业账面的存款余额小于银行账面的存款余额。

为了保证企业银行存款的安全，同时也是为了消除未达账项的影响，应当将银行的对账单同企业的银行存款日记账记录逐项进行核对。在核对过程中，如有疑问，应请银行提供证明；若发现银行的记录有错账漏账，应及时通知银行查明更正。对未达账项则应于查明后编制银行存款余额调节表。如果双方账目没有发生其他问题，银行存款余额调节表所求得的双方账面余额必定相符；否则，就要进一步检查不符的原因，及时发现问题。银行存款余额调节表只能起到对账的作用，不能作为调节账面余额的凭证，银行存款日记账的登记，还应等待收到有关原始凭证后再进行。

编制银行存款余额调节表时，应在双方（企业开户银行和企业各为一方）现有银行存款余额的基础上，各自加减未达账项进行调节，即双方在原有余额基础上，各自补记对方已入账而本方尚未入账的账项，然后检查经过调节后的账面余额是否相等。用等式表示平衡关系如下：

$$\begin{array}{c}\text{企业银行存款}\\\text{日记账余额}\end{array}+\begin{array}{c}\text{银行已收企业}\\\text{未收款的账项}\end{array}-\begin{array}{c}\text{银行已付企业}\\\text{未付款的账项}\end{array}$$

$$=\begin{array}{c}\text{银行对账单}\\\text{余额}\end{array}+\begin{array}{c}\text{企业已收银行}\\\text{未收款的账项}\end{array}-\begin{array}{c}\text{企业已付银行}\\\text{未付款的账项}\end{array}$$

具体如表 5—18 所示。

表 5—18　　银行存款余额调节表

单位：　　账号：　　　　年　　月　　日　　　　单位：

项　目	金　额	项　目	金　额
银行存款日记账余额（企业记录）		银行对账单余额（银行记录）	
＋银行已收企业未收款的账项 －银行已付企业未付款的账项		＋企业已收银行未收款的账项 －企业已付银行未付款的账项	
调节后余额		调节后余额	

下面举例说明银行存款余额调节表的编制方法。

【例 5—10】　明光公司 2×08 年 8 月末企业银行存款日记账余额为 100 000 元，银行对账单余额为 110 000 元，经逐笔核对，发现有以下几笔未达账项：

(1) 8 月 30 日，企业收到支票一张，计 20 000 元，企业已入账，作存款增加；银行未入账。

(2) 8 月 30 日，企业开出支票一张，计 2 000 元，企业已入账，作存款减少；银行未入账。

(3) 8 月 29 日，银行已收到外地货款 30 000 元，作为存款增加；企业未收到通知，尚未入账。

(4) 8 月 28 日，银行扣企业手续费 2 000 元，作为企业存款减少；企业未收到通知，尚未入账。

根据上述未达账项，编制2×08年8月份银行存款余额调节表，如表5—19所示。

表5—19 2×08年8月份银行存款余额调节表 单位：元

项目	金额	项目	金额
企业银行存款账面余额	100 000	银行对账单的存款余额	110 000
加：银行已记增加，企业未记增加款项	（3）30 000	加：企业已记增加，银行未记增加款项	（1）20 000
减：银行已记减少，企业未记减少款项	（4）2 000	减：企业已记减少，银行未记减少款项	（2）2 000
企业账调节后余额	128 000	银行账调节后余额	128 000

（3）结算往来款项的清查方法。各种结算往来款项一般采取询证核对法进行清查。清查单位按每一个经济往来单位编制往来款项对账单（一式两份，其中一份作为回执联）送往各经济往来单位。对方经过核对相符后，在回执联盖上公章退回，表示已核对；如果经核对发现数字不相符，对方应在回联单上注明情况，或另填对账单退回本单位，清查单位应进一步查明原因，再行核对，直到相符为止。

5. 财产清查结果的业务处理

财产清查的结果，必须按国家有关财经制度的规定，严肃认真地对待。财产清查后，如果实存数与账存数一致，账实相符，则不必进行账务处理。如果实存数与账存数不一致，会出现三种情况：当实存数大于账存数时，称为盘盈；当实存数小于账存数时，称为盘亏；实存数虽与账存数一致，但实存的财产物资有质量问题，不能按正常的财产物资使用的，称为毁损。不论是盘盈，还是盘亏、毁损，都需要进行账务处理，调整账存数，使账存数与实存数一致，保证账实相符。

财产清查中发现的盘盈、盘亏、毁损和变质或超储、积压等问题，说明企业在经营管理和财产物资的保管中存在一定的问题。因此，在财产清查中一旦发现账存数与实存数不一致，应核准数字，认真分析账实不符的性质和原因，明确有关人员的经济责任，提出处理意见。

对于财产清查中发现的积压产品、材料、固定资产等，因为它们都是不合理地占用企业资金，增加企业利息支出，严重影响企业资金的流动及经济效益，必须采取多种渠道处理，尽快收回资金，减少损失；对于长期积压或不能配套的机器设备等，或调剂出售或加工改造，使其早日发挥占压资金的作用。企业财产清查中清出的长期不清的债权、债务，应认真分析原因，组织专人进行清理，该收回的应采取适当措施及早收回，该偿还的应积极筹措资金及早偿还。对于财产清查中暴露出来的管理和核算方面存在的问题，应认真总结经验教训，建立健全各项经济管理责任制度。

对财产清查结果的账务处理分两步：第一步，根据已查明属实的财产盘盈、盘亏或毁损的数字编制账存实存对比表（作为原始凭证），填制记账凭证，据以登记有关账簿，调整账簿记录，使各项财产物资的实存数和账存数一致；第二步，待查清原因、明确责任以后，再根据经过规定程序审批后的处理决定文件，填制记账凭证，分别调整有关账户。

为了反映和监督各单位在财产清查过程中查明的各种财产的盘盈、盘亏和毁损情况，企业应当设置"待处理财产损溢"账户。该账户的借方先用来登记发生的待处理盘亏、毁损的金额，待盘亏、毁损的原因查明并经规定程序审批后（根据企业的管理权限，经股东大会或董事会，或经理会议或类似机构批准应在期末结账前处理完毕），再从该账户的贷方转入有关账户的借方；该账户的贷方先用来登记发生的待处理盘盈的金额，待盘盈的原因查明并经规定程序审批后，再从该账户的借方转入有关账户的贷方。"待处理财产损溢"账户的结构如表5—20所示。

表5—20　　待处理财产损溢

发生额：发生的待处理财产盘亏和毁损数以及批准转销的待处理财产盘盈数	发生额：发生的待处理财产盘盈数以及批准转销的待处理盘亏和毁损数
结余额：尚未处理完毕的财产物资的净损失	结余额：尚未处理完毕的财产物资的净溢余

为分别反映和监督企业固定资产和流动资产的盘盈、盘亏情况，应开设"待处理财产损溢——待处理固定资产损溢"和"待处理财产损溢——待处理流动资产损溢"两个二级明细分类账户，分别对流动资产和固定资产损溢进行核算。

对盘盈的固定资产、材料等，借记"固定资产"、"原材料"等账户，表示财产物资的增加；贷记"待处理财产损溢"账户，表示财产物资的增加应作何处理，等待有关方面审批。对盘亏的固定资产、材料等，应贷记"固定资产"、"原材料"等账户，表示财产物资的实际减少；借记"待处理财产损溢"账户，表示对财产物资减少应作何处理，等待有关方面审批。为说明企业财产清查结果的会计处理，举例如下：

（1）流动资产盘盈的核算。

1）现金的盘盈。

【例5—11】　企业在现金清查中发现多余库存现金500元。经核查，原因不明，经批准转作营业外收入。

分析：第一步，在批准前，根据现金盘点报告表所确定的现金盘盈数字，编制如下会计分录：

借：库存现金　　500
　贷：待处理财产损溢——待处理流动资产损溢　　500

第二步，在批准后，根据查明的原因予以转账，编制如下会计分录：

借：待处理财产损溢——待处理流动资产损溢　　500
　贷：营业外收入　　500

2）材料的盘盈。

【例5—12】　某企业在财产清查中，盘盈钢材14吨，价值28 000元。经核查，该项盘盈系计量仪器不准所致，经批准作冲减生产成本处理。

分析：第一步，在批准前，根据账存实存对比表所确定的材料盘盈数字，编制如下会计分录：

借：材料　28 000
　贷：待处理财产损溢——待处理流动资产损溢　28 000

第二步，在批准后，根据批准意见予以转账，应编制如下会计分录：

借：待处理财产损溢——待处理流动资产损溢　28 000
　贷：生产成本　28 000

(2) 固定资产盘盈的核算。

【例 5—13】 某企业年终进行财产清查，发现账外机器两台，一台全新，估计重置价值 80 000 元；另一台八成新，估计原值 20 000 元。经批准，应将固定资产盘盈的净值列作营业外收入。

分析：第一步，在批准前，根据账存实存对比表所确定的固定资产盘盈数字，编制如下会计分录：

新机器：

借：固定资产　80 000
　贷：待处理财产损溢——待处理固定资产损溢　80 000

旧机器：

借：固定资产　20 000
　贷：累计折旧　4 000
　　待处理财产损溢——待处理固定资产损溢　16 000

第二步，在批准后，根据批准意见予以转账，编制如下会计分录：

借：待处理财产损溢——待处理固定资产损溢　96 000
　贷：营业外收入　96 000

(3) 流动资产盘亏或毁损的核算。

1) 现金的盘亏。

【例 5—14】 现金清查中发现库存现金短缺 800 元。经核查，应由出纳人员负责赔偿。

分析：第一步，在批准前，根据现金盘点报告表所确定的现金盘亏数字，编制如下会计分录：

借：待处理财产损溢——待处理流动资产损溢　800
　贷：库存现金　800

第二步，在批准后，根据查明的原因转账，编制如下会计分录：

借：其他应收款——某出纳员　800
　贷：待处理财产损溢——待处理流动资产损溢　800

2) 材料的盘亏或毁损。

材料盘亏或毁损的处理，在批准以前应先结转到“待处理财产损溢”科目。批准以后，再根据造成亏损的原因，分以下情况进行账务处理：①属于自然损耗产生的定额内亏损，经批准可列作管理费用。②属于超定额短缺和亏损，能确定过失人的，应由过失人负责赔偿；属于保险责任范围的，应向保险公司索赔。将扣除过失人、保险公司赔款以及残值后的损失计入管理费用。③属于自然灾害造成的非常损失，扣除保险赔款和残值后计入营业外支出。

【例5—15】 某企业在财产清查中，盘亏材料150 000元。经查明，该项盘亏的材料中，有50 000元为定额内的自然损耗，另外100 000元属于过失人造成的损失。

分析：第一步，在批准前，根据账存实存对比表所确定的材料盘亏数字，编制如下会计分录：

借：待处理财产损溢——待处理流动资产损溢　　150 000
　贷：材料　　150 000

根据规定，企业购进的货物，在产品、产成品发生的非正常损失，其进项税额不得从销项税额中抵扣，应从当期发生的进项税额中转出。本例库存材料非正常损失应转出的进项税额为17 000元（100 000×17%），编制如下会计分录：

借：待处理财产损溢——待处理流动资产损溢　　17 000
　贷：应交税费——应交增值税（进项税额转出）　　17 000

第二步，在批准后，分不同情况处理，编制如下会计分录：

借：其他应收款——某责任人　　117 000
　　管理费用　　50 000
　贷：待处理财产损溢——待处理流动资产损溢　　167 000

（4）固定资产盘亏的核算。固定资产盘亏的处理，在批准前应先结转到“待处理财产损溢”科目，批准以后，再根据盘亏的各种原因，分以下情况进行账务处理：1）盘亏固定资产的净值计入营业外支出；2）属于过失人造成的，应由过失人负责赔偿；3）属于保险责任范围的，应向保险公司索赔。2）、3）情况在会计上作其他应收款处理。盘亏的固定资产，应办理注销手续，并将固定资产卡片从原来的归类中抽出，另行保管。同时，还应在固定资产登记簿中作相应的记录。

【例5—16】 某企业在财产清查中发现盘亏设备一台，账面原值400 000元，已提折旧280 000元。

分析：第一步，在批准前，根据账存实存对比表所确定的固定资产盘亏数，编制如下会计分录：

借：待处理财产损溢——待处理固定资产损溢　　120 000
　　累计折旧　　280 000
　贷：固定资产　　400 000

第二步，在批准后，转销固定资产净损失，编制如下会计分录：

借：营业外支出　　120 000
　贷：待处理财产损溢——待处理固定资产损溢　　120 000

（5）坏账损失及无法偿还债务的账务处理。企业因赊销所发生的应收账款，可能因债务单位破产等原因而无法收回，在会计上称为坏账。由于坏账的发生而导致的损失，称为坏账损失。坏账损失会影响企业的经营效益。在财产清查中，如果有长期未清的往来款项，应及时处理，由于对方单位撤销或债务人不存在等原因造成确实收不回的应收款项，经批准应予以转销。坏账损失的处理有直接核销法和备抵法两种。所谓直接核销法是指企业确认坏账损失已经发生时，直接列入当期损益。采用直接核销法在批准前不作账务处理，不需通过“待处理财产损溢”科目进行核算，而是按规定的程序批准后，计入管理费用。所谓备抵法是指根据稳健性原则，预先估计坏账损失数，进而提取坏账准备。备抵法能使企业均衡负担坏账损失，预先考虑风险的存在，能真实反映当期效益，避免虚列账款，明盈实亏，同时备抵法的税收负担一般小于直接核销法。

企业的应收账款具备以下三个条件之一时，应确认为坏账：1）因债务人破产或被撤销，依照民事诉讼法进行清偿后，确实无法追回的应收账款；2）因债务人死亡，既无遗产可以清偿，又无义务承担人，确认为无法收回的应收账款；3）债务人较长时间内未履行其偿债义务，并有足够的证据表明无法收回或收回的可能性很小的应收账款。

采用备抵法的企业，应设置“坏账准备”账户，核算坏账准备的提取和转销情况。“坏账准备”账户属于“应收账款”账户的备抵账户，贷方登记坏账准备的提取款，借方登记坏账准备的冲销数，余额在贷方，表示期末已经提取、尚未冲销的坏账准备数。

【例5—17】 某单位在财产清查中发现一购货单位已撤销，所欠8 000元账款变成坏账，该单位采用应收账款的直接核销法进行坏账的核算。

分析： 根据购货单位的撤销证明及有关部门的批准文件，确认坏账损失，编制如下会计分录：

借：管理费用　　8 000

　贷：应收账款——某单位　　8 000

会计决策问题

保持企业资产适当的流动性

流动性系指企业支付短期债务的能力，会计人员是根据现金流量和资产转化成现金的时机来评价其流动性的，评估一个公司的流动性主要看其流动资产和流动负债。流动资产是指现金或者将在一年内或一个营业周期内变现的资产，举例如下：(1) 60天之内的应收账款；(2) 目前将销售的存货；(3) 预付的年度租金、保险金等待摊费用。流动负债系指一年内或一个营业周期内需要支付的债务，举例如下：(1) 应付账款；(2) 6个月之内的银行借款；(3) 在下个会计年度将偿付的非流动负债的当前到期部分。

一、流动性的计算

经理和其他人员通常用以下六项指标来计算企业资产的流动性：(1) 营运资本；

(2) 流动比率；(3) 速动比率；(4) 应收账款周转率；(5) 存货周转率；(6) 营业循环。

这些指标都是通过流动资产和流动负债计算出来的。概括地说，它们可帮助企业发现资产流动性方面存在的问题，以便采取措施预防发生现金支付危机。

1. 营运资本

营运资本系指流动资产和流动负债的差额，这是一种原始的资产流动性计算方法。例如，得州石油公司在1992年和1993年年末流动资本数额如下（单位：百万美元）：

	1993年	1992年
流动资产	6 865	5 611
流动负债	4 756	4 225
营运资本	2 109	1 386

营运资本的增加不一定说明资产流动性增加，还要看流动资产和流动负债的构成，即如果不知道流动资产和流动负债的构成，我们就难以确定一个公司资产的流动性是否增加。另外，采用不同的存货计价方法（如先进先出法或后进先出法），将会导致资产负债表上的存货数量不同，这将影响公司不同期间和公司之间的比较。一个更好的计算流动性的方法是比率趋势分析法。

2. 流动比率

流动比率＝流动资产/流动负债，这一比率反映企业用流动资产偿付流动负债的能力。这一比率应该保持多少？一些经理和财务专家采用“拇指定律”，即2∶1。一般说来，流动比率越高越好，但过高的流动比率反过来又会影响企业的盈利能力。流动比率没有统一标准，因为该比率的评价与行业标准有关。流动比率是作为企业趋势分析的一个重要指标。表5—21列示的是从1994年Dun & Bradstreet公司报告中摘录的部分行业标准。

表5—21　　行业标准和主要营业比率——Dun & Bradstreet公司（1994年）

行业	速动比率（倍数）	流动比率（倍数）	债务对股东权益（%）
农业生产	0.9	1.8	63.9
普通建筑业承包商	1.3	1.7	99.7
报纸	1.6	2.2	57.0
石油加工	0.7	1.3	166.3
公共关系	1.7	2.1	73.4
测量服务	2.1	2.5	48.7
公共医疗	1.5	2.0	88.4
娱乐公园	0.4	0.8	158.6
不动产经纪	1.3	2.0	55.7
珠宝商店	0.7	3.2	58.5
乐器商店	0.4	2.3	97.5
百货商店	0.9	3.9	47.4
天然气供应	0.7	1.0	170.9
电力供应	0.8	1.5	162.6
运输及仓储业	1.2	1.5	97.7

与营运资本一样，流动比率所遇到的问题也在于采用流动资产和流动负债总额计算，并没有分清具体的各项成分。从这些总额中，我们无法看出流动资产何时会转换成现金，无法看出流动负债何时能被偿清。显然，要想确定流动资产流动性的大小（现金和应收账款有较好的流动性，存货和预付账款流动性较差），流动负债何时能偿还，我们应该分析流动资产和流动负债的具体构成。

得州石油公司在1992年和1993年年末公司的流动比率如下：

1993年的流动比率＝6 865÷4 756＝1.4

1992年的流动比率＝5 611÷4 225＝1.3

3. 速动比率

速动比率是由速动资产和流动负债对比所确定的比率，速动比率＝速动资产/流动负债。速动资产包括现金、短期投资和应收账款等能够迅速转变为现金的资产。在说明流动性方面，速动比率比流动比率更可靠。速动比率说明，如果流动负债马上到期，公司的偿还能力如何。流动比率和速动比率都叫做偿债能力比率，因为它们都是计算支付流动负债能力的。而应收账款、存货周转率等业务活动性比率，则说明应收账款、存货转化成现金的速度有多快。

4. 应收账款周转率

应收账款周转率是计算公司应收账款资产变现速度的一个指标，应收账款周转率＝净收入/应收账款平均占用额。这里分子应是赊销收入净额，但多数情况下计算者无法得到这一信息，这样就用净销售收入（现金收入与赊销收入之和）代替。应收账款平均占用额是把应收账款的期初余额加上期末余额再除以2得来的，有时也直接以应收账款的期末余额作分母。

应收账款周转率反映的是一年内应收账款转换成现金的次数。通常，次数越高越好，高周转率说明现金没有过多地停留在应收账款上，而是可以用做其他目的。值得注意的是，较高的应收账款周转率也反映了公司的信用政策过于苛刻，其结果可能导致销售收入和利润的下降。

得州石油公司1993年的净收入为332.45亿美元，应收账款平均占用额为34.6亿美元，应收账款周转率＝332.45÷34.6＝9.6次。如果应收账款一年周转9.6次，则平均收款周期为38天（365÷9.6），这表明资金在应收账款项目下滞留了大约38天，也就是公司要花38天才能收回欠账。这一指标用处很大，因为它反映了顾客是否能在与公司约定的期限内付款。如果一个公司的平均收款时间为90天，而对一个客户的收账期是160天，这说明该客户可能属于危险客户，有些应收账款可能收不回来。因此，有必要重新检查公司的信用条件。

5. 存货周转率

存货周转率计算公式如下：存货周转率＝销货成本/存货平均占用额。这一比率非常重要。存货销售得越快，表明公司将存货转换成现金的速度越快。同应收账款周转率一样，存货平均占用额也是用存货的期初数与期末数相加除以2得到的。同样，有时也用期末存货量代替平均存货量。分子销货成本取自利润表。假设得州石油公司

1993年的存货周转率为17.9次，同应收账款周转率相似，我们用365天除以存货周转率，就得到现金滞留在存货中的天数，这一数字叫做存货平均周转期。得州石油公司存货平均周转期＝365÷17.9≈20.4天。存货平均周转期上升表明公司出现周转不灵问题，最终导致现金不足，因为资产都沉淀在非现金资产形式中。

存货周转率表示企业转换存货的效率，同应收账款周转率一样，该比率越高越好。较高存货周转率能够改善现金流动状况，减少持有存货成本。同时也应注意，比率过高可能会使企业遇到存货不足的问题。相反，存货周转率降低表明公司存货积压过多，其原因可能是有些存货不太受欢迎，公司应进一步分析其中的原因。

存货周转率还受利润率的影响。一些减价店和副食店通过保持较低的利润率和较高的存货周转率以获得满意的收益。相反，汽车和珠宝商保持较高的利润率，相应它们的存货周转率就较低。

6. 营业循环

在确定公司资产流动性方面，营业循环是一个重要的指标。它是指从以现金购买存货开始，经过存货销售，到收回现金所经历的天数。有时，营业循环也指从现金支付到现金收回的时间。营业循环等于平均应收账款的收款周期加上平均存货周期。得州石油公司的营业循环＝38＋20.4＝58.4天。营业循环一般越短越好，即一个循环的时间越短，利润越大，现金流动性越强。如图5—4所示。

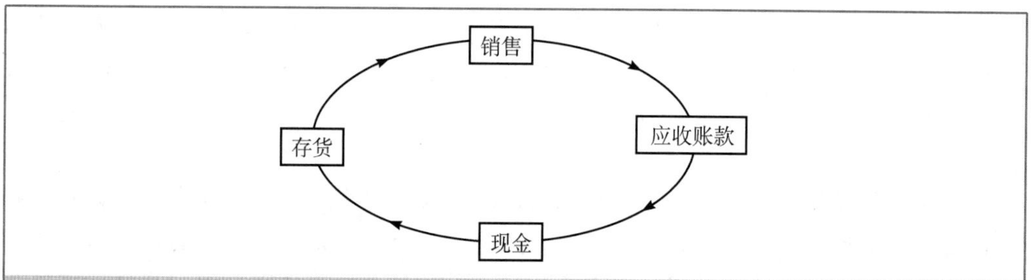

图5—4 营业循环

表5—22总结了评价资产流动性和偿债能力的有关公式。

表5—22 资产流动性与偿债能力计算公式

流动性

流动资金（营运资本）＝流动资产－流动负债
流动比率＝流动资产/流动负债
速动比率＝速动资产/流动负债
应收账款周转率＝净销售收入（或赊销收入）/应收账款平均占用额
平均应收账款回收期＝365天/应收账款周转率
存货周转率＝销售成本/存货平均占用额
平均存货周期＝365天/存货周转率
营业循环（经营周期）＝平均应收账款回收期＋平均存货周期

偿债能力

资产负债率＝负债总额/资产总额
负债与股东权益比率＝总负债/股东权益
利息周转倍数＝息税前盈余（营业利润）/利息费用
固定费用周转倍数＝息税前盈余（营业利润）/（利息费用＋租金＋其他固定费用）

二、评价企业信用状况的案例分析

营运资本（working capital）是在企业经营中现时使用的资本，是流动资产超过流动负债的部分，也叫流动资产净额。营运资本以及流动比率经常作为检验和评价企业信用状况的指标，即用来计量企业的偿债能力。但是，在应用这些指标检验之前，还要认识到这些指标的局限性，通常还要考虑其他同等重要或通常更为重要的一些因素。以下举例说明：

马兰零售商店在其财务年度末的营运资本由下列项目组成，其财务数据如下（单位：元）：

流动资产：		
现金	158 265	
应收账款	287 932	
存货（按低于成本的市价）	843 679	
流动资产合计		1 289 876
流动负债：		
应付账款	130 481	
应计负债	177 112	
流动负债合计		307 593
营运资本（流动资产净额）		982 283

流动比率＝1 289 876÷307 593≈4.2

马兰零售商店的管理当局在下一年度初向银行申请 6 个月的 500 000 元货币贷款时，向银行揭示如下信息：“（1）作为对价格上升套期保值而形成的购货合约负债达 800 000 元必须在交货后数月内清偿；（2）下一年的存货周转率大致不会超过上年的 3.5，而且可能会低于 2.0，其原因在于平均存货较高（预计平均存货为 1 400 000 元，高于上年的 843 679 元），而且由于客户近几个月来的超量储存可能会使企业的销售量降低 10%。”银行的结论是：虽然企业上年全年的账面利润为 200 000 元，毛利率为 25%，营运资本为 982 283 元，而且表面上看具有良好的流动比率（4.2），但企业风险仍然很大，因而拒绝提供贷款。理由是：上述预测的资料说明商店下一年度的经营很可能是无盈利的，同时，在其他情况都不变的条件下，在 6 个月内，因现金不足而无法偿付的贷款会达到几十万元。银行最后建议企业取消合约并采取紧缩措施。

这一案例足以说明，如果不考虑巨额的购货合约负债，特别是有关未来的信息，单单考虑营运资本的信息可能会导致误解，进而得出错误的结论。

企业营运资本的主要来源是：（1）产品、商品或劳务及其他资产的销售净收入；（2）股本的出售和长期债务（通常与营运资本分开）；（3）折旧备抵；（4）其他估价账户的增加额。

练习题

一、选择题

1. 某企业于 2×08 年 10 月接受一项产品安装任务，安装期 6 个月，合同总收入

80 000 元，年度预收款项 40 000 元，余款在安装完成时收回，当年实际发生成本 20 000 元，预计还将发生成本 20 000 元。则该企业 2×08 年度确认收入为（　　）元。

A. 40 000　　B. 32 000　　C. 80 000　　D. 20 000

2. 某设备原始价值 120 000 元，累计折旧 50 000 元，则该设备的账面净值是(　　)元。

A. 50 000　　B. 70 000　　C. 120 000　　D. 170 000

3. 累计折旧列示在（　　）。

A. 资产负债表　　B. 利润表

C. 所有者权益变动表　　D. A 和 B

4. 某会计师事务所在月初办公用品价值为 600 元，本月购进 900 元，月末办公用品价值为 1 000 元。本月办公用品费用为（　　）元。

A. 210　　B. 500　　C. 290　　D. 1 000

5. 某企业为增值税一般纳税人，2002 年 5 月 1 日采用分期收款形式销售设备一台，合同约定设备售价 100 000 元，设备发出时买方支付售价的 40%，并从 5 月末起每月月末支付 12%，共付款 5 次。该设备的实际生产成本为 60 000 元，则该企业 5 月份应结转的主营业务成本为（　　）元。

A. 31 200　　B. 24 000　　C. 40 000　　D. 52 000

6. 会计循环的主要目的是编制（　　）。

A. 财务报表　　B. 试算平衡表

C. 调整后试算平衡表　　D. 工作底稿

7. 工作底稿是（　　）。

A. 日记账　　B. 财务报表

C. 分类账　　D. 完成会计循环的一种便利工具

8. 下列账户中账户期末不用结平的有（　　）。

A. 办公用品　　B. 预付保险费　　C. 营业收入　　D. 所有者提款

9. 甲公司 2×02 年流动比率为 1，如果甲公司增加短期借款，则会使流动比率(　　)。

A. 不变　　B. 降低　　C. 提高　　D. 不确定

10. 下面有关流动比率的说法正确的有（　　）。

A. 流动比率能够反映企业的短期偿债能力

B. 债权人倾向于流动比率越高越好

C. 流动比率较容易粉饰

D. 会计期末的流动比率不一定能代表企业全年资产的流动状况

E. 一般认为，企业流动比率等于 2 或稍大于 2 比较合适

二、思考题

1. 权责发生制与现金收付制的内涵是什么？

2. 为什么在编制结账分录前需要将调整分录过账？

3. 哪些类型的账户需要在会计期末结平？

4. 结账的目的是什么?
5. 编制调整分录的目的是什么?
6. 所有的调整分录都影响企业的净损益吗?
7. 说明工作底稿与财务报表之间的关系。
8. 财产清查是必需的吗?
9. 如何理解会计循环?
10. 指出如何计算流动比率、速动比率和负债比率，并说明这些比率分别表示企业的什么能力及企业对该比率的选择倾向。

三、计算题

李明服务公司 4 月份发生了以下业务：

(1) 4 月 1 日，预付第二季度保险费 600 元；
(2) 4 月 4 日，购买办公设备款 1 500 元，用银行存款立即付清；
(3) 4 月 5 日，收到服务收入现金 1 900 元；
(4) 4 月 9 日，支付汽油账单 1 400 元；
(5) 4 月 12 日，提供服务，但服务费 2 500 元尚未收取；
(6) 4 月 14 日，赊购办公设备 1 300 元；
(7) 4 月 28 日，收回 12 日客户欠的服务费收入 2 500 元；
(8) 4 月 29 日，支付薪金费用 1 200 元；
(9) 4 月 30 日，偿还应付账款 1 300 元；
(10) 4 月 30 日，记录 4 月份保险费用；
(11) 4 月 30 日，记录属于 4 月份实现的收入 7 000 元，款项尚未收到；
(12) 4 月 30 日，记录属于 4 月份的折旧费用 500 元。

要求：

1. 分别按现金收付制和权责发生制计算李明服务公司 4 月份的收入和费用，请尝试编制会计分录。
2. 分别按现金收付制和权责发生制计算李明服务公司 4 月份的净损益。
3. 你对上述计算结果有何评价?

部分练习题答案

1. A　2. B　3. A　4. B　5. A，60 000×(40%+12%)=31 200 元　6. A　7. D　8. AB　9. A　10. ABCDE

中级篇

会计学实务

通过会计这一工具，你能较容易地撩开企业的神秘面纱，发现隐藏在数字背后的东西，这有助于你成为一名成功的决策者。

第 6 章

合理选择企业组织形式

内容预览

6.1 企业设立

6.1.1 企业的组织形式探讨

在市场经济条件下，生产力的发展水平是多层次的，由此形成了三类基本的企业组织形式，即个人独资企业、合伙制企业和公司制企业（以有限责任公司和股份有限公司为主）。这三种企业都属于现代企业的范畴，体现了不同层次的生产力发展水平和行业的特点，不过，有一点是共同的，即它们都具有明晰的产权。

1. 个人独资企业

个人独资企业是由业主个人出资兴办并直接经营的企业，其业主享有全部的经营所得，同时对债务负无限责任。这种企业的规模一般较小，其优点是经营者和所有者合一，经营方式灵活，设立和歇业程序简单，经营和管理的效率较高。这些优点使这种组织形式的企业在发达资本主义国家占有相当大的比重（主要是中小型企业）。这类企业的缺点是自身财力有限，抵御风险的能力较弱。

2. 合伙制企业

这类企业由两个以上的个人联合出资经营，共同分享经营所得并共同承担经营风险，其产权清晰、责任明确。《中华人民共和国合伙企业法》第十六条规定："合伙人可以用货币、实物、知识产权、土地使用权或者其他财产权利出资，也可以用劳务出资。"劳务出资方式是其他企业形式所不允许的。这种企业具有合伙人劳动分工的特点，每个合伙人都拥有不同的特长，或在某些领域有特定的工作经验，如果在经营中能够充分发挥每个人的长处，就能够大大提高经营效益。合伙制企业可以从较多的合伙人中筹集资本，同时，合伙人所承担的是无限连带责任，共同以自己的全部家产为企业担保，有助于提高企业的信誉。这种类型的企业规模较小，合伙人能够亲自参与管理，内部结构简单，资金需求量也小；合伙人的信誉对企业的存在和发展尤为重要。在国外，合伙制企业的组织形式广泛应用于律师事务所、会计师事务所等中介服务行业。

3. 有限责任公司

有限责任公司是由 1～50 个股东共同出资，每个股东以其投入的资金额承担有限偿债责任，出资人的其他资产不会因此而受到影响。有限责任公司可以由政府、法人单位等参与投资，拓宽了公司的筹资渠道，使资金的筹集变得更加容易，有利于扩大公司的生产经营规模。由于公司所有权和经营权分离，因而可以雇用管理专家和技术专家来经营管理企业，使企业的经营状况不受出资者的素质影响。

4. 股份有限公司

股份有限公司是指注册资本由等额股份构成并通过发行股份筹集资本，股东以所认购的股份对公司承担有限责任，公司以全部资产承担无限责任的企业法人。这种企业的筹资能力较强，可以广泛地吸收社会闲散资金集中使用，有效地分散投资风险。显而易见，这种类型的组织形式对规模经济要求较高的行业，特别是那些扩展迅速、需要筹集大量资金和不断接纳新的投资者的企业来说是非常合适的，有利于扩大生产规模及分散经营风险。

6.1.2 四种企业组织形式设立时的差别

不同企业组织形式在设立时，对发起人数、最低注册资本额、公司章程、组织结构和承担责任等方面的要求是不同的，具体差别如表6—1、表6—2所示。

表6—1 不同企业组织形式设立条件的比较

企业类型	设立条件比较			承担责任
	发起人数	公司章程	组织结构	
个人独资企业	1人	设立申请书	灵活设置	无限责任
合伙企业	2人以上	书面合伙协议	灵活设置	无限责任
有限责任公司	1～50人	股东共同制定公司章程	符合法定要求的组织机构	以出资额为限承担有限责任
股份有限公司	2人以上200人以下	发起人制定公司章程，经创立大会通过	符合法定要求的组织机构	以出资额为限承担有限责任

表6—2 不同企业组织形式优缺点的比较

企业类型	个人独资企业	合伙制企业	有限责任公司
优点	对出资人要求低； 无出资额度和方式限制； 易申办； 利于较少资本时创业； 个人决策，效率较高； 不缴企业所得税，税负较低	对出资人要求低； 无出资额度和方式限制； 易申办； 利于很少资本时创业； “志同道合者”的资源互补，取得1+1>2的结果； 不缴企业所得税，税负较低	有法人资格； 仅以出资额为限承担有限责任； 利于公司长远发展； 公司结构健全； 有利于筹集资金； 有利于分散风险
缺点	无法人资格； 个人对债务承担无限偿还责任； 个人出资发展空间有限； 有限存续期	无法人资格； 出资人对债务承担无限连带偿还责任； 不利于企业更大发展，合伙人之间易起纠纷，合伙人的关系是不稳定的； 有限存续期； 互为代理和无限责任增加了每个合伙人的个人义务	对出资人要求高； 有出资额度和方式限制； 设立条件较为严格； 政府监管较严，公司运作费用较高； 双重征税

从表6—1和表6—2可以看到，个人独资企业和合伙制企业的设立条件是最宽松的，设立程序简单且设立费用较低。公司特别是股份有限公司设立条件严格，设立程序复杂，设立费用较高。因此，个人独资企业和合伙制企业成为设立中小企业的首选方式；有限责任公司在资金上的要求有了一定的提高，但规模比较适中，仍是中小企业可以选择的设立方式；股份有限公司对于资金规模的要求，基本上超越了小型企业的出资能力，必须是中型以上的企业才有资格选择该种企业组织形式。

6.1.3 企业税收

企业组织形式对于增值税、营业税等流转税税种及税率的影响不大，因为流转税税种和税率的选择与企业所处的行业及经营活动的特点有关，而与企业组织形式的选择无关。与企业组织形式的选择有关的是企业所得税和个人所得税。个人独资企业和合伙制企业对于企业收益只缴纳个人所得税，不缴纳企业所得税；有限责任公司和股份有限公司对于公司经营收益要缴纳企业所得税，股东则对于从公司获得的股利及红利等所得要缴纳个人所得税。

1. 企业所得税、个人所得税税率

表 6—3 列出了不同企业组织形式的企业所得税及个人所得税的税率。

表 6—3　　不同企业组织形式的企业所得税及个人所得税的税率

<table>
<tr><th>企业类型</th><th>企业所得税税率</th><th>企业股东的所得税税率
（全年应纳税所得额）</th><th>折算后总所得税税负率</th></tr>
<tr><td>个人独资企业</td><td>0</td><td rowspan="2">小于 15 000 元，5%；
超过 15 000 元至 30 000 元的部分，10%；
超过 30 000 元至 60 000 元的部分，20%；
超过 60 000 元至 100 000 元的部分，30%；
超过 100 000 元的部分，35%</td><td rowspan="2">同左</td></tr>
<tr><td>合伙企业</td><td>0</td></tr>
<tr><td>有限责任公司</td><td rowspan="2">一般企业实行 25% 的比例税率；微利企业（利润不大于 30 万元）实行 20% 的比例税率</td><td rowspan="2">股东的股息、红利等依靠股权取得的收益应按 20%的税率缴纳个人所得税</td><td rowspan="2">当利润大于 30 万元时，总所得税税负率为 40%；当利润不大于 30 万元时，总所得税税负率为 36%</td></tr>
<tr><td>股份有限公司</td></tr>
</table>

当公司实现利润大于 30 万元时，即要按 25%缴纳企业所得税，全额分配股息时又要按 20%缴纳个人所得税，企业的实际税负计算如下：设企业实现税前利润为 x，则缴纳企业所得税为 $25\%x$；所得税后利润分配给股东要缴纳个人所得税为：$20\%(x-25\%x)$，企业和个人的实际税负合计为：$[25\%x+20\%(x-25\%x)]/x=40\%$。同理，可计算当企业实现利润在 30 万元以下时，企业所得税税率为 20%，企业和个人的实际税负合计为：$[20\%x+20\%(x-20\%x)]/x=36\%$。

从表 6—3 可以看到，对于中小型企业而言，公司制企业组织形式税负较重，个人独资企业和合伙企业将享有巨大的税收优惠，所以仅从税收方面来考虑，应当选择个人独资企业和合伙制企业形式；对于大型企业而言，虽然个人独资企业和合伙制企业在税收上有一定的优势，但更要注重的是收益与风险的权衡，如何降低企业风险便成为企业决策者关注的重点，公司制企业就成为理想的企业组织形式。

2. 企业应交税费的会计账务处理

企业设置“应交税费”科目，用以核算企业应缴纳的各种税金，如增值税、消费税、营业税、所得税、资源税、土地增值税、城市维护建设税、房产税、土地使用税、车船税、个人所得税等。

本科目应当设置以下明细科目：

（1）应交增值税。

1）国内采购的物资，按专用发票上注明的增值税，借记本科目（“应交税费——应交增值税（进项税额）”），按专用发票上记载的应当计入采购成本的金额，借记“材料采购”、“在途物资”、“原材料”等科目，按应付或实际支付的金额，贷记“应付账款”、“应付票据”、“银行存款”等科目。购入物资发生的退货，做相反会计分录。

借：材料采购（在途物资、原材料等）

　　应交税费——应交增值税（进项税额）

　贷：应付账款（应付票据、银行存款等）

2）接受投资转入的物资，按专用发票上注明的增值税，借记本科目（“应交税费——应交增值税（进项税额）”），按确定的价值，借记“原材料”等科目，按其在注册资本中所占有的份额，贷记“实收资本”或“股本”科目，按其差额，贷记“资本公积”科目。

借：原材料等

　　应交税费——应交增值税（进项税额）

　贷：实收资本（股本）

　　资本公积

3）销售物资或提供应税劳务（包括将自产、委托加工或购买的货物分配给股东），按实现的营业收入和按规定收取的增值税税额，借记“应收账款”、“应收票据”、“银行存款”、“应付股利”等科目，按专用发票上注明的增值税税额，贷记本科目（“应交税费——应交增值税（销项税额）”），按实现的营业收入，贷记“主营业务收入”等科目。发生的销售退回，做相反会计分录。

借：应收账款（应收票据、银行存款、应付股利等）

　贷：主营业务收入

　　应交税费——应交增值税（销项税额）

（2）应交消费税。销售需要缴纳消费税的物资应缴纳的消费税。

借：营业税金及附加

　贷：应交税费——应交消费税

（3）应交营业税。按营业额和规定的税率，计算应缴纳的营业税。

借：营业税金及附加

　贷：应交税费——应交营业税

（4）应交资源税。销售物资应缴纳的资源税。

借：营业税金及附加

　贷：应交税费——应交资源税

（5）应交所得税。采用应付税款法核算的企业，计算出当期应缴纳的所得税。

借：所得税费用

　贷：应交税费——应交所得税

缴纳所得税时：

借：应交税费——应交所得税

　贷：银行存款

（6）应交城市维护建设税。

1）按规定计算应缴纳的城市维护建设税。

借：营业税金及附加

　贷：应交税费——应交城市维护建设税

2）缴纳城市维护建设税。

借：应交税费——应交城市维护建设税

　贷：银行存款

（7）应交房产税、应交土地使用税、应交车船税。

1）按规定计算应缴纳的房产税、土地使用税、车船税。

借：管理费用

　贷：应交税费——应交房产税

　　　　　　——应交土地使用税

　　　　　　——应交车船税

2）缴纳房产税、土地使用税、车船税。

借：应交税费——应交房产税

　　　　　——应交土地使用税

　　　　　——应交车船税

　贷：银行存款

（8）应交个人所得税。

1）按规定计算应代扣代缴的职工个人所得税。

借：应付职工薪酬

　贷：应交税费——应交个人所得税

2）缴纳个人所得税。

借：应交税费——应交个人所得税

　贷：银行存款

6.1.4　公司财务、会计

《中华人民共和国公司法》中对于有限责任公司和股份有限公司的财务、会计制度作出了明确的规定，主要规定如下：

第一，公司应当在每一会计年度终了时编制财务会计报告，并依法经会计师事务所审计。财务会计报告应当依照法律、行政法规和国务院财政部门的规定制作。

第二，有限责任公司应当依照公司章程规定的期限将财务会计报告送交各股东。股份有限公司的财务会计报告应当在召开股东大会年会 20 日前置备于本公司，供股东查阅；公开发行股票的股份有限公司必须公告其财务会计报告。

第三，公司分配当年税后利润时，应当提取利润的 10%列入公司法定公积金。

公司法定公积金累计额为公司注册资本的 50%以上的，可以不再提取。公司的法定公积金不足以弥补以前年度亏损的，在依照前款规定提取法定公积金之前，应当先用当年利润弥补亏损。公司从税后利润中提取法定公积金后，经股东会或者股东大会决议，还可以从税后利润中提取任意公积金。

公司弥补亏损和提取公积金后所余税后利润，有限责任公司依照本法第三十五条的规定分配；股份有限公司按照股东持有的股份比例分配，但股份有限公司章程规定不按持股比例分配的除外。股东会、股东大会或者董事会违反前款规定，在公司弥补亏损和提取法定公积金之前向股东分配利润的，股东必须将违反规定分配的利润退还公司。公司持有的本公司股份不得分配利润。

第四，股份有限公司以超过股票票面金额的发行价格发行股份所得的溢价款以及国务院财政部门规定列入资本公积金的其他收入，应当列为公司资本公积金。

第五，公司的公积金用于弥补公司的亏损、扩大公司生产经营或者转为增加公司资本。但是，资本公积金不得用于弥补公司的亏损。法定公积金转为资本时，所留存的该项公积金不得少于转增前公司注册资本的 25%。

第六，公司聘用、解聘承办公司审计业务的会计师事务所，依照公司章程的规定，由股东会、股东大会或者董事会决定。公司股东会、股东大会或者董事会就解聘会计师事务所进行表决时，应当允许会计师事务所陈述意见。

第七，公司应当向聘用的会计师事务所提供真实完整的会计凭证、会计账簿、财务会计报告及其他会计资料，不得拒绝、隐匿、谎报。

第八，公司除法定的会计账簿外，不得另立会计账簿。对公司资产，不得以任何个人名义开立账户存储。

公司制企业对于财务、会计方面的要求具体、严格，甚至要公开其报表内容，而个人独资或合伙制企业就要灵活得多，不需公开其报表；从会计核算成本方面，公司制企业要高于个人独资企业；从企业隐私权方面，公司制企业易丧失其隐私权，对公司经营发展不利。

6.1.5　企业融资

1. 企业的融资渠道

企业的融资渠道，大体上有如下几个途径：

(1) 引入风险投资。风险投资是指投资人将风险资本投向刚刚成立或快速成长的未上市新兴公司，在承担很大风险的基础上为融资人提供长期股权投资和增值服务，培育企业快速成长，数年后再通过上市、兼并或其他股权转让方式撤出投资，取得高额投资回报的一种投资方式。通过引入风险投资者，中小企业可以获得企业发展的资本，缓解资金瓶颈。

(2) 银行贷款。安全性、效益性和流动性是银行信贷经营管理的基本原则，也是银行信贷经营追求的理想目标。根据我国的商业银行法规定，商业银行发放贷款前，应当对借款人的借款用途、偿还能力、还款方式等情况进行严格审查；同时要求借款人提供担保，但经商业银行审查、评估，确认借款人资信良好的，可以不提供担保。

我国的现状是中小企业贷款难度相当大。其原因在于：1）现行的企业信用等级评定制度将标准定得过高，中小企业根本无法达标。2）中小企业贷款利率浮动幅度大（达到70%），导致中小企业利息负担过重。3）办理贷款抵押难。首先，抵押手续烦琐；其次，抵押费用高；最后，资金使用期限与贷款计息期限不协调，一般后者大于前者，加重了企业利息负担。

（3）发行债券。在我国，要想发行企业债券必须满足几个硬性指标：

1）只有具有法人资格的企业才能发行企业债券（《中华人民共和国公司法》规定的范围是：股份有限公司、国有独资公司和两个以上的国有企业或者其他两个以上的国有投资主体投资设立的有限责任公司）；

2）企业规模达到国家规定的要求（股份有限公司的净资产额不低于人民币3 000万元，有限责任公司的净资产额不低于人民币6 000万元）；

3）累计债券总额不超过公司净资产额的40%；

4）企业财务会计制度符合国家规定；

5）具有偿债能力，最近三年平均可分配利润足以支付公司债券一年的利息；

6）企业经济效益良好，发行企业债券前连续三年盈利；

7）所筹资金用途符合国家产业政策。

（4）发行股票。发行股票融资分为两种情况：第一，募集设立股份有限公司，这种方式要求：1）发起人认购的股本数额不少于公司拟发行的股本总额的35%。2）在公司拟发行的股本总额中，发起人认购的部分不少于人民币3 000万元。3）向社会公众发行的部分不少于公司拟发行的股本总额的25%，其中公司职工认购的股本数额不得超过拟向社会公众发行的股本总额的10%；公司拟发行的股本总额超过人民币4亿元的，证监会按照规定可酌情降低向社会公众发行的部分的比例，但是，最低不少于公司拟发行的股本总额的15%。4）发行人在近三年内没有重大违法行为。第二，原有企业改组设立股份有限公司申请公开发行股票，这种方式融资除需满足第一种方式的要求外，还需符合下列条件：1）发行前一年末，净资产在总资产中所占比例不低于30%，无形资产在净资产中所占比例不高于20%，另有规定的除外；2）近三年连续盈利。

2. 不同企业的融资方式

通过上面四种融资途径的比较，我们可以得出结论：目前多数的融资途径仅满足有较大规模的公司制企业；对于中小型企业而言，融资渠道是比较缺乏的。值得注意的是：目前，对企业融资进行审查的一个主要指标就是信用度，同样是中小企业，个人独资企业和合伙制企业的信用度是最高的，因为它们承担无限责任。那么，在其他条件相近的前提下，在一定筹资额度内，个人独资企业和合伙制企业应该比有限责任公司更易于融资。

6.1.6 企业存续期和投资人权利转让

投资应具有安全性、盈利性和变现性，即“投资三性”。投资的变现性是指投资能够自由转让，投资人的财富较易实现。企业投资人的投资能否自由转让对其利益影响甚大，没有限制或限制较少的投资转让，可使投资人自由决定资金进出企业的时机，进而在选择中获取更大的利益。

在个人独资企业中，业主若决定全部转让其经营企业，就等于出售企业；若部分转让企业，个人独资企业就会因为出资人的增加而变成新的企业形式，即由个人独资企业变为合伙制企业或公司制企业。个人独资企业受业主的身体健康情况、主观意志及客观条件的制约，其存续期一般较短，如业主决定解散企业、投资人死亡又无继承人或继承人决定放弃继承的，个人独资企业将随之解散。

合伙制企业内部控制、权力分配比较复杂，同时又存在无限责任风险，如果新投资者对于一个企业不是特别熟悉，便很难理清头绪，进入成本极高。合伙企业中合伙人的权利一般是不允许转让的，除非其他合伙人一致同意。合伙人在合伙企业中的权利可分为三种：合伙财产的共有权、合伙企业的管理权及合伙企业利润的分配权。合伙人的财产共有权和企业管理权，因与其他合伙人有牵连利益，不得任意转让。合伙企业的存续期较复杂，《中华人民共和国合伙企业法》规定了合伙企业解散的七种情形，特别是合伙企业可因合伙协议约定的解散事由出现而解散，这一规定给合伙人较大的选择余地，如合伙协议规定："合伙人之一死亡合伙企业即解散"。由于合伙企业投资人数比个人独资企业的投资人数要多，引起合伙企业消亡的因素也相应增多，从这个意义上说，合伙企业的存续期比个人独资企业要短。从合伙企业登记的商号意义下的组织体来说，合伙企业可以不因某一合伙人的死亡等原因而终结，从这个意义上来说，其存续期又较个人独资企业长。

有限责任公司较合伙企业在投资转让方面有比较明显的优越性，《中华人民共和国公司法》规定，有限责任公司股东之间可以相互转让全部出资或部分出资。股东向股东以外的人转让出资时，必须经全体股东过半数以上的同意；不同意转让的股东应当购买该转让的出资，如果不购买该转让的出资，视为同意转让。在同等条件下，其他股东对股东同意转让的出资有优先购买权。不上市的股份公司，股东转让股票时应按照公司章程办理。上市的股份公司，股东可通过证券交易所自由转让股票。公司制企业有独立于出资人的法律人格，其存续期不受股东个人状况的影响，从理论上来说，公司的存续期可以是无限的；但实践中，由于经营不善等多种原因也可导致公司陷入破产清算的境地，其存续期又是有限的。

6.1.7　分析结论

通过以上几方面的分析，我们认为：企业在种子期、开创期和发展早期一般采用的是单一业主制和合伙制的组织形式；在发展后期与成熟期，则更多地会采用股份制的组织形式。因为在企业发展的早期，企业的规模较小，风险相应也较低，发展是企业面临的主要矛盾，业主制和合伙制的组织形式就成为理想的模式；在企业发展的后期，规模较大，风险相应也较大，如何吸引投资、分散风险成为主要矛盾，公司制企业就成为选择企业形式的主要模式。企业的发展过程是企业组织形式的升级过程，同时也是资本运作的过程，即企业的发展就是企业产品经营过程上升到企业资产经营过程，企业资产经营过程上升到企业资本经营过程。

1. 设立个人独资企业或合伙制企业

对于一个资本实力并不雄厚且个人能胜任企业大部分工作的创业者而言，个人独资企业组织形式是比较明智的选择。当企业发展到一定阶段，个人财力不足以运作企业且个人能力不能胜任企业大部分工作，合伙制企业应是理想的模式。虽然个人独资企业和合伙制企业存在一定的不利因素，如较大的无限责任风险和容易产生内部纠纷等，但总体上还是利大于弊。

第一，个人独资企业和合伙制企业的设立程序简单，条件宽松。

第二，虽然存在无限责任风险，但在企业规模不大时，该类风险可以有效地控制在一定的范围内。

第三，财务、会计制度比较灵活，易于调控。

第四，有利于维护投资者的利益。其一，由于中小企业的融资途径不健全，创业者必须先通过自身的努力达到一定的规模，才可能拥有大举扩张的基础，在吸引投资的谈判桌上，才有说服力。而在小规模的前提下，个人独资企业和合伙制企业运行的灵活性非常强，管理效率较高，恰好符合企业规模快速扩张的要求。其二，与有限责任公司相比，个人独资和合伙制的组织形式可以合理减少企业税收方面的负担，增大投资者的收益，投资者可以对所获得的税后利润进行灵活处理。

第五，合伙制企业与同等资质的有限责任公司相比，具有较高的企业信用，在融资方面具备一定的优势。个人独资企业是以个人信用作为企业信用的基础，随着我国信用制度的建立，一个具有良好信用记录的个人，其经营的个人独资企业也应该具有较高的信用。在一定的融资额度内，承担无限责任的企业组织形式一般较容易获得贷款和赊购。

第六，与独资企业相比，合伙制企业可以获得更多的资本来源，较多地获得企业发展的资本，缓解资本瓶颈。

2. 设立公司制企业

当一个企业发展到一定规模后，来自资金要素的压力越来越大，这时应该考虑进行公司制改造，这样有三个好处：其一，可以拓宽融资渠道，如发行企业债券、引进风险投资者等；其二，规模扩大后，对于风险的重视程度逐步提高，应该逐渐降低风险，变无限责任为有限责任，实现收益与风险之间的平衡；其三，可以建立健全符合大中型企业规范平稳发展的组织结构和财会制度。

当企业发展到更大规模时，就必须进一步将企业改制，并谋求上市融资，以实现高效率、低成本地获得企业发展资本，并作出制度性的保证和安排，规范企业的运作，如表 6—4 所示。

表 6—4　　企业组织形式比较列表

	个人独资企业	合伙企业	有限责任公司	股份公司
设立条件	设立程序简单，费用低，由一个投资人创设经营；没有注册资金要求	手续相对简单；没有注册资金要求	设立条件和程序要求较为严格；有注册资金要求	设立时间长，难度大，费用很大；注册资金要求很高

续前表

	个人独资企业	合伙企业	有限责任公司	股份公司
筹资渠道	全部靠个人出资	合伙企业较独资企业筹资渠道宽	筹资渠道宽，容易聚集多人的资金、技术、实物等资源	筹资渠道非常宽，可以聚集大量资金
控制权	所有者保持对企业的完全控制	以合伙协议为法律基础，共同出资、共同经营、共享收益、共担风险；一人一票，少数服从多数	按出资比例行使表决权；不必向社会公开披露财务、生产、经营管理等信息	按股份比例行使表决权；必须定期向社会公开披露会计报表等
对利润的索取权	获得全部利润	按章程或商定分红方案	由股东大会或董事会决定分红方案，按资分红	由股东大会或董事会决定分红方案，按股分红
出资者责任	对企业的债务由投资人以其全部财产负无限责任，以个人全部财产清偿债务	合伙人按合伙协议的约定或出资比例以各自的财产承担清偿责任，普通合伙人对合伙企业的债务承担无限连带责任，有限合伙人承担有限责任	公司以其全部资产对公司的债务负责，股东只以其出资额为限承担责任	公司以其全部资产对公司的债务负责，股东只以其认购的股份为限承担责任
撤资的约束	出售或关闭较自由，资金的退出完全由业主做主	合伙人的投资须经其他合伙人同意，才可以退伙	股权转让有限制	上市公司的股票可以自由转让
纳税	不缴纳企业所得税，只缴纳个人所得税	不缴纳企业所得税，只缴纳个人所得税	公司经营利润要纳税，股东分配得到的股利要纳税	公司经营利润要纳税，股东分配得到的股利要纳税
持续性	所有者一旦死亡或撤资，企业即宣告结束；所有者可以出售企业	在合伙企业存续期间，由法定或约定原因，合伙人以外的其他人可以加入合伙企业成为新合伙人；原合伙人也可以退伙	可以永续存在	可以永续存在
主要优点	由于承担无限责任，信用程度高的情况下，容易得到贷款	由于承担无限责任，信用程度高的情况下，容易得到贷款	聚集资金的功能较强	可以聚集大量社会资源
主要问题	一旦出现重大失误，无限责任风险很大	由于合伙人共同经营而在企业事务的执行上不如独资企业简捷易行，而且存在合伙人之间是否相互信任的问题	有一定的设立难度	设立难度很大

6.2 个人独资企业的会计核算

按照《中华人民共和国个人独资企业法》的规定，个人独资企业应当依法设置会计账簿，进行会计核算。个人独资企业既然是一个企业，其会计核算自然应该遵守《企业会计准则》和《企业财务通则》的要求。但是，个人独资企业又与其他类型的企业不同，它是非法人企业，因而在会计核算上也有所不同。个人独资企业和合伙制企业都不是独立于所有者的法律主体，因此，对个人独资企业和合伙制企业的收入征税主要是对所有者征税，而不对企业征税。但在会计上，个人独资企业和合伙制企业的所有者与企业是分别不同的会计主体，对它们的会计核算应该是完全分开的。公司是单独的法律主体，公司要按利润的多少缴纳企业所得税，所有者按其从公司取得的收入缴纳个人所得税，所以公司存在着双重征税的问题。个人独资企业与其他企业组织形式相比，资产、负债、收入和费用的会计处理基本相同，所不同的主要是所有者权益部分。个人独资企业的业主对企业的债务负无限清偿责任，对企业的盈亏负完全责任，企业的利润分配也由业主自行决定，责权利高度集中统一于所有者。这些权益不同于合伙制企业形式，更不同于公司制企业形式。个人独资企业的业主是企业唯一的投资者，往往直接从企业中提取商品自用，或者由企业提取款项用于个人消费，这些事项的发生都将引起企业所有者权益的变动，在账务处理上，自然有其独特的地方。

6.2.1 实行与个人独资企业特点相对应的所有者权益核算科目

取消《企业会计准则》中的“实收资本”、“资本公积”、“盈余公积”、“未分配利润”科目，代之以“业主资本”、“业主撤资（或业主提款）”科目核算所有者权益。主要业务核算如下：

所有者投资：

借：银行存款或其他资产

　贷：业主资本

所有者撤资：

借：业主撤资

　贷：银行存款或其他资产

“业主资本”账户用以核算业主投入的资本的增减变动情况，该账户的贷方记录业主的原始投资和增加投资的金额，借方记录业主投资的减少。“业主撤资”记录业主及其家庭成员从企业提取作为自用的现金或商品、企业为业主个人或其家庭用途而支付的款项，该账户是“业主资本”账户的备抵调整账户，期末余额结转到“业主资本”账户中去，结转后该账户无余额，如图6—1所示。

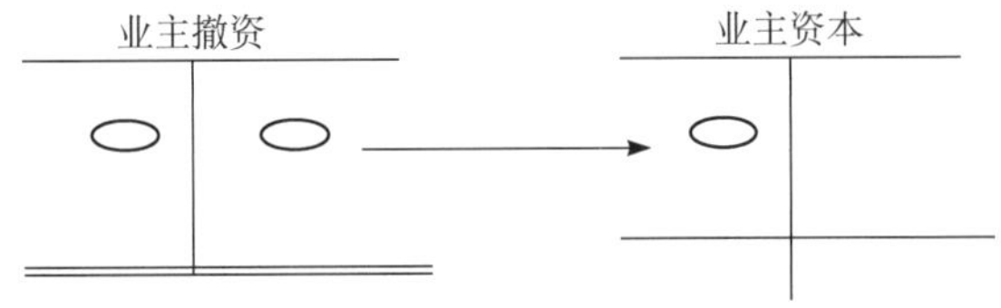

图 6—1　业主撤资结转到业主资本账户

结转撤资：

借：业主资本

　贷：业主撤资

6.2.2　用“本年利润”账户核算企业本期利润的形成及分配情况

“本年利润”账户贷方登记从各收入账户转入的本期全部收入数，借方登记从各费用账户转入的本期全部费用数，全部收入数和全部费用数的差额即为本期净利润或净亏损。“本年利润”账户贷方余额为利润，应全部归业主所有；借方余额为亏损，也由业主个人承担。该账户期末余额结转到“业主资本”账户中去，结转后该账户无余额，如图 6—2、图 6—3 所示。

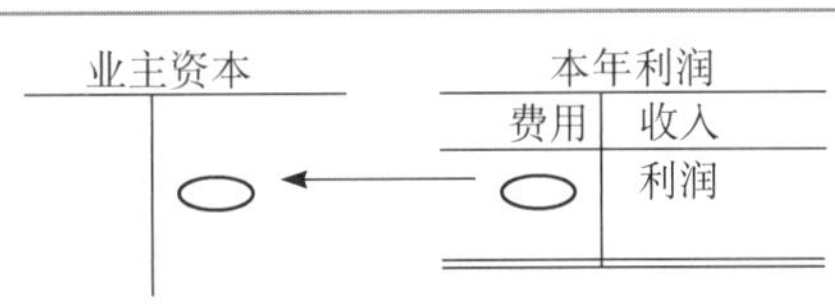

图 6—2　利润增加业主资本

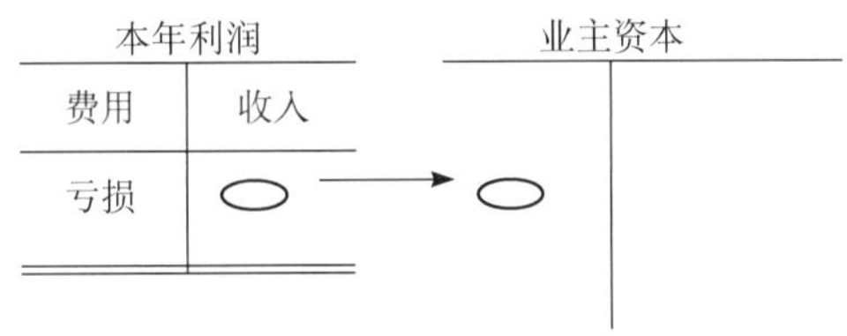

图 6—3　亏损减少业主资本

结转收入：

借：各类收入

　贷：本年利润

结转费用：

借：本年利润

　贷：各类费用

利润结转：

借：本年利润

　贷：业主资本

亏损结转：

借：业主资本

　贷：本年利润

6.2.3 个人独资企业的财务报表

表 6—5 列示了三张财务报表的对应关系，揭示了个人独资企业财务报表之间的关系。阅读报表时应注意下列事项：

表 6—5　　　　个人独资企业的财务报表

个人独资企业利润表（2×08 年度）

收入

……

收入合计

（费用）

……

（费用合计）

净利润（或亏损）

个人独资企业所有者权益变动表（2×08 年 12 月 31 日）

期初业主资本

加：所有者投资

　净利润（或亏损）

减：所有者撤资

期末业主资本

个人独资企业资产负债表（2×08 年 12 月 31 日）

资产	负债
流动资产	流动负债
长期资产	非流动负债
固定资产	所有者权益
无形资产	业主资本
资产合计	负债及所有者权益合计

（1）利润表。报告个人独资企业某一会计期间的所有收入和费用发生情况。有关收入和费用的报告仅出现在利润表中。收入超过费用为净利润，反之为净损失。

（2）所有者权益变动表。报告个人独资企业某一会计期间所有者权益的增减变动情况。以期初所有者的业主资本账户余额开始，加上所有者的投资和净利润（或减去净损失），净利润（或净损失）数据直接来自反映该期间内所有收入与费用结果的利润表，减去本期所有者撤资。以期末所有者的业主资本账户余额结束。

（3）资产负债表。报告个人独资企业某一会计期间企业期末的资产、负债和所有者权益的余额情况。其他报表均不反映资产和负债信息，报告总资产等于负债和所有者权益合计，资产负债表以会计方程式为基础。报告所有者期末业主资本余额，该项数据直接来源于所有者权益变动表。

6.3　合伙企业的会计核算

合伙企业会计与独资企业会计非常相似，在采购、销售、收款和付款的会计核算方面，合伙企业与个人独资企业完全相同。但合伙企业有两个或两个以上的所有者，它必须设置两个或两个以上的所有者权益账户，这样，合伙企业会计就具有以下特点：

6.3.1　合伙人的所有者权益账户

我们设置“合伙人资本”账户核算合伙人权益情况。在合伙人数量比较少的情况下，可以为每一个合伙人设置一个“合伙人资本”账户。如果合伙人数量很多，可以设置“合伙人资本”总账，再设置“合伙人资本”明细账。和其他人一样，合伙人也需要现金用于个人生活开支，合伙协议通常允许合伙人从企业中提取现金或其他资产。我们设置“合伙人提款”作为“合伙人资本”的备抵账户，用来核算合伙人从企业提取现金或其他资产情况。

合伙人投资于企业：

借：有关资产

　贷：合伙人资本

1. 投资设立一个合伙企业的会计核算

一个新合伙企业的合伙人在企业中投入资产和负债。这些投资是以与个人独资企业的资产及负债同样的记录方式记入账簿的，按每个人投入的资产减去负债后的净额记入其资本账户。通常合伙人都聘请独立的会计师事务所来评估他们的资产和负债在合伙企业成立时的现行市价。这种外部评估保证了对每个合伙人的投资作出客观的会计核算。

假设李明和马丽两人建立了一个销售计算机零件的合伙企业，合伙人双方都认可以下独立评估的价值：

李明的投入：(1) 现金 10 000 元，存货 7 000 元（评估机构认为这些项目的现行市价与李明记录的价格相等）；(2) 计算机设备成本 600 000 元，其市场价格为 33 000 元。

马丽的投入：(1) 现金 10 000 元；(2) 计算机软件成本 18 000 元，其市场价格100 000元；(3) 应付账款 10 000 元。

合伙企业以现行市价记录合伙人的初始投资。

李明的投资：

借：现金　　　　10 000

存货　　7 000
计算机设备　　33 000
贷：合伙人资本——李明　　50 000
（记录李明在合伙企业的投资）

马丽的投资：

借：现金　　10 000
无形资产——计算机软件　　100 000
贷：应付账款　　10 000
合伙人资本——马丽　　100 000
（记录马丽在合伙企业的投资）

2. 新合伙人入伙的会计处理

入伙就是合伙企业存续期内，原合伙人以外的投资者加入合伙，从而取得合伙人资格。新合伙人入伙有两种方式：

第一，在征得原合伙人一致同意后，从原合伙人中取得部分或全部合伙权益。这种入伙方式，合伙企业的资产、权益总额并未发生变化，只是改变了合伙人。会计上，要确认合伙人的变更。例如，原合伙人甲的权益全额转让给新合伙人丁，会计上要做变更合伙人的会计分录：

借：合伙人资本——甲
贷：合伙人资本——丁

第二，新合伙人投入资本，取得合伙权益。这时，合伙企业的资产、权益总额发生了变化，合伙人权益的比例关系也要作出调整。《中华人民共和国合伙企业法》第四十四条明确规定，新合伙人对入伙前合伙企业的债务承担无限连带责任。为保障新旧合伙人的利益，在入伙时，应当对合伙企业的资产和负债进行确认和评估，并将合伙企业的资产账面价值调整为当时的公允价值。经过新旧合伙人的讨价还价，新合伙人最终会以下面三种方式之一取得新合伙企业的伙权。

（1）以等于公允价值的代价取得部分伙权，即新合伙人的投资额等于新合伙人资本额。会计处理如下：

借：有关资产
贷：合伙人资本——新合伙人

（2）以高于公允价值的代价取得伙权，表明原合伙企业有商誉。这种情况在会计处理上，有商誉法和红利法。商誉法强调公允价格的重要性，账面上要确认商誉；红利法不确认商誉，只以交易本身调整有关合伙人的资本。以下举例说明：

李明和马丽两人组建了一合伙企业，资本总额 150 000 元，其中李明占 1/3，马丽占 2/3。现两人一致同意吸收李华作为新合伙人，李华投资现金 90 000 元取得新合伙企业 1/3 的伙权，李明和马丽的伙权比例关系不变，仍是 1∶2。

会计处理如下：新合伙人的资本＝$(150\,000+90\,000)\times\frac{1}{3}$＝80 000 元＜李华投资额 90 000 元。

1）商誉法下，新合伙企业的市场公允价值＝90 000÷$\frac{1}{3}$＝270 000 元，原合伙企业的商誉＝270 000－(150 000＋90 000)＝30 000 元，按 1∶2 分摊，李明增加资本 10 000 元，马丽增加资本 20 000 元。会计分录如下：

借：现金	90 000	
贷：合伙人资本——李华		90 000
（确认李华的投资）		
借：无形资产	30 000	
贷：合伙人资本——李明		10 000
——马丽		20 000
（确认原合伙企业商誉）		

2）红利法下，李华投资 90 000 元与伙权 80 000 元之间的差额 10 000 元，视为给予原合伙人的红利，按 1∶2 分摊。会计处理如下：

借：现金	90 000	
贷：合伙人资本——李华		80 000
——李明		3 333
——马丽		6 667

(3) 以低于公允价格的代价取得伙权，表明新合伙人有商誉。同样是上例，假如李华投资额不是 90 000 元，而是 60 000 元，新合伙人的资本＝(150 000＋60 000)×$\frac{1}{3}$＝70 000 元＞李华投资额 60 000 元。

1）商誉法下，新合伙企业的市场公允价值＝150 000÷$\frac{2}{3}$＝225 000 元，新合伙人的商誉＝225 000－(150 000＋60 000)＝15 000 元。会计分录如下：

借：现金	60 000	
无形资产	15 000	
贷：合伙人资本——李华		75 000
（确认李华的投资）		

2）红利法下，李华投资 60 000 元与伙权 70 000 元之间的差额 10 000 元，视为原合伙人给予新合伙人的红利，按 1∶2 分摊。会计处理如下：

借：现金	60 000	
合伙人资本——李明	3 333	
——马丽	6 667	
贷：合伙人资本——李华		70 000

3. 退伙的会计处理

合伙人退出企业，丧失合伙人资格的过程叫退伙。《中华人民共和国合伙企业法》第五十一条、五十二条、五十三条规定：合伙人退伙的，其他合伙人应当与该退伙人按照退伙时合伙企业的财产状况进行结算，退还退伙人的财产份额；退伙人在合伙企业中财产份额的退还办法，由合伙协议约定或者由全体合伙人决定，可以退还货币，也可以退还实物；退伙人对基于其退伙前的原因发生的合伙企业债务，承担无限连带责任。因此，在记录退伙结算时，将视退伙人所收到的货币或实物金额是否与其资本账户的最后余额相等而定。若付给退伙人的价值与其资本账户的最后余额相等，账务处理如下：

借：退伙人资本

　贷：有关资产

若退伙人收到的资产金额与资本账户最后余额不等，可采用商誉法或红利法处理。

（1）退伙资产价值大于退伙人资本余额。举例说明：由甲、乙、丙三人组成一合伙企业，经甲、乙同意，丙决定退伙。在退伙结算日，三人的资本余额分别为50 000元、30 000元、20 000元；合伙协议规定的资本比例为5∶3∶2。在退伙结算日，丙收到现金30 000元，这属于超额付给退伙人。商誉法分为部分商誉法和全部商誉法。部分商誉法下，有关商誉的记录，仅限于超额支付部分；全部商誉法下，以超额支付部分为基础重估整个合伙企业商誉，并按资本比例增加各合伙人资本。红利法下，将超额支付部分视为其他合伙人给退伙人的红利，同时按资本比例减少其余合伙人资本余额。

本例的账务处理如下：

1）在部分商誉法下，部分商誉增加＝30 000－20 000＝10 000元。会计处理为：

借：合伙人资本——丙	20 000	
无形资产	10 000	
贷：现金		30 000

2）全部商誉法下，全部商誉增加＝(30 000－20 000)÷20%＝50 000元，按原资本比例，合伙人甲增加＝50 000 ×50%＝25 000元，合伙人乙增加＝50 000×30%＝15 000元，合伙人丙增加＝50 000×20%＝10 000元。会计处理为：

借：无形资产	50 000	
贷：合伙人资本——甲		25 000
——乙		15 000
——丙		10 000

（确认增加商誉）

借：合伙人资本——丙	30 000	
贷：现金		30 000

（记录丙退伙业务）

3）红利法下，丙享受的红利共计10 000元，按原资本比例，甲应负担＝10 000÷80%×50%＝6 250元，乙应负担＝10 000÷80%×30%＝3 750元。会计处理为：

借：合伙人资本——甲	6 250	

合伙人资本——乙　　3 750
　　——丙　　20 000
贷：现金　　30 000

(2) 退伙资产价值小于退伙人资本余额。在商誉法下，表明现在合伙企业的资本被高估，高估额=（退伙人资本余额－退伙支付额）/退伙人资本比例，并调整被高估资产的价值。红利法下，将退伙资产价值与资本余额的差额视为退伙人给予其余合伙人的红利，按资本比例增加其余合伙人资本。

同样是上例，假如丙实际退回现金 10 000 元，这属于低于资本余额退款。

1）在商誉法下，现在合伙企业资本价值被高估，高估额=（20 000－10 000）÷20%=50 000 元。要调整有关被高估的资本和资产账户，按原资本比例，合伙人甲应减少资本=50 000×50%=25 000 元；合伙人乙应减少资本=50 000×30%=15 000 元；合伙人丙应减少资本=50 000×20%=10 000 元。账务处理如下：

借：合伙人资本——甲　　25 000
　　——乙　　15 000
　　——丙　　10 000
贷：有关资产　　50 000
（调减有关被高估的资本及相应的资产）

借：合伙人资本——丙　　10 000
贷：现金　　10 000
（记录丙退伙业务）

2）红利法下，丙减少的价值=20 000－10 000=10 000 元，按原资本比例，甲增加资本=10 000×$\frac{5}{8}$=6 250 元；乙增加资本=10 000×$\frac{3}{8}$=3 750 元。账务处理如下：

借：合伙人资本——丙　　20 000
贷：合伙人资本——甲　　6 250
　　——乙　　3 750
现金　　10 000
（记录丙退伙业务并同时调增有关合伙人资本）

6.3.2　合伙企业损益的分配

如何在合伙人之间分配损益是合伙企业管理中最具挑战性的方面之一。如果合伙人还没有签订协议或协议中没有表述合伙人将如何分配损益，则按照法律规定，合伙人平均分配损益。如果协议中只规定了利润的分配方式，而未规定损失的分配方式，则损失按照与利润相同的比例进行分配。例如，一个可分配合伙企业 75%利润的合伙人同样要承担 75%的损失。

在许多情况下，平均分配并不公平。一个合伙人可能比另一个合伙人对企业的工作贡献大，而另一个合伙人可能对企业有更大的投资。组建合伙企业中，达成合理分配损益的协议是比较困难的，常见分配损益的方式有以下几种。

1. 按照规定的比例分配损益

通过预先确定分配比例的方法决定损益的分配方式，《中华人民共和国合伙企业法》第三十三条规定：合伙协议不得约定将全部利润分配给部分合伙人或者由部分合伙人承担全部亏损。例如，合伙协议预先规定每个合伙人分配企业总收益或总亏损的特定比例，实际分配时按此比例进行。假设某合伙企业的合伙协议明确规定：企业损益的分配比例是，合伙人李明占 1/3，合伙人马丽占 2/3。

如果某年该合伙企业净收益是 90 000 元，且所有的收入和费用账户已结清，本年利润账户的贷方余额为 90 000 元。结清本年利润账户并向合伙人分配利润的会计分录是：

借：本年利润　　90 000

　贷：合伙人资本——李明（$90\ 000\times\frac{1}{3}$）　　30 000

　　　　　　　　——马丽（$90\ 000\times\frac{2}{3}$）　　60 000

（向合伙人分配利润）

如果某年该合伙企业的经营结果是净损失 66 000 元，本年利润账户有借方余额66 000元，在这种情况下结账并向合伙人分配损失的会计分录如下：

借：合伙人资本——李明（$66\ 000\times\frac{1}{3}$）　　22 000

　　　　　　　——马丽（$66\ 000\times\frac{2}{3}$）　　44 000

　贷：本年利润　　66 000

（向合伙人分配损失）

2. 按投入资本分配

合伙协议规定：损益按照合伙人投入企业资本余额的比例进行分配。假设期末某合伙企业合伙人李明、马丽、李华的资本余额分别为20 000元、30 000 元、50 000 元。假设该合伙企业本年获得了 120 000 元的利润。为了以投入资本为依据计算利润的分配，首先要计算每个合伙人在企业总资本余额中所占的百分比。用每个合伙人的资本余额除以资本总额，再用这些数额乘利润额120 000元，就得出每个合伙人本年应分得的利润。

李明：120 000×（20 000÷100 000）＝24 000（元）

马丽：120 000×（30 000÷100 000）＝36 000（元）

李华：120 000×（50 000÷100 000）＝60 000（元）

合计分配给合伙人的净利润为 120 000 元，结账并向合伙人的资本账户分配利润的会计分录是：

借：本年利润　　120 000

　贷：合伙人资本——李明　　24 000

——马丽　　36 000
——李华　　60 000

（向合伙人分配净利润）

结账后，合伙人的资本余额为：

李明：（20 000＋24 000）＝44 000（元）
马丽：（30 000＋36 000）＝66 000（元）
李华：（50 000＋60 000）＝110 000（元）

分配净利润后的总资本余额为220 000元。

3. 按照投入资本和完成工作量的大小进行分配

合伙人可能既投入资本又为企业工作，一个合伙人可能比其他合伙人为企业完成更多的工作。即使在相等的服务时间内，一个有卓越经验和知识的合伙人也应分配更多的收益。为了给勤奋工作或更有价值的合伙人以奖励，损益分配方式可以投资量和工作量为标准来进行。假设李明和马丽建立了一个合伙企业，其中李明投资80 000元，马丽投资40 000元，共120 000元。马丽为合伙企业投入了更多工作量并应取得相应的收益。据此，合伙人双方订立合伙协议中的分配方式，按如下方式分配利润。

（1）合伙企业的利润在20 000元（含20 000元）以内的部分，以合伙人投入企业的资本为依据进行分配。

（2）合伙企业的利润在20 000～100 000元（含100 000元）的部分，以完成的工作量为依据进行分配，即这部分利润，李明与马丽按1∶3的比例进行分配。

（3）仍有剩余的利润额平均分配。如果第一年合伙企业的净利润为150 000元，以投入资本和投入的工作量为依据，分配净收益，合伙人分配利润的计算如下：

不超过20 000元的部分：

李明分配额＝[20 000×(80 000÷120 000)]＝13 333.3（元）
马丽分配额＝[20 000×(40 000÷120 000)]＝6 666.7（元）

利润在20 000～100 000元的部分：

$$李明分配额=80\ 000\times\frac{1}{4}=20\ 000（元）$$

$$马丽分配额=80\ 000\times\frac{3}{4}=60\ 000（元）$$

利润在100 000元以上的部分，即剩余利润额＝150 000－20 000－80 000＝50 000元：

李明分配额＝50 000÷2＝25 000（元）
马丽分配额＝50 000÷2＝25 000（元）

合计：

李明分配额＝13 333.3＋20 000＋25 000＝58 333.3（元）

马丽分配额＝6 666.7＋60 000＋25 000＝91 666.7（元）

结账的会计处理如下：

借：本年利润	150 000
贷：合伙人资本——李明	58 333.3
——马丽	91 666.7

6.4 个人独资企业的税收

企业的组织形式不同，国家的税收政策也就有很大差异，所以企业创立人在设立企业时，首先要考虑的就是税收。当今世界各国的一般做法是，只有具有法律独立主体资格的企业才须缴纳企业所得税，对于不具有法人资格的企业，如个人独资企业、合伙制企业仅缴纳投资人的个人所得税，不缴纳企业所得税。这样对具有法人资格的公司制企业利润收入实施两次征税，第一次是对企业的利润总额征收企业所得税，第二次是对投资人（股东）从企业分回的利润（股利）征收个人所得税；对个人独资企业和合伙制企业仅征收个人所得税。这种对个人独资企业、合伙制企业和公司制企业之间的不同税收安排，是投资人在设立企业时决定选择何种企业组织形式应考虑的重要因素。

6.4.1 国家关于个人独资企业、合伙企业纳税的规定

国发［2000］16号文《国务院关于个人独资企业和合伙企业征收所得税问题的通知》：为公平税负，支持和鼓励个人投资兴办企业，促进国民经济持续、快速、健康发展，国务院决定，自2000年1月1日起，对个人独资企业和合伙企业停止征收企业所得税，其投资者的生产经营所得，比照个体工商户的生产、经营所得征收个人所得税。

6.4.2 个人所得税的税率

1. 基本规定

税率是应纳税额占应纳税所得额的比率，它是税收制度的中心环节，是衡量纳税人税收负担的重要标志。我国现行的个人所得税法对不同的应税所得项目分别采用了超额累进税率和比例税率。

（1）超额累进税率，是将同一课税对象按数额大小划分为若干个等级，对每个等级分别按其相应的税率计征税款。课税对象数额越大，规定的等级税率越高；反之，税率越低。

（2）比例税率，是对同一课税对象，不论数额大小只规定一个税率。税率不因课税对象数量的大小变化而变化。比例税率又可分为差额比例税率和全额比例税率。

（3）速算扣除数计算公式。分等级运用超额累进税率的计算方法，在计算纳税时比较烦琐，运用速算扣除数计算法，可以简化计算过程。运用速算扣除数法计算应纳税额的公式是：

应纳税额＝应纳税所得额×税率－速算扣除数

2. 各项应税所得的税率

（1）工资、薪金所得适用 3%～45%的 7 级超额累进税率，如表 6—6 所示。

表 6—6　　**个人所得税税率表（一）**

（工资、薪金所得适用）

级数	全月应纳税所得额（含税级距）	全月应纳税所得额（不含税级距）	税率（%）	速算扣除数（元）	说明
1	不超过 1 500 元的	不超过 1 455 元的	3	0	“全月应纳税所得额”，指以每月收入额减除费用 3 500 元后的余额或者减除附加减除费用后的余额。 “含税级距”适用于由纳税人负担税款的工资、薪金所得。 “不含税级距”适用于由他人（单位）代付税款的工资、薪金所得。
2	超过 1 500 元至 4 500 元的部分	超过 1 455 元至 4 155 元的部分	10	105	
3	超过 4 500 元至 9 000 元的部分	超过 4 155 元至 7755 元的部分	20	555	
4	超过 9 000 元至 35 000 元的部分	超过 7 755 元至 27 255 元的部分	25	1 005	
5	超过 35 000 元至 55 000 元的部分	超过 27 255 元至 41 255 元的部分	30	2 755	
6	超过 55 000 元至 80 000 元的部分	超过 41 255 元至 57 505 元的部分	35	5 505	
7	超过 80 000 元的部分	超过 57 505 元的部分	45	13 505	

（2）个体工商户的生产、经营所得和对企事业单位的承包经营、承租经营所得，适用 5%～35%的 5 级超额累进税率，如表 6—7 所示。

表 6—7　　**个人所得税税率表（二）**

（个体工商户生产经营所得和对企事业单位承包、承租经营所得适用）

级数	全年应纳税所得额（含税级距）	全年应纳税所得额（不含税级距）	税率（%）	速算扣除数（元）	说　明
1	不超过 15 000 元的	不超过 14 250 元的	5	0	“含税级距”指每一纳税年度的收入总额，减除成本、费用以及损失的余额。 “含税级距”适用于个体工商户的生产、经营所得和对企事业单位的承包经营、承租经营所得。 “不含税级距”适用于他人（单位）代付税款的承包经营、承租经营所得。
2	超过 15 000 元至 30 000 元的部分	超过 14 250 元至 27 750 元的部分	10	750	
3	超过 30 000 元至 60 000 元的部分	超过 27 750 元至 51 750 元的部分	20	3 750	
4	超过 60 000 元至 100 000 元的部分	超过 51 750 元至 79 750 元的部分	30	9 750	
5	超过 100 000 元的部分	超过 79 750 元的部分	35	14 750	

6.4.3 个人独资企业应纳税额的计税规定

实行查账征收企业投资者个人所得税应纳税额的计税规定如下：

1. 生计费用扣除标准

(1) 北京市个人独资企业和合伙企业投资者的生计费用扣除标准为 1 000 元/人/月，从业人员的工资扣除标准为 960 元/人/月，超过上述标准的支出不得在税前扣除。

(2) 个人独资企业和合伙企业投资者的工资不得在税前扣除。

2. 生活费用

(1) 投资者及其家庭发生的生活费用不允许在税前扣除。

(2) 投资者及其家庭发生的生活费用与企业生产经营费用混合在一起，并且难以划分的，全部视为投资者个人及其家庭发生的生活费用，不允许在税前扣除。

3. 固定资产

企业生产经营和投资者及其家庭生活共用的固定资产，难以划分的，由主管税务机关根据企业的生产经营类型、规模等具体情况，核定准予在税前扣除折旧费用的数额或比例。

4. 三项费用

企业实际发生的工会经费、职工福利费、职工教育经费分别在其计税工资总额的 2%，14%，2.5%的标准内据实扣除。

5. 广告宣传费

企业发生的符合条件的广告费和业务宣传费支出，除国务院财政、税务主管部门另有规定外，不超过当年销售（营业）收入 15%的部分，准予扣除；超过部分，准予在以后纳税年度结转扣除。

6. 业务招待费

企业发生的与生产经营活动有关的业务招待费支出，按照发生额的 60%扣除，但最高不得超过当年销售（营业）收入的 5‰。

7. 低值易耗品

投资者购入低值易耗品的支出，原则上一次摊销，但一次性购入单位价值 2 000 元以上的，应分两年均衡摊销。

8. 税控收款机

个人独资企业、合伙企业购置税控收款机的支出，应分两年均衡摊销。

9. 四项基金

企业发生的与生产经营有关的财产保险、运输保险以及投资者和从业人员的四项基金（养老、医疗、失业、住房）等费用支出，按国家有关规定的标准计算扣除。投资者个人提存的住房公积金予以税前扣除，但最多不得超过企业员工提存的住房公积金平均数的 3 倍。

10. 修理费用

企业发生的与生产经营有关的修理费用，可据实扣除。修理费用发生不均衡或数额较大的，应分两年均衡摊销。

11. 管理费用

按规定缴纳的工商管理费、摊位费，按省或省级以上民政、物价、财政部门批准的标准向依法成立的协会、学会等社团组织缴纳的会费，按地方政府文件规定缴纳的其他税费，能提供合法有效票据的，可按实际发生数扣除。

12. 捐赠

投资者将其所得通过中国境内的社会团体、国家机关向教育和其他社会公益事业以及遭受严重自然灾害地区、贫困地区的捐赠，捐赠额不超过其应纳税所得额12%的部分可以据实扣除。纳税人直接给受益人的捐赠不得扣除。国家另有规定的，按规定办理。

13. 准备金

企业计提的各种准备金不得扣除。

14. 财产损失

企业发生的财产损失经过主管税务机关审核确认后，可在计算应纳税所得额时予以扣除；未经主管税务机关审核确认的财产损失，均不得在税前扣除。

6.4.4　个人独资企业纳税举例分析

【例 6—1】　北京市区内某服务企业是实行查账征收的个人独资企业，共有 11 名职工（含投资人李明），该企业 2×02 年实现营业收入 500 万元；当年营业成本 260 万元；营业税金及附加 28.75 万元，其中，营业税＝500×5%＝25 万元，城市维护建设税＝25×7%＝1.75 万元，交通附加费＝25×5%＝1.25 万元，教育附加费＝25×3%＝0.75 万元；管理费用 40 万元；销售费用 20 万元；财务费用 25 万元；营业外支出 12 万元。税前利润＝500－260－28.75－40－20－25－12＝114.25 万元。该企业当年发生具体经济业务如下：

（1）发放工资总额为 21 万元，其中投资者本人 80 000 元。北京市规定的从业人员计税工资标准为 960 元/人/月，投资者生计费用扣除标准为 1 000 元/人/月。

（2）按照当年实际发放工资总额的 2%，14%，1.5%计提工会经费、职工福利费、职工教育经费分别为 4 200 元、29 400 元、3 150 元；本期实际发生额分别为 1 200 元、22 000 元、2 520 元。

（3）全年列支业务招待费 45 000 元。

（4）全年列支广告费 123 000 元，业务宣传费 6 000 元。

（5）直接向某学校捐款 60 000 元。

（6）计提坏账准备 15 000 元。

（7）该企业 2×02 年第一至第三季度已预缴投资者个人所得税 152 000 元。

根据上述资料，计算2×02年汇算清缴时，投资人李明应补缴多少个人所得税?

分析：(1) 允许扣除投资者生计费用＝1 000×12＝12 000（元）

从业人员计税工资＝960×10×12＝115 200(元)
超标准多列支工资＝210 000－115 200＝94 800(元)
应调增应纳税所得额＝94 800－12 000＝82 800(元)

(2) 企业实际发生的工会经费、职工福利费、职工教育经费分别在其计税工资总额的2%，14%，1.5%的标准内据实扣除（计税工资总额中不含投资者本人的工资)。

工会经费扣除限额＝115 200×2%＝2 304(元)

大于实际发生数1 200元，则应按实际发生数据实扣除。

应调增应纳税所得额＝4 200－1 200＝3 000(元)
福利费扣除限额＝115 200×14%＝16 128(元)

小于实际发生数22 000元，则

应调增应纳税所得额＝29 400－16 128＝13 272(元)
教育经费扣除限额＝115 200×1.5%＝1 728(元)

小于实际发生数2 520元，则

应调增应纳税所得额＝3 150－1 728＝1 422(元)
合计应调增应纳税所得额＝3 000＋13 272＋1 422＝17 694(元)

(3) 业务招待费列支限额＝5 000 000×5‰＝25 000（元）

应调增应纳税所得额＝45 000－25 000＝20 000(元)

(4) 广告费和业务宣传费列支限额＝5 000 000×2%＝100 000（元）

应调增应纳税所得额＝123 000＋6 000－100 000＝29 000(元)

(5) 企业直接捐赠的60 000元不得税前扣除。
(6) 企业计提的准备金15 000元不得税前扣除。
综上所述，则

该企业2×02年应纳税所得额＝1 142 500＋82 800＋17 694＋20 000＋29 000＋60 000＋15 000＝1 366 994（元）

应纳税额＝1 366 994×35%－6 750＝471 697.9（元）
投资人汇算清缴应补缴税款＝471 697.9－152 000＝319 697.9（元）

该企业账务处理如下：
代扣投资者个人所得税时：

借：应付职工薪酬　　319 697.9
　　贷：应交税费——应交个人所得税　　319 697.9

上缴个人所得税时：

借：应交税费——应交个人所得税　　319 697.9
　　贷：银行存款　　319 697.9

6.5 合伙企业的税收

国务院决定，自 2000 年 1 月 1 日起，对个人独资企业和合伙企业停止征收企业所得税，其投资者的生产、经营所得，比照个体工商户的生产、经营所得征收个人所得税。

6.5.1 纳税义务人

（1）个人独资企业以投资者为纳税义务人。

（2）合伙企业以每一个合伙人为纳税义务人。

6.5.2 收入总额与应纳税所得额

个人独资企业和合伙企业每一纳税年度的收入总额减除成本、费用以及损失后的余额作为投资者个人的生产经营所得。比照个人所得税法的“个体工商户的生产经营所得”应税项目，适用5%～35%的 5 级超额累进税率，计算征收个人所得税。

1. 收入总额

个人独资企业和合伙企业的收入总额是指企业从事生产经营以及与生产经营有关的活动所取得的各项收入，包括商品（产品）销售收入、营运收入、劳务服务收入、工程价款收入、财产出租或转让收入、利息收入、其他业务收入和营业外收入。

2. 应纳税所得额

（1）个人独资企业的投资者以全部生产经营所得为应纳税所得额。

（2）合伙企业的投资者按照合伙企业的全部生产经营所得和合伙协议约定的分配比例确定应纳税所得额；合伙协议没有约定分配比例的，以全部生产经营所得和合伙人数量平均计算每个投资者的应纳税所得额。

（3）生产经营所得包括企业分配给投资者个人的所得和企业当年留存的所得（利润）。

（4）企业进行清算时，企业的清算所得应视为年度生产经营所得，由投资者依法缴纳个人所得税。清算所得是指企业清算时的全部资产或者财产的公允价值扣除各项清算费用、损失、负债及以前年度留存的利润后，超过实缴资本的部分。

6.5.3 征收方式

个人独资企业和合伙企业投资者个人所得税有两种基本征收方式：核定征收与

查账征收。

1. 核定征收

（1）有下列情形之一的企业，税务机关采取核定征收方式：

1）企业依照国家有关规定应当设置但未设置账簿的；

2）企业虽设置账簿，但账目混乱或者成本资料、收入凭证、费用凭证残缺不全，难以查账的；

3）纳税人发生纳税义务，未按照规定的期限办理纳税申报，经税务机关责令限期申报，逾期仍不申报的。

（2）核定征收方式。国家税务总局制定的《核定征收企业所得税暂行办法》（国税发［2000］38号）规定，按核定征收方式征收企业所得税的企业，在收入总额或成本费用支出额能够正确核算的情况下，可按应税所得率计算应纳税所得额，再计算出应纳税额，据以申报纳税。也就是说，按应税所得率方法核定征收企业所得税的企业，计算应纳税额应分两步走：第一步，计算应纳税所得额，计算公式为：应纳税所得额＝收入总额×应税所得率，或应纳税所得额＝成本费用支出额/（1－应税所得率）×应税所得率；第二步，计算应纳税额，计算公式为：应纳税额＝应纳税所得额×企业所得税税率。不同行业的应税所得率如表6—8所示。

表6—8　　各行业应税所得率表

行业分类	应税所得率（%）
农、林、牧、渔业	3～10
制造业	5～15
批发和零售贸易业	4～15
交通运输业	7～15
建筑业	8～20
饮食业	8～25
娱乐业	15～30
其他行业	10～30

2. 查账征收

（1）个人独资企业、合伙企业实行查账征收方式的。投资者生产经营所得比照“个体工商户生产经营所得”应税项目，计征个人所得税，适用5%～35%的5级超额累进税率。

（2）投资者应纳税额的计算公式：

应纳税所得额＝(收入总额－成本、费用及损失)×分配比例

应纳税额＝应纳税所得额×税率－速算扣除数

6.5.4 实行核定征收，企业投资者个人所得税应纳税额的计税规定

（1）实行核定征收的企业适用征收率，以每次累计收入额计税，不再按年换算。

（2）经营多业的，以主营项目确定适用税率。实行核定征收的企业经营多业

的，无论其经营项目是否单独核算，均应根据其主营项目确定其适用的征收率。经营项目收入额占总收入1/3以上的可视为主营项目。

(3) 先计税后分摊税款的计税原则。实行核定征收的合伙企业，应依据该企业取得的经营（销售）收入确定适用征收率，计算应纳税款后，再按各投资者的分配比例分摊税款。合伙协议没有约定分配比例的，按合伙人数量分摊税款，分别申报纳税。

(4) 凡实行核定征收的企业，年度终了时不再汇算。

【例6—2】 北京某会计师事务所是由甲、乙两人于2×01年4月投资成立的合伙企业，其投资比例为6∶4。2×02年1月经北京市税务机关审核批准，该企业投资人个人所得税征收方式为核定征收。该企业2002年共实现营业收入50万元，分别为一季度15万元、二季度5万元、三季度10万元、四季度20万元。问：该会计师事务所如何缴纳所得税?

分析：合伙企业不缴纳企业所得税，只缴纳个人所得税。北京市规定，对实行核定征收方式的会计师事务所的合伙人其个人所得税的征收率统一为5%（全年），不再按收入分档征收。

一季度投资人应分别缴纳的个人所得税：

$$甲：150\ 000\times5\%\times\frac{6}{10}=4\ 500（元）$$

$$乙：150\ 000\times5\%\times\frac{4}{10}=3\ 000（元）$$

二季度投资人应分别缴纳的个人所得税：

$$甲：(150\ 000+50\ 000)\times5\%\times\frac{6}{10}-4\ 500=1\ 500（元）$$

$$乙：(150\ 000+50\ 000)\times5\%\times\frac{4}{10}-3\ 000=1\ 000（元）$$

三季度投资人应分别缴纳的个人所得税：

$$甲：(150\ 000+50\ 000+100\ 000)\times5\%\times\frac{6}{10}-4\ 500-1\ 500=3\ 000（元）$$

$$乙：(150\ 000+50\ 000+100\ 000)\times5\%\times\frac{4}{10}-3\ 000-1\ 000=2\ 000（元）$$

四季度投资人应分别缴纳的个人所得税：

$$甲：150\ 000+50\ 000+100\ 000+200\ 000)\times5\%\times\frac{6}{10}-4\ 500-1\ 500-3\ 000=6\ 000（元）$$

$$乙：(150\ 000+50\ 000+100\ 000+200\ 000)\times5\%\times\frac{4}{10}-3\ 000-1\ 000-2\ 000=4\ 000（元）$$

2×02年度投资人甲缴纳个人所得税：

4 500+1 500+3 000+6 000=15 000(元)

乙应缴纳个人所得税：

3 000+1 000+2 000+4 000=10 000(元)

投资人共计缴纳个人所得税=15 000+10 000=25 000(元)

【例 6—3】 某饭店是由甲、乙两人出资成立的合伙企业，两人的出资比例为 6∶4，个人所得税征收方式为核定征收。该企业 2002 年实现全年营业收入 120 万元，其中一季度 20 万元，二季度 30 万元，三季度 20 万元，四季度 50 万元。问：该企业如何缴纳所得税?

分析：合伙企业不缴纳企业所得税，只缴纳个人所得税。该企业是饮食服务业，根据征收率表，收入额为 0～30 万元，征收率为 2%；收入额为 30 万元～90 万元，征收率为 3%；收入额在 90 万元以上，征收率为 4%。

一季度投资人应缴纳个人所得税：

甲：$200\ 000\times2\%\times\frac{6}{10}=2\ 400$（元）

乙：$200\ 000\times2\%\times\frac{4}{10}=1\ 600$（元）

二季度投资人应缴纳个人所得税：

甲：$(200\ 000+300\ 000)\times3\%\times\frac{6}{10}-2\ 400=6\ 600$（元）

乙：$(200\ 000+300\ 000)\times3\%\times\frac{4}{10}-1\ 600=4\ 400$（元）

三季度投资人应缴纳个人所得税：

甲：$(200\ 000+300\ 000+200\ 000)\times3\%\times\frac{6}{10}-2\ 400-6\ 600=3\ 600$（元）

乙：$(200\ 000+300\ 000+200\ 000)\times3\%\times\frac{4}{10}-1\ 600-4\ 400=2\ 400$（元）

四季度投资人应缴纳个人所得税：

甲：$(200\ 000+300\ 000+200\ 000+500\ 000)\times4\%\times\frac{6}{10}-2\ 400-6\ 600-3\ 600=16\ 200$（元）

乙：$(200\ 000+300\ 000+200\ 000+500\ 000)\times4\%\times\frac{4}{10}-1\ 600-4\ 400-2\ 400=10\ 800$（元）

甲缴纳个人所得税合计=2 400+6 600+3 600+16 200=28 800（元）

乙缴纳个人所得税合计=1 600+4 400+2 400+10 800=19 200（元）

该饮食服务企业共计缴纳个人所得税=28 800+19 200=48 000（元）

6.5.5　个人独资企业和合伙企业投资者个人所得税申报表

个人独资企业和合伙企业投资者个人所得税申报表如表 6—9 所示。

表 6—9　　**个人独资企业和合伙企业投资者个人所得税申报表**

纳税人编码：　　　　申报期：　　　年　月　日至　月　日　　　　金额单位：元

<table>
<tr><td>投资者姓名</td><td></td><td colspan="3">投资者身份证号码</td><td colspan="2"></td></tr>
<tr><td>企业名称</td><td></td><td colspan="2">企业税务登记证号</td><td></td><td>企业电话</td><td></td></tr>
<tr><td>企业地址</td><td></td><td colspan="2">行业类别</td><td></td><td>企业银行账号</td><td></td></tr>
<tr><td colspan="2">项　目</td><td>行次</td><td>本期数</td><td>累计数</td><td colspan="2">补充资料</td></tr>
<tr><td colspan="2">一、收入总额</td><td>1</td><td></td><td></td><td colspan="2" rowspan="4">1. 年平均职工人数______人</td></tr>
<tr><td colspan="2">减：成本</td><td>2</td><td></td><td></td></tr>
<tr><td colspan="2">费用、税金</td><td>3</td><td></td><td></td></tr>
<tr><td colspan="2">营业外支出</td><td>4</td><td></td><td></td></tr>
<tr><td colspan="2">二、企业利润总额</td><td>5</td><td></td><td></td><td colspan="2" rowspan="13">2. 工资总额______元
3. 从其他企业取得的生产经营所得
(1)（分配比例%）
(2)（分配比例%）
(3)（分配比例%）
(4)（分配比例%）</td></tr>
<tr><td colspan="2">三、纳税调整增加额</td><td>6</td><td></td><td></td></tr>
<tr><td colspan="2">1. 超过规定标准扣除的项目</td><td>7</td><td></td><td></td></tr>
<tr><td colspan="2">（1）从业人员工资支出</td><td>8</td><td></td><td></td></tr>
<tr><td colspan="2">（2）职工福利费</td><td>9</td><td></td><td></td></tr>
<tr><td colspan="2">（3）职工教育经费</td><td>10</td><td></td><td></td></tr>
<tr><td colspan="2">（4）工会经费</td><td>11</td><td></td><td></td></tr>
<tr><td colspan="2">（5）利息支出</td><td>12</td><td></td><td></td></tr>
<tr><td colspan="2">（6）广告费</td><td>13</td><td></td><td></td></tr>
<tr><td colspan="2">（7）业务招待费</td><td>14</td><td></td><td></td></tr>
<tr><td colspan="2">（8）教育和公益事业捐赠</td><td>15</td><td></td><td></td></tr>
<tr><td colspan="2">（9）提取折旧费</td><td>16</td><td></td><td></td></tr>
<tr><td colspan="2">（10）无形资产摊销</td><td>17</td><td></td><td></td></tr>
<tr><td colspan="2">（11）其他</td><td>18</td><td></td><td></td><td colspan="2" rowspan="11">填表人签字：______

纳税人签字：______</td></tr>
<tr><td colspan="2">2. 不允许扣除的项目</td><td>19</td><td></td><td></td></tr>
<tr><td colspan="2">（1）资本性支出</td><td>20</td><td></td><td></td></tr>
<tr><td colspan="2">（2）无形资产受让、开发支出</td><td>21</td><td></td><td></td></tr>
<tr><td colspan="2">（3）违法经营罚款和被没收财物损失</td><td>22</td><td></td><td></td></tr>
<tr><td colspan="2">（4）税收滞纳金、罚金、罚款</td><td>23</td><td></td><td></td></tr>
<tr><td colspan="2">（5）灾害事故损失赔偿</td><td>24</td><td></td><td></td></tr>
<tr><td colspan="2">（6）非教育和公益事业捐赠</td><td>25</td><td></td><td></td></tr>
<tr><td colspan="2">（7）各种赞助支出</td><td>26</td><td></td><td></td></tr>
<tr><td colspan="2">（8）计提的各种准备金</td><td>27</td><td></td><td></td></tr>
<tr><td colspan="2">（9）投资者的工资</td><td>28</td><td></td><td></td></tr>
</table>

续前表

（10）与收入无关的支出	29			（本栏目由税务机关填写） 收到日期： 接受人： 审核日期： 审核记录： 主管税务机关盖章 年 月 日 主管税务官员签字：
3. 应税收益项目	30			
（1）少计应税收益	31			
（2）未计应税收益	32			
四、纳税调整减少额	33			
1. 弥补亏损	34			
2. 国库券利息收入	33			
3. 投资者标准费用扣除额	36			
4. 其他	37			
五、经纳税调整后的生产经营所得	38			
六、应纳税所得额（分配比例，%）	39			
七、适用税率	40			
八、应纳所得税额	41			
减：减、免所得税额	42			
九、应缴入库所得税额	43			
加：期初未缴所得税额	44			
减：实际已缴纳所得税额	45			
十、期末应补（退）所得税额	46			

练习题

请分组进行案例讨论，题目如下：

1. 如果你想开办一个企业，你想选择哪种组织形式？在选择企业组织形式时，你都考虑了哪些因素？为什么？

2. 请为你的企业设计一个会计循环所包括的经济交易（投资、购买有关资产、收入、费用等会计事项），编制会计分录并过账，采用工作底稿的方式完成会计循环并编制财务报表。

第7章

商品流通企业会计循环

内容预览

7.1　存货会计系统

7.2　取得存货的核算

7.3　发出存货的计价与核算

7.4　期末有关存货的账务处理

商品流通企业的主要经济活动是组织商品流通，即商品的购进、销售、调拨和储存，将社会产品从生产领域转移到消费领域，以促进工农业生产的发展和满足人民生活的需要，从而实现商品的价值并获得盈利。与工业企业相比，商品流通企业的主要特点是，其经营过程主要包括采购过程与销售过程，没有或只有少部分生产过程。

企业因出售商品存货而获得的金额是企业的销售收入，通常简称销售额（销售净额是销售收入减去所有销售收入抵减项目后的余额）。商品流通企业的主要收入是商品销售收入，它代表企业因向顾客提供商品而增加的所有者权益。商品流通企业的主要费用是商品销售成本，它是企业已经出售给顾客的商品的存货成本。存货只要被企业拥有，它就是一项可为企业带来未来经济利益的资源，即资产。但存货一经售出，其所有权就不属于企业，也就不再能为企业带来任何未来的经济利益，这时存货的成本就转化为费用。销售收入超过商品销售成本的部分称为毛利，该指标是衡量企业经营成败的重要依据之一，经营良好的企业往往拥有较高的毛利水平。

7.1 存货会计系统

7.1.1 商品流通企业的营业循环

商品流通企业的营业循环开始于购买存货，将存货销售给顾客，结束于收回现金的过程。图 7—1 反映了现销和赊销两种情况下的营业循环。

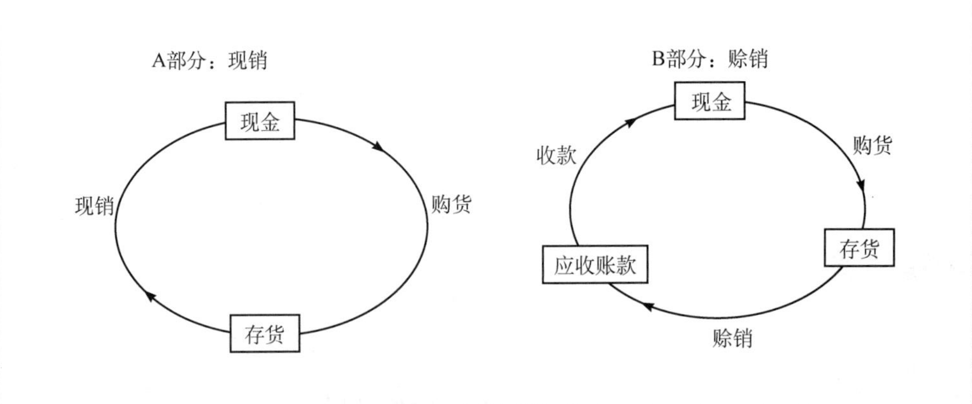

图 7—1 商品流通企业的营业循环

对于现销而言，营业循环是从现金到存货再到现金；对于赊销而言，营业循环是从现金到存货，经过应收账款再到现金。多个营业循环就构成了周转，一般来讲，企业单个营业循环所需的时间越短，单位时间内周转次数越多，企业的效益就越高。

7.1.2　存货会计的特点

1. 存货的概念及确认条件

（1）存货的概念。《企业会计准则第1号——存货》规定，存货是指企业在日常活动中持有以备出售的产成品或商品，处在生产过程中的在产品，在生产过程或提供劳务过程中耗用的材料、物料等。存货通常在一年或超过一年的一个营业周期内被消耗或经出售转换为现金、银行存款或应收账款等，具有明显的流动性，存货属于流动资产。在大多数企业，存货在流动资产中占有很大比重，是流动资产的重要组成部分。具体来讲，存货包括各类原材料、半成品、在产品、产成品、库存商品、发出商品、包装物、低值易耗品、委托代销商品等。

随着企业生产经营过程的进行，有的存货被耗用后形成了在产品成本、产成品成本等；有的存货被销售后形成产品或商品的销售成本；有的存货以销售费用的形式被耗用；有的存货最终转化为管理费用；有的存货仍以原有形态存在。因此，存货会计所生成的会计信息是否真实、可靠，直接影响企业的当期损益和资产负债表中资产的准确性。

（2）存货的分类。存货的构成内容很多，不同存货的具体特点和管理要求各不相同。为了有效地组织各项存货的会计核算，应对存货进行科学分类。

1）按经济用途分类。存货按其经济用途通常分为销售用存货、生产用存货和其他存货三类。其中，销售用存货主要包括工业企业的产成品和商品流通企业的库存商品等。产成品是指企业已经完成全部生产过程并已验收入库，合乎标准规格和技术条件，可以按照合同规定的条件送交订货单位，或者可以作为商品对外销售的制成品。库存商品是指企业为销售而持有的全部自有商品，包括存放在仓库、门市部和寄销在外库的商品，委托其他单位代管、代销的商品，以及陈列展览的商品等。

2）存货按存放地点，可分为库存存货、在途存货、委托加工存货和委托代销存货。

3）存货按其来源，可分为外购存货、自制存货、委托外单位加工存货、接受捐赠存货、投资者投入存货、接受债务人以非现金资产抵偿债务方式而获得的存货、以非货币性交易换入的存货等。

（3）存货的确认条件。按照《企业会计准则第1号——存货》的规定，存货在同时满足以下两个条件时，才能加以确认：一是与该存货有关的经济利益很可能流入企业；二是该存货的成本能够可靠地计量。存货范围的确认，应以企业对存货是否具有法定所有权为依据。凡在盘存日期，法定所有权属于企业的一切物品，不论其存放何处或处于何种状态，都应作为企业的存货，即所有在库、在耗、在用、在途的存货均确认为企业的存货；反之，凡法定所有权不属于企业的物品，即使存货尚未离开企业，也不应包括在本企业存货范围之内。应该指出的是，列为存货项目的，是为了进行正常生产经营而储存的资产，不是为了此种目的而储存的资产，都不能列为企业的存货。如特种储备的资产以及按有关部门的指令专项储备的资产，只能列为其他资产；为购置和建造固定资产而储备的资产，只能列为有关的长期资产等。

关于存货的确认需要说明以下几点：

第一，关于代销商品。代销商品，也称为托销商品，是指一方委托另一方代其销售的商品。从商品所有权的转移角度来分析，代销商品在售出以前，所有权属于委托方，受托方只是代对方销售商品。因此，代销商品应作为委托方的存货处理。但为了使受托方加强对代销商品的核算和管理，企业会计制度也要求受托方将其受托代销商品纳入账内核算，要求将其归入企业的存货，同时将与其对应的“代销商品款”作为企业的一项负债，在资产负债表中用“受托代销商品”与“代销商品款”余额的差反映在存货的项目中。

资产负债表中的“存货”项目，反映企业期末在库、在途和在加工的各项存货的可变现净值，包括各种材料、商品、在产品、半成品、包装物、低值易耗品、分期收款发出商品、委托代销商品、受托代销商品等。本项目应根据“材料采购”、“原材料”、“自制半成品”、“库存商品”、“周转材料”、“分期收款发出商品”、“委托加工物资”、“委托代销商品”、“受托代销商品”、“生产成本”等科目的期末余额合计，减去“代销商品款”、“存货跌价准备”科目的期末余额后的金额填列。材料采用计划成本核算、库存商品采用计划成本或售价核算的企业，还应按加或减材料成本差异、商品进销差价后的金额填列。

第二，关于在途商品。对于销售方按销售合同、协议规定已确认销售（如已收到货款等），而尚未发运给购货方的商品，应作为购货方的存货而不应再作为销货方的存货；对于购货方已收到商品但尚未收到销货方结算发票等的商品，购货方应作为其存货处理；对于购货方已经确认为购进（如已付款等）而尚未到达入库的在途商品，购货方应将其作为存货处理。

第三，关于购货约定。对于约定未来购入的商品，由于企业并没有实际的购货行为发生，因此，不作为企业的存货，也不确认有关的负债和费用。

(4) 存货会计的特点。存货会计的核心问题是存货的计价问题，包括存货取得、存货发出和存货结存的计价。其中，存货取得与存货发出的计价是对存货流量的计价。期末存货的计价是对存货存量的计价。根据平衡等式：

期初存货余额＋本期存货购进额＝本期存货发出额＋期末存货余额

可以推导出以下两个公式：

本期存货发出额＝期初存货余额＋本期存货购进额－期末存货余额

期末存货余额＝期初存货余额＋本期存货购进额－本期存货发出额

由上面三个平衡式可以看出，存货计价的准确与否，一方面影响资产负债表中存货资产的价值，另一方面直接影响利润表中销售成本的大小，进而影响企业当期利润的真实性。

2. 存货数量的盘存方法

企业确认存货实物数量有两种方法：实地盘存制和永续盘存制。

（1）实地盘存制。实地盘存制（period inventory system），也称定期盘存制，指会计期末通过对全部存货进行实地盘点，以确定期末存货的结存数量，然后分别乘以各项存货的盘存单价，计算出期末存货的总金额，记入各有关存货科目，采用公式倒轧本期已耗用或已销售存货的成本。

本期存货发出额（即本期耗用或销货成本）＝期初存货余额＋本期存货购进额－期末存货余额

采用这种方法，平时对有关存货科目只记借方，不记贷方。每一期末，通过实地盘点确定存货数量，据以计算期末存货成本，然后倒挤计算出当期耗用或销货成本，记入有关存货科目的贷方。这一方法用于工业企业，称为“以存计耗”或“盘存计耗”；用于商品流通企业，称为“以存计销”或“盘存计销”。实地盘存制的主要优点是简化了存货的日常核算工作，但加大了期末的工作量。不仅如此，实地盘存制的主要缺点还有，一是不能随时反映存货收入、发出和结存的动态，不便于管理人员掌握情况。二是容易掩盖存货管理中存在的自然和人为的损失。由于“以存计销”和“以存计耗”倒挤成本，从而使非正常耗用或销售的存货损失、差错甚至偷盗等原因所引起的短缺，全部挤入耗用或销货成本之内，掩盖了仓库管理上存在的问题，削弱了对存货的控制。三是采用这种方法只能到期末盘点时结转耗用或销货成本，而不能随时结转成本。所以，定期盘存制一般被那些出售不太贵重商品的企业所采用。一个没有光学扫描现金收款机的杂货店不可能每天都对其购买和出售的每一块面包和每一听罐头进行动态的跟踪记录。因为实时记录这些东西的成本大得惊人。实际上，杂货商每年都定期盘点存货，以确定实有存货的数量，进而编制财务报表。在一些小型企业，所有者可以亲自观察企业实有的存货以达到控制的目的。对他们来说，在明细分类账中实时记录每一笔存货的变动对于控制存货和日常管理没有必要。

（2）永续盘存制。永续盘存制（perpetual inventory system），也称账面盘存制，是对存货按其规格或型号设置明细分类账，逐日逐笔地登记存货的收入、发出数量，并随时结计出结存数的一种核算方法。采用这种方法，在明细账中，既要随时登记存货的收入、发出和结存数量，同时还要登记金额，即通过数量和金额两方面对存货进行控制。通过会计账簿资料，就可以完整地反映存货的收入、发出和结存情况。在没有发生丢失和被盗的情况下，存货账户的余额应当与实际库存相符。采用永续盘存制，并不排除对存货的实地盘点，为了核对存货账面记录，加强对存货的管理，每年至少应对存货进行一次全面盘点，具体盘点次数视企业内部控制要求而定。

采用永续盘存制，当发生存货库存溢余或短缺时，可以较容易地查明原因，分清责任，及时纠正。此外，通过明细账上的结存数，还可以随时与预定的最高和最低库存限额进行比较，及时取得库存积压或不足的资料，以便尽快组织对存货的购进或处理，有利于防止存货的断档脱销或积压，加速资金周转。永续盘存制的缺点是，存货明细分类核算的工作量较大，需要耗用较多的人力和费用。但和实地盘存制相比，永续盘存制在控制和保护财产物资安全方面具有明显的优越性。

在永续盘存制下，企业能随时对存货进行记录、控制，所以这种方法对那些较贵重的商品，如汽车、珠宝、家具等较适合。虽然实行永续盘存制的成本较高，但丢失一件贵重存货的代价更大。记录存货实际上是一件很严肃的会计工作，既需要在购买和出售时进行账面记录，又需要定期盘点。计算机的使用大大减少了企业管理存货的时间，并增加了企业对存货的控制能力。但即使在永续盘存制下，企业年末的存货盘点还必须用人工进行。这种人工盘点最终能确定企业期末存货的准确金额，并与永续盘存记录相核对，以达到控制的目的。随着计算机价格的下降和它在企业中的广泛运用，定期盘存制逐渐失去其重要性。

电算化的会计核算系统由于计算机能够保持对购进数量、销售数量和期末结存数量精确及时的记录从而能加强企业对存货的控制与管理。电算化存货系统通常将现金、应收账款、应付账款和主营业务收入、主营业务成本以及当前结存数量紧密联结在一起。例如企业赊购存货，该批存货入库后，计算机核算系统就会立即借记"存货"，贷记"应付账款"，并结算出当前存货数量和余额；企业采用现金销售时，计算机核算系统就会立即借记"库存现金"，贷记"主营业务收入"，同时结转成本，借记"主营业务成本"，贷记"库存商品"，并结算出当前存货数量和余额；当一潜在顾客打算购买企业的存货商品时，其订单输入计算机后，系统立即检查仓库存货记录，查明订单要求的数量是否能够得到满足，及时回答或满足顾客的订货；如果库存充分，会计人员可以输入有关存货发货运输的详细资料，系统自动将运输的数量和单位销售价格相乘，并将计算结果打印在销售发票上，立即借记"应收账款——某顾客"，贷记"主营业务收入"，同时借记"主营业务成本"，贷记"库存商品"，并减少库存存货的数量和金额。

由于计算机能够及时对存货量进行记录，经理们也可以随时掌握存货的信息。条形码是永续盘存制的重要组成部分，这些不同宽度和长度线条的组合用来记录每项商品的信息资料。当你需要了解某种商品是否还有库存时，只要通过计算机依据条形码技术来查询就可以了。由于目前多数企业均使用永续盘存制，我们对存货的讨论也以永续盘存制为基础。表 7—1 反映了永续盘存制和实地盘存制的区别。

表 7—1　　永续盘存制和实地盘存制的区别

实地盘存制	永续盘存制
不对存货的进、销、存进行实时动态记录	对存货的进、销、存进行实时动态记录
每年至少盘点一次	一般每年盘点一次
适用于不贵重的商品存货，如自然消耗大、数量不稳定的鲜活商品等	适用于贵重商品存货，如汽车、彩电、珠宝等

综上分析，企业在选择存货的盘存方法时，可根据存货类别和管理要求，对有些价值量较大的重要存货实行永续盘存制，而对另一些价值量较小的次要存货实行

实地盘存制。但是，不论采用何种方法，前后各期应保持一致，以利于会计信息的可比。

3. 存货账户的设置及其在会计报表上的列示

属于企业存货范围的存货内容很多，不同种类、不同内容的存货各有其不同的作用和管理要求。为了便于不同存货的管理与核算，对于企业的存货应按其不同作用、特点分别设置相应的账户对其进行反映，如“在途物资”、“材料采购”、“原材料”、“周转材料”、“材料成本差异”、“库存商品”、“委托加工物资”、“发出商品”等。

不同形式的存货有不同的作用和特点，但相对于企业的其他各项资产而言，不同的存货又具有类似的性质。为便于分析企业资产结构、企业资产的流动性，一般把不同形式的存货合并计算存货总额后，在资产负债表上以“存货”项目反映其净值。

7.2 取得存货的核算

在理论上，存货既可以采用历史成本或重置成本计价，也可以采用售价或可变现净值入账，但通行的入账基础主要是历史成本。我国《企业会计准则》规定：“存货应当按照成本进行初始计量。”这表明企业在持续经营的前提下，存货入账价值的基础（即初始计量的基础）是历史成本（即实际成本）。

《企业会计准则第1号——存货》规定：“存货成本包括采购成本、加工成本和其他成本。”其中，存货的采购成本一般包括购买价款、相关税费、运输费、装卸费、保险费以及其他可归属于存货采购成本的费用。存货的加工成本，包括直接人工以及按照一定方法分配的制造费用。制造费用，是指企业为生产产品和提供劳务而发生的各项间接费用。企业应当根据制造费用的性质，合理地选择制造费用分配方法。其他成本是指除采购成本、加工成本以外的，使存货达到目前场所和状态所发生的其他支出，如为特定客户设计产品所发生的设计费用等。

从理论上讲，使存货处于可供销售或使用状态前所发生的全部支出，都应该计入存货的成本。但对于不同来源取得的存货，其成本构成不尽相同。存货的取得，有外购、自制、委托加工、接受捐赠、投资者投入、接受债务人以非现金资产抵偿债务、以非货币性交易换入等方式。按照历史成本原则，存货在取得时，应当按照实际成本入账。下面分别对各种取得方式进行说明。

7.2.1 外购的存货

1. 外购存货成本的构成

原则上，资产的成本包括为使资产达到预定用途的所有支出。外购存货按买价加运输费、装卸费、保险费、包装费、仓储费、运输途中的合理损耗、入库前的挑选整理费用和按规定应计入成本的税金以及其他费用，作为实际成本。

外购存货成本的计算公式：

存货的实际成本＝买价＋附带费用＋税金

（1）买价。买价是因购货而发生的进价成本。对于现购业务来说，买价就是实际支付的货款额。对于赊购业务来说，一般可以把发票价格确定为买价，并反映企业因此而发生的应付账款。在核算赊购业务时，一般不考虑商业折扣但应考虑现金折扣。商业折扣是指销货企业根据市场供需情况，或针对不同的购货单位，在商品标价上给予的扣除。一般购货越多，价格越低，购货单位所获得的商业折扣也越多。商业折扣一般在交易发生时即已确定，它仅仅是确定实际销售价格的一种手段，不需在买卖双方任何一方的账上反映，所以商业折扣对赊购企业的账务处理没有任何实质性的影响。现金折扣是指债权人为鼓励债务人在规定的期限内付款，而向债务人提供的债务扣除。现金折扣通常发生在以赊销方式销售商品及提供劳务的交易中。企业为了鼓励购货单位提前偿付货款，通常与债务人达成协议，债务人在不同期限内付款可享受不同比例的折扣。现金折扣一般用符号“折扣/付款期限”表示。例如，买方在 10 天内付款可按售价给予 2%的折扣，用符号“2/10”表示；在 15 天内付款按售价给予 1%的折扣，用符号“1/15”表示；在 30 天内付款，则不给折扣，用符号“n/30”表示；EOM 条款（end of month）通常表示必须在当月的月末付款。但是，在当月 25 日以后的购货可以在下个月的月末付款。

赊购企业在实际取得购货折扣（现金折扣）后，实际付款金额将小于发票金额，而且在规定的现金折扣期限内，实际付款金额会随付款时间的延长而增加。由于人们对购货折扣有不同的理解，从而采用了不同的方法对购货折扣进行会计处理。对购货折扣的会计处理方法主要有总价法和净价法两种。

1）总价法。总价法就是在记录存货赊购业务时，存货的买价和应付账款都按发票总价记账。

在一般情况下，赊购金额会大于现购金额。赊购业务发生时的应付账款已经包括了延期付款需支付的利息部分（赊购企业因占用赊销企业的资金而应支付的利息费用），如果赊购企业提前付款就能获得赊销企业所给予的现金折扣，实际上是赊购企业少支付的利息费用（因占用资金的时间缩短）或理解为赊购企业取得的利息收入（赊销企业提前使用资金而应支付给赊购企业的利息）。现行的会计制度规定，利用“财务费用”账户来核算企业的利息收入（“财务费用”的贷方）和利息费用（“财务费用”的借方）。在总价法下，如果企业获得了现金折扣，则将现金折扣视为提前付款而获得的利息收入。会计处理上，为了反映企业所取得的现金折扣，应设置“购货折扣”科目。如果企业发生的购货折扣事项不多或数额不大，为了简化会计核算手续，也可以将取得的现金折扣通过“财务费用”科目进行核算。

在总价法核算的情况下，赊购货物时，按发票价格借记“材料采购”、“在途物资”等科目，按购货增值税借记“应交税费”科目，按发票总价贷记“应付账款”

科目；实际支付货款时，按应付账款总价借记“应付账款”科目，按实际付款额贷记“银行存款”科目，按实际获得的现金折扣贷记“财务费用”科目。

【例 7—1】　林达公司 3 月 5 日赊购一批商品，价格 100 000 元，增值税17 000 元，付款条件为 2/10，n/30，该企业采用总价法核算。根据发生的有关购货的经济业务，编制会计分录如下：

3 月 5 日购货时：

借：在途物资	100 000	
应交税费——应交增值税（进项税额）	17 000	
贷：应付账款		117 000

该公司在 3 月 15 日付款，属于 10 天内付款，要享受 2%的现金折扣，净付款额为 117 000－117 000×2%＝114 660 元。

借：应付账款	117 000	
贷：银行存款		114 660
财务费用		2 340

采用总价法进行核算，买价一般以发票金额为准，在有购货折扣时，按总价法核算的买价是指已扣除商业折扣但不扣除现金折扣的金额。在折扣期内，所获得的现金折扣，冲减财务费用。存货采购成本和应付账款都按发票总价记录，实际取得现金折扣以后，并不冲减存货采购成本和应付账款金额。将获得的现金折扣作为企业的一项收益（利息收入）处理，虽然不尽合理，但可以直接根据购货发票所记载的金额确定存货价值，从而使这时的会计核算具有客观性，存货成本也可验证，并且核算方法比较简便，在会计实务中广泛采用。根据我国有关会计法规的规定，企业在进行存货的核算时，按总价法进行处理。

2）净价法。净价法就是在记录存货赊购业务时，存货价值和应付账款都按发票总价扣除最大现金折扣后的净额记账。

一般情况下，现金折扣应远大于银行同期的贷款利息率，即使在赊购企业没有现金的情况下，通过银行贷款来偿还购货欠款也应该是合算的。所以企业总会为获得现金折扣而提前付款，并把获得最大现金折扣视为正常现象，因而将发票价格扣除最大现金折扣以后的价值作为存货价值。例如，一个 2/10 的现金折扣，相当于银行月利息率为 2%×30/10＝6%，年利息率为 2%×365/10＝73%。只要银行贷款利率低于年利息率 73%，用贷款偿还欠款就是合算的。

【例 7—2】　6 月 1 日，一个企业采购一批商品，含增值税价值 5 000 元，付款条件是 3/15，n/25。

6 月 1 日的账务处理：

借：在途物资	4 274	
应交税费——应交增值税（进项税额）	726	
贷：应付账款		5 000

6 月 16 日，企业从银行贷款偿还欠款。

借款时的账务处理：

借：银行存款（5 000－5 000×3%）　4 850
　贷：短期借款　4 850

偿还购货款时的账务处理：

借：应付账款　5 000
　贷：银行存款　4 850
　　　财务费用　150

假如银行贷款年利率是 6%，贷款还欠款的决策是否合理？

分析：购货企业到 6 月 25 日必须支付全额欠款，如果过期不付款将严重影响企业信誉，甚至将罚息。贷款是否合理，主要是看 6 月 16—25 日支付的贷款利息是否小于购货企业所获得的现金折扣（150 元）。如小于则获得理财收益，则贷款决策合理；如大于则有理财损失，则不合理。

6 月 16—25 日，购货企业支付的贷款利息＝4 850×6%×9/365＝7.175 元＜150 元。这一决策产生的理财收益是 150－7.175＝142.825 元。贷款偿还欠款的决策是合理的。

上述案例在总价法的前提下说明了企业获得现金折扣的合理性和必然性，进而为净价法核算存货提供了理论依据。

在净价法下，如果企业丧失了最大现金折扣，应将丧失的现金折扣作为超期付款而支付的利息费用。理由是企业因超期付款而丧失的现金折扣是企业使用他人资金而应付出的代价。会计处理上，将丧失的现金折扣通过“财务费用”科目核算。

在净价法核算的情况下，赊购货物时，按发票中的货物价格扣除最大现金折扣以后的净额借记“材料采购”、“在途物资”等科目，按发票所列购货增值税借记“应交税费”科目，按发票总价扣除最大现金折扣后的净额贷记“应付账款”科目。

【例 7—3】　明达商店从某制造企业赊购一批商品，价格为 100 000 元，增值税为 17 000 元，货款总价为 117 000 元，付款条件为 2/10，1/20，n/30。该企业采用净价法核算。根据发生的有关购货的经济业务，编制会计分录如下：

购货时：

借：在途物资　97 660
　　应交税费——应交增值税（进项税额）　17 000
　贷：应付账款（117 000－117 000×2%）　114 660

在折扣期内付款时：

借：应付账款　114 660
　贷：银行存款　114 660

若超过付款期付款，丧失全部现金折扣，编制会计分录如下：

借：应付账款　114 660
　　财务费用　2 340
　贷：银行存款　117 000

采用净价法时，为了及时反映企业虽未付款但已在会计期末丧失的现金折扣数额，应编制调整分录，即借记“财务费用”科目，贷记“应付账款”科目，以准确地反映企业的费用和债务情况。

(2) 附带费用。附带费用是指企业在存货采购和保管过程中发生的费用，包括采购费用和保管费用两部分。采购费用是指在采购过程中，存货未入库前所发生的费用，包括：1) 运杂费，包括运输费、装卸费、保险费、包装费、仓储费等，不包括根据运输费的一定比例计算的可抵扣的增值税；2) 运输途中的合理损耗；3) 入库前的挑选整理费用。保管费用是指存货入库后至发出前所发生的储存保管费用。

(3) 税金。税金是指购入货物应支付的税金，主要包括进口关税及其他应计入存货成本的税金。应计入存货成本的税金是指根据有关规定应由存货成本负担的税金，这里的税金主要是指采购货物应支付的海关关税、消费税、资源税等税金，不包括企业垫付的应向购买者收取的增值税。根据税金与商品价格的关系不同，可把税金分为价内税、价外税和关税。1) 价内税。价内税是商品价格的组成部分，如消费税、资源税、城市维护建设税等，一般要计入存货的采购成本。2) 价外税。价外税主要指采购货物时支付的增值税，这部分税金是否计入成本，要分情况而定：一般纳税企业，采购货物支付的增值税，一般情况下凡能取得专用发票，并符合税法的规定可以抵扣时，在“应交税费——应交增值税（进项税额）”科目中反映，不计入存货的采购成本；但特殊情况下，未取得专用发票或用于非应税项目和免税项目时，企业所交的增值税不得抵扣，应计入存货的采购成本。小规模纳税企业，其采购时支付的增值税，无论发票账单上是否单独列示，一律计入所购货物的采购成本。3) 关税。进口货物支付的关税，一律计入存货的采购成本。

2. 外购存货的核算

(1) 账户设置。外购存货方式下，设置“材料采购”、“在途物资”、“库存商品”、“原材料”等账户核算企业购入材料、商品等的采购成本。一般来讲，工业企业采用“材料采购”和“原材料”账户，商品流通企业采用“在途物资”和“库存商品”账户。两者在会计核算原理上完全相同。

“材料采购”、“在途物资”科目用以核算企业货款已经支付或商业汇票已经承兑，但尚未到达或尚未验收入库的各种物资的实际成本。该科目的借方登记已经支付货款或已经将商业汇票承兑的材料物资实际成本，贷方登记验收入库的材料物资实际成本。期末借方余额反映企业已经支付货款或已经将商业汇票承兑，但尚未到达或尚未验收入库的材料物资实际成本。“材料采购”或“在途物资”科目一般按供货单位和材料种类设置明细账进行明细核算。

(2) 主要的账务处理。企业外购商品时，既可以从本地进货，也可以从外埠进货。不同地点、不同的购货业务可以采用不同的结算方式：本地进货多采用支票、银行本票等结算方式；外埠进货多采用委托收款、托收承付、银行汇票、汇兑结算等方式；企业还可以根据业务需要采用商业汇票结算方式。在实务中，企业也可以采用赊购、预付款等方式购进材料。

结算凭证是企业凭以办理现金结算或转账结算的原始单据，如进货的发票账单、支票存根及银行的有关付款凭证等。企业进货时，结算凭证一般通过银行传递，材料由有关部门运输。因此，企业采购商品、材料时，会使结算凭证到达和材料验收入库在时间上产生三种情况。第一种情况：结算凭证到达并同时将材料验收入库；第二种情况：结算凭证先到达，材料后入库；第三种情况：材料先验收入库，结算凭证后到达。会计上应分别针对以上情况进行不同的会计处理。

1）购入的物资已经到达并已验收入库，已收到发票账单，但尚未支付货款和运杂费或尚未开出、承兑商业汇票的，借记“原材料”、“库存商品”、“销售费用”、“应交税费——应交增值税（进项税额）”等科目；贷记“应付账款”等科目。

【例 7—4】 大明公司属于工业企业，购进一批材料，价值 117 000 元，其中商品价款 100 000 元，增值税 17 000 元，进货运费 2 000 元，搬运费 800 元，保险费 600 元，材料已验收入库，货款尚未支付。

根据我国增值税法的有关规定，一般纳税人外购货物（固定资产除外）或销售货物所支付的运输费用，根据有关运费结算单据（普通发票）所列运费金额按 7% 扣除率计算的进项税额准予抵扣销项税，但随同运费支付的装卸费、保险费等其他杂费不得计算扣除进项税额。

准予抵扣的进项税额＝运费×扣除率＝2 000×7%＝140(元)

进项税额＝17 000＋140＝17 140(元)

材料成本＝100 000＋(2 000－2 000×7%)＋800＋600＝103 260(元)

根据入库单，编制会计分录如下：

借：原材料	103 260
应交税费——应交增值税（进项税额）	17 140
贷：应付账款	120 400

【例 7—5】 沿用例 7—4 的资料，但大明公司属于商品流通企业。购进的商品入库后，应进行如下的账务处理：

借：库存商品	100 000
销售费用	3 260
应交税费——应交增值税（进项税额）	17 140
贷：应付账款	120 400

商品流通企业采购商品的进货费用金额较小的，可在费用发生时直接计入当期损益。

2）购入的物资尚未收到，根据发票账单支付物资价款和运杂费时，按应计入材料采购成本的金额，借记“材料采购”、“在途物资”科目；按专用发票上注明的增值税额，借记“应交税费——应交增值税（进项税额）”科目；按实际支付的价款，贷记“银行存款”、“库存现金”、“其他货币资金”等科目。采用商业汇票结算方式的，购入物资在开出、承兑商业汇票时，按应计入材料采购成本的金额，借记“材料采购”、“在途物资”科目；按专用发票上注明的增值税额，借记“应交税费——应交增值税（进项税额）”科目；按应付票据的票面价值贷记“应付票据”科目。

【例7—6】　立达工厂从外埠购进材料，货款共计58 500元（其中材料价款50 000元，增值税8 500元），购进材料支付进货运费1 000元、装卸费800元。结算凭证到达，用银行存款支付全部货款及进货运费、装卸费。

进项税额＝8 500＋1 000×7%＝8 570(元)

材料成本＝50 000＋(1 000－1 000×7%)＋800＝51 730(元)

借：材料采购　51 730

　　应交税费——应交增值税（进项税额）　8 570

　贷：银行存款　60 300

如果企业采用的是商业汇票方式，签发承兑商业汇票时。

借：材料采购　51 730

　　应交税费——应交增值税（进项税额）　8 570

　贷：应付票据　60 300

收到材料入库时。

借：原材料　51 730

　贷：材料采购　51 730

3）收到已经预付货款的物资后，按应计入原材料成本的金额，借记“原材料”、“库存商品”等科目；按专用发票上注明的增值税额，借记“应交税费——应交增值税（进项税额）”科目；按发票账单上注明的应付金额，贷记“预付账款”科目。预付款项不足，补付上项货款，按补付金额，借记“预付账款”科目，贷记“银行存款”科目；退回上项多付的款项，借记“银行存款”科目，贷记“预付账款”科目。

4）对于发票账单与材料同时到达的采购业务，企业在支付货款或开出、承兑商业汇票，材料验收入库后，应根据发票账单等结算凭证确定的材料成本，借记“原材料”、“库存商品”、“销售费用”等科目；根据取得的增值税专用发票上注明的（不计入材料采购成本的）税额，借记“应交税费——应交增值税（进项税额）”（一般纳税人增值税不计入材料成本，小规模纳税人支付的进项税计入所购货物的成本）科目；按照实际支付的款项或应付票据面值，贷记“银行存款”或“应付票据”等科目。

5）应向供货单位、外部运输机构等收回的物资短缺或其他应冲减材料采购成本的赔偿款项，应根据有关的索赔凭证，借记“应付账款”或“其他应收款”等科目，贷记“材料采购”、“在途材料”科目。因遭受意外灾害发生的损失和尚待查明原因的途中损耗，一般先按短缺原材料的实际成本记入“待处理财产损溢”科目的借方，即借记“待处理财产损溢”科目，贷记“在途材料”、“材料采购”等科目，待查明原因后再作处理。查明原因作出处理后，再转入有关科目，借记“管理费用”、“营业外支出”等科目，贷记“待处理财产损溢”等科目。

6）小规模纳税人，以及购入物资不能取得增值税专用发票的企业，在购入物资时，按购入物资应支付的金额（不含商品流通企业的进货费用），借记“材料采购”，贷记“银行存款”、“应付账款”、“应付票据”等科目。

7）对于材料已到达并已验收入库，但发票账单等结算凭证未到，货款尚未支付的采购业务，应于月末，按材料物资的暂估价值，借记“原材料”、“库存商品”等科目，贷记“应付账款——暂估应付账款”科目。下月初用红字作同样的记账凭证予以冲回，以便下月付款或开出、承兑商业汇票后，按正常程序，借记“原材料”、“库存商品”、“应交税费——应交增值税（进项税额）”科目，贷记“银行存款”或“应付票据”等科目。

【例7—7】 某企业经有关部门核定为一般纳税人，某日该企业购进一批原材料，材料已到达并已验收入库。同时取得的增值税专用发票上注明的原材料价款为10 000元，增值税税额为1 700元，发票等结算凭证已经收到，货款已通过银行转账支付。根据上述资料，应编制会计分录如下：

借：原材料	10 000	
应交税费——应交增值税（进项税额）	1 700	
贷：银行存款		11 700

【例7—8】 沿用例7—7的资料，假设购货发票等结算凭证已到，货款已经支付，但材料尚未运到。企业应于付款时进行账务处理如下：

借：在途物资	10 000	
应交税费——应交增值税（进项税额）	1 700	
贷：银行存款		11 700

上述材料到达入库时，再作如下账务处理：

借：原材料	10 000	
贷：在途物资		10 000

【例7—9】 假设例7—7中购入的材料已经运到，并验收入库，但发票等结算凭证尚未收到，货款尚未支付。月末，按照暂估价入账，假设其暂估价为8 000元。有关会计分录如下：

借：原材料	8 000	
贷：应付账款——暂估应付账款		8 000

下月初用红字将上述分录原账冲回。

借：原材料	[8 000]	
贷：应付账款——暂估应付账款		[8 000]

收到有关结算凭证，并支付货款时。

借：原材料	10 000	

应交税费——应交增值税（进项税额）　　1 700
贷：银行存款　　11 700

7.2.2　自制的存货

自制的存货，以制造过程中发生的各项实际支出（包括直接材料、直接人工和其他直接支出）作为实际成本。自制并已验收入库的存货，按实际成本或计划成本，借记“原材料”等科目，贷记“生产成本”科目。如果以计划成本计价时，还应同时结转材料成本差异。实际成本大于计划成本的差异，借记“材料成本差异”科目，贷记“生产成本”科目；实际成本小于计划成本的差异，做相反的会计分录。

7.2.3　委托外单位加工完成的存货

委托加工业务是指由企业提供原料及主要材料，通过支付加工费，由受托加工单位按合同要求加工为企业所需的原材料或库存商品等。有时企业还可能将积压的产品、商品等委托加工单位加工为所需原材料或库存商品。无论将何种材料物资委托加工单位加工为原材料或库存商品，其核算原理是相同的。

1. 委托外单位加工存货成本的构成

以实际耗用的原材料或者半成品、加工费、运输费、装卸费和保险费等费用以及按规定应计入成本的税金，作为实际成本。商品流通企业加工的商品，以商品的进货原价、加工费用和按规定应计入成本的税金，作为实际成本。

2. 委托外单位加工存货的核算

委托加工业务在会计处理上主要包括拨付加工物资、支付加工费用和税金、收回加工物资和剩余物资等几个环节。

（1）账户设置。委托加工物资通过设置“委托加工物资”科目，核算企业委托外单位加工的各种物资的实际成本，其借方反映发出委托加工物资的实际成本、发生的加工费用和往返的运杂费等；贷方反映加工完毕验收入库的委托加工物资的实际成本以及加工单位退回的剩余材料的实际成本；期末借方余额表示委托外单位加工但加工尚未完成物资的实际成本和发出加工物资的运杂费等。本科目应按加工合同和受托加工单位设置明细科目，进行明细核算。

（2）主要的账务处理。

1）拨付委托加工物资。企业发给外单位加工的物资，应将物资的实际成本由“原材料”、“库存商品”等科目转入“委托加工物资”科目，借记“委托加工物资”科目，贷记“原材料”或“库存商品”等科目。

2）支付加工费、运杂费、增值税等。企业支付的加工费、应负担的运杂费，借记“委托加工物资”科目，贷记“银行存款”科目。支付的增值税，如果是取得增值税专用发票的一般纳税人，应借记“应交税费——应交增值税（进项税额）”科目，贷记“银行存款”科目；如果是未取得增值税专用发票的一般纳税人或小规模纳税人，应计入委托加工物资的成本，借记“委托加工物资”账户，贷记“银行存款”科目。

3）交纳的消费税。按照消费税的有关规定，如果委托加工物资属于应纳消费税的应税消费品，应由受托方向委托方交货时代收代缴税款，应分以下情况处理：①委托加工的物资收回后用于连续生产应税消费品的，所纳税款准予按规定抵扣，委托方应按准予抵扣的受托方代收代缴的消费税额，借记“应交税费——应交消费税”科目，贷记“应付账款”或“银行存款”科目；②委托加工的物资收回后直接用于销售的，委托方应将对方代收代缴的消费税计入委托加工物资的成本，这部分物资以后不再征收消费税，借记“委托加工物资”科目，贷记“应付账款”或“银行存款”等科目。

4）加工完成收回加工物资。加工完成验收入库的物资和剩余物资，按加工收回物资的实际成本和剩余物资的实际成本，借记“库存商品”、“原材料”等科目，贷记“委托加工物资”科目。

下面举例说明企业委托外单位加工存货的核算。

【例7—10】 某企业根据发生的有关委托加工物资的经济业务，编制会计分录如下：

(1) 按合同约定，将库存积压的A材料拨付甲工厂进行加工，以制成企业所需要的B材料（属于应税消费品），消费税税率为20%，拨付加工A材料的实际成本共计10 000元。

借：委托加工物资——甲工厂　　10 000
　贷：原材料——A材料　　10 000

(2) 以现金支付甲材料的运输费800元（其中，按规定运输费中准予扣除的增值税进项税为56元）。

借：委托加工物资——甲工厂　　744
　　应交税费——应交增值税（进项税额）　　56
　贷：现金　　800

(3) 按规定以银行存款支付全部加工费用9 360元（8 000+1 360，其中加工费中准予扣除的增值税进项税为8 000×17%=1 360元）。

根据《中华人民共和国消费税暂行条例》的规定，委托加工的应税消费品，按照受托方的同类消费品的销售价格计算纳税；没有同类消费品销售价格的，按照组成计税价格计算纳税。组成计税价格的计算公式为：

组成计税价格=(材料成本+加工费)÷(1−消费税税率)

应纳税额=组成计税价格×适用税率

上例消费税的组成计税价格=(10 000+8 000)÷(1−20%)=22 500(元)

受托方代收代缴的消费税=22 500×20%=4 500(元)

1）企业收回加工后的材料用于连续生产应税消费品时。

借：委托加工物资——甲工厂　　8 000
　　应交税费——应交增值税（进项税额）　　1 360

——应交消费税　　4 500

贷：银行存款　　9 360

应付账款——甲工厂　　4 500

2）企业收回加工后的材料直接用于销售时。

借：委托加工物资——甲工厂　　12 500

应交税费——应交增值税（进项税额）　　1 360

贷：银行存款　　9 360

应付账款——甲工厂　　4 500

（4）加工完成收回委托加工材料。

1）企业收回加工后的材料用于连续生产应税消费品时。

借：原材料——B 材料　　18 744

贷：委托加工物资——甲工厂　　18 744

2）企业收回加工后的材料直接用于销售时。

借：原材料——B 材料　　23 244

贷：委托加工物资——甲工厂　　23 244

7.2.4　投资者投入的存货

投资者投入的存货，以投资各方确认的价值作为实际成本，借记“原材料”等科目；按专用发票上注明的增值税额，借记“应交税费——应交增值税（进项税额）”科目；以投资各方确认的价值作为出资额，贷记“实收资本”或“股本”等科目；按其差额，贷记“资本公积”科目。举例说明如下。

【例 7—11】　A 企业注册资本 600 万元，某日接受投资人李明投入原材料一批，该批原材料投资各方确认的成本为 100 万元，取得的增值税专用发票上注明增值税为 17 万元，经投资各方一致同意，注册资本维持不变，李明的投资占企业注册资本的 1/10。要求作出 A 企业的会计处理。

分析：这是变更投资人及投资比例的经济业务，原材料的入账价值为 100 万元，应交增值税（进项税额）为 17 万元，李明的总投资额＝100＋17＝117 万元；李明的投资应占企业总注册资本的 1/10，所以，李明的实收资本的入账价值＝$600\times\frac{1}{10}$＝60 万元，其差额 57 万元（117－60）作为资本公积。会计分录如下：

借：原材料　　1 000 000

应交税费——应交增值税（进项税额）　　170 000

贷：实收资本　　600 000

资本公积　　570 000

7.2.5　接受捐赠的存货

接受捐赠的存货，按以下规定确定其实际成本：（1）捐赠方提供了有关凭据如发票、报关单等的，以凭据上标明的金额加上应支付的相关税费，作为实际成本。（2）捐赠方没有提供有关凭据的，按如下顺序确定其实际成本：1）同类或类似存货存在活跃市场的，参照同类或类似存货的市场价格估计的金额，加上应支付的相关税费作为实际成本；2）同类或类似存货不存在活跃市场的，以接受捐赠的存货的预计未来现金流入量的现值，作为实际成本。

7.2.6 企业通过非货币性交易方式换入的存货

企业通过非货币性交易方式换入的存货，应以换出资产的账面价值加上应支付的相关税费，再减去可抵扣的增值税进项税后的金额作为换入存货的入账价值。在支付补价的情况下，应以换出资产的账面价值加上支付的补价和应支付的相关税费，减去可抵扣的增值税进项税后的金额作为换入存货的入账价值。在收到补价的情况下，应以换出资产的账面价值加上应确认的收益和应支付的相关税费，再减去补价以及可抵扣的增值税进项税后的余额，作为换入存货的入账价值。其中，应确认的收益＝补价－补价/换出资产公允价×换出资产账面价－补价/换出资产公允价×换出资产计税价×税率。

7.2.7 周转材料的核算

周转材料主要包括包装物和低值易耗品。

包装物是指为了包装本企业商品而储备的各种包装容器，如桶、箱、瓶、坛、袋等。低值易耗品是指企业在业务经营过程中所必需的单项价值比较低或使用年限比较短，不能作为固定资产核算的各种用具物品，如工具、管理用具、玻璃器皿、劳动用具以及在企业生产经营过程中周转使用的容器等。这些用具物品在经营过程中可以多次使用，其价值随其磨损程度逐渐转移到有关的成本或费用中去。就其性质来看，低值易耗品是可以多次使用但不改变原有实物形态的劳动资料，具有固定资产的特性。在我国的会计实务中，为了便于管理，长期以来一直将不具备固定资产价值标准的用具物品等作为低值易耗品，视同存货，单独设置“包装物——低值易耗品”科目进行总分类核算，并按低值易耗品的类别、品种规格进行数量和金额的明细核算。我国会计准则规定，企业应当采用一次转销法或者五五摊销法对低值易耗品和包装物进行摊销，计入相关资产的成本或者当期损益。

企业购入、自制、委托外单位加工完成验收入库的包装物和低值易耗品，通过“周转材料”科目核算，核算方法比照原材料的核算。

7.3 发出存货的计价与核算

产品销售成本是许多公司最大的一项费用。由于通常相同的产品购买时的价格是不同的，所以确定本期产品的销售成本和期末库存产品成本并不是一件容易的事情。期末会计人员在计算企业的损益时要确定这些成本，为此，会计必须对存货商品实体流动和存货商品成本在会计系统中的转化作出假定。为了解释清楚这一问题，我们举例说明如下。

【例 7—12】 假设公司在 1 月 1 日的期初库存中有 1 件产品并在这个月份中购买了 3 件产品。1 月 30 日，公司以 25 元售出 1 件产品，其他 3 件保留在期末库存中。如果所有产品是相同的，所有产品的成本是 10 元，那么公司计量产品期末的库存成本和本期销售成本就会非常简单：期末库存成本为 30 元（3×10），产品的销售成本是 10 元（1×10）。但是，通常产品的成本是不同的。产品的购进价格会随着经济周期的变化而升高或降低。假设购买产品的市场价格是逐渐上升的，如表 7—2 所示。

表 7—2　　企业 1 月份存货收入、发出、结存明细账

计量单位：件；货币单位：元

时间	摘要	收入			发出			结存		
		数量	单价	金额	数量	单价	金额	数量	单价	金额
1 月 1 日	期初存货							1		10
1 月 10 日	购进	2	15	30				3		40
1 月 25 日	购进	1	20	20				4		60
1 月 30 日	发出				1					
1 月 31 日	合计	3	—	50				3		

在这种情况下，公司将怎样计算产品期末的库存成本和本期销售成本呢？

分析：在会计核算中，为了解决这个问题，人们采用各种各样的方法来计量，这些方法总体分为两大类：一类是实际成本法，即按存货实际入库的成本来计算发出存货的成本，具体应用时按计算方法不同，又分为个别计价法、先进先出法、加权平均法、移动平均法和后进先出法等；第二类方法是存货的简化核算方法，具体包括计划成本法、毛利率法以及零售价法等。

材料品种繁多的企业，可以采用计划成本法进行日常核算，对于某些品种不多，但占产品成本比重较大的原料或主要材料，也可以单独采用实际成本法进行核算。规模较小、材料品种简单、采购业务不多的企业，可以全部采用实际成本法进行存货的日常核算。

对于已确认的发出存货的成本，还应根据存货发出的原因和用途不同进行不同的会计处理。在具体会计核算上，发出存货时，借记有关科目，贷记有关存货科目。其中，直接用于对外销售发出的，借记“产品销售成本”或“主营业务成本”科目；直接用于产品生产和辅助生产的，借记“生产成本”科目；用于车间一般管理耗用的，借记“制造费用”科目；用于企业管理方面耗用的，借记“管理费用”科目；用于企业专设销售机构耗用的，借记“销售费用”科目，等等。

在企业生产经营过程中，基建工程部门和职工福利部门可能领用企业的材料等存货，工业企业也可能将原材料直接对外销售。基建工程部门领用的材料，记入“在建工程”科目；福利部门领用的材料，记入“应付职工薪酬”科目；对外销售的材料，记入“其他业务成本”科目。根据我国现行税收法规的规定，当原材料发生用途的改变而用于增值税的免税项目或非应税项目，如用于基建工程部门或福利部门等时，作为一般纳税人的企业，应将用于这些方面的材料应分担的增值税从“进项税额”中转出，并计入有关项目的成本。

7.3.1 实际成本法

采用实际成本法核算时，平时存货的收、发、存都以实际成本计价。购进时按取得存货的核算原则进行计价，发出时要根据存货成本的流转假设，选择不同的计价方法。

所谓存货成本的流转假设，就是从存货实体和价值流入、流出的周转过程来看，存货的流转应包括实物流转和成本流转两个方面。从理论上讲，存货的成本流转和其实物流转应当保持一致，即购置存货时所确定的成本应当随着该项存货的销售或耗用而转化为销售或耗用的成本。但是，在实际工作中，上述一致的情况非常少见。这是因为，企业的存货往往规格品种繁多，进出数量很大，存货的单位成本又经常发生变化，在客观上难以保证各种存货成本流转与实物流转相一致。由于同一种存货尽管单价不同，但其使用价值却是一样的，在存货被销售或被耗用后，无须辨别是哪一批存货的实物被发出，哪一批存货的实物被留作库存。因此，从会计核算的技术层面来看，存货成本的流转顺序和实物的流转顺序可以分离，只要按照不同的存货成本流转程序确定已发出存货的成本和库存存货的成本即可。这样，就出现了存货成本的流转假设。

采用某种存货成本流转的假设，在期末存货与发出存货之间分配成本，就产生了不同的确定发出存货成本的方法，即发出存货的计价方法。按照我国《企业会计准则第 1 号——存货》的规定，企业应当采用个别计价法、先进先出法或加权平均法确定发出存货的实际成本。为了全面了解存货的计价方法，在此我们将详细介绍其他方法。对于不能替代使用的存货，以及为特定项目专门购入或制造的存货，一般应当采用个别计价法确定发出存货的成本。

1. 个别计价法

个别计价法又称具体辨认法、个别认定法、分批实际法。这一方法对存货成本的流转假设与实物流转相一致，其具体做法是：对发出存货逐一辨别其购进批次，并按相应购进时的单价作为发出存货的成本进行计价。采取这种方法，一般要求存货项目必须是可以辨认的，必须要有详细的记录，包括每一批存货的品种规格、入账时间、单位成本、存放地点等。

用个别计价法计算出的存货发出与期末结存的成本比较真实，符合实际情况，而且随时可以结转成本，但这一方法不仅工作量大，其应用范围也比较受限制。因此，这种方法通常适用于容易识别、存货数量不多、单位成本较高的存货计价，如船舶、飞机、房产、重型设备、珠宝、名画等贵重物品。

【例 7—13】 A 公司 2×08 年 1 月发生某种存货的收发事项，账簿资料如表 7—3 所示。

表 7—3　　　　**企业 2×08 年 1 月份存货收入、发出、结存明细账（一）**

计量单位：件；货币单位：元

时间	凭证号	摘要	收入			发出			结存		
			数量	单价	金额	数量	单价	金额	数量	单价	金额
1 月 1 日	略	期初存货							60	10	600
1 月 10 日		购进	20	12	240						
1 月 15 日		购进	40	14	560						
1 月 20 日		发出				70					
1 月 22 日		购进	10	16	160						
1 月 25 日		发出				30					

假定 1 月 20 日发出的 70 件存货中，60 件是期初结存的，10 件是 1 月 10 日购进的，70 件发出存货的成本＝60×10＋10×12＝720 元；1 月 25 日发出的 30 件存货中，10 件是 1 月 22 日购进的，20 件是 1 月 15 日购进的，30 件发出存货的成本＝10×16＋20×14＝440 元，则发出存货的总成本＝720＋440＝1 160 元；期末结存的存货成本＝600＋240＋560＋160－1 160＝400 元。

2. 先进先出法

先进先出法假定：先收到的存货首先发出。具体做法是：购入时逐笔登记每批存货的购进数量、单价和金额；发出时按先进先出的原则，逐笔登记发出存货的发出数量、单价、金额，并随时计算出结存存货的数量、单价、金额。

【例 7—14】　沿用例 7—13 的资料，存货按先进先出法计价如表 7—4 所示。

表 7—4　　　　**企业 2×08 年 1 月份存货收入、发出、结存明细账（二）**

计量单位：件；货币单位：元

时间	凭证号	摘要	收入			发出			结存		
			数量	单价	金额	数量	单价	金额	数量	单价	金额
1 月 1 日	略	期初存货							60	10	600
1 月 10 日		购进	20	12	240				60 20	10 12	600 240
1 月 15 日		购进	40	14	560				60 20 40	10 12 14	600 240 560
1 月 20 日		发出				60 10	10 12	600 120	10 40	12 14	120 560
1 月 22 日		购进	10	16	160				10 40 10	12 14 16	120 560 160
1 月 25 日		发出				10 20	12 14	120 280	20 10	14 16	280 160
1 月 31 日		合计	70		960	100		1 120	30		440

采用先进先出法进行存货发出的核算，能随时结转存货的成本，且期末存货的成本比较接近现行的市场价值。但存货的收发业务频繁时，工作量较大，且当物价上涨时，会高估企业当期利润和库存存货价值；反之，会低估企业存货价值和当期利润。这种方法不符合配比原则。

3. 加权平均法

加权平均法亦称全月一次加权平均法，它以存货“期初结存存货成本加本期购进存货成本”，除以存货“期初结存存货数量加本期购进存货数量”，作为存货的加权平均单价，然后用这个单价分别确定发出存货和库存存货的成本。计算公式如下：

加权平均单价＝(期初结存存货成本＋本期购进存货成本)÷(期初结存存货数量＋本期购进存货数量)

期末结存存货成本＝加权平均单价×期末结存存货数量

本期发出存货成本＝加权平均单价×本期发出存货数量

如果计算出的加权平均单价为四舍五入的小数，也可采用倒挤法计算本期发出存货成本。具体公式如下：

本期发出存货成本＝期初结存存货成本＋本期购进存货成本－期末结存存货成本

【例 7—15】 沿用例 7—13 的资料，采用加权平均法计算其存货成本如下：

加权平均单价＝(600＋960)÷(60＋70)＝12(元)

期末结存货成本＝12×30＝360(元)

本期发出存货成本＝12×100＝1 200(元)

采用加权平均法，只在月末一次计算加权平均单价，比较简单，而且在市场价格上涨或下跌时所计算出来的单位成本平均化，对存货成本的分摊较为折中。但这种方法只能在期末时才能计算加权平均单价，平时只记发出存货的数量，不记金额，这样平时就无法从存货明细账中得到发出和结存存货的成本，不能及时地反映存货的资金占用情况，也不便于对存货进行适时的控制和日常管理。

4. 移动平均法

移动平均法又叫移动加权平均法，它的原理与加权平均法相似，只是计算加权平均单价的方法和时间不同。每购进一批存货时，它就要计算一次加权平均单价，即每次购入存货时，都要以本次购进存货的实际成本加上以前结存存货的实际成本，除以本次购进存货的数量加上以前结存存货的数量，求出移动加权单价，发出存货时，以移动加权单价作为计价标准的一种方法。其计算公式如下。

移动加权平均单价＝(以前结存存货成本＋本次购进存货成本)÷(以前结存存货数量＋本次购进存货数量)

本次发货后结存存货成本＝移动加权平均单价×结存存货数量

本次发货成本＝移动加权平均单价×本次发出存货数量

也可采用倒挤法计算本次发出存货成本。具体公式如下：

本次发出存货成本＝以前结存存货成本－本次发货后结存存货成本

【例7—16】 沿用例7—13的资料，采用移动加权平均法计算其存货成本如下：

第一批(1月10日)购货后的加权平均单价＝(600＋240)÷(60＋20)
＝10.5(元)

第二批(1月15日)购货后的加权平均单价＝(840＋560)÷(80＋40)
≈11.67(元)

1月20日发货后的结存成本＝11.67×50＝583.5(元)

1月20日的发货成本＝(840＋560)－583.5＝816.5(元)

第三批(1月22日)购货后的加权平均单价＝(583.5＋160)÷(50＋10)
≈12.39(元)

1月31日的期末结存存货成本＝12.39×30＝371.7(元)

1月25日的发货成本＝(583.5＋160)－371.7＝371.8(元)

具体操作如表7—5所示。

表7—5　　企业2×08年1月份存货收入、发出、结存明细账（三）

计量单位：件；货币单位：元

时间	凭证号	摘要	收入			发出			结存		
			数量	单价	金额	数量	单价	金额	数量	单价	金额
1月1日	略	期初存货							60	10	600
1月10日		购进	20	12	240				80	10.5	840
1月15日		购进	40	14	560				120	—	1 400
1月20日		发出				70	11.67	816.5	50	11.67	583.5
1月22日		购进	10	16	160				60	—	743.5
1月25日		发出				30	12.39	371.8	30	12.39	371.7
1月31日		合计	70		960	100		1 188.3	30	12.39	371.7

采用移动平均法对发出存货进行计价，能够使管理当局及时了解存货的结存情况，且计算的平均单位成本以及发出和结存的存货成本比较客观。但采用这种方法，每次收货都要计算一次平均单价，计算工作量较大，对收发货较频繁的企业不适用。

5. 后进先出法

后进先出法的存货流转假设同先进先出法正好相反，它是以“后购进的存货先发出”这一存货流转假定为依据，对发出存货按最近收进的单价进行计价的一种方法。采用这种方法时，每次发出存货的成本都要按存货中最后购入的那批存货的实际成本计价。如果发出的存货超出最后一次购入的存货数量，则超过部分按照倒数第二批存货的实际成本计价，依此类推。

【例 7—17】 沿用例 7—13 资料，存货按后进先出法计价如表 7—6 所示。

表 7—6　　企业 2×08 年 1 月份存货收入、发出、结存明细账（四）

计量单位：件；货币单位：元

时间	凭证号	摘要	收入			发出			结存		
			数量	单价	金额	数量	单价	金额	数量	单价	金额
1月1日	略	期初存货							60	10	600
1月10日		购进	20	12	240				60 20	10 12	600 240
1月15日		购进	40	14	560				60 20 40	10 12 14	600 240 560
1月20日		发出				40 20 10	14 12 10	560 240 100	50	10	500
1月22日		购进	10	16	160				50 10	10 16	500 160
1月25日		发出				10 20	16 10	160 200	30	10	300
1月31日		合计	70		960	100		1 260	30	10	300

后进先出法将最近购进的产品计入商品销售成本并将最早的商品成本计入期末库存成本。企业运用后进先出的方法实际转移商品并不常见。一堆煤的转移可用后进先出法，购买的新煤堆放在煤堆的最上面，最早买的煤则在最底部，当煤在售出时，上面的煤被拿走，即最晚购进的库存产品被售出，而保留最先购进的库存产品。

采用后进先出法对发出存货进行计价，在物价变动时期，能较好地将当期的收入与费用配比，符合配比原则；当物价持续上涨时，本期发出存货按照最近收货的单位成本计算，从而使当期销售成本升高，利润降低，可以减少通货膨胀对企业带来的不利影响，符合稳健性原则。同时，在物价上涨时期，这种方法会使企业计算出的利润减少，给企业带来税收上的利益。然而，这种方法也存在缺点，如在物价上涨时期，由于这种方法计算出的企业利润偏少，有时会使股东、债权人等投资者误以为企业的盈利能力降低，从而导致对企业经营业绩的错误判断；另外，当物价发生较大变化时，其期末存货的成本与现行实际成本相差较大，不能反映存货资产的真实价值。

综上分析，我们不难发现，发出存货的计价方法对企业财务状况、经营成果，甚至所得税的计量会产生较大的影响，主要表现在以下三个方面：

第一，存货计价方法对企业损益的计算有直接影响。表现在：（1）期末存货计价如果过低，本期的存货发出成本就升高，本期的收益也就相应减少；（2）期末存货计价如果过高，本期的存货发出成本就减少，本期的收益也就相应增加。所以，存货计价方法对企业利润表有直接的影响。

第二，存货计价对于资产负债表有关项目数额的计算也有直接影响。期末存货的数量直接影响资产负债表中的流动资产总额，本期发出存货成本影响企业的利润，进而影响企业资产负债表中的所有者权益项目。

第三，存货计价方法的选择对计算缴纳所得税的数额有一定的影响。我国企业所得税相关法律对存货成本的计价方法作了如下规定：纳税人的各种存货应以取得时的实际成本计价。各项存货的发出或领用的成本计价方法，可以采用个别计价法、先进先出法、加权平均法、移动平均法、计划成本法、毛利率法或零售价法等。纳税人采用计划成本法或零售价法确定存货成本或销售成本，必须在年终申报纳税时及时结转成本差异或商品进销差价。纳税人的成本计算方法、间接成本分配方法、存货计价方法一经确定，不得随意改变，如确需改变的，应在下一纳税年度开始前报主管税务机关批准。否则，对应纳税所得额造成影响的，税务机关有权调整。不同的存货计价方法，对计算结转当期销售成本的数额有所不同，会影响企业当期应纳税所得额的确定。

7.3.2　存货的简化核算方法

1. 计划成本法

计划成本法是指企业存货的收入、发出和结余均按预先制定的计划成本计价，同时另设“材料成本差异”账户，登记实际成本与计划成本的差额。计划成本法的特点是：平时存货的收、发、存都按预定的计划价格进行计价，月末需要通过“材料成本差异”账户，将发出存货和期末存货调整为实际成本。调整的基本公式如下：

实际成本＝计划成本±成本差异

材料成本差异随材料的入库而形成，包括外购材料、自制材料、委托加工完工材料入库等；同时也随材料出库而减少，如领用材料、出售材料、消耗材料等。

计划成本法一般适用于存货品种繁多、收发频繁的企业，特别是大中型工业企业中的各种原材料、低值易耗品等。采用计划成本法的前提是制定每一品种规格存货的计划成本，存货计划成本的组成内容应与其实际成本的构成一致，包括买价、运杂费和有关的税金等。存货的计划成本一般由企业采购部门会同计划、财会等有关部门共同制定，制定的计划成本应尽可能接近实际成本。

采用计划成本法对存货进行日常核算的企业，其基本的核算程序如下：

第一，企业应先制定各种存货的计划成本目录，规定存货的分类，各种存货的名称、规格、编号、计量单位和计划单位成本。除一些特殊情况外，计划单位成本在年度内一般不作调整。

第二，平时收到存货时，应按存货的计划成本计算入账，并以实际成本与计划成本的差额，作为“材料成本差异”分类记账。

第三，平时领用、发出的存货，都按计划成本计算，月份终了再将本月发出存货应负担的成本差异进行分摊，随同本月发出存货的计划成本记入有关成本、费用账户，将发出存货的计划成本调整为实际成本。发出存货应负担的成本差异，必须按月分摊，不得在季末或年末一次分摊。

（1）账户设置。原材料按计划成本计价核算，应设置“材料采购”、“原材料”和“材料成本差异”等账户。

1）“材料采购”账户用来核算企业购入材料物资的采购成本。该账户借方反映外购材料物资的实际采购成本和实际成本小于计划成本的节约差异额，贷方反映验收入库材料物资的计划成本和实际成本大于计划成本的超支差异额，期末借方余额表示已付款或已承兑商业汇票但尚未到达企业或尚未验收入库的在途材料物资的实际成本。该账户应按材料的品种、类别设置明细账，进行明细分类核算。

2）“原材料”账户在计划成本计价下，用来核算企业库存各种材料的计划成本。该账户借方反映企业验收入库材料的计划成本，贷方反映企业发出或领用材料的计划成本，期末借方余额表示期末库存材料的计划成本。该账户应按原材料的保管地点（仓库）、材料的类别、品种和规格设置材料明细账，进行明细分类核算。

3）“材料成本差异”账户用来核算企业各种材料的实际成本与计划成本之间的差异。该账户借方反映验收入库材料的实际成本大于计划成本的超支差异额，贷方反映验收入库材料的实际成本小于计划成本的节约差异额，以及发出或领用材料应负担的材料成本差异额。该账户属于“原材料”账户的备抵附加账户，期末余额在借方，表示库存材料的实际成本大于计划成本的超支差异额；期末余额在贷方，表示库存材料的实际成本小于计划成本的节约差异额。该账户应按存货的类别或品种设置明细账，进行明细分类核算。

（2）计划成本下取得存货的核算。

1）对于已经付款或已开出、承兑商业汇票的采购业务，采购材料时，按采购材料的实际成本借记“材料采购”账户，贷记有关资金账户。其中，根据发票账单支付材料价款和运杂费时，按发生的属于材料成本的价款和运杂费借记“材料采购”账户，按应予抵扣的进项税额借记“应交税费”账户，按实际付款额贷记“银行存款”、“库存现金”、“其他货币资金”、“应付票据”等账户。收到购进的材料并验收入库后，根据入库单，并按计划成本借记“原材料”等账户，贷记“材料采购”。将实际成本大于计划成本的差异，借记“材料成本差异”账户，贷记“材料采购”账户；将实际成本小于计划成本的差异，借记“材料采购”账户，贷记“材料成本差异”账户。

2）对于发票账单已到，但尚未付款或尚未开出、承兑商业汇票的收料凭证，或虽然发票账单未到，但根据合同、随货同行发票等能够计算并确定实际成本的收料凭证，应按实际成本借记“材料采购”，按专用发票上注明的增值税额借记“应交税费——应交增值税（进项税额）”科目，按应付金额贷记“应付账款”科目；按计划成本，借记“原材料”等科目，贷记“材料采购”科目，并按规定结转材料成本差异。

3）企业已经预付货款的材料入库后，根据材料实际成本借记“材料采购”科目，按应予抵扣的增值税进项税额借记“应交税费”科目，按应结算金额贷记“预付账款”科目。

4）月份终了，对于尚未收到发票账单的收料凭证，应抄列清单，并按计划成本暂估入账，借记“原材料”账户，贷记“应付账款”账户，下月初用红字冲回，以便下月付款或开出、承兑商业汇票后，按正常程序进行账务处理。

5）由企业运输部门以自备运输工具将外购材料运回企业，计算购入材料应负担的运输费用时，借记“材料采购”科目，贷记“生产成本”等科目。

6）发生的应向供应单位、外部运输机构等收回的材料短缺或其他应冲减材料采购成本的赔偿款项，应根据有关的索赔凭证，借记“应付账款”、“其他应收款”等科目，贷记“材料采购”科目。

【例7—18】　某企业经税务部门核定为一般纳税人，某月份该企业发生的材料采购业务如下：

1）1日，购入材料一批，取得的增值税专用发票上注明的价款为10 000元，增值税额为1 700元，发票等结算凭证已经收到，货款已通过银行转账支付，材料已验收入库。该批材料的计划成本为8 000元。有关会计分录如下：

借：材料采购　10 000
　　应交税费——应交增值税（进项税额）　1 700
　贷：银行存款　11 700

根据入库单，按照计划成本核算增加的库存原材料。

借：原材料　8 000
　　材料成本差异　2 000
　贷：材料采购　10 000

2）5日，购入材料一批，取得的增值税专用发票上注明的价款为40 000元，增值税额为6 800元，发票等结算凭证已经收到，货款已通过银行转账支付，材料尚未收到。该批材料的计划成本为45 000元。有关会计分录如下：

借：材料采购　40 000
　　应交税费——应交增值税（进项税额）　6 800
　贷：银行存款　46 800

3）10日，收到5日购入的材料，经验收已全部入库。有关会计分录如下：

借：原材料　45 000
　贷：材料采购　40 000
　　　材料成本差异　5 000

4）12日，购入材料一批，材料已经运到，并已验收入库，但发票等结算凭证尚未收到，货款尚未支付。该批材料的计划成本为50 000元，企业应于月末按计划成本估价入账。有关会计分录如下：

借：原材料　50 000
　贷：应付账款——暂估应付账款　50 000

下月初用红字将上述分录予以冲回。

借：原材料　50 000

贷：应付账款——暂估应付账款　　50 000

收到有关发票等结算凭证并支付货款时，按正常程序记账。取得的增值税专用发票上注明的价款为 55 000 元，增值税额为 9 350 元。有关会计分录如下：

借：材料采购　　55 000
　　应交税费——应交增值税（进项税额）　　9 350
　贷：银行存款　　64 350

同时，将原材料按计划成本入账，有关会计分录如下：

借：原材料　　50 000
　　材料成本差异　　5 000
　贷：材料采购　　55 000

5）15 日，购进材料一批，取得的增值税专用发票上注明的价款为 10 000 元，增值税额为 1 700 元。材料已经到达并验收入库，款项已开出、承兑商业汇票。该批材料的计划成本为 10 500 元。有关会计分录如下：

借：材料采购　　10 000
　　应交税费——应交增值税（进项税额）　　1 700
　贷：应付票据　　11 700

同时，将原材料按计划成本入账，有关会计分录如下：

借：原材料　　10 500
　贷：材料采购　　10 000
　　　材料成本差异　　500

企业也可不用在每笔存货验收入库后进行账务处理，而是在月末，汇总本月已经付款或已开出、承兑商业汇票的入库材料的计划成本。结转材料采购成本，按计划成本增加库存材料，同时结转本月已经付款或已开出并承兑商业汇票的入库材料的材料成本差异。如在例 7—18 中，如果期中对库存原材料增加不作账务处理，则月末账务处理为：

原材料的计划成本＝8 000＋45 000＋50 000＋10 500＝113 500(元)
材料成本差异＝2 000－5 000＋5 000－500＝1 500(元)

借：原材料　　113 500
　　材料成本差异　　1 500
　贷：材料采购　　115 000

（3）计划成本法下发出存货的核算。平时发出材料时，根据领用的部门和具体用途，按发出原材料的计划成本，借记“生产成本”、“制造费用”、“管理费用”、“销售费用”、“委托加工材料”等科目，贷记“原材料”科目。月末，将材料成本差异总额在发出材料和期末库存材料之间进行分摊。按照发出原材料的计划成本计算分摊的成本差异额，借记“生产成本”、“制造费用”、“管理费用”、“销售费用”、“委托加工材料”等科目，贷记“材料成本差异”科目（其中，实际成本大于计划成本的超支差异额用蓝字登记，实际成本小于计划成本的节约差异额用红字登记）。

通常，按成本差异率将材料成本差异总额在发出材料和期末库存材料之间进行分摊。计算发出材料应负担的成本差异的方法有两种：一是按当月的成本差异率计算；二是按上月的成本差异率计算。为保持会计方法的一贯性，计算方法一经确定，不得任意变动。成本差异率的计算公式是：

$$\text{本月材料成本差异率}=\frac{\text{月初结存材料的成本差异}+\text{本月收入材料的成本差异}}{\text{月初结存材料的计划成本}+\text{本月收入材料的计划成本}}\times 100\%$$

$$\text{上月材料成本差异率}=\frac{\text{月初结存材料的成本差异}}{\text{月初结存材料的计划成本}}\times 100\%$$

本月发出材料应负担的成本差异＝发出材料的计划成本×材料成本差异率

经过材料成本差异的分配，本月发出材料应分配的成本差异从“材料成本差异”科目转出之后，属于月末库存材料应分配的成本差异仍保留在“材料成本差异”科目内，作为库存材料的调整项目。编制资产负债表时，应将“材料采购”、“原材料”科目的借方余额合计加上“材料成本差异”科目的借方余额或减去“材料成本差异”科目的贷方余额后的数额作为存货项目的组成内容予以反映。

【例7—19】　某工业企业为一般纳税人，采用计划成本法对存货进行核算。2008年1月份的资料如下：2×08年1月1日，原材料的计划成本为500 000元，材料成本差异的借方余额为10 000元。

1）1月5日，购入原材料一批，取得的增值税专用发票上注明的原材料价款为100 000元，增值税额为17 000元，外地运货费用为10 000元。按照税法的有关规定，外地运货费用可按7%的比例计算增值税进项税额，有关款项已通过银行存款支付。

1月5日，购进原材料。

借：材料采购（100 000＋10 000－10 000×7%）　　109 300

　　应交税费——应交增值税（进项税额）（17 000＋10 000×7%）　　17 700

　贷：银行存款　　127 000

2）1月10日，材料到达企业并验收入库，上述材料的计划成本为110 000元。

1月10日，材料按计划成本入账。

借：原材料　　110 000

　贷：材料采购　　109 300

　　　材料成本差异　　700

3）1月25日，购入材料一批，已经运到并验收入库，但发票等结算凭证尚未收到，货款尚未支付，该批材料的计划成本为35 000元。

1月25日，购进材料，材料到达，凭证未到，月末按计划成本暂估入账。

借：原材料　　35 000

　贷：应付账款——暂估应付账款　　35 000

4）本月领用材料的计划成本为400 000元。其中，生产领用250 000元，车间管理部门领用 40 000 元，厂部管理部门领用 10 000 元，在建工程领用 100 000 元。

在企业生产经营过程中，基建工程部门也可能领用材料，领用材料时，记入“在建工程”科目。根据我国现行税收法规的规定，当原材料发生用途的改变而用于增值税的免税项目或非应税项目，如用于基建工程部门或福利部门等，作为一般纳税人的企业，应将用于这些方面的材料应分担的增值税从“进项税额”中转出，并计入有关项目的成本。本月在建工程领用原材料 100 000 元，属于非应税项目，其分担的增值税 17 000 元应从“进项税额”中转出，并增加在建工程成本 17 000 元，这样在建工程的实际成本＝100 000＋17 000＝117 000 元。

本月领用材料的账务处理如下：

借：生产成本	250 000	
制造费用	40 000	
管理费用	10 000	
在建工程	117 000	
贷：原材料		400 000
应交税费——应交增值税（进项税额转出）		17 000

5）计算本月应分摊的材料成本差异。

$$\text{本月材料成本差异率}=\frac{10\ 000-700}{500\ 000+110\ 000}\times 100\%\approx 1.5\%$$

库存材料应分摊的材料成本差异＝(500 000＋110 000－400 000)×1.5%
＝3 150(元)

制造费用应分摊的材料成本差异＝40 000×1.5%＝600(元)

在建工程应分摊的材料成本差异＝100 000×1.5%＝1 500(元)

管理费用应分摊的材料成本差异＝10 000×1.5%＝150(元)

生产成本应分摊的材料成本差异＝9 300－3 150－600－1 500－150
＝3 900(元)

借：生产成本	3 900	
制造费用	600	
管理费用	150	
在建工程	1 500	
贷：材料成本差异		6 150

将上述会计分录过账至“原材料”和“材料成本差异”账户，并结出余额。

原材料

借方		贷方
月初余额	500 000	
	(2) 110 000	
		(4) 400 000
月末余额	210 000	

材料成本差异

借方		贷方
月初余额	10 000	
		(2) 700
		(5) 6 150
月末余额	3 150	

月末编制资产负债表时，存货项目中的原材料存货，应当根据“原材料”账户余额 210 000 元加上“材料成本差异”账户的借方余额 3 150 元，以 213 150 元列示。

采用计划成本法进行材料的日常核算，主要有以下作用：(1) 简化会计处理工作，在计划成本法下，材料明细账只记收入、发出和结存的数量，将数量乘以计划成本，随时求得材料收、发、存的金额，通过“材料成本差异”科目计算和调整发出和结存材料的实际成本，简便易行；(2) 有利于考核采购部门的业绩，有了预先制定的合理的计划成本，就可以将实际采购成本与计划成本进行对比，通过材料成本差异的方向（超支或节约）与金额，对采购部门进行考核，促使其降低采购成本，节约采购费用。因此，计划成本法是我国制造业企业中广泛应用的一种存货计价方法。

2. 毛利率法

毛利率法是根据本期销售净额乘以前期实际（或本期计划）毛利率来匡算本期销售毛利，并计算发出存货成本的一种方法。其基本原理是：以各个会计期间的毛利率大致相同为假设前提，将本期销售净额乘以上期实际或本期计划毛利率匡算出本期的毛利，然后用销售净额减去销售毛利得到销售成本的一种方法。这种方法比较适合于商品批发企业，计算起来比较简便。计算公式如下：

$$毛利率=\frac{销售毛利}{销售净额}\times 100\%$$

销售成本率＝1－毛利率

销售毛利＝销售净额×毛利率

销售成本＝销售净额×销售成本率＝销售净额－销售毛利

期末存货成本＝期初存货成本＋本期购货成本－本期销售成本

【例 7—20】　某商品批发企业，采用毛利率法计算发出存货的成本。2×08 年 1 月的实际毛利率为 20%，2×08 年 2 月 1 日的存货成本为 2 000 万元，2 月份购入存货的成本为 2 500 万元，销售收入为 3 000 万元，销售退回为 300 万元，要求结转 2 月份存货的发出成本。

分析：

销售净额＝3 000－300＝2 700（万元）

销售毛利＝2 700×20%＝540（万元）

销售成本＝2 700－540＝2 160（万元）

期末存货成本＝2 000＋2 500－2 160＝2 340（万元）

2 月末编制存货的调整分录如下：

借：主营业务成本　　21 600 000

　贷：库存商品　　21 600 000

毛利率法是商品流通企业尤其是批发企业常用的一种发出存货计价方法。采用这种方法，在商品种类繁多且同类商品毛利率各期大致相同的情况下，既简化了核算工作，又满足了管理的需要。采用这种方法，商品销售成本按商品大类销售额计算，在大类商品账上结转成本，计算手续简便。商品明细账平时只记数量，不记金额，每季末的最后一个月再根据月末结存数量，按照最后进价法等计价方法，先计算月末存货成本，然后再倒挤计算该季度的商品销售成本，用该季度的商品销售成本减去前两个月已结转的成本，计算第三个月应结转的销售成本，从而对前两个月用毛利率计算的销售成本进行调整。

企业的财务会计人员、管理人员和审计人员经常运用毛利率法来检验实地盘点的期末存货的整体合理性。

期初存货＋本期净购入存货＝本期可供销售的存货

本期可供销售的存货－本期销货成本＝期末存货

本期销货成本＝本期销售净额×销售成本率＝本期销售净额－销售毛利

＝本期销售净额×(1－毛利率)

如果实地盘点的期末存货数量与按上述公式计算的期末存货数量差额较大，一定要查找原因，堵塞管理漏洞。这种方法有助于发现较大金额的错误。

存货是企业的血液，因此存货的内部控制很重要。成功的企业应严格地保护自己的存货。良好的存货内部控制包括：

1）企业的采购、验收和运输环节应保持高效率和严密的责任体系，以利于明确责任，各经手人应有明确的签字手续，熟悉自己的权力和责任。

2）无论采用哪种盘存制度，企业每年应至少实地盘点一次存货。每年实地盘点存货是必要的，因为准确确认库存存货的唯一方法就是盘点。再好的会计系统也会有错误，盘点对确定存货的正确价值是必不可少的。当发现错误时，应调整会计记录，使其与实地盘点数一致，同时查明原因，明确责任，提高存货的管理水平。

3）严格的存货保管制度，以防企业存货被盗、损坏和腐烂。

4）仅允许那些不能接近会计记录的人员接近存货，以发挥会计记录对存货的牵制作用。使存货经手人远离会计记录是一项必要的职责分离。一个既可接近存货，又可接近会计记录的职员可以盗窃存货，并编制会计分录将其盗窃行为掩盖起来。例如，在存货实际被盗时，职员可增加会计上冲销的存货数，以使存货账面金额降低，达到账实相符，进而掩盖偷盗存货的目的。

5）对贵重商品一定要采用永续盘存制，以加强账簿对实物的控制作用。

6）按最佳经济进货批量购进存货，以减少存货的资金占用，充分发挥存货的效用。

7）保持适量的存货以防因存货短缺而出现的脱销，进而减少销售收入。

8）不要保留过多的存货，以防将资金拴在不必要的项目上而增加费用。

计算机存货管理系统能使公司将库存存货额和存货短缺的可能（上述第7项和第8项）降至最小。在竞争日益加剧的市场环境中，公司不能负担将资金过多占用在存货上所给企业增加的费用。

3. 零售价法

零售价法，是指用成本占零售价的百分比计算期末存货成本的一种方法。零售价法主要适用于商品零售企业，如百货商店或超级市场等，由于这类企业的商品都要标明零售价格，而且商品的型号、品种、款式繁多，难以采用其他方法计价。在实务中，商品零售企业往往将这种方法进行变更，采用“售价金额法”进行核算。该方法的特点是：商品平时的收、发、存均按售价记账，售价与进价的差额在“商品进销差价”科目中记录，期末通过计算进销差价率的办法计算本期已销商品应分摊的进销差价，并据以调整本期的销售成本。

（1）零售价法的基本内容。

1）期初存货和本期购货同时按成本和零售价记录，以便计算可供销售的存货成本和售价总额。

2）本期销售只按售价记录，从本期可供销售的存货售价总额中减去本期已销售的存货售价总额，计算出期末存货的售价总额。

3）计算存货成本占零售价的百分比，即成本率。

$$成本率=\frac{期初存货成本+本期购货成本}{期初存货售价+本期购货售价}\times 100\%$$

4）计算期末存货成本，公式如下：

期末存货成本＝期末存货售价总额×成本率

5）计算本期销售成本，公式如下：

本期销售成本＝期初存货成本＋本期购货成本－期末存货成本

【例7—21】　某商业企业采用零售价法计算期末存货成本。本月月初存货成本为20 000元，售价总额为30 000元；本月购入存货100 000元，相应的售价总额为120 000元；本月销售收入为100 000元，该企业本月销售成本为多少元？

分析：

1）计算期末存货的售价总额：30 000＋120 000－100 000＝50 000(元)

2）计算成本率：(20 000＋100 000)÷(30 000＋120 000)×100％＝80％

3）计算期末存货成本：50 000×80％＝40 000(元)

4）计算本期销售成本：20 000＋100 000－40 000＝80 000(元)

（2）售价金额核算法。售价金额核算法是零售价法的一种账务处理方式，通过设置“商品进销差价”科目进行会计核算。平时商品存货的进、销、存均按售价记录，售价与进价的差额记入“商品进销差价”科目，期末通过计算进销差价率的办法计算本期已销商品应分摊的进销差价，并据以调整本期销售成本。

$$进销差价率=\frac{期初库存商品进销差价+本期购进商品的进销差价}{期初库存商品售价+本期购进商品售价}$$

本期已销售商品应分摊的进销差价＝本期商品销售收入×进销差价率

商业零售企业在会计期末编制资产负债表时，存货项目中的商品存货部分，应根据“库存商品”科目的期末余额扣除“商品进销差价”科目的期末余额，按其差额列示。

1）售价金额核算法科目设置与账务处理程序。商品流通企业，其业务经营分为商品的购进和销售两大环节。商品销售后即获得销售毛利（如果销售价格低于进货价格，则出现毛损），毛利用以弥补相关经营费用（如销售费用等）后的余额即为商品销售利润（或亏损）。毛利和经营费用都是考核企业盈利能力的重要指标。商品是指企业为转卖或加工后转卖而储存的存货。商品存货是企业存货的主要内容之一。商品流通企业的商品一般以“库存商品”科目进行核算。在售价金额核算法中，“库存商品”科目按售价金额记录，同时设置“商品进销差价”科目核算商品售价与商品进价的差额。这里的售价是指零售商品的销售价格，包括商品不含税销售价格和销项增值税两部分。相应地，商品进销差价也包括商品售价中的增值税销项税和商品售价（不含税销售价格）与商品进价的差额两部分。

购入商品时，按入库商品的零售价格借记“库存商品”科目，按商品的进价贷记“商品采购”等科目，同时按入库商品零售价与商品进价的差额贷记（当售价大于进价时）或借记（当进价大于售价时）“商品进销差价”科目；商品销售后，按含税销售价格借记“银行存款”、“应收账款”等科目，贷记“主营业务收入”科目，并按含税销售价格注销已售商品，借记“主营业务成本”科目，贷记“库存商品”科目。

月末计算出已销商品的销项增值税后，冲减商品销售收入，并确认企业当月实现的增值税销项税，借记“主营业务收入”科目，贷记“应交税费——应交增值税（销项税额）”科目。

月末按一定的差价率计算已销商品应分担的含税进销差价后，冲减按含税售价记录的“主营业务成本”科目，将其调整为已销商品的进价成本，使得“商品进销差价”科目的月末余额反映企业月末库存商品含税售价所负担的含税进销差价，即借记“商品进销差价”科目，贷记“主营业务成本”科目（如果商品进销差价为借方余额，表示售价低于进价，则上述会计分录以红字登记）。

对库存未售商品进行售价调整时，应同时调整“库存商品”科目和“商品进销差价”科目的金额。

2）售价金额核算法下商品收发核算举例。

【例 7—22】 某商场采用售价金额核算法，2×08 年 2 月初，“库存商品”账户余额为 20 000 元，“商品进销差价”账户余额为 4 500 元。本月发生如下几笔经济业务：

(1) 2 月 6 日，自本地购进商品，货款共计 117 000 元（其中价款 100 000 元，增值税 17 000 元）。商品由仓库部门全部验收入库，货款用银行存款全部支付。该批商品按零售价格计算为 130 000 元（含税售价，下同）。

收到结算凭证，支付货款时。

借：商品采购	100 000
应交税费——应交增值税（进项税额）	17 000

　　贷：银行存款　　117 000

同时，根据入库单：

　借：库存商品　　130 000

　　贷：商品采购　　100 000

　　　　商品进销差价　　30 000

(2) 2 月 10 日，从外埠购进商品，货款共计 93 600 元（其中价款 80 000 元，增值税 13 600 元），进货运费 2 000 元（其中按规定准予扣除增值税进项税额 140 元），随运费支付的保险费 800 元。商品已经到达并验收入库，已签发、承兑商业汇票，该批商品按零售价计算为 120 000 元。

商品售价＝120 000(元)

商品进价成本＝80 000(元)

商品进销差价＝120 000－80 000＝40 000(元)

进货运杂费＝(2 000－2 000×7％)＋800＝2 660(元)

增值税进项税额＝13 600＋2 000×7％＝13 740(元)

签发、承兑商业汇票时。

　借：商品采购　　80 000

　　　销售费用　　2 660

　　　应交税费——应交增值税（进项税额）　　13 740

　　贷：应付票据　　96 400

同时，根据入库单：

　借：库存商品　　120 000

　　贷：商品采购　　80 000

　　　　商品进销差价　　40 000

(3) 2 月 15 日，销售商品按销售金额计算为 60 000 元，货款全部存入银行。

　借：银行存款　　60 000

　　贷：主营业务收入　　60 000

同时，按含税销售价格注销已售商品。

　借：主营业务成本　　60 000

　　贷：库存商品　　60 000

(4) 2 月 28 日，赊销商品按销售金额计算为 140 000 元。

　借：应收账款　　140 000

　　贷：主营业务收入　　140 000

同时，按含税销售价格注销已售商品。

　借：主营业务成本　　140 000

　　贷：库存商品　　140 000

(5) 月末，根据当月发生的含税销售收入 200 000 元（60 000＋140 000），按 17％计算增值税销项税为 29 059.83 元。

不含税销售收入＝含税销售收入÷(1＋17%)＝200 000÷1.17
＝170 940.17(元)

增值税销项税额＝不含税销售收入×17%＝170 940.17×17%
≈29 059.83(元)

借：主营业务收入　29 059.83
　贷：应交税费——应交增值税（销项税额）　29 059.83

（6）结转按差价率法计算的当月已销商品进销差价 55 180 元。

$$进销差价率=\frac{4\,500+30\,000+40\,000}{20\,000+130\,000+120\,000}\times 100\%\approx 27.59\%$$

2 月份已销商品应分摊的进销差价＝200 000×27.59%＝55 180(元)

根据已销商品应分摊的进销差价冲转销售成本。

借：商品进销差价　55 180
　贷：主营业务成本　55 180

经过转账，本期商品销售成本调整为实际成本 144 820 元（200 000－55 180）。

将上述业务过账后，“库存商品”和“商品进销差价”科目的账面记录如下：

库存商品

借方	贷方
期初余额 20 000	
(a) 130 000	(c) 60 000
(b) 120 000	(d) 140 000
期末余额 70 000	

商品进销差价

借方	贷方
	期初余额 4 500
(f) 55 180	(a) 30 000
	(b) 40 000
	期末余额 19 320

商品零售企业在会计期末编制资产负债表时，存货项目中的商品存货部分，应根据“库存商品”科目的期末余额扣除“商品进销差价”科目的期末余额，按其差额列示。上述两个账户期末余额的差额为 50 680 元（70 000－19 320），此项数额与按存货成本率计算的期末存货成本完全一致。

7.4 期末有关存货的账务处理

7.4.1 存货的期末计价

在历史成本原则基础上，如果存货的市价下跌，则意味着企业现有存货日后使用时的价值或出售时获取收入的能力会相应下降，相对于历史成本而言，这无疑是一种损失；相反，如果市价高于历史成本，就形成一种收益。为了稳健地反映企业存货的价值和各会计期间的损益，对市价低于历史成本时的损失应当预计，但对于市价高于历史成本时的收益不应预计。因此，在市价低于历史成本时，应以市价对存货进行重新计价；当市价高于历史成本时，仍以历史成本对存货计价，这就是期末存货成本计价的成本与市价孰低法。这里的市价是指可变现净值。所谓可变现净值，是指在日常活动中，存货的估计售价减去至完工时估计将要发生的成本、估计的销售费用以及相关税费后的金额。在我国，成本与市价孰低法又称为成本与可变现净值孰低法。

《企业会计准则第 1 号——存货》规定：“资产负债表日，存货应当按照成本与可变现净值孰低计量。存货成本高于其可变现净值的，应当计提存货跌价准备，计入当期损益。”所谓成本与可变现净值孰低法，是指对期末存货按照成本与可变现净值两者之中较低者进行计价的方法。即当成本低于可变现净值时，存货按成本计价；当可变现净值低于成本时，存货按可变现净值计价。这里所讲的成本是指存货的历史成本。

企业应当在期末对存货进行全面清查，如由于存货毁损、全部或部分陈旧过时或销售价格低于成本等原因，使存货成本高于可变现净值的，应按可变现净值低于存货成本部分，计提存货跌价准备。

1. 存货计提跌价准备的范围

当存在下列情况之一时，表明存货可能发生了减值，应对存货的可收回金额进行估计，确定是否计提减值准备。

（1）存货的市价当期大幅度下跌，其跌幅明显高于因时间的推移或者正常使用而预计的下跌；

（2）企业经营所处的经济、技术或者法律等环境以及存货所处的市场在当期或者将在近期发生重大变化，对企业产生不利影响；

（3）市场利率或者其他市场投资报酬率在当期已经提高，影响企业计算存货预计未来现金流量现值的折现率，导致存货可收回金额大幅度降低；

（4）有证据表明存货已经陈旧过时或者其实体已经损坏；

（5）存货已经或者将被闲置、终止使用或者计划提前处置；

（6）企业内部报告的证据表明存货的经济绩效已经低于或者将低于预期，如存货所创造的净现金流量或者实现的营业利润（或者亏损）远远低于（或者高于）预计金额等；

（7）其他表明存货可能已经发生减值的迹象。

2. 跌价准备的计提方法

我国会计准则规定：企业通常应当按照单个存货项目计提存货跌价准备；对于数量繁多、单价较低的存货，可以按照存货类别计提存货跌价准备；与在同一地区生产和销售的产品系列相关、具有相同或类似最终用途或目的，且难以与其他项目分开计量的存货，可以合并计提存货跌价准备。

3. 期末存货跌价准备的会计处理

（1）期末，企业计算出存货可变现净值低于成本的差额，借记“资产减值损失——存货减值损失”科目，贷记“存货跌价准备”科目。如已计提跌价准备的存货的价值以后又得以恢复，应按恢复增加的数额，借记“存货跌价准备”，贷记“资产减值损失——存货减值损失”科目。但是，当已计提跌价准备的存货的价值以后又得以恢复，其冲减的跌价准备金额，应以“存货跌价准备”科目的余额冲减至零为限。

如果期末存货的成本低于可变现净值，则不需要作账务处理，资产负债表中的存货仍按期末账面价值列示；如果期末存货的可变现净值低于成本，则必须在当期确认存货减值损失，并进行上述的账务处理。

（2）当存在以下一项或若干项情况时，应将存货账面价值全部转入当期损益：

1）已霉烂变质的存货；

2）已过期且无转让价值的存货；

3）生产中已不再需要，并且已无使用价值和转让价值的存货；

4）其他足以证明已无使用价值和转让价值的存货。

企业当期发生上述情况时，应按存货的账面价值借记“资产减值损失——存货减值损失”科目，按已计提的存货跌价准备借记“存货跌价准备”科目，按存货的账面余额贷记“库存商品”等科目。

（3）企业计提了存货跌价准备，如果其中有部分存货已销售，则企业在结转销售成本的同时，应结转对其已计提的存货跌价准备，同时调整当期损益。账务处理为：借记“主营业务成本”科目，贷记“库存商品”科目；同时，借记“存货跌价准备”科目，贷记“资产减值损失——存货减值损失”科目。“存货跌价准备”科目期末贷方余额，反映企业已提取的存货跌价准备。

【例 7—23】 当代商城公司按照成本与可变现净值孰低法对期末存货进行计价。假设 2×07 年年末存货的账面成本为 1 000 000 元，可变现净值为 900 000 元，应计提的存货跌价准备为 100 000 元。

应作如下会计处理：

借：资产减值损失——存货减值损失　　100 000

　贷：存货跌价准备　　100 000

假设 2×08 年 1 月末该批存货的可变现净值为 850 000 元，则应补提的存货跌价准备为 50 000 元。应作如下会计处理：

借：资产减值损失——存货减值损失　　50 000

　贷：存货跌价准备　　50 000

2×08 年 2 月末，该批存货的可变现净值有所恢复，可变现净值为 970 000 元，则应冲减计提的存货跌价准备 120 000 元，应作如下会计处理：

借：存货跌价准备　　120 000

　贷：资产减值损失——存货减值损失　　120 000

2×08 年 3 月末，该存货的可变现净值进一步恢复，可变现净值达到 1 005 000 元，则应冲减计提的存货跌价准备 30 000 元（应以该批存货已计提的“存货跌价准备”余额冲减至零为限），应作如下会计处理：

借：存货跌价准备　　30 000

　贷：资产减值损失——存货减值损失　　30 000

会计期末，将存货的账面价值（存货账面余额减去已计提的存货跌价准备后的余额）列示于资产负债表的存货项目，并将已计提的存货跌价准备单独列示于资产减值准备明细表（资产负债表的附表）中。

7.4.2　后进先出法的所得税利益

1. 不同的存货计价方法对利润的影响

在实际成本法下，当存货单位成本不断变化时，不同的存货成本计价方法会导致不同的销货成本和期末存货成本，进而影响企业的利润表（销货成本）和资产负债表（期末存货成本）。当存货单位成本逐渐上升时，在先进先出法下，由于期末存货以最近的购货成本计价，即最高价格计价，因此期末存货成本额最高，本期销货成本最低；反之，在后进先出法下，由于期末存货以最早的购货成本计价，即最低价格计价，因此期末存货成本额最低，本期销货成本最高。当存货单位成本逐渐下降时，先进先出法下的期末存货成本额最低，而后进先出法下的期末存货成本额最高。

表7—7概括了某企业当存货单位成本逐渐上升时，三种存货计价方法对其利润计量的影响。仔细研究该表，注意期末存货、销货成本和毛利之间的关系。

表7—7　　先进先出法、后进先出法和加权平均法对利润计量的影响　　单位：元

项目	先进先出法	后进先出法	加权平均法
销售收入	10 000	10 000	10 000
销售成本的计算			
可供销售商品的成本	9 000	9 000	9 000
期末存货成本	6 000	4 000	5 000
本期销货成本	3 000	5 000	4 000
毛利	7 000	5 000	6 000

当存货单位成本逐渐上升时：

先进先出法——最高的期末存货成本、最低的销货成本和最高的毛利。

后进先出法——最低的期末存货成本、最高的销货成本和最低的毛利。

加权平均法——其结果介于先进先出法和后进先出法之间。

当存货单位成本逐渐下降时：

先进先出法——最低的期末存货成本、最高的销货成本和最低的毛利。

后进先出法——最高的期末存货成本、最低的销货成本和最高的毛利。

加权平均法——其结果介于先进先出法和后进先出法之间。

2. 后进先出法的所得税利益

当价格上升时，采用后进先出法会产生最低的应税利润和最低的企业所得税。我们利用表7—7中毛利的数据作如下计算，假设企业各种期间费用总额3 000元，如表7—8所示。

表7—8　　先进先出法、后进先出法和加权平均法对税前利润和所得税的影响　　单位：元

项目	先进先出法	后进先出法	加权平均法
毛利	7 000	5 000	6 000
期间费用总额	3 000	3 000	3 000
税前利润	4 000	2 000	3 000
所得税费用（33%）	1 320	660	990
净利润	2 680	1 340	2 010

在三种存货计价方法下，后进先出法下的所得税费用（660 元）最低，而先进先出法下的所得税费用（1 320 元）最高。后进先出法最富吸引力的特征是减少所得税支出，这就是许多公司要将先进先出法改为后进先出法的原因。在通货膨胀比较严重时，许多企业都因其税收利益而转用后进先出法。20 世纪 70 年代以来，通货膨胀和高利率波及整个世界，人们发现递延确认收入或加速确认费用可以产生巨大的财务优势。如果这种财务优势所带来的利益循环发生，则实际获得的利益远远大于在短期内使用资金的利益。因此纳税人在进行纳税会计政策、纳税会计处理方法的选择时，往往倾向于获得货币时间价值，尽可能从税负最轻、纳税最迟的角度出发，选择加快确认费用、推迟确认收入的会计处理方法。但这些方法的采用也面临着税法的限制。

根据美国注册会计师协会对 600 家公司采用的存货计价方法进行的调查，结果发现，先进先出法占 41%、后进先出法占 35%、加权平均法占 19%、其他方法占 5%。这表明先进先出法和后进先出法是最普遍的两种存货计价方法。

思考：在价格上升时期，既然后进先出法能降低企业所得税，为什么先进先出法仍应用得很普遍呢？

回答：因为一些公司从事存货生产成本不断降低的行业（如计算机、软件、大型设备及某些农产品），采用先进先出法可以降低税金；另一些公司因为存货周转率很高，且存货额较低，使用不同的存货计价方法区别不大；还有一些公司倾向于在先进先出法下能列报较高的会计利润，以达到吸引投资者的目的。

后进先出法通过将最近的存货成本转入销货成本，实现了当期成本与当期收入较好的配比。在价格上升时，后进先出法可带来最低的所得税支出，但后进先出法在期末资产负债表上的存货金额则容易引起误解，因为期末存货是按最早的购货价格计算的，与现行成本差距较大。相反，先进先出法在资产负债表上列示的是最近购进存货的成本，与现行成本较为接近，但先进先出法用最早的存货成本抵减当期收入，没能实现当期费用与当期收入较好的配比，在价格上升时，先进先出法导致最高的所得税支出。

综上分析，在价格上升时期，先进先出法的优势是：（1）总是在资产负债表上按现行成本列报期末存货；（2）总是在利润表上列报较高的利润，有利于展示企业的形象。

先进先出法的劣势是：（1）违反了配比原则（先进先出法使得某些以前年度的存货成本与当期收益相配比）；（2）导致较高的所得税支出，进而影响到现金流量；（3）不能抵消通货膨胀对销货成本的影响。

后进先出法的优势是：（1）总是能使收入和费用较好地配比；（2）能实现较低的所得税支出，进而带来较多的现金流量。

后进先出法的劣势是：（1）在利润表上列报较低的利润，不利于展示企业的形象；（2）列报低估了的期末存货（与现行成本差距较大）；（3）这种方法可用于操纵利润。

当存货价格下降时，有与上述分析相反的结果，即后进先出法下所得税最高，先进先出法下所得税最低。

3. 先进先出法产生所谓的存货利润

先进先出法遭到批评主要是因为它在通货膨胀期间通过所谓存货利润而高估利润。存货利润是后进先出法下的毛利与先进先出法下的毛利的差额。表7—8中先进先出法和后进先出法的毛利差额2 000元（7 000－5 000）是由销货成本的不同而产生的，因此这2 000元被称为先进先出法下的存货利润。

4. 后进先出法允许管理人员操纵报告利润

后进先出法遭到批评主要是因为它允许管理人员操纵净利润。假定存货价格正在快速上涨，公司该年想列报较少的利润（以获得纳税利益），则可在接近年末时，买进大量高成本存货。在后进先出法下，这些高成本存货立即转为销货成本，其结果是利润表上列报了较低的净利润和所得税。相反，如果企业该年度经营状况不好，管理人员可能想提高其报告利润。为达到此目的，管理人员可以将高成本存货的购入推迟到下期。这样，高成本存货就不会作为本期的销货成本而影响到本期的利润计量。在这一做法中，公司降低了期末库存存货数量。

当存货数量降至上年度水平以下时，这种情形称为后进先出清理。为计算本年的销货成本，公司必须结转上年或更早期的存货成本。在存货成本上升时期，后进先出法将早期更低的存货成本转入本期的销货成本，其结果是产生与公司不发生后进先出清理时相比更高的净利润。后进先出清理能增加报告期利润和所得税支出，因此管理者大都慎重对待后进先出清理。

一个公司如果打算报告较高的利润，在价格上升时，先进先出法可满足这一要求，但在这种情况下公司必须同时支付较高的所得税。在价格下降时，后进先出法可以得到相同的结果。哪种存货计价方法更好一些，是后进先出法还是先进先出法？这个问题没有简单的答案。不同的公司在选择存货计价方法时有不同的考虑和打算。

7.4.3 将后进先出法下的公司利润调整为先进先出法下的利润

假定你是一位财务分析师，向客户推荐可作为投资购买的股票是你的工作。当你将选择范围缩小到甲和乙两个商品流通企业时，在分析中，你发现甲企业的净利润为500万元，采用后进先出法对存货进行会计核算；而乙企业的净利润为520万元，采用先进先出法对存货进行会计核算。假设不考虑其他因素，哪个企业更适合投资？

由于两个企业采用了不同的存货计价方法，它们的净利润不能直接进行比较。为比较这两个企业，需要将这两个企业的存货计价方法置于相同的基础上。由于会计准则要求企业列报足够多的会计信息，可以将甲企业在财务报表上列报的按后进先出法计算的利润转为按先进先出法计算的利润。

假设在价格上升时期，甲企业在财务报表上列报期末存货的后进先出成本、后进先出准备和先进先出成本。后进先出准备是后进先出法与先进先出法下存货成本的差额。具体如表 7—9 所示。

表 7—9　　甲企业 2×08 年度采用后进先出法列报的有关数据　　单位：万元

项目	2×08 年 12 月 31 日	2×07 年 12 月 31 日
资产负债表中：		
期末存货成本（先进先出法）	3 000	2 610
减后进先出准备	200	110
期末存货成本（后进先出法）	2 800	2 500
利润表中：		
销货成本（后进先出法）	8 000	
净利润	500	
所得税税率	33%	

为了将甲企业的利润转为先进先出法下的利润，首先需计算后进先出法下的销货成本。因为不管采用何种存货计价方法，净购货额都相同，故可以不予考虑。然后用先进先出法下的存货成本金额代替期初和期末存货成本额，并计算先进先出法下的销货成本。下面是甲企业 2×08 年度的销货成本数据。

	后进先出成本		后进先出准备		先进先出成本 单位：万元
期初存货成本	2 500	＋	110	＝	2 610
加：本期净采购*	8 300				8 300
本期可供销售的商品成本	10 800				10 910
减：期末存货成本	2 800	＋	200	＝	3 000
本期销货成本	8 000	－	90	＝	7 910
先进先出法比后进先出法计算的销货成本低 90 万元，相应的税前利润就要高 90 万元。					

* 本期净采购＝2 800＋8 000－2 500＝8 300（万元）

如果甲企业使用先进先出法，其销货成本为 7 910 万元，降低了 90 万元。甲企业在先进先出法下的净利润计算如下：

由于降低销货成本将引起税前利润增加	90 万元
减：所得税（90×33%）	(29.7) 万元
先进先出法增加净利润	60.3 万元
后进先出法下计算的实际净利润	500 万元
先进先出法下甲企业应列报的净利润	560.3 万元

如果只在净利润方面比较，甲企业 560.3 万元的净利润远高于乙企业 520 万元的净利润。还可以用两个企业的净利润指标分析企业的各种盈利能力指标，进一步分析两个企业的优劣。2×08 年甲企业因采用后进先出法比采用先进先出法节约 29.7 万元的企业所得税费用。

为了进一步说明上述原理，我们再举例分析如下。

【例 7—24】　黎明商店在 2×08 年采用后进先出法核算的有关项目的金额如下：期初存货成本 40 000 元，期末存货成本 30 000 元，本期销货成本 160 000 元，净利润 45 000 元，所得税税率 33%。如果黎明商店采用先进先出法核算，期初存货成本 50 000 元，期末存货成本 42 000 元，请计算 2008 年黎明商店在先进先出法计算下的净利润。

分析： 2×08 年的进货成本＝30 000＋160 000－40 000＝150 000（元）

单位：元

	后进先出法	先进先出法
期初存货成本	40 000	50 000
加本期净采购	150 000	150 000
本期可供销售的商品成本	190 000	200 000
减期末存货成本	30 000	42 000
本期销货成本	160 000	158 000
先进先出法比后进先出法计算的销货成本低 2 000 元（160 000－158 000），相应的税前利润就要高 2 000 元。		

2×08 年在先进先出法计算下的净利润＝45 000＋（160 000－158 000）×（1－33%）＝46 340（元）

练习题

一、选择题

1. 能使当期销售成本与当期收入最好配比的存货计价方法是（　　）。

A. 个别计价法　　B. 加权平均成本法

C. 先进先出法　　D. 后进先出法

2. 公司在价格上升时期倾向于使用后进先出法的原因是（　　）。

A. 列报较高的利润　　B. 有较低的所得税

C. 列报较低的利润　　D. 有较高的期末存货

3. 某商场月初“库存商品”账户余额为 50 000 元，“商品进销差价”账户余额为 7 500元。本月购买商品进价 255 000 元，售价 300 000 元，销售商品售价 180 000元。则本月已销商品商品进销差价为（　　）元。

A. 27 000　　B. 20 000

C. 30 000　　D. 28 000

4. 应包括在资产负债表“存货”项目中的有（　　）。

A. 委托代销商品　　B. 在途商品

C. 为在建工程购入的工程物资　　D. 合同约定购入的商品

E. 发出商品

5. 下列项目中，可以计入存货成本的有（　　）。

A. 一般纳税企业购入货物支付的增值税进项税款

B. 零售商业外购商品运杂费

C. 委托加工存货的加工费

D. 接受捐赠存货的运杂费

6. 期末存货计价过高，可能会引起（　　）。

A. 当期利润增加　　B. 当期利润减少

C. 当期所有者权益增加　　D. 当期所得税增加

7. 下列项目的金额最大的是（　　）。

A. 期初存货成本　　B. 本期购货成本

C. 本期可供销售存货的总成本　　D. 期末存货成本

8. 期初存货成本为35 000元，本期购货成本为146 000元，本期销售额为240 000元，毛利率为35%，则期末存货成本是（　　）元。

A. 25 000　　B. 35 000

C. 97 000　　D. 181 000

9. "材料成本差异"科目贷方核算的内容有（　　）。

A. 入库材料成本超支差异　　B. 入库材料成本节约差异

C. 结转发出材料应负担的超支差异　　D. 结转发出的库存材料

10. 按我国会计制度规定，当存货存在下列（　　）情况之一的，应提取存货跌价准备。

A. 市价持续下跌，并且在可预见的未来无回升的希望

B. 使用该原材料生产的产品成本大于产品的售价

C. 因产品更新换代，原库存原材料已不适应新产品的需要，而该材料的市价又低于其账面成本

D. 因企业提供的商品或劳务过时或消费者偏好改变而使市场需求变化，导致企业市价下跌

E. 其他足以证明该项存货实质上已经发生减值的情形

二、思考题

1. 为什么商品存货对零售商或批发商很重要?

2. 简述五种普遍使用的存货计价方法。在价格上升时期，哪种方法产生最大的报告利润? 哪种产生最低的报告利润?

3. 后进先出法最有吸引力的特征是什么? 后进先出法在价格上升期还是下降期有这种好处?

4. 存货成本包括哪些内容?

5. 资产负债表中存货项目包括哪些内容?

6. 如何将后进先出法下的公司利润调整为先进先出法下的利润?

三、核算题

1. 练习发出存货的核算。

资料：红旗工厂2×04年5月发出甲材料100 000元，其中70 000元直接用于产品生产，20 000元对外销售，2 000元为生产车间一般耗用，3 000元为销售部门一般耗用，5 000元为管理部门一般耗用。

要求：根据以上经济业务编制发出存货会计分录。

2. 练习计划成本法下的存货核算。

资料：立达工厂对原材料采用计划成本进行核算，2×08 年 9 月有关原材料的资料如下：

（1）“原材料”账户期初余额 2 000 元，“材料采购——原材料”账户期初借方余额 7 200 元，“材料成本差异”账户期初借方余额 80 元，原材料计划单位成本每千克 10 元。

（2）本月原材料的外购记录为：

付款日	验收入库日	外购材料数量（千克）	材料实际采购成本（元）
8 月 26 日	9 月 5 日	700	7 200
9 月 15 日	8 月 8 日	800	6 400
9 月 29 日		500	6 000

（3）本月 15 日和 25 日车间生产产品分别领用原材料 700 千克和 500 千克。

要求：根据以上经济业务编制会计分录。

部分练习题答案

一、选择题

1. D　2. BC　3. A，进销差价率＝(7 500＋45 000)÷(50 000＋300 000)×100%＝15%，本月已销商品商品进销差价＝1800 000×15%＝27 000 元　4. ABE　5. BCD　6. ACD　7. C　8. A　9. BC　10. ABCDE

第8章

货币资金、交易性金融资产及应收项目

内容预览

8.1　货币资金

8.2　交易性金融资产

8.3　应收票据

8.4　应收及预付款项

如前所述，企业的资产按其流动性可以分为流动资产和非流动资产。其中，流动资产主要包括货币资金、交易性金融资产、应收及预付款项、存货等。一个正常经营的企业必须具备一定数量的货币资金，对于工商企业而言，还必须拥有一定数量的存货，而在现代商品经济条件下，应收及预付款项则成为众多企业经常拥有的债权形式的流动资产。可见，企业的流动资产对于其日常经营活动及其经营成果的取得具有直接的影响作用，因此，加强流动资产的核算与管理，对于企业经营活动至关重要。

在前一章专门介绍了存货的会计核算，本章重点介绍货币资金、交易性金融资产、应收及预付款项等流动资产的概念以及相关账务处理等内容。

8.1 货币资金

8.1.1 货币资金概述

货币资金指在企业生产经营过程中处于货币形态的经营资金，在我国企业会计工作中，根据货币资金的存放地点以及使用上是否受约定限制，一般将其分为现金、银行存款、其他货币资金等。需要说明的是，本章所讲的现金是狭义的概念，即企业的库存现金；一般经济活动中所言现金是广义的概念，也就是货币资金，即包括了企业的库存现金、银行存款和其他货币资金；现金流量表中的现金则是指企业的库存现金以及随时可以用于支付的存款。

企业的资产负债表上一般只列示“货币资金”项目，总括反映企业货币资金的基本情况，不再按货币资金的各个组成项目单独列示。

任何企业进行生产经营活动，都必须拥有一定数量的货币资金，以购买劳动资料、劳动对象以及支付各种费用和支出等；随着企业开展生产经营活动，通过销售商品或提供劳务，重新获得货币资金并实现增值。因此货币资金是企业资金周转的起点和终点，货币资金的收付业务贯穿于企业生产经营活动的全过程。另一方面，由于货币资金具有较强的流动性，因此，尽管货币资金的会计核算并不复杂，但是在对其进行核算的过程中加强管理与控制至关重要。

8.1.2 现金

现金（库存现金）是存放于企业的用于日常零星开支的人民币现金和外币现金。现金是货币资金的重要组成部分，是立即可以投入交换和流通的媒介，它可以随时用于购买商品、物资和其他资产，可用于偿付债务，支付费用。现金是企业全部资产当中支付能力最强即流动性最大的一种货币资金，也较容易滋生舞弊行为，因此企业必须对现金进行严格的管理和控制，以提高其使用效益，保护其安全。

1. 现金的管理

企业应当按照中国人民银行制定的《现金管理暂行条例》和财政部有关货币资

金的内部会计控制规范，办理有关现金收支业务，严格管理企业的现金。

(1) 现金的使用范围。现金可用于支付下列项目：1) 职工工资、津贴；2) 个人劳务报酬；3) 根据国家规定颁发给个人的科学技术、文化艺术、体育等各种奖金；4) 各种劳保、福利费用以及国家规定的对个人的其他支出；5) 向个人收购农副产品和其他物资的价款；6) 出差人员必须随身携带的差旅费；7) 结算起点(1 000 元) 以下的零星支出；8) 中国人民银行确定需要支付现金的其他支出。

企业之间的经济往来，除以上规定的情况可以使用现金外，其他所有款项的收付都必须通过银行进行转账结算。

(2) 有关现金收支的规定。1) 应当由开户银行根据实际需要，核定开户企业 3～5 天的日常零星开支所需的库存现金限额。边远地区和交通不便地区的开户单位的库存现金限额，可以多于 5 天，但不得超过 15 天的日常零星开支。

2) 经核定的库存现金限额，企业必须严格遵守。需要增加或者减少库存现金限额的，应当向开户银行提出申请，由开户银行核定。

3) 企业现金收入应当于当日送存开户银行。当日送存确有困难的，由开户银行确定送存时间。

4) 企业支付现金，可以从本单位库存现金限额中支付或者从开户银行提取，不得从本单位的现金收入中直接支付（即坐支）。因特殊情况需要坐支现金的，应当事先报经开户银行审查批准，由开户银行核定坐支范围和限额。坐支单位应当定期向开户银行报送坐支金额和使用情况。

5) 企业从开户银行提取现金，应当写明用途，由本单位财会部门负责人签字盖章，经开户银行审核后，予以支付现金。

6) 因采购地点不固定，交通不便，生产或者市场急需，抢险救灾以及其他特殊情况必须使用现金的，企业应当向开户银行提出申请，由本单位财会部门负责人签字盖章，经开户银行审核后，予以支付现金。

7) 不准用不符合制度规定的凭证充抵库存现金，即不得以“白条”抵库；不准谎报用途套取现金；不准用企业的银行账户代其他单位或个人存取现金；不准公款私存；不准保留账外公款；不准设“小金库”。

8) 不得对现金结算给予比银行转账更优惠的条件；企业不得超出规定范围和限额使用现金，各企业之间不得互借现金。

2. 现金的日常核算

为了加强对现金的管理与控制，随时掌握现金收付的动态和库存余额，企业必须设置现金日记账，由出纳人员根据收付款凭证，按照现金收付业务发生的先后顺序，逐笔登记现金日记账。现金日记账应当做到日清月结，账款相符。如果发现账款不符，应当及时查明原因，进行处理。

为了总括反映库存现金的收付及结存情况，企业应当设置“库存现金”科目进行核算。该科目借方反映企业现金的增加，贷方反映现金的减少，月末借方余额反映库存现金的结余。月份终了，企业现金日记账的余额应与“库存现金”总账的余额核对相符。

有外币现金收支业务的企业应当按照人民币现金、外币现金的币种设置相应的现金账户进行明细核算。

8.1.3 银行存款

银行存款是企业存放在银行或其他金融机构的货币资金。根据国家有关规定，凡独立核算的单位都必须在企业所在地银行开立账户，进行存款、取款以及各种转账业务。

1. 银行账户的开立

根据《人民币银行结算账户管理办法》规定，存款人以单位名称开立的银行结算账户为单位银行结算账户，按用途分为基本存款账户、一般存款账户、专用存款账户、临时存款账户。

基本存款账户是企业因办理日常转账结算和现金收付需要开立的银行结算账户，是企业的主办账户，企业日常经营活动的资金收付、现金的支取，以及员工工资、奖金的发放，应通过该账户办理。

一般存款账户是企业因借款或其他结算需要，在基本存款账户开户银行以外的银行营业机构开立的银行结算账户，用于办理企业借款转存、借款归还和其他结算的资金收付。该账户可以办理现金缴存，但不得办理现金支取。

专用存款账户是企业按照法律、行政法规和规章，对其特定用途资金（如基本建设资金、更新改造资金、证券交易结算资金、单位银行卡备用金、社会保障基金等）进行专项管理和使用而开立的银行结算账户，用于办理各项专用资金的收付。单位银行卡账户的资金必须由其基本存款账户转账存入。该账户不得办理现金收付业务。

临时存款账户是企业因临时需要并在规定期限内使用而开立的银行结算账户，如设立临时机构、异地临时经营活动、注册验资等。该账户用于办理临时机构以及企业临时经营活动发生的资金收付。

2. 银行结算方式

如上所述，企业日常大量的与其他单位或个人的经济业务往来，都是通过银行结算的。为了规范支付结算行为，保障支付结算活动中当事人的合法权益，加速资金周转和商品流通，中国人民银行根据《中华人民共和国票据法》和《票据管理实施办法》，制定了《支付结算办法》，规定了企业可以选择使用的票据结算工具和结算方式，即“四票”、“三式”，还有信用卡以及国际贸易中采用的信用证结算方式。

(1) 银行汇票。银行汇票是出票银行签发的，由其在见票时按照实际结算金额无条件支付给收款人或者持票人的票据。企业单位和个人各种款项结算，均可使用银行汇票。银行汇票的出票银行为该银行汇票的付款人。银行汇票可用于同城或异地结算。

银行汇票一律记名，提示付款期限自出票日起 1 个月，逾期兑付银行不予受理。持票人超过期限不获付款的，须在票据权利时效内向出票银行作出说明，并提供本人身份证件或单位证明，持银行汇票和解讫通知向出票银行请求付款。

企业申请使用银行汇票，应向出票银行填写《银行汇票申请书》，填明收款人名称、汇票金额、申请人名称、申请日期并签章，签章为预留银行的签章。只有申请人和收款人均为个人时才能申请使用现金银行汇票；申请人或收款人为单位的，不得在《银行汇票申请书》上填写“现金”字样。

企业取得银行汇票后即可持银行汇票向收款单位办理结算。收款单位受理付款单位交付的银行汇票时，应在出票金额以内，根据实际需要的款项办理结算，并将实际结算金额和多余金额准确、清晰地填入银行汇票和解讫通知的有关栏内，未填明实际结算金额和多余金额或实际结算金额超过出票金额的，银行不予受理。银行汇票的实际结算金额低于出票金额的，其多余金额由出票银行退交申请企业。

收款单位可以将银行汇票背书转让给被背书人。银行汇票的背书转让以不超过出票金额的实际结算金额为准。未填写实际结算金额或实际结算金额超过出票金额的银行汇票不得背书转让。银行汇票丧失，失票人可以凭人民法院出具的其享有票据权利的证明，向出票银行请求付款或退款。

银行汇票存款属于其他货币资金，企业申请并取得银行汇票时，会计上即进行将银行存款转为其他货币资金的核算，即借记“其他货币资金——银行汇票”科目，贷记“银行存款”科目。企业使用银行汇票采购商品时，借记“材料采购”（或“在途物资”等）科目和“应交税费——应交增值税（进项税额）”科目，贷记“其他货币资金——银行汇票”科目。银行汇票退款时，借记“银行存款”科目，贷记“其他货币资金——银行汇票”科目。

（2）商业汇票。商业汇票是出票人签发的，委托付款人在指定日期无条件支付确定金额给收款人或者持票人的票据。

商业汇票既可用于同城结算也可用于异地结算。在银行开立存款账户的法人以及其他组织之间，必须具有真实的交易关系或债权债务关系，才能使用商业汇票。商业汇票按承兑人不同可分为商业承兑汇票和银行承兑汇票。

商业承兑汇票是按照交易双方约定，由付款人或收款人签发，由银行以外的付款人承兑的商业汇票。付款人承兑商业汇票时，应当在汇票正面记载“承兑”字样和承兑日期并签章。承兑不得附有条件，否则视为拒绝承兑。汇票到期时，持票人应在提示付款期限（自汇票到期日起10日）内通过开户银行委托收款或直接向付款人提示付款。如果付款人存款账户不足以支付票款，银行将填制付款人未付票款通知书，连同商业承兑汇票通过持票人开户银行退回持票人。

银行承兑汇票是按照交易双方约定，由在承兑银行开立存款账户的付款人签发的商业汇票。承兑银行按票面金额向出票人收取万分之五的手续费。银行承兑汇票的出票人应于汇票到期前将票款足额交存其开户银行。承兑银行应在汇票到期日或到期日后的见票当日支付票款。如果银行承兑汇票的出票人于汇票到期日未能足额交存票款，承兑银行除凭票向持票人无条件付款外，对出票人尚未支付的汇票金额按照每天万分之五计收利息。

商业汇票的付款期限由交易双方商定，但最长不得超过 6 个月。汇票到期，付款人或承兑银行存在合法抗辩事由拒绝支付的，应自接到付款通知或商业汇票的次日起 3 日内，作成拒绝付款证明，通过持票人开户银行转交持票人。

商业汇票可以背书转让。符合条件的商业汇票的持票人可持未到期的商业汇票连同贴现凭证向银行申请贴现。商业汇票的持票人向银行办理贴现必须具备下列条件：在银行开立存款账户的企业法人以及其他组织；与出票人或者直接前手之间具有真实的商品交易关系；提供与其直接前手之间的增值税发票和商品发运单据复印件。

采用商业汇票结算时，收款人通过“应收票据”科目进行会计核算，付款人通过“应付票据”科目进行核算。

(3) 银行本票。银行本票是出票银行签发的，承诺自己在见票时无条件支付确定金额给收款人或者持票人的票据。单位或个人在同一票据交换区域需要支付各种款项，均可以使用银行本票。银行本票可以用于转账，注明“现金”字样的银行本票可以用于支取现金。但申请人或收款人为单位的，不得申请签发现金银行本票。银行本票的提示付款期限自出票日起最长不得超过 2 个月。银行本票分为定额本票和不定额本票两种。定额银行本票面额为 1 000 元、5 000 元、10 000 元、50 000 元。

企业申请使用银行本票时，应向银行填写《银行本票申请书》，填明收款人名称、申请人名称、支付金额、申请日期等事项并签章。收款人可以将银行本票背书转让给被背书人。

银行本票见票即付。持票人超过提示付款期限不获付款的，在票据权利时效内向出票银行作出说明，并提供本人身份证件或单位证明，可持银行本票向出票银行请求付款。银行本票丧失，失票人可以凭人民法院出具的其享有票据权利的证明，向出票银行请求付款或退款。在会计上银行本票属于其他货币资金，其账务处理与前述银行汇票的账务处理相似。

(4) 支票。支票是出票人签发的，委托办理支票存款业务的银行在见票时无条件支付确定的金额给收款人或者持票人的票据。支票上印有“现金”字样的为现金支票，现金支票只能用于支取现金。支票上印有“转账”字样的为转账支票，转账支票只能用于转账。支票上未印有“现金”或“转账”字样的为普通支票，普通支票可以用于支取现金，也可用于转账。在普通支票左上角划两条平行线的，为划线支票，只能用于转账，不得支取现金。

单位或个人在同一票据交换区域的各种款项结算，均可以使用支票。支票的出票人，为在经中国人民银行当地分支行批准办理支票业务的银行机构开立可以使用支票的存款账户的单位和个人。

支票的出票人签发支票的金额不得超过付款时在付款人处实有的存款金额。禁止签发空头支票。支票的提示付款期限自出票日起 10 日，但中国人民银行另有规定的除外。超过提示付款期限提示付款的，持票人开户银行不予受理，付款人不予付款。在付款期限内，出票人在付款人处的存款足以支付支票金额时，付款人应当在见票当日足额付款。

（5）汇兑。汇兑是汇款人委托银行将其款项支付给收款人的结算方式。单位和个人的各种款项的结算，均可使用汇兑结算方式。汇兑分为信汇、电汇两种。信汇是指汇款人委托银行通过邮寄方式将款项划转给收款人；电汇是指汇款人委托银行通过电报将款项划转给收款人，这两种方式由汇款人根据需要选择使用。汇兑结算方式适用于异地之间的各种款项结算。这种结算方式划拨款项简便、灵活。

（6）托收承付。托收承付是根据购销合同由收款人发货后委托银行向异地付款人收取款项，由付款人向银行承认付款的结算方式。使用托收承付结算方式的收款单位和付款单位，必须是国有企业、供销合作社以及经营管理较好，并经开户银行审查同意的城乡集体所有制工业企业。办理托收承付结算的款项，必须是商品交易，以及因商品交易而产生的劳务供应的款项。代销、寄销、赊销商品的款项，不得办理托收承付结算。

收付双方使用托收承付结算必须签有符合《经济合同法》的购销合同，并在合同上订明使用托收承付结算方式。托收承付结算每笔的金额起点为 10 000 元，新华书店系统每笔的金额起点为 1 000 元。收款人按照签订的合同发货后，将托收凭证并附商品发运证件或其他符合托收承付结算的有关证明和交易单证交付银行，办理托收。托收承付结算款项的划回方式，分邮寄和电报两种，由收款人选用。

付款人（购货单位）收到托收凭证及其附件后，应在承付期内审查核对，安排资金。承付货款分为验单付款和验货付款两种，由收付双方商量选用，并在合同中明确规定。验单付款的承付期为 3 天；验货付款的承付期为 10 天或由收付双方在合同中明确规定，并在托收凭证上注明验货付款期限。付款人在承付期限内，未向银行表示拒绝付款的，银行即视作承付，并在承付期满的次日将款项主动从付款人的账户内付出，按照收款人指定的划款方式，划给收款人。付款人不得在承付货款中扣抵其他款项或以前托收的货款。

对于下列情况，付款人在承付期内，可向银行提出全部或部分拒绝付款：1）没有签订购销合同或购销合同未订明托收承付结算方式的款项；2）未经双方事先达成协议，收款人提前交货或因逾期交货付款人不再需要该项货物的款项；3）未按合同规定的到货地址发货的款项；4）代销、寄销、赊销商品的款项；5）验单付款，发现所列货物的品种、规格、数量、价格与合同规定不符，或货物已到，经查验货物与合同规定或发货清单不符的款项；6）验货付款，经查验货物与合同规定或与发货清单不符的款项；7）货款已支付或计算有错误的款项。付款人提出拒绝付款时，必须填写《拒绝付款理由书》并签章，注明拒绝付款理由交由银行受理。

付款人在承付期满如无足够资金支付，其不足部分，即为逾期未付款项，其开户银行应当按照每天万分之五计算逾期付款赔偿金，定期扣付，划给收款人。

（7）委托收款。委托收款是收款人委托银行向付款人收取款项的结算方式。单位或个人凭已承兑的商业汇票、债券、存单等付款人债务证明办理款项的结算，均可以使用委托收款结算方式。委托收款在同城、异地均可使用，不受金额起点限制，其划款方式分邮寄和电报两种，由收款人选用。

付款人为单位的，应在收到银行转来的委托收款凭证和有关债务证明的当日书面通知银行付款。付款人未在接到通知的次日起 3 日内通知银行付款的，视同付款人同意付款，银行于第 4 日将款项划给收款人。付款人审查有关债务证明后，对收款人委托收取的款项需要拒绝付款的，可以办理拒绝付款。

在同城范围内，收款人收取公用事业费或根据国务院的规定，可以使用同城特约委托收款，但必须具有收付双方事先签订的经济合同，由付款人向开户银行授权，并经开户银行同意，报经中国人民银行当地分支行同意。

（8）信用卡。信用卡是指商业银行向个人和单位发行的，凭以向特约单位购物、消费和向银行存取现金，且具有消费信用的特制载体卡片。信用卡按使用对象分为单位卡和个人卡，按信誉等级分为金卡和普通卡。凡在中国境内金融机构开立基本存款账户的单位均可申领单位卡。单位卡可申领若干张，持卡人资格由申领单位法定代表人或其委托的代理人书面指定和注销。单位卡账户的资金一律从其基本存款账户转账存入，不得交存现金，不得将销货收入的款项存入其账户。严禁将单位的款项存入个人卡账户。单位卡一律不得支取现金，不得用于 10 万元以上的商品交易、劳务供应款项的结算。

单位申领信用卡，须按银行要求交存一定金额的备用金，因这部分备用金已具有特定用途，应属于其他货币资金，因此企业在取得信用卡时，借记“其他货币资金——信用卡存款”科目，贷记“银行存款”科目。企业用信用卡支付各种款项时，借记与所发生的经济业务相对应的资产类或费用类等科目，贷记“其他货币资金——信用卡存款”科目。

（9）信用证。信用证是指开证银行依据申请人的申请开出的、凭符合信用证条款的单据支付的付款承诺。信用证结算方式是国际贸易结算的一种主要方式。经中国人民银行批准经营结算业务的商业银行总行以及经商业银行总行批准开办信用证结算业务的分支机构，也可以办理国内企业之间商品交易的信用证结算业务。

采用信用证结算方式时，收款单位收到信用证后，即备货装运，签发有关发票账单，连同运输单据和信用证送交银行，根据退还的信用证等有关凭证编制收款凭证；付款单位在接到开证行的通知时，根据付款的有关单据编制付款凭证。

企业向银行申请开出信用证时，必须向银行交纳一定数额的信用证保证金，此保证金也属于其他货币资金，因此当企业向银行交纳信用证保证金时，应当借记“其他货币资金——信用证保证金”科目，贷记“银行存款”科目。企业以信用证方式采购商品时，借记“库存商品”（在途物资）科目和“应交税费——应交增值税（进项税额）”，贷记“其他货币资金——信用证保证金”科目、“银行存款”科目。

3. 有关银行存款业务的账务处理

企业将款项存入银行等金融机构时，借记“银行存款”科目，贷记“库存现金”等相关科目；提取或支付银行存款时，借记“库存现金”等有关科目，贷记“银行存款”科目。

8.1.4　其他货币资金

从上述银行结算方式中我们看到，有些货币资金的用途与库存现金和银行存款不同，如银行汇票存款、银行本票存款、信用卡存款、信用证保证金等，另外还有一些货币资金的存款地点及用途也有别于库存现金和银行存款，如外埠存款、存出投资款等。这些货币资金在会计上统称为其他货币资金。

关于与银行汇票、银行本票、信用卡存款、信用证保证金有关的经济业务的账务处理已在前面介绍过。在此举例介绍外埠存款的账务处理。

【例 8—1】　假设某企业委托其开户银行将 200 000 元汇往外地银行开立临时采购专户，在当地采购商品支付款项共计 187 200 元（含增值税 27 200 元）。采购工作完成后，将多余的外埠存款转回。会计就上述经济业务所进行的账务处理如下：

（1）汇出款项到外地开立采购专户。

借：其他货币资金——外埠存款	200 000	
贷：银行存款		200 000

（2）支付采购商品的相关款项。

借：库存商品	160 000	
应交税费——应交增值税（进项税额）	27 200	
贷：其他货币资金——外埠存款		187 200

（3）转回多余款项。

借：银行存款	12 800	
贷：其他货币资金——外埠存款		12 800

8.1.5　货币资金的管理与控制

货币资金是企业资产中流动性最强的资产，加强对货币资金的管理与控制，对于保障企业资产安全完整，提高货币资金的周转速度和使用效率，防范资金风险，具有重要意义。加强对货币资金的管理与控制，应根据国家有关规定，结合企业自身的生产经营特点，制定相应的控制制度，并保证其切实有效实施。

1. 货币资金管理和控制的原则

一般来说，货币资金的管理与控制应当遵循以下原则。

（1）严格职责分工。涉及货币资金的业务包括授权、收付款、记录等环节，每一环节的每一项工作应由不同人员完成，即做到不相容职责相分离，如管钱不管账，经办采购、销售业务的人员不得同时办理货币收付业务等，形成严密的内部牵制制度，以减少和降低货币资金管理上舞弊的可能性。

（2）实行交易分开。将现金支出业务和现金收入业务分开进行处理，防止出现将现金收入直接用于现金支出的坐支行为。

（3）实施内部稽核。设置内部稽核部门和人员，建立内部稽核制度，以加强对货币资金的监督，及时发现货币资金管理与控制中存在的问题以便及时纠正。

（4）实施定期轮岗制度。对涉及货币资金管理与控制的业务人员实行定期轮换岗位，以减少货币资金管理与控制中产生舞弊的可能性，并及时发现有关人员的舞弊行为。

2. 货币资金的内部控制制度

货币资金内部控制的主要内容包括：

（1）岗位分工及授权批准。单位应当建立货币资金的岗位责任制，明确相关部门和岗位的职责权限，确保办理货币资金业务的不相容岗位相互分离、制约和监督。出纳人员不得兼任稽核、会计档案保管和收入、支出、费用、债权债务账目的登记工作。单位不得由一人办理货币资金业务的全过程。

单位办理货币资金业务，应当配备合格的人员，并根据单位具体情况进行岗位轮换。办理货币资金业务的人员应当具备良好的职业道德，忠于职守，廉洁奉公，遵纪守法，客观公正，不断提高会计业务素质和职业道德水平。

单位应当对货币资金业务建立严格的授权批准制度，明确审批人对货币资金业务的授权批准方式、权限、程序、责任和相关控制措施，规定经办人办理货币资金业务的职责范围和工作要求。审批人应当根据货币资金授权批准制度的规定，在授权范围内进行审批，不得超越审批权限。

经办人应当在职责范围内，按照审批人的批准意见办理货币资金业务。对于审批人超越授权范围审批的货币资金业务，经办人员有权拒绝办理，并及时向审批人的上级授权部门报告。

单位应当按照规定的程序办理货币资金支付业务。对于重要货币资金支付业务，应当实行集体决策和审批，并建立责任追究制度，防范贪污、侵占、挪用货币资金等行为。

严禁未经授权的机构或人员办理货币资金业务或直接接触货币资金。

（2）现金和银行存款的管理。单位应当加强现金库存限额的管理，超过库存限额的现金应及时存入银行。

单位必须根据《现金管理暂行条例》的规定，结合本单位的实际情况，确定本单位现金的开支范围。不属于现金开支范围的业务应当通过银行办理转账结算。

单位现金收入应当及时存入银行，不得用于直接支付单位自身的支出。因特殊情况需坐支现金的，应事先报经开户银行审查批准。

单位借出款项必须执行严格的授权批准程序，严禁擅自挪用、借出货币资金。

单位取得的货币资金收入必须及时入账，不得私设“小金库”，不得账外设账，严禁收款不入账。

单位应当严格按照《支付结算办法》等国家有关规定，加强银行账户的管理，严格按照规定开立账户，办理存款、取款和结算。

单位应当定期检查、清理银行账户的开立及使用情况，发现问题，及时处理。

单位应当加强对银行结算凭证的填制、传递及保管等环节的管理与控制。

单位应当严格遵守银行结算纪律，不准签发没有资金保证的票据或远期支票，套取银行信用；不准签发、取得和转让没有真实交易和债权债务的票据，套取银行和他人资金；不准无理拒绝付款，任意占用他人资金；不准违反规定开立和使用银行账户。

单位应当指定专人定期核对银行账户，每月至少核对一次，编制银行存款余额调节表，使银行存款账面余额与银行对账单调节相符。如调节不符，应查明原因，及时处理。

单位应当定期和不定期地进行现金盘点，确保现金账面余额与实际库存相符。发现不符，及时查明原因，作出处理。

(3) 票据及有关印章的管理。单位应当加强与货币资金相关的票据的管理，明确各种票据的购买、保管、领用、背书转让、注销等环节的职责权限和程序，并专设登记簿进行记录，防止空白票据的遗失和被盗用。

单位应当加强银行预留印鉴的管理。财务专用章应由专人保管，个人名章必须由本人或其授权人员保管。严禁一人保管支付款项所需的全部印章。

按规定需要有关负责人签字或盖章的经济业务，必须严格履行签字或盖章手续。

(4) 监督检查。单位应当建立对货币资金业务的监督检查制度，明确监督检查机构或人员的职责权限，定期和不定期地进行检查。

货币资金监督检查的内容主要包括：

1) 货币资金业务相关岗位及人员的设置情况。重点检查是否存在货币资金业务不相容职务混岗的现象。

2) 货币资金授权批准制度的执行情况。重点检查货币资金支出的授权批准手续是否健全，是否存在越权审批行为。

3) 支付款项印章的保管情况。重点检查是否存在办理付款业务所需的全部印章交由一人保管的现象。

4) 票据的保管情况。重点检查票据的购买、领用、保管手续是否健全，票据保管是否存在漏洞。

对监督检查过程中发现的货币资金内部控制中的薄弱环节，应当及时采取措施，加以纠正和完善。

8.2　交易性金融资产

8.2.1　金融资产概述

金融资产是企业资产的重要组成部分，主要包括：现金（广义概念，即包括库存现金、银行存款和其他货币资金）、应收票据、应收账款、其他应收款项、股权投资、债权投资、衍生工具形成的资产等。

根据我国企业会计准则的有关规定，企业应当结合自身业务特点、投资策略和风险管理的要求，将取得的金融资产在初始确认时划分为以下几类：(1) 以公允价值计量且其变动计入当期损益的金融资产，包括交易性金融资产以及指定为以公允价值计量且其变动计入当期损益的金融资产；(2) 持有至到期投资；(3) 贷款（特指金融企业）和应收款项；(4) 可供出售金融资产。

金融资产分类与金融资产计量密切相关。不同类别的金融资产，其初始计量和后续计量所采用的基础也不完全相同。

本节主要讨论交易性金融资产的概念、特点及其账务处理，其他金融资产则在相应章节介绍。

8.2.2 交易性金融资产的确认与计量

满足下列条件之一的金融资产，应当划分为交易性金融资产：

(1) 取得该金融资产的目的主要是为了近期内出售。例如，企业以赚取差价为目的从二级市场购入的股票、债券和基金等。

(2) 属于进行集中管理的可辨认金融工具组合中的一部分，且有客观证据表明企业近期采用短期获利方式对该组合进行管理，比如企业基于其投资策略和风险管理的需要，将某些金融资产进行组合从事短期获利活动。在这种情况下，即使组合中有某个组成项目持有的期限稍长也不受影响。

(3) 属于衍生工具，比如国债期货、远期合同、股指期货等，其公允价值变动大于零时，应将其相关变动金额确认为交易性金融资产，同时计入当期损益。但是被指定为有效套期工具的衍生工具、属于财务担保合同的衍生工具、与在活跃市场中没有报价且公允价值不能可靠计量的权益工具投资挂钩并须通过交付该权益工具结算的衍生工具除外。

企业以公允价值计量且其变动计入当期损益的金融资产的股票、债券、基金，以及不作为有效套期工具的衍生工具，应当按照取得时的公允价值作为初始确认金额，相关的交易费用在发生时计入当期损益；所支付的价款中若包含已宣告但尚未发放的现金股利或已到付息期但尚未领取的债券利息，应单独确认为应收项目。

企业在持有以公允价值计量且其变动计入当期损益的金融资产期间取得的利息或现金股利，应当确认为投资收益。

资产负债表日，企业应当将以公允价值计量且其变动计入当期损益的金融资产的公允价值变动计入当期损益。因此，企业资产负债表中“交易性金融资产”项目反映的是企业交易性金融资产在资产负债表日的公允价值，也就是可变现的价值。

处置该金融资产时，其公允价值与初始入账金额之间的差额应确认为投资收益，同时调整公允价值变动损益。

可见，在出售之前发生的公允价值变动直接影响交易性金融资产的价值。为了反映企业各种交易性金融资产公允价值增减变动情况，满足会计信息使用者了解和掌握企业交易性金融资产现有规模的需要，应设置“交易性金融资产”科目以核算企业的各种交易性金融资产，并设置明细科目“成本”和“公允价值变动”进行明细核算。

【例8—2】 普金公司在2×08年2月8日从A股市场上购买嘉陵公司的股票3 000股，每股购买价格10元，支付交易手续费以及印花税1 000元，款项以银行存款支付。普金公司的账务处理如下：

借：交易性金融资产——成本　　30 000
　　投资收益　　1 000
　贷：银行存款　　31 000

【例8—3】 承例8—2，假设普金公司支付的购买股票的价款中包括已经宣告但尚未发放的现金股利3 000元，则普金公司的账务处理为：

借：交易性金融资产——成本　　27 000
　　应收股利　　3 000
　　投资收益　　1 000
　贷：银行存款　　31 000

1. 交易性金融资产持有的核算

在资产负债表日，企业应当按当日各项交易性金融资产的公允价值对交易性金融资产的账面价值进行调整，其公允价值变动计入当期损益。

【例8—4】 承例8—2，假设2×08年12月31日，嘉陵公司的股票价格涨到每股13元，普金公司确认股票价格变动：

借：交易性金融资产——公允价值变动　　9 000
　贷：公允价值变动损益　　9 000

交易性金融资产持有期间被投资单位宣告发放的现金股利，或期末计算应取得的利息，应当确认为投资收益。

【例8—5】 承例8—2，2×09年3月5日，嘉陵公司宣告发放现金股利，每股0.5元，普金公司持有3 000股，应收股利1 500元，普金公司于3月20日收到该股利。

3月5日。

借：应收股利　　1 500
　贷：投资收益　　1 500

3月20日。

借：银行存款　　1 500
　贷：应收股利　　1 500

2. 交易性金融资产出售的核算

处置交易性金融资产，其公允价值与初始入账金额之间的差额应确认为投资收益，同时调整公允价值变动损益。

【例 8—6】 承例 8—2，假设 2×09 年 5 月 8 日，普金公司将持有的嘉陵公司的股票全部售出，每股售价 15 元。普金公司的账务处理为：

借：银行存款　　45 000
　　公允价值变动损益　　9 000
　贷：交易性金融资产——成本　　30 000
　　　　　　　　　　——公允价值变动　　9 000
　　投资收益　　15 000

8.3 应收票据

前文介绍了我国目前用做结算工具的各种票据，在这些票据当中，支票、银行本票、银行汇票都属于即期票据，也就是收款单位在收到这些票据后一般较短时间内（2～3 天）即可收款或直接增加银行存款，不需要作为应收票据核算。与此不同的是，商业汇票（如前所述，包括商业承兑汇票和银行承兑汇票）是一种远期票据，对于收到或持有尚未到期的商业汇票的企业而言，这些商业汇票给企业带来的是一种有书面承诺和明确偿还日期的债权，会计上将这种债权作为应收票据核算，并以此区别于一般的应收账款。

8.3.1 应收票据的一般账务处理

如前所述，商业汇票按承兑人不同，分为商业承兑汇票和银行承兑汇票。当企业因销售商品、提供劳务等收到开出、承兑的商业汇票时，其流动资产中的应收票据随即增加。具体的账务处理为：按商业汇票的票面金额借记“应收票据”科目，按确认的营业收入，贷记“主营业务收入”等科目，涉及增值税销项税额的，还应进行相应的处理。

商业汇票到期，企业应按实际收到的金额，借记“银行存款”科目，按商业汇票的票面金额，贷记“应收票据”科目。

【例 8—7】 某企业销售一批商品，价款 100 000 元，适用增值税税率为 17%，收到对方交来一张 3 个月到期的商业承兑汇票。面值 117 000 元，该企业进行如下账务处理：

借：应收票据　　117 000
　贷：主营业务收入　　100 000
　　　应交税费——应交增值税（销项税额）　　17 000

3 个月后此商业汇票到期，企业委托银行向付款方收取款项 117 000 元，账务处理如下：

借：银行存款　　117 000
　贷：应收票据　　117 000

如果此票据到期，付款方无力付款，则应将到期应收票据按票面金额转为应收

账款，即

借：应收账款　　117 000

　贷：应收票据　　117 000

8.3.2 应收票据贴现

在有些情况下，企业可能在持有的应收票据到期前就需要资金，这时就可以将未到期的票据进行贴现。应收票据贴现是一种传统的融通资金的行为，在国内外实践中运用得较为广泛。

所谓票据贴现是指商业汇票的持票人将未到期的票据通过向银行贴付一定利息而获得现金的票据转让行为。企业如果在票据未到期前需要提前取得资金，可以将未到期的商业汇票经过背书，交付银行，银行受理后，从票面金额中扣除按银行的贴现率计算确定的贴现息后，将余款付给贴现企业。通过贴现，持票人（贴现企业）得到低于票据面值的资金，而将存在于票据上的权利（如到期收款等）转移给银行。但由于我国现行《票据法》未规定有不带追索权的票据转让条款，因此，在我国持票人将票据贴现给银行后，并未将票据上的风险也随之转移给银行，也就是我国的票据贴现均为带追索权的票据贴现，票据到期如果贴现银行未能收到款，则其有权向贴现企业索偿。

企业以应收票据向银行贴现的计算程序如下：

第一步，计算票据到期值：票据的到期值即为票据面值。

第二步，计算计算贴现期：

贴现期＝贴现日到票据到期日的时间间隔

　　　＝票据期限－贴现前企业已持有时间

第三步，计算贴现息：

贴现息＝票据面值×贴现率×贴现期

第四步，计算贴现实得额：

贴现实得额＝票据面值－贴现息

由于应收票据也属于一种金融资产，根据我国现行企业会计准则的有关规定，不附任何追索权方式出售金融资产，则表明企业已将金融资产所有权上几乎所有的风险和报酬转移给了转入方，这时企业应当终止确认该金融资产，即从企业的账户和资产负债表内予以转销。但是，采用附追索权方式出售金融资产，则表明企业保留了该金融资产所有权上几乎所有的风险和报酬，这时企业不应当终止确认该金融资产，即不得从企业的账户和资产负债表内将其予以转销，应当继续确认所转移金融资产整体，并将收到的对价确认为一项负债。

据此，企业持未到期的商业汇票向银行申请贴现时，按实际收到的金额（即贴现实得额）借记“银行存款”等科目，按贴现息部分借记“财务费用”等科目，若为不附追索权的票据贴现，则按所贴现的商业汇票票面金额贷记“应收票据”科目；若是附追索权的票据贴现，则贷记“短期借款”科目。

【例 8—8】 某公司于6月1日将4月1日收到的面值为100 000元、7月1日到期的商业承兑汇票向银行贴现，贴现率为10%。业务处理如下：

计算贴现息和贴现实得额。

票据到期值=100 000(元)

贴现息=100 000×10%×30/360=833(元)

贴现实得额=100 000－833=99 167(元)

若此例票据贴现为不附追索权的贴现，则账务处理如下：

借：银行存款	99 167	
财务费用	833	
贷：应收票据		100 000

若为附追索权的票据贴现，则账务处理为：

借：银行存款	99 167	
短期借款——利息调整	833	
贷：短期借款		100 000

贴现息833元应在票据贴现期间采用实际利率法确认为企业的财务费用。

对于附追索权的票据贴现，在票据到期时，如果承兑人按期付款给贴现银行，则办理贴现的企业责任解除，可以注销该票据，并作为偿还短期借款处理；如果承兑人无力付款给贴现银行，则办理贴现的企业要承担连带责任，即必须按票据到期值将款项付给贴现银行，并将该票据从“应收票据”转为企业的“应收账款”。

【例 8—9】 承例8—8，若承兑人按期付款给贴现银行，则贴现公司的账务处理如下：

借：短期借款	100 000	
贷：应收票据		100 000

若承兑人无力付款，则贴现公司应作如下账务处理：

借：短期借款	100 000	
贷：银行存款		100 000

同时：

借：应收账款	100 000	
贷：应收票据		100 000

企业应当设置应收票据备查簿，逐笔登记商业汇票的种类、号数和出票日、票面金额、交易合同号和付款人、承兑人、背书人的姓名或单位名称、到期日、背书转让日、贴现日、贴现率和贴现净额以及收款日和回收金额、退票情况等资料。商业汇票到期结清票款或退票后，在备查簿中应予注销。

从上述有关应收票据的账务处理过程可以看出，企业资产负债表中的“应收票据”项目反映的是企业持有的商业汇票的票面金额。

8.4　应收及预付款项

现代商品经济中，赊销已成为一种非常普遍的交易方式。这是一种建立在商业信用基础上的交易方式，对交易双方均有好处。对提供商品或劳务的一方（销售方）而言，赊销有利于维持和扩大其市场范围，提高销售额；但随之带来的是应收账款的增加。应收账款是一种债权形式的流动资产，它反映了企业对客户现金（广义的）的求偿权。具体来说，应收账款是指企业因销售商品、产品或提供劳务等而应向购货客户或接受劳务的客户收取的款项（其中可能包括代垫的运杂费等）。

此外，企业还可能由于各种原因而应当向其职工或保险公司或其他单位收取一些款项，如应收职工欠款、预借给职工的差旅费、应收的罚金、赔偿金、应收的各类存出保证金等。为了与上述因商品交易、劳务供应而产生的应收账款有所区分，我国会计实务中将这类应收款归类为“其他应收款”。

在某些情况下，企业按照购货合同规定，需预先支付给供货方部分或全部货款，这就给企业带来另外一种短期性的债权——预付账款。

8.4.1　应收账款

1. 应收账款的确认与计价

应收账款应于收入实现时入账，也就是说，应收账款的确认应以收入的确认为前提，如果根据收入确认原则，某项收入尚未实现，其对应的应收账款就不能确认。

在通常情况下，按照历史成本原则，应收账款应根据交易实际发生的金额入账，包括发票金额和代购货方垫付的运杂费等。但是，如果交易中发生商业折扣、现金折扣等因素，应收账款入账价值的确定就变得较为复杂。

商业折扣是指企业为促进商品销售而在商品标价上给予的价格扣除，销售商品涉及商业折扣的，应当按照扣除商业折扣后的金额确定销售商品收入金额。现金折扣是指债权人为鼓励债务人在规定期限内付款而向债务人提供的债务扣除，根据我国会计准则的有关规定，在核算赊销业务时，销售商品涉及现金折扣的，应当按照扣除现金折扣前的金额确定销售商品收入金额，现金折扣在实际发生时计入当期损益。也就是说，赊销业务涉及现金折扣的，应采用总价法核算。

总价法就是企业在记录商品赊销业务时，商品的销售收入和应收账款都按照销售发票总价记账。一般情况下，商品的赊销价格会大于现销价格，因为要考虑买方延期付款应承担的利息部分（赊购企业因占用赊销企业的资金而应付出利息代价）。如果赊购企业提前付款就能获得赊销企业所给予的现金折扣，实际上可以理解为赊购企业因占用赊销企业资金时间缩短而少支付的利息费用；对于赊销企业而言，则可以理解为为了提前收到资金而付出的代价。因此，当发生现金折扣时，我国企业的处理方式是将其记入企业的“财务费用”科目。

在总价法核算下，企业赊销商品时，按销售发票总价借记“应收账款”科目，按发票价格贷记“主营业务收入”，按销货增值税贷记“应交税费——应交增值税（销项税额）”。实际收到货款时，如果购货方没有享受现金折扣，销货企业收到的将是总价，则按照一般的收回应收账款业务进行会计处理；如果对方享受了现金折扣，则按实际收到的款项借记“银行存款”科目，按实际发生的现金折扣借记“财务费用”科目，按总价贷记“应收账款”科目。

2. 应收账款账务处理举例

【例 8—10】 某企业采用托收承付结算方式向甲单位销售商品一批，货款 10 000 元，增值税 1 700 元，并以银行存款代垫运杂费 500 元，已办理托收手续。该企业的会计处理如下：

借：应收账款	12 200	
贷：主营业务收入		10 000
应交税费——应交增值税（销项税额）		1 700
银行存款		500

日后接到银行通知，上述应收款项已收回入账，企业进行如下会计处理：

借：银行存款	12 200	
贷：应收账款		12 200

企业的应收账款改用应收票据结算时，在收到经承兑的商业汇票后，将应收账款转为应收票据。如上述企业收到另一客户交来一张不带息商业汇票，面值 23 400 元，用以抵偿前欠货款，该企业进行如下会计处理：

借：应收票据	23 400	
贷：应收账款		23 400

【例 8—11】 福瑞公司于 3 月 5 日向林达公司赊销售商品一批，价格为 100 000 元，增值税 17 000 元，现金折扣条件为“2/10，n/30”，采用总价法核算。根据发生的有关收款的经济业务，会计处理如下：

3 月 5 日销货时。

借：应收账款	117 000	
贷：主营业务收入		100 000
应交税费——应交增值税（销项税额）		17 000

购货方在 3 月 14 日付款，属于 10 天内付款，因此可以享受 2%的现金折扣，净付款额为 117 000－117 000×2%＝114 660 元。收款方福瑞公司的账务处理如下：

借：银行存款	114 660	
财务费用	2 340	
贷：应收账款		117 000

8.4.2 坏账

如前所述，赊销有利于企业增加销售收入，从而提高当期利润。但是，赊销带来的应收账款如果不能及时收回，就会影响企业资金的正常周转，从而影响企业获利水平的进一步提高甚至造成下降。一旦由于各种原因而使得企业的应收账款无法收回，即发生坏账，给企业带来的将是直接的损失，这种因发生坏账而带来的损失就是坏账损失。

1. 坏账的确认

一般情况下，企业的应收账款符合下列条件之一的，应确认为坏账：

（1）债务人被依法宣告破产、撤消，以其剩余财产清偿后，仍不能收回的应收账款；

（2）债务人死亡，以其遗产清偿后仍不能收回的应收账款；

（3）债务人较长时期内未履行其偿债义务，且有足够证据表明无法收回或收回的可能性极小的应收账款。

相对而言，前面两项条件较易操作，第三项条件则主要取决于企业有关人员，包括会计人员的职业判断。在确认坏账时，应遵循财务报告的目标和会计核算的基本原则，具体分析各应收账款的特性、金额的大小、信用期限、债务人的信誉和当时的经营情况及现金流量等因素。应当注意的是，对已确认为坏账的应收账款，并不意味着企业放弃了追索权，一旦重新收回，应及时入账。

2. 坏账的会计处理

坏账的会计处理方法有两种：直接转销法和备抵法。

（1）直接转销法。直接转销法是指在实际发生坏账时，确认坏账损失，计入当期损益（资产减值损失），同时核销该笔应收账款。

【例 8—12】 某公司的客户 A 企业破产，所欠本公司 120 000 元已无法收回，确认为坏账，会计处理如下：

借：资产减值损失	120 000	
贷：应收账款——A 企业		120 000

在直接转销法下，虽然账务处理简单，但是不符合权责发生制和配比原则，而且易使企业应收账款长年挂账，导致发生大量陈账、呆账，得不到处理，虚增了利润，同时也夸大了企业前期应收账款可实现的价值。

（2）备抵法。企业应当定期或者至少于每年年度终了，对应收款项进行全面检查，预计各项应收款项可能发生的坏账，对于没有把握能够收回的应收款项，应当计提坏账准备。根据我国企业会计准则的规定，企业只能采用备抵法核算坏账损失。

备抵法是企业按期估计可能发生的坏账损失，计提坏账准备。当某一应收账款全部和部分被确认为坏账时，根据其金额冲减坏账准备，同时转销相应的应收账款。企业采用这种方法，首先按期估计可能发生的坏账损失，一方面记入当期“资产减值损失”，另一方面以相同金额记入“坏账准备”科目，作为应收账款的备抵，期末资产负债表上应收账款的金额则以“应收账款”账户期末借方余额扣减计提的坏账准备之后的余额即应收账款净额列示。

备抵法首先要按期估计坏账损失。估计坏账损失主要有四种方法：赊销额百分比法、应收账款余额百分比法、账龄分析法和个别认定法。

1）赊销余额百分比法。这种方法是按企业当期赊销金额的一定百分比计算应计提坏账准备的金额，即按一定的估计坏账率计算估计坏账损失。采用这一方法的理由，是因为作为收不回来的应收账款，坏账是由赊销引起的，而与现销无关。当期赊销额越大，发生坏账的可能性就越大。因此，企业可以根据以往的经验和有关资料，估计可能发生的坏账与赊销额之间的比例关系，并依此计算各期赊销额中可能发生的坏账损失，计提坏账准备。

【例 8—13】 某企业 2008 年全年赊销金额为 600 000 元，根据以往经验和资料，估计坏账损失率为 3%，则年末估计坏账损失为 18 000 元（600 000×3%）。账务处理如下：

借：资产减值损失　　18 000

　贷：坏账准备　　18 000

采用赊销额百分比法，估计坏账率可能由于企业生产经营情况的不断变化而不相适应，因此，需要经常检查坏账率是否能反映企业坏账损失的实际情况，如果发现坏账率过高或过低，应及时调整。

2）应收账款余额百分比法。采用此法，是根据会计期末应收账款的余额乘以估计坏账率，得到估计的坏账损失，据此计提坏账准备。估计坏账率可以根据以往的数据资料加以确定，也可以预先规定百分率，理论上讲，这一比例应按坏账占应收账款的比率计算。发生坏账多的企业，比例就相应高一些，反之则低一些。根据计算出的结果作为当期期末“坏账准备”科目的贷方余额。

如果当期按应收账款余额计算的应计提坏账准备金额大于“坏账准备”科目的贷方余额，应按其差额补提坏账准备；如果当期按应收账款余额计算的应计提坏账准备金额小于“坏账准备”科目的贷方余额，应按其差额冲减已计提的坏账准备；如果当期按应收账款余额计算的应计提坏账准备金额为零，应将“坏账准备”科目的余额全部冲回。

【例 8—14】 某公司 2×01 年年末开始采用应收账款余额百分比法核算坏账损失，当年末应收账款的余额为 1 000 000 元，估计坏账率为 4‰。2×02 年，因客户甲单位出现财务危机，所欠本公司 5 000 元的应收账款被确认为坏账损失，年末应收账款的余额为 1 200 000 元。2×03 年，上年已冲销的 5 000 元应收账款又收回，期末应收账款余额为 1 300 000 元。该公司的有关会计处理如下：

1）2×01 年年末计提坏账准备金额为 4 000 元（1 000 000×4‰）。

借：资产减值损失——计提的坏账准备　　4 000

　贷：坏账准备　　4 000

2×01 年年末该公司资产负债表上报告的应收账款净额为 996 000 元（1 000 000—4 000）。

2）2×02 年发生坏账 5 000 元。

借：坏账准备　　5 000

贷：应收账款——甲单位　　5 000

2×02 年年末按应收账款的余额计算应提坏账准备为 4 800 元（1 200 000×4‰），即年末坏账准备应保持贷方余额 4 800 元，但年末计提坏账准备前“坏账准备”科目有借方余额 1 000 元，因此本年末应提取的坏账准备为 5 800 元，即还须补提上年少估的 1 000 元。账务处理如下：

借：资产减值损失——计提的坏账准备　　5 800

贷：坏账准备　　5 800

2×02 年年末资产负债表报告的应收账款净额为 1 195 200 元（1 200 000－4 800）。

3）2×03 年收回已冲销的坏账，账务处理如下：

①恢复已冲销的应收账款。

借：应收账款——甲单位　　5 000

贷：坏账准备　　5 000

②同时，做正常收回应收账款的会计处理。

借：银行存款　　5 000

贷：应收账款——甲单位　　5 000

值得注意的是，这样处理收回已冲销的坏账，更多的是从企业信用管理的角度出发，有利于提供分析债务人财务状况的信息，便于确认将来是否与其进行经济业务往来，并能反映出债务人企图重新建立其信誉的愿望。

2×03 年年末按应收账款的余额计算应提坏账准备 5 200 元（1 300 000×4‰），即年末坏账准备应保持贷方余额 5 200 元，但年末计提坏账准备前“坏账准备”科目有贷方余额 9 800 元（4 800＋5 000），因此，本年末应冲回多提的坏账准备4 600 元（9 800－5 200）。账务处理如下：

借：坏账准备　　4 600

贷：资产减值损失——计提的坏账准备　　4 600

2×03 年年末资产负债表报告的应收账款净额为 1 294 800 元（1 300 000－5 200）。

（3）账龄分析法。所谓应收账款账龄，是指应收账款挂账超出结算期时间的长短。账龄分析法是根据每笔应收账款账龄来估计坏账损失，计提坏账准备。虽然应收账款能否收回以及能收回多少，不一定完全取决于客户所欠款项时间的长短，但是一般来说，款项拖欠的时间越长，发生坏账的可能性就越大。

采用这种方法的关键是要编制应收账款账龄分析及估计坏账损失表，例如，表 8—1 是黎明公司 2×02 年 12 月 31 日应收账款账龄分析及估计坏账损失表。

表 8—1　　黎明公司 2×02 年 12 月 31 日账款账龄分析及估计坏账损失表　　单位：元

应收账款账龄	应收账款金额	估计坏账率（%）	估计损失金额
未到期	250 000	0.5	1 250
过期 1～3 个月	200 000	1	2 000

续前表

应收账款账龄	应收账款金额	估计坏账率（%）	估计损失金额
过期 3～6 个月	100 000	5	5 000
过期 6～12 个月	80 000	10	8 000
过期 1～2 年	60 000	50	30 000
过期 2 年以上	40 000	80	32 000
合计	730 000		78 250

从上表得出黎明公司 2×02 年年末“坏账准备”科目的贷方余额应保持为 78 250 元，企业需根据前期“坏账准备”科目的账面余额，计算本期应计提的坏账准备金额，编制调整分录，予以入账，其计算及调整的思路和会计处理方法与前述应收账款余额百分比法相同。

（4）个别认定法。个别认定法就是根据每一应收账款的情况分别估计坏账损失的方法。

根据我国现行会计准则的规定，计提坏账准备的方法由企业自行确定。企业应当列出目录，具体注明计提坏账准备的范围、提取方法、账龄的划分和提取比例，按照管理权限，经股东大会或董事会，或经经理（厂长）会议或类似机构批准，并且按照法律、行政法规的规定报有关各方备案，并备置于公司所在地，以供投资者查阅。坏账准备提取方法一经确定，不得随意变更。如需变更，仍然应按上述程序，经批准后报送有关各方备案，并在会计报表附注中予以披露。

从前面对坏账准备计提方法的介绍中可以看出，不论哪一种方法，估计坏账率是关键的一环。企业在确定坏账准备的计提比例时，应当根据企业以往的经验、债务单位的实际财务状况和现金流量的情况，以及其他相关信息合理地估计。除有确凿证据表明该项应收账款不能收回、或收回的可能性不大外（如债务单位撤消、破产、资不抵债、现金流量严重不足、发生严重的自然灾害等导致停产而在短时间内无法偿付债务等，以及应收账款逾期 3 年以上），下列各种情况一般不能全额计提坏账准备：

1）当年发生的应收款项；

2）计划对应收款项进行重组；

3）与关联方发生的应收款项；

4）其他已逾期，但无确凿证据证明不能收回的应收款项。

此外，企业持有的未到期应收票据，如有确凿证据表明不能收回或收回的可能性不大时，应将其账面余额转入应收账款，并计提相应的坏账准备。

8.4.3　预付账款

预付账款是企业按照购货合同或劳务合同的规定，预先支付给供货方或提供劳务方的款项，也属于企业的短期债权。为了加强对预付账款的管理，反映和监督预付账款的支出和结算情况，企业一般应单独设置“预付账款”科目进行核算。企业按购货合同的规定预付货款时，按预付金额借记“预付账款”科目，贷记“银行存款”科目。企业收到预订的货物时，应根据发票账单上注明的货款金额，借记“原材料”或“库存商品”等科目，按税款金额，借记“应交税费——应交增值税（进项税额）”科目，按应结算的金额，贷记“预付账款”科目；补付货款时，借记“预付账款”科目，贷记“银行存款”科目。退回多付的款项，借记“银行存款”科目，贷记“预付账款”科目。

【例 8—15】　某企业预付给供应商 32 000 元货款，账务处理如下：

借：预付账款　　32 000
　贷：银行存款　　32 000

日后收到所购货物和增值税专用发票，全部货款为 30 000 元，税款为 5 100 元，应补付 3 100 元。账务处理如下：

借：库存商品　　30 000
　　应交税费——应交增值税（进项税额）　　5 100
　贷：预付账款　　35 100

补付货款时：

借：预付账款　　3 100
　贷：银行存款　　3 100

如果上例中收到所购货物和增值税专用发票，全部货款为 25 000 元，税款为 4 250 元，应退回货款 2 750 元。账务处理如下：

借：库存商品　　25 000
　　应交税费——应交增值税（进项税额）　　4 250
　贷：预付账款　　29 250

退回多付的货款时：

借：银行存款　　2 750
　贷：预付账款　　2 750

预付账款不多的企业，也可以将预付的货款记入“应付账款”科目的借方。但在编制会计报表时，仍然要将“应付账款”明细科目中的借方余额列入资产负债表的“预付账款”项目中。

企业的预付账款如有确凿证据表明其不符合预付账款性质，或者因供货单位破产、撤消等原因已无望再收到所购货物的，应将原计入预付账款的金额转入其他应收款，并计提坏账准备。

8.4.4　其他应收款

其他应收款是指企业发生的除应收票据、应收账款、预付账款等以外的其他各种应收、暂付款项，主要包括：

（1）应收的各种赔款、罚款；

（2）应收出租包装物租金；

（3）应向职工收取的各种垫付款项；

（4）备用金（向企业各职能科室、车间等拨出的备用金）；

（5）存出保证金；

（6）已不符合预付账款性质而按规定转入的预付账款；

（7）其他各种应收、暂付款项。

将这类应收款单独归类核算和报告，目的是便于会计报表的使用者把这些项目与由于购销业务而发生的应收项目区别开来，为决策提供有用的信息。

其他应收款同样也会由于各种原因造成无法收回，给企业带来坏账损失。因此企业应当定期或者至少于每年年度终了，对其他应收款进行检查，预计其可能发生的坏账损失，并计提坏账准备。企业对不能收回的其他应收款应当查明原因，追究责任。对确实无法收回的其他应收款，应按照管理权限，经股东大会或董事会，或经理（厂长）会议或类似机构批准作为坏账损失，冲销提取的坏账准备。

经批准作为坏账的其他应收款，借记“坏账准备”科目，贷记“其他应收款”科目。

企业期末资产负债表中“其他应收款”项目反映的是其他应收款作为一项资产的价值，即其他应收款账面价值（其他应收款账面余额减去计提的坏账准备后的金额）。

练习题

一、核算题

1. **资料**：某企业 2×03 年发生下列经济业务：

（1）6 月 2 日销售一批商品给 A 公司，售价 40 000 元，增值税销项税额 6 800 元，商品已由购货方提走，货款及税款尚未收到。

（2）6 月 4 日收到 A 公司交来一张经承兑的商业承兑汇票，系承兑 6 月 2 日的货款，票面金额 46 800 元，期限 60 天。

（3）6 月 20 日销售一批商品给 B 企业，售价 50 000 元，增值税销项税额 8 500 元，提货单已交购货方，同日收到 B 企业交来银行承兑汇票一张，期限 90 天。

（4）7 月 5 日将 A 公司交来的商业承兑汇票向银行贴现，贴现率为 12%。

（5）9 月 18 日 B 企业交来的票据到期，企业收到全部款项。

要求：根据上述资料编制会计分录。

2. **资料**：某企业按备抵法进行坏账损失的核算，该企业发生以下部分有关坏账准备和损失的经济业务：

（1）2×00 年年末应收账款余额为 3 400 000 元，按 0.4%的坏账率计提坏账准备。

（2）2×01 年发生坏账 1 600 元。

（3）2×01 年年末应收账款余额为 2 980 000 元，按 0.4%的比例调整坏账准备。

（4）2×02 年经确认有 5 000 元的应收账款成为坏账。

（5）2×02 年底，经法院判决，上述 5 000 元的坏账有 3 000 元得到清偿。

(6) 2×02 年年末应收账款余额为 3 560 000 元，按 0.5%的比例调整坏账准备。

要求：

(1) 根据上述资料编制会计分录。

(2) 确定 2×02 年年末应收账款作为一项资产其可实现的价值。

二、思考题

1. 企业现金管理的主要内容有哪些？

2. 按照现行有关规定，银行结算方式有哪几种？各有什么特点和适用范围？

3. 应收票据贴现应当如何计算和进行会计处理？

4. 列举应收款项的不同类型并说明其划分依据。

5. 简述备抵法处理坏账损失的四种具体方法。

6. 企业已作为坏账冲销的应收账款还能收回吗？如果不能，为什么？如果能，应当如何进行会计处理？为什么？

第 9 章

长期资产

内容预览

按资产的流动性即资产转换为现金速度的快慢或者消耗情况，可将资产划分为流动资产和非流动资产。本章将要论述的是作为企业非流动资产的长期股权投资、投资性房地产、固定资产和无形资产等长期资产。

9.1 长期股权投资

长期股权投资是指通过投出各种资产取得被投资企业股权且不准备随时出售的投资，投资的目的是为了获得长期利益。投资企业成为被投资企业的股东，有权参与被投资企业的生产经营活动。长期股权投资通常具有投资数额较多、投资期限较长、投资风险较高、投资收益较大的特点，主要包括能够实施控制的权益性投资（对子公司的投资）、能够实施共同控制的权益性投资（对合营企业的投资）、能够实施重大影响的权益性投资（对联营企业的投资）。

9.1.1 投资企业与被投资企业的关系

按照投资企业对被投资企业的影响程度，投资企业与被投资企业的关系可分为以下几类：

（1）控制。控制是指投资企业有权决定被投资企业的财务和经营政策，并能据以从该企业的经营活动中获利。这里的控制强调的是实质上的控制，即投资企业直接拥有被投资企业51%以上的表决权股份，或虽然直接拥有被投资企业50%以下的表决权股份但有实质控制权。拥有控制权的投资企业一般称为母公司，被母公司控制的企业一般称为子公司。

（2）共同控制。共同控制是指按照合同约定与其他投资者对被投资企业所共有的控制。一般来说，具有共同控制权的各投资方所持有的表决权股份相同，在这种情况下，被投资企业的重要财务和生产经营决策只有在投资各方一致同意时才能通过。被投资方共同控制的企业，一般称为投资企业的合营企业。

（3）重大影响。重大影响是指对一个企业的财务和生产经营有参与决策的权力，但不能控制或与其他方一起共同控制这些决策。一般来说，投资企业直接拥有被投资企业20%～50%的表决权股份就被认为具有重大影响。被投资企业如果受到投资企业的重大影响，一般称为投资企业的联营企业。

9.1.2 长期股权投资取得的核算

企业的长期股权投资，可分为两大类：一类是企业合并取得的；另一类是非企业合并取得的。企业合并取得的长期股权投资，又可分为同一控制下企业合并和非同一控制下企业合并取得的长期股权投资。不同方式取得企业长期股权投资，会计处理方法阐述如下。

1. 同一控制下企业合并取得的长期股权投资

同一控制下的企业合并，是指参与合并的企业在合并前后均受同一方或相同的多方最终控制，且该控制是长久的。例如，A公司为B公司和C公司的母公司，A公司将其持有的C公司80%的股权转让给B公司。转让股权后，B公司持有C公司80%的股权，但B公司和C公司仍由A公司所控制。在这种情况下，合并双方的合并行为不完全是自愿进行的，这种企业合并不属于交易行为，而是参与合并各方资产和负债的重新组合。这时合并方要按照被合并方的账面价值进行初始计量。

同一控制下的企业合并，在合并日取得对其他参与合并企业控制权的一方为合并方，参与合并的其他企业为被合并方。合并日，是指合并方实际取得对被合并方控制权的日期。

(1) 合并方以支付货币资金、转让非现金资产或承担债务等方式作为合并对价的，应在合并日按取得被合并方所有者权益在最终控制方合并财务报表中的账面价值的份额作为长期股权投资的初始投资成本，借记"长期股权投资——投资成本"科目；按照支付现金或转让非现金资产、承担债务的账面价值，贷记"银行存款"以及相应的资产或负债科目；按照长期股权投资初始投资成本与支付的现金、转让的非现金资产以及所承担债务账面价值之间的差额，调整资本公积，资本公积不足冲减的，调整留存收益，贷记"资本公积"或借记"资本公积"、"盈余公积"、"利润分配"科目。投资企业支付的价款中如果含有已宣告发放但尚未支取的现金股利，应作为债权处理，不计入长期股权投资成本，而是借记"应收股利"科目。

【例9—1】 A公司为B公司和C公司的母公司。2×08年1月1日，A公司将其持有的C公司80%的股权转让给B公司，双方协商确定的价格为14 000 000元，以货币资金支付。合并日，C公司所有者权益的账面价值为15 000 000元；B公司资本公积1 000 000元，盈余公积1 000 000元，未分配利润3 000 000元。根据以上资料，编制B公司取得长期股权投资的会计分录如下：

B公司初始投资成本＝15 000 000×80%＝12 000 000(元)

借：长期股权投资——投资成本	12 000 000	
资本公积	1 000 000	
盈余公积	1 000 000	
贷：银行存款		14 000 000

(2) 合并方以发行股票等方式作为合并对价的，应在合并日按照被合并方所有者权益在最终控制方合并财务报表中的账面价值的份额作为长期股权投资的初始投资成本，借记"长期股权投资——投资成本"科目；以发行股份的面值总额作为股本，贷记"股本"科目；按照长期股权投资初始投资成本与所发行股份面值总额之间的差额，调整资本公积，资本公积不足冲减的，调整留存收益，贷记"资本公积"或借记"资本公积"、"盈余公积"、"利润分配"科目。

合并方为进行企业合并发生的各项直接相关费用，包括为进行企业合并而支付的审计费用、评估费用、法律服务费用等，应当于发生时计入当期损益，借记"管理费用"科目，贷记"银行存款"等科目。合并方发行债券或承担其他债务支付的手续费、佣金等，应当计入所发行债券及其他债务的初始成本。企业合并中发行权益性证券发生的手续费、佣金等费用，应当抵减权益性证券溢价收入，溢价收入不足冲减的，冲减留存收益。

【例9—2】 2×08年10月1日，M公司向同一集团内的N公司的股东定向增发1 200 000股普通股（每股面值1元，市价10元），取得N公司100%的股权，并于当日起能够对N公司实施控制。合并后N公司仍维持独立法人资格。合并日，N公司账面所有者权益总额为10 000 000元。

合并日，M公司应确认对N公司的长期股权投资，账务处理为：

借：长期股权投资——投资成本	10 000 000	
贷：股本		1 200 000
资本公积		8 800 000

【例9—3】 A公司为B公司和C公司的母公司，持有B公司80%的股权，持有C公司60%的股权。2×08年1月1日，B公司以发行每股面值为1元的股票3 000 000股，换取A公司持有的C公司50%的股权，并以银行存款支付发行股票手续费60 000元。合并日，C公司所有者权益的账面价值为15 000 000元。根据以上资料，编制B公司取得长期股权投资的会计分录如下：

B公司初始投资成本＝15 000 000×50%＝7 500 000(元)

借：长期股权投资——投资成本	7 500 000	
贷：股本		3 000 000
银行存款		60 000
资本公积		4 440 000

2. 非同一控制下企业合并取得的长期股权投资

非同一控制下的企业合并，是指参与合并的各方在合并前后不受同一方或相同的多方最终控制。相对于同一控制下的企业合并而言，非同一控制下的企业合并是合并各方自愿进行的交易行为，作为一种公平的交易，应当以公允价值为基础进行计量。

非同一控制下的企业合并，购买方在购买日以支付现金的方式取得被购买方的股权，应以支付的现金作为初始投资成本，借记“长期股权投资——投资成本”科目，贷记“银行存款”科目。投资企业支付的价款中如果含有已宣告发放但尚未支取的现金股利，应作为债权处理，不计入长期股权投资成本。购买方在购买日以付出资产、发生或承担负债的方式取得被购买方的股权，应以资产、负债的公允价值作为初始投资成本，借记“长期股权投资——投资成本”科目；按照资产、负债的账面价值，贷记有关资产、负债科目；将其公允价值与账面价值的差额计入当期损益，借记“营业外支出”科目或贷记“营业外收入”科目。购买方为企业合并发生的审计、法律服务、评估咨询等中介费用以及其他相关管理费用，应于发生时计入当期损益；购买方作为合并对价发行的权益性工具或债务性工具的交易费用，应当计入权益性工具或债务性工具的初始确认金额。

【例 9—4】　甲公司于 2×08 年 1 月 1 日，以货币资金 20 000 元以及一批固定资产作价购入乙公司 80%的股权，固定资产的原始价值为 8 000 元，已计提折旧 3 000 元，公允价值为 6 000 元。购买日，乙公司所有者权益的账面价值为 30 000 元，甲、乙公司不属于关联方。根据以上资料，编制甲公司取得长期股权投资的会计分录如下：

甲公司初始投资成本=20 000+6 000=26 000(元)

借：长期股权投资——投资成本	26 000	
累计折旧	3 000	
贷：固定资产		8 000
银行存款		20 000
营业外收入		1 000

3. 非企业合并取得的长期股权投资

非企业合并取得的长期股权投资，其初始投资成本的确定与非同一控制下企业合并取得的长期股权投资成本的确定方法相同。以支付现金的方式取得被购买方的股权，应以支付的现金作为初始投资成本，借记“长期股权投资——投资成本”科目，贷记“银行存款”科目。以付出资产、发生或承担负债的方式取得被购买方的股权，应以资产、负债的公允价值作为初始投资成本，借记“长期股权投资——投资成本”科目；按照资产、负债的账面价值，贷记有关资产、负债科目；将其公允价值与账面价值的差额计入当期损益，借记“营业外支出”科目或贷记“营业外收入”科目。

除企业合并形成的长期股权投资应遵循特定的会计处理原则外，其他方式取得的长期股权投资，取得时初始投资成本的确定应遵循以下规定。

（1）以支付现金方式取得的长期股权投资，应当以实际支付的购买价款作为长期股权投资的初始投资成本，包括购买过程中支付的手续费等必要支出。但所支付价款中包含的被投资单位已宣告但尚未发放的现金股利或利润应作为应收项目核算，不构成取得长期股权投资的成本。

【例 9—5】　甲公司于 2×08 年 2 月 10 日，自公开市场中买入乙公司 30%的股权，实际支付价款 10 000 万元。另外，在购买过程中支付手续费等相关费用 500 万元。甲公司取得该部分股权后，能够对乙公司的生产经营决策施加重大影响。

甲公司应当以实际支付的购买价款作为取得长期股权投资的成本，其账务处理为：

借：长期股权投资——投资成本	105 000 000	
贷：银行存款		105 000 000

（2）以发行权益性证券方式取得的长期股权投资，其成本为所发行权益性证券的公允价值，但不包括应自被投资单位收取的已宣告但尚未发放的现金股利或利润。为发行权益性证券支付给有关证券承销机构等的手续费、佣金等与权益性证券发行直接相关的费用，不构成取得长期股权投资的成本。该部分费用应自权益性证

券的溢价发行收入中扣除，权益性证券的溢价收入不足冲减的，应冲减盈余公积和未分配利润。

【例 9—6】 2×08 年 6 月，A 公司通过增发 1 000 万股本公司普通股（每股面值 1 元）取得 B 公司 30%的股权，按照增发前后的平均股价计算，该 1 000 万股股份的公允价值为 15 000 万元。为增发该部分股份，A 公司向证券承销机构等支付了 800 万元的佣金和手续费。假定 A 公司取得该部分股权后，能够对 B 公司的生产经营决策施加重大影响。

A 公司应当以所发行股份的公允价值作为取得长期股权投资的成本，账务处理为：

借：长期股权投资——投资成本	150 000 000	
贷：股本		10 000 000
资本公积——股本溢价		140 000 000

发行权益性证券过程中支付的佣金和手续费，应冲减权益性证券的溢价发行收入，账务处理为：

借：资本公积——股本溢价	8 000 000	
贷：银行存款		8 000 000

（3）投资者投入的长期股权投资，应当以投资合同或协议约定的价值作为初始投资成本，但合同或协议约定的价值不公允的除外。投资者投入的长期股权投资，是指投资者以其持有的对第三方的投资作为出资投入企业，接受投资的企业原则上应当按照投资各方在投资合同或协议中约定的价值作为取得投资的初始投资成本。

【例 9—7】 A 公司设立时，其主要股东之一黎明以其持有的对 B 公司的长期股权投资作为出资投入 A 公司。投资各方在投资合同中约定，作为出资的该项长期股权投资作价 1 000 万元。该作价是按照 B 公司股票的市价经考虑相关调整因素后确定的。A 公司注册资本为 4 000 万元。黎明的出资占 A 公司注册资本的 20%。取得该项投资后，黎明根据其持股比例，能够派人参与 A 公司的财务和生产经营决策。

A 公司应进行的账务处理为：

借：长期股权投资——投资成本	10 000 000	
贷：实收资本		8 000 000
资本公积——资本溢价		2 000 000

9.1.3 长期股权投资的成本法

1. 成本法的适用范围

投资企业能够对被投资企业实施控制的长期股权投资，即投资企业直接拥有被投资企业 50%以上的表决权股份，或虽然直接拥有被投资企业 50%以下的表决权股份但有实质控制权。由于投资企业能够对被投资企业实施控制，需要编制合并财务报表，因此，长期股权投资可以按照成本计价，以免在编制合并财务报表时抵消过多的内部重复计算项目。投资企业对子公司的长期股权投资采用成本法核算，在编制合并财务报表时按照权益法进行调整。

2. 成本法下投资成本的后续计量

采用成本法核算的长期股权投资，应按照初始投资成本计价，一般不予变更，只有在追加或收回投资时才调整长期股权投资的成本。投资企业在被投资企业宣告发放现金股利时，应作投资收益处理，借记“应收股利”等科目，贷记“投资收益”科目。如果收到的股利为购入时的应收股利，则应冲减应收股利；如果收到的股利为股票股利，则只调整持股数量，降低每股成本，不作账务处理。

在成本法下，当有证据表明长期投资发生了永久性贬值，如市价持续两年低于账面价值等，投资方对被投资方的全部或部分投资无法收回时，应计提长期股权投资减值准备。这种准备的计提是按个别投资项目进行的。

【例 9—8】 嘉陵公司 2×06 年 1 月 1 日购入乙企业普通股股票 4 000 股，每股 10 元，另支付相关税费 400 元，嘉陵公司购入乙企业的股份占乙企业有表决权资本的 51%，并打算长期持有；乙企业于 2×07 年 4 月 25 日宣告以 2×07 年 3 月 1 日为基准日，分派每股现金股利 1 元；2×09 年 12 月 31 日，乙企业已连续两年发生亏损，股价已跌至每股 5 元，预计该股票回升的可能性极小。

具体会计处理如下：

(1) 2×06 年 1 月 1 日购入乙企业股票。

投资成本＝4 000×10＋400＝40 400(元)

借：长期股权投资——投资成本　　40 400
　贷：银行存款　　40 400

(2) 2×07 年 4 月 25 日乙企业宣告分派现金股利。

借：应收股利　　4 000
　贷：投资收益　　4 000

(3) 2×09 年 12 月 31 日计提减值准备。

应计提的减值准备＝40 400－4 000×5＝20 400(元)

借：资产减值损失——长期投资减值准备　　20 400
　贷：长期股权投资减值准备——乙企业　　20 400

持股大于 50%的长期股权投资，母公司平时在记录长期股权投资和投资收益时按成本法进行核算；到合并子公司报表时，将成本法调整为权益法。

9.1.4 长期股权投资的权益法

1. 权益法的适用范围

权益法，是指投资以初始投资成本计量后，在投资持有期间根据投资企业享有被投资单位所有者权益的份额的变动对投资的账面价值进行调整的方法。投资企业对被投资单位具有共同控制或重大影响的长期股权投资，即对合营企业投资及对联营企业投资，应当采用权益法核算。在这种情况下，投资企业不编制合并财务报表，但由于在被投资企业中占有较大的份额，按照重要性原则，应对长期股权投资的账面价值进行调整，以客观地反映投资状况。

2. 权益法核算的科目设置

采用权益法进行长期股权投资的核算，可以在“长期股权投资”科目下，设置“投资成本”、“损益调整”等明细科目。权益法下，“长期股权投资”科目的余额，反映全部投资成本。其中，“投资成本”明细科目反映购入股权时在被投资企业按公允价值确定的所有者权益中占有的份额；“损益调整”明细科目反映购入股权以后随着被投资企业留存收益的增减变动而享有份额的调整数。

3. 权益法下初始投资成本的调整

采用权益法进行长期股权投资的核算，为了更为客观地反映在被投资企业所有者权益中享有的份额，应将初始投资成本按照被投资企业可辨认净资产公允价值和持股比例进行调整。可辨认净资产的公允价值，是指被投资企业可辨认资产的公允价值减去负债及或有负债公允价值后的余额。

（1）长期股权投资的初始投资成本大于投资时应享有被投资企业可辨认净资产公允价值份额的差额，性质与商誉相同，不调整长期股权投资的初始投资成本，在投资期间也不摊销。

（2）长期股权投资的初始投资成本小于投资时应享有被投资企业可辨认净资产公允价值份额的差额，应计入当期损益，同时调整长期股权投资的成本，借记“长期股权投资——投资成本”科目，贷记“营业外收入”科目。

【例 9—9】 明伦公司 2×08 年 1 月 1 日取得 B 公司 30%的股权，支付购买价款 600 万元，购买日 B 公司各项可辨认净资产公允价值为 1 500 万元。

明伦公司取得股票时，按权益法的账务处理为：

借：长期股权投资——投资成本	6 000 000	
贷：银行存款		6 000 000

如果上例中，取得投资时被投资单位可辨认净资产的公允价值为 3 000 万元，明伦公司按持股比例 30%计算应享有 900 万元，则初始投资成本与应享有被投资单位可辨认净资产的公允价值之间的差额为 900－600＝300 万元，直接计入取得投资当期的营业外收入，账务处理如下：

借：长期股权投资——投资成本	9 000 000	
贷：银行存款		6 000 000
营业外收入		3 000 000

4. 权益法下投资损益的确认

投资后，随着被投资方所有者权益的变动而相应增加或减少长期股权投资的账面价值，应分别按以下情况处理：

（1）属于被投资方当年实现的利润而影响所有者权益的变动，投资方应按所持表决权资本比例计算应享有的份额。

(2) 属于被投资方当年发生的净亏损而影响所有者权益的变动，投资方应按所持表决权资本比例计算应分担的份额。投资方确认被投资方亏损的情况，一般以投资账面价值（投资成本减去已经计提的减值准备）减记至零为限。如果以后各期被投资方实现净收益，投资方应在计算收益分享额超过未确认的亏损分担额以后，按超过未确认的亏损分担额的金额，恢复投资的账面价值。

(3) 被投资方宣告分派利润或现金股利时，投资方按表决权资本比例计算的应分得的利润或现金股利，冲减长期股权投资的账面价值。

(4) 投资企业在确认应享有被投资单位净利润的份额时，应以取得投资时被投资单位各项可辨认资产等的公允价值为基础，对被投资单位的净利润进行调整。

(5) 投资企业对于被投资单位除净损益以外的所有者权益变动的其他变动，应当调整长期股权投资的账面价值并计入所有者权益，即“资本公积——其他资本公积”。

【例 9—10】 嘉陵公司于2×06年7月1日以1 500 000元（不考虑相关税费）购入甲公司有表决权的普通股，占甲公司普通股的30%，甲公司2006年年初所有者权益为4 000 000元，5月份发放现金股利500 000元，1—6月已实现利润1 000 000元，假定购买时甲公司账面净资产等于其公允价值。2×06年度甲公司共实现净利润1 800 000元，2×07年4月，甲公司宣布其中20%用于发放现金股利。2007年度，甲公司宣布该年度净亏损2 000 000元；2×08年度，甲公司盈利1 000 000元。

嘉陵公司会计处理如下：

(1) 2×06年7月1日。

借：长期股权投资——投资成本　　1 500 000
　贷：银行存款　　1 500 000

(2) 甲公司宣布2×06年度实现净利润。

嘉陵公司应享有的金额=800 000(下半年利润)×30%=240 000(元)

借：长期股权投资——损益调整　　240 000
　贷：投资收益　　240 000

(3) 甲公司宣布发放2×06年度股利。

嘉陵公司应享有的金额=1 800 000×30%×20%=108 000(元)

借：应收股利——甲公司　　108 000
　贷：长期股权投资——损益调整　　108 000

(4) 甲公司宣布2×07年度净亏损。

嘉陵公司应分担的金额=2 000 000×30%=600 000(元)

借：投资收益　　600 000
　贷：长期股权投资——损益调整　　600 000

（5）甲公司宣布2×08年度实现净利润。

嘉陵公司应享有的金额＝1 000 000×30%＝300 000(元)

借：长期股权投资——损益调整　　300 000
　贷：投资收益　　300 000

9.1.5 股利日期

公司在支付股利之前首先必须宣告股利发放，只有董事会才有权宣告发放股利。一旦宣告发放股利，股利发放便成为公司的一项法定负债。与股利相关的三个日期分别是：

（1）股利宣告日。公司董事会在宣告日宣告股利发放计划，宣告使公司产生负债，会计处理为借记“利润分配——应付普通股股利”，贷记“应付股利”账户。

（2）股利登记日。一般在宣告日后的一个月内的某一天，由公司公布其作为登记日，公司在登记日不作账务处理，因为没有交易发生，只有在登记日拥有股票的股东才能享有发放的股利。

（3）股利发放日。一般在登记日后的一个月内的某一天，公司实际发放股利，账务处理为借记“应付股利”，贷记“库存现金”账户。

9.2 固定资产

9.2.1 固定资产概述

1. 固定资产的定义

企业经营中使用的不为销售所持有的长期资产可进一步分为固定资产和无形资产。固定资产是一种长期资产，其特点是可供企业在生产经营活动及其他活动中长期使用，并保持其原有的物质形态不变。具体地说，固定资产是指为生产商品、提供劳务、出租或经营管理而持有，使用寿命在一年以上，单位价值较高，并在使用过程中保持原来物质形态的主要生产资料，包括房屋及建筑物、机器设备、运输设备、工具器具等。它能连续地在若干生产周期内发挥作用，但其价值随着磨损程度的增大而逐渐减少，减少的价值以折旧形式转移到它所生产的产品中，构成产品价值的组成部分，或直接转变为费用，并从销售收入中得到补偿。

固定资产有广义和狭义之分。广义的固定资产包括有形固定资产和无形固定资产；狭义的固定资产则仅包括有形的固定资产。本节所讲的固定资产均指有形的固定资产。

2. 固定资产的分类

企业的固定资产种类繁多、规格不一，对固定资产进行合理的分类，是合理组织固定资产核算和进行固定资产管理的重要条件。企业的固定资产依据不同的管理需要和核算要求以及不同的分类标准，可以进行不同的分类。按固定资产的经济用途和使用情况综合分类，可将固定资产分为以下七类：

（1）生产用固定资产，指直接参加生产经营过程或直接服务于生产经营过程的各种固定资产。如生产用的机器设备、工具器具、建筑物等。

（2）非生产用固定资产，指不直接参加生产经营过程或不直接服务于生产经营过程的各种固定资产。如职工宿舍、食堂、浴室、医院等使用的房屋、设备和其他固定资产。

（3）租出固定资产，指在经营性租赁方式下出租给外单位或个人使用的固定资产，使用权出租，所有权仍归本企业，按合同收取租金，企业每月照提折旧。

（4）未使用固定资产，指尚未投入生产的新增固定资产和停止使用、脱离生产经营活动的固定资产。

（5）不需用固定资产，指不适合本企业生产经营的需要，经批准可以调出、处理的各种多余闲置的固定资产。

（6）土地，指过去已经估价单独入账的土地。因征地而支付的补偿费，应计入与土地有关的房屋、建筑物的价值内，不单独作为土地价值入账。企业取得的土地使用权不能作为固定资产管理。

（7）融资租入固定资产，指企业以融资租赁方式租入的固定资产。在租赁期间，所有权归属出租者；但租赁期满后，所有权一般归承租企业。因而融资租赁资产在租赁期内，应视同自有固定资产进行管理与核算。

3. 固定资产的计价

企业进行固定资产管理，目的在于力争使固定资产保全和增值，因而对固定资产的计价，是正确衡量固定资产价值，进行固定资产管理的基础。固定资产计价指以货币形式对固定资产的价值进行计量，其计价标准主要有以下三种：

（1）固定资产原始价值。固定资产的原始价值简称原价或原值，也称为历史成本。它是指企业在购置、建造某项固定资产达到可使用状态前所发生的一切支出，包括固定资产的购进原价及由本企业负担的装卸费、保险费、运杂费和安装成本等有关费用。按这种方法计算的价值，均是实际发生并有支付凭据的支出。由于它具有客观性和可验证性，原值成为固定资产计价的基本计价标准。在我国会计实务中，固定资产的计价均采用原始价值。

（2）固定资产重置价值。固定资产的重置价值，是指在当时的生产条件下，重新购建同样的固定资产所需要的全部支出。

（3）固定资产折余价值。固定资产的折余价值，也称固定资产净值，是指固定资产原始价值或重置完全价值减去已提折旧后的净额。用折余价值对固定资产计价的优点在于可以反映企业实际占用固定资产的数额和固定资产的新旧程度；缺点在于不能反映固定资产原始投资数额。这种方法主要用于计算盘盈、盘亏、毁损固定资产的溢余或损失等。

9.2.2　固定资产的取得和减少

1. 固定资产取得的总分类核算

固定资产的取得，按其来源不同可分为购置的固定资产、自行建造的固定资产、投资者投入的固定资产、租入的固定资产、接受捐赠的固定资产和盘盈的固定资产等，企业应当针对不同的来源进行会计处理。

（1）购置的固定资产。企业购入的固定资产有不需安装和需要安装之分。购入不需安装的固定资产，其入账的原始价值包括购入价、运杂费和包装费等。购入需安装的固定资产，其入账的原始价值除上述费用外，还需加上安装费用。核算时，可先在“在建工程”账户核算，待工程完工后，再由“在建工程”账户转入“固定资产”账户。

【例9—11】 企业购入一台不需要安装的固定资产，发票价格50 000元，税额8 500元，发生的运费2 500元，款项全部付清。其会计分录为：

借：固定资产　52 325
　　应交税费——应交增值税（8 500+2 500×7%）　8 675
　贷：银行存款　61 000

【例9—12】 假定以上购入的固定资产是需要安装的，买价和税额相同，支付运输费1 000元，安装设备时领用物资价值1 500元，支付工资2 500元。则会计分录为：

1）支付设备价款、税金、运输费合计59 500元。

借：在建工程（50 000+1 000−1 000×7%）　50 930
　　应交税费——应交增值税（8 500+1 000×7%）　8 570
　贷：银行存款　59 500

2）领用安装材料，支付工资等费用。

借：在建工程　4 000
　贷：原材料　1 500
　　　应付职工薪酬　2 500

3）设备安装完毕交付使用，确定固定资产的入账价值。

固定资产的入账价值=50 930+4 000=54 930(元)

借：固定资产　54 930
　贷：在建工程　54 930

若购入的固定资产是旧的，则要考虑已提折旧的问题。

（2）自行建造的固定资产。企业自制自建的固定资产在建造过程中发生的各种费用和支出都通过“在建工程”账户核算，其核算方法与购置需安装的固定资产核算方法相同。

（3）投资者投入的固定资产。企业接受投资者投入固定资产时，一方面要反映企业固定资产的增加，即按投资双方确认的价值记入“固定资产”账户的借方；另一方面要反映投资者投资额的增加，即按评估确认的价值，记入“实收资本”账户的贷方。

【例9—13】 企业接受某投资者投入的机器一台，账面原价100 000元，已提折旧 10 000 元，双方同意按原固定资产的净值确认投资额。会计分录为：

借：固定资产　　90 000

　贷：实收资本　　90 000

(4) 租入的固定资产。企业在生产经营过程中，由于生产经营的临时性或季节性需要，或出于融资等方面的考虑，对生产经营所需要的固定资产采用租赁的方式取得。租入的固定资产分为经营性租入的固定资产和融资租入的固定资产。融资租赁是指在实质上转移了与资产所有权相关的全部风险和报酬的一种租赁；经营租赁是指除融资租赁以外的其他租赁。

经营性租入的固定资产，由于租赁资产相关的风险和报酬仍然归属出租人，因此对租入的资产不必入账，也无须计提折旧，只需设租入固定资产备查簿予以登记即可。融资租入的固定资产，由于资产租赁期基本上包括了资产的有效使用年限，承租企业实质上获得了租赁资产所提供的主要经济利益，同时承担了与资产有关的风险，因此应单独设置“融资租入固定资产”明细账户进行核算。融资租入的固定资产不需安装交付使用时，按当日租赁资产公允价值与最低租赁付款额的现值两者中较低者借记“固定资产”账户，按最低付款额贷记“长期应付款——应付融资租赁款”账户，按其差额借记“未确认融资费用”账户。租赁期满，设备所有权归承租企业所有，应将固定资产从“融资租入固定资产”明细账户转入有关明细账户。未确认融资费用应当在租赁期各个期间按合理的方法进行分摊，借记“财务费用”账户，贷记“未确认融资费用”账户。若租入固定资产需要安装，先通过“在建工程”账户汇总实际支出，交付使用时，借记“固定资产”账户，贷记“在建工程”账户。租赁期满，按合同将设备所有权由出租方转给承租方，将固定资产从“融资租入固定资产”明细账户转入有关账户。

【例 9—14】　某企业采用融资租赁方式租入生产线一条，租赁价款为 1 000 000 元，用银行存款支付运杂费、保险费、安装调试费等 200 000 元。租赁协议规定，租赁价款分 5 年于每年年初支付，该生产线的折旧年限为 5 年，按直线法计提折旧，租赁期满归承租企业所有。该企业融资租赁资产占全部资产总额的 5%。有关会计分录如下：

1) 租入生产线。

借：在建工程　　1 000 000

　贷：长期应付款——应付融资租赁款　　1 000 000

借：在建工程　　200 000

　贷：银行存款　　200 000

2) 资产交付使用。

借：固定资产——融资租入固定资产　　1 200 000

　贷：在建工程　　1 200 000

3) 每期支付融资租赁费时。

借：长期应付款——应付融资租赁款　　200 000

　贷：银行存款　　200 000

4）计提折旧。

借：制造费用　　240 000

　贷：累计折旧　　240 000

5）租赁期满，资产产权转入企业。

借：固定资产——生产经营用固定资产　　1 200 000

　贷：固定资产——融资租入固定资产　　1 200 000

2. 固定资产减少的总分类核算

企业在生产经营过程中，对那些不使用或不需要的固定资产，可以出售转让。对那些由于使用而不断磨损直至最终报废，或由于技术进步等原因发生提前报废，或由于遭受自然灾害等非正常损失发生毁损的固定资产应及时进行清理。

（1）固定资产出售、报废和毁损。固定资产出售、报废和毁损时需通过“固定资产清理”账户进行核算。

【例 9—15】 企业拆除旧有房屋一幢，准备新建，原值为 260 000 元，已提折旧 240 000 元。其会计分录为：

1）经批准报废时。

借：固定资产清理　　20 000

　　累计折旧　　240 000

　贷：固定资产　　260 000

2）以银行存款支付清理费用 2 200 元时。

借：固定资产清理　　2 200

　贷：银行存款　　2 200

3）收到房屋残料收入时。

借：银行存款　　1 800

　贷：固定资产清理　　1 800

4）房屋清理完毕，结转清理净损失时。

借：营业外支出　　20 400

　贷：固定资产清理　　20 400

（2）向其他单位投资转出固定资产。企业可以将不需用的固定资产向其他单位进行投资，以提高固定资产的使用效益。投资转出时，按投资双方协商确认的价格借记“长期股权投资——投资成本”账户，按已提折旧借记“累计折旧”账户，按固定资产的原价贷记“固定资产”账户，按双方协商确认价值与固定资产净值的差额借记“营业外支出”或贷记“营业外收入”账户。

【例 9—16】 长江公司向其他单位投资房屋一幢，原值为 500 000 元，已提折旧 200 000 元，经过评估双方确认价格为 400 000 元。其会计分录如下：

借：长期股权投资——投资成本　　400 000

　　累计折旧　　200 000

贷：固定资产——不需用固定资产　　500 000
营业外收入　　100 000

若双方评估协商确认价格为 250 000 元，则会计分录如下：

借：长期股权投资——投资成本　　250 000
累计折旧　　200 000
营业外支出　　50 000
贷：固定资产——不需用固定资产　　500 000

对外捐赠的固定资产，应作为营业外支出，其会计分录为：

借：营业外支出
累计折旧
贷：固定资产

(3) 盘亏固定资产。盘亏固定资产时，需通过“待处理财产损溢——待处理固定资产损溢”账户核算。按其账面价值借记“待处理财产损溢”账户，按已提折旧借记“累计折旧”账户；对已计提减值准备的，按该项固定资产已计提的减值准备借记“固定资产减值准备”账户，按固定资产原价贷记“固定资产”账户。按规定程序转销资产盘亏时，从“待处理财产损溢”账户转移至“营业外支出”账户。

【例 9—17】 长江公司在固定资产清查中，发现一台原值 6 000 元、已提折旧 2 000 元的不需用电动机因保管不善严重毁损，报经批准售出，收到现金 300 元。会计处理如下：

1) 发现毁损后。

借：待处理财产损溢——待处理固定资产损溢　　4 000
累计折旧　　2 000
贷：固定资产——不需用固定资产　　6 000

2) 收到残值收入。

借：库存现金　　300
贷：待处理财产损溢——待处理固定资产损溢　　300

3) 审批后。

借：营业外支出　　3 700
贷：待处理财产损溢——待处理固定资产损溢　　3 700

一般来讲，企业因处置而减少的固定资产，应通过“固定资产清理”账户进行核算，上述案例也可通过“固定资产清理”账户核算。

9.2.3 固定资产的折旧

1. 折旧的概念及计提折旧的范围

(1) 折旧的概念。企业购置和取得各种固定资产的目的，在于它们具有潜在的服务能力，使其在有效使用期内能带来营业收入。固定资产的这种服务潜力随着其在生产经营活动中利用，会逐渐衰减或消逝，这部分已消逝的服务潜力与企业的收益密切相关。企业作为一个自主经营法人，具有资本保全的责任，只有在保证投入资本完整无缺的条件下，才能真实地确定出收益的多少。因此，在确定企业的收益时，应将固定资产的取得成本，依照已经损耗的价值占原有价值的比例，逐期计入生产经营成本，使之与收益相配比。在固定资产使用过程中，由于发生损耗而逐渐地、部分地转移到产品成本和有关费用中去的那部分价值，称为折旧。一般来讲，资产的流动性弱，其偿债能力一般也较弱，同时企业承担的风险大，但盈利能力反而强。

固定资产折旧计入生产成本的过程，即固定资产随着价值的转移，以折旧的形式从产品销售收入中得到补偿，并转化为货币资金的过程。从本质上来讲，固定资产也是一种费用，是非付现的预付费用，因为这种费用是前期已经发生的支出，而支出的收益在资产投入使用后的有效使用期内实现，属于资本性支出。所以，无论是从权责发生制的原则，还是从收入与费用配比的原则讲，计提折旧是正确计算企业的产品成本（营业成本）和损益的前提。

固定资产使用过程中产生的磨损和损耗，按其形式和原因，可分为有形损耗和无形损耗。前者是由于使用固定资产和自然力作用造成的损耗；后者是由于随着科技进步和生产效率提高，生产同样的固定资产所需要的社会必要劳动时间减少，造成固定资产的相对贬值，或者由于科技进步，新的效能更高的生产设备取代原有的生产设备，使得固定资产提前退出生产领域所造成的贬值。

由于固定资产的折旧与该项资产能否得到充分、足额的补偿密切相关，并且关系到企业的资产使用效率，企业应当按照固定资产的性质和使用方式，合理确定固定资产的使用寿命和预计净残值，并根据科技进步、环境和其他因素，选择合理的固定资产折旧方法。

（2）计提折旧的范围。计提固定资产折旧范围的大小，在一定时期，不仅是能否充分、足额补偿固定资产磨损和损耗价值的问题，而且直接影响到企业的费用、成本、损益和税金，甚至影响到国家的财政收入状况。除下列情况外，企业应对所有固定资产计提折旧：

1）已提足折旧仍继续使用的固定资产；

2）按规定单独作价作为固定资产入账的土地。

在实际工作中，企业一般按月计提折旧。月内增加的固定资产，当月不计提折旧，从下月起计提；月内减少的固定资产，当月仍计提折旧，从下月起停止计提；提前报废的固定资产不再补提折旧。在确定固定资产折旧范围时，要明确一个问题：折旧并不意味着企业将现金单独保存，并在资产提足折旧时对其进行更新。累计折旧是固定资产成本中已作为费用记录的部分，并不代表现金额的增长。

（3）税法规定的折旧的期限。除国务院财政、税务主管部门另有规定外，固定资产计算折旧的最低年限如下：

1）房屋、建筑物，20 年；

2）飞机、火车、轮船、机器、机械和其他生产设备，10 年；

3）与生产经营活动有关的器具、工具、家具等，5 年；

4）飞机、火车、轮船以外的运输工具，4 年；

5）电子设备，3 年。

2. 固定资产折旧的计算方法

企业应当根据固定资产所含经济利益的预期实现方式选择折旧方法，可选择的方法包括年限平均法、工作量法、双倍余额递减法和年数总和法。不管选用何种方法，影响固定资产折旧的因素或计算固定资产折旧的依据有三：固定资产原值、固定资产的净残值和固定资产的使用年限。折旧的计算方法与折旧的依据紧密相关。折旧方法一经选定，不得随意变更。如需变更，应当在会计报表附注中予以说明。

（1）年限平均法。年限平均法又称为直线法，是将固定资产的折旧基数按照折旧年限平均分配的方法。根据这一方法，每年应计提的固定资产折旧额等于原值减去预计净残值后的余额除以确定的折旧年限，这样计算出的每期折旧额是等额的。其计算方法如下：

$$年折旧额=\frac{固定资产原值-预计净残值}{预计使用年限}$$

$$=\frac{固定资产原值-预计残值收入+预计清理费用}{预计使用年限}$$

$$月折旧额=\frac{年折旧额}{12}$$

也可以通过折旧率计算：

$$年折旧率=\frac{1-预计净残值率}{预计使用年限}$$

$$月折旧率=\frac{年折旧率}{12}$$

$$月折旧额=固定资产原值\times月折旧率$$

【例 9—18】　某项固定资产原值为 80 000 元，估计残值为 5 000 元，预计使用年限为 10 年。则

年折旧额＝(80 000－5 000)÷10＝7 500(元)

月折旧额＝7 500÷12＝625(元)

当固定资产各期的负荷程度相同，各期应分摊相同的折旧费，这时采用年限平均法是合理的。但是，若固定资产各期负荷不同，采用此种方法则不能反映固定资产的实际使用情况，提取的折旧数与固定资产的损耗程度也不符。为弥补这一缺点，工作量法便应运而生。

（2）工作量法。工作量法是根据实际工作量计提折旧额的一种方法，它弥补了年限平均法只注重使用时间，不考虑使用强度的缺点，其计算公式为：

每一工作量折旧额＝固定资产原值×(1－预计残值率)÷预计总工作量

某项固定资产月折旧额＝该项固定资产当月工作量×每一工作量折旧额

【例 9—19】 某企业的一辆运货车的原值为 60 000 元，预计总行程为 50 万公里，其报废时的残值率为 5%，本月行驶 8 000 公里。该辆汽车的月折旧额计算如下：

单位里程折旧额＝60 000×(1－5%)÷500 000＝0.114(元/公里)

本月折旧额＝8 000×0.114＝912(元)

(3) 双倍余额递减法。双倍余额递减法是在不考虑固定资产残值的情况下，根据每期期初固定资产账面余额和双倍的直线折旧率计算固定资产折旧的一种方法。计算公式为：

$$年折旧率=\frac{2}{预计折旧年限}$$

$$月折旧率=\frac{年折旧率}{12}$$

月折旧额＝固定资产账面净值×月折旧率

因为双倍余额递减法不考虑固定资产的残值收入，所以不能使固定资产的账面净值降低到预计残值收入以下。即实行双倍余额递减法计提折旧的固定资产，应当在其折旧年限到期前两年内，将固定资产净值扣除预计净残值后的余额平均摊销。

【例 9—20】 某企业一项固定资产的原值为 100 000 元，预计使用年限为 5 年，预计净残值为 2 000 元，按双倍余额递减法计算折旧，每年的折旧额计算如下：

双倍直线年折旧率＝2÷5＝40%

第 1 年应提的折旧额＝100 000×40%＝40 000(元)

第 2 年应提的折旧额＝(100 000－40 000)×40%＝24 000(元)

第 3 年应提的折旧额＝(100 000－40 000－24 000)×40%＝14 400(元)

从第 4 年起改按平均年限法计提折旧：

第 4、第 5 年的年折旧额＝(21 600－2 000)÷2＝9 800(元)

(4) 年数总和法。年数总和法又称合计年限法，它是将固定资产的原值减去预计残值后的净额乘以一个逐年递减的分数计算每年的折旧额，这个分数的分子代表固定资产尚可使用的年数，分母代表使用年数的逐年数字总和。计算公式为：

$$年折旧率=\frac{尚可使用年数}{预计使用年限的年数总和}$$

$$月折旧率=\frac{年折旧率}{12}$$

月折旧额＝(固定资产原值－预计净残值)×月折旧率

【例 9—21】 某企业一台设备原值为 40 000 元，预计净残值为 1 000 元，预计使用年限为 5 年。则从第 1 年开始，各年的折旧率分别为 5/15，4/15，3/15，2/15，1/15。

$$第1年的折旧额=(40\ 000-1\ 000)\times\frac{5}{15}=13\ 000(元)$$

$$第2年的折旧额=(40\ 000-1\ 000)\times\frac{4}{15}=10\ 400(元)$$

$$第3年的折旧额=(40\ 000-1\ 000)\times\frac{3}{15}=7\ 800(元)$$

$$第4年的折旧额=(40\ 000-1\ 000)\times\frac{2}{15}=5\ 200(元)$$

$$第5年的折旧额=(40\ 000-1\ 000)\times\frac{1}{15}=2\ 600(元)$$

双倍余额递减法和年数总和法都是固定资产使用早期计提的折旧额比较多，而随着时间的推移，每期计提的折旧费用逐渐减少，因而也被称为加速折旧法，或递减折旧费用法。其特点是使固定资产的取得成本在其折旧年限中加快得到补偿。

3. 固定资产折旧的核算

企业按月计提的固定资产折旧，应区分其用途记入“生产成本”、“制造费用”、“管理费用”等账户。

【例 9—22】　企业 2×03 年 3 月的固定资产折旧，由生产部门负担 5 000 元，由企业管理部门负担 8 000 元。根据计算表作会计分录如下：

借：制造费用	5 000	
管理费用	8 000	
贷：累计折旧		13 000

出租给其他企业的固定资产，因所有权不发生转移，故出租方仍需对该项固定资产计提折旧，记入“其他业务成本”账户，抵消收取租金所产生的其他业务收入数。

“累计折旧”是固定资产的备抵科目，当计提固定资产折旧额和增加固定资产而相应增加其已提折旧时，记入该科目的贷方。因出售、报废清理、盘亏等原因减少固定资产而相应转销所提折旧额时，记入该科目的借方；该科目的余额在贷方，反映企业现有固定资产的累计折旧额。

4. 几种折旧方法的比较

公认会计原则指出，企业应将资产的耗费与该资产所产生的收入相配比。对那些每期产生相等收入的固定资产，直线法最符合配比原则的要求。产量法最适合那些主要因实际使用而损耗、无过时风险且使用不均衡的资产，折旧仅在资产被使用的期间才计提，产量越多，折旧费越大。加速折旧法最适合那些在寿命早期能产生较高收益的资产。在加速折旧法下，早期记录的较大费用与该期内的较高收益相配比。

实际上，为降低所得税，多数公司采用加速折旧法。这是因为折旧费用越高，税前利润越低，缴纳的所得税也越低，因此加速折旧法有助于企业保留更多的现金。

9.2.4 固定资产修理

企业的固定资产（除土地以外）在长期参加生产经营活动的过程中，由于各个组成部分耐用程度和使用条件不同，以及自然侵蚀和意外事故等原因，往往会导致固定资产局部损坏，为了保证固定资产在使用过程中正常运转，充分发挥其效能，就必须根据不同情况，对固定资产有计划地、及时地进行必要的维护和修理。如果固定资产使用中缺乏维护，就会造成固定资产提前报废，缩短其应有的使用年限，从而增加企业经营费用。因此，必须重视固定资产的维修与保养。

《企业会计准则第 4 号——固定资产》第六条规定："与固定资产有关的后续支出，符合本准则第四条规定的确认条件的，应当计入固定资产成本；不符合本准则第四条规定的确认条件的，应当在发生时计入当期损益。"该准则解释中具体规定："固定资产的后续支出通常包括固定资产在使用过程中发生的日常修理费、大修理费用、更新改造支出、房屋的装修费用等。固定资产发生的更新改造支出、房屋装修费用等，符合本准则第四条规定的确认条件的，应当计入固定资产成本，同时将被替换部分的账面价值扣除；不符合本准则第四条规定的确认条件的，应当在发生时计入当期管理费用。固定资产的大修理费用和日常修理费用，通常不符合本准则第四条规定的确认条件，应当在发生时计入当期管理费用，不得采用预提或待摊方式处理。"同时在《企业会计准则——应用指南》的附录《会计科目和主要账务处理》中进一步明确指出：企业发生的与专设销售机构相关的固定资产修理费用等后续支出，在"销售费用"科目核算；企业生产车间（部门）和行政管理部门等发生的固定资产修理费用等后续支出，在"管理费用"科目核算。

这里应当注意合理运用划分收益性支出与资本性支出的会计原则。与固定资产有关的后续支出，如果使可能流入企业的经济利益超过了原先的估计，如延长了固定资产的使用寿命或使产品的质量实质性提高；或使产品成本实质性降低，这属于固定资产改良支出，应当计入固定资产账面价值，其增计后金额不应超过该固定资产的可收回金额。

【例 9—23】 明达企业对厂区通风设备进行维修，支付修理费 18 000 元，作如下会计分录：

支付修理费时。

借：管理费用	18 000	
贷：银行存款		18 000

9.2.5 固定资产的期末计价

1. 可能发生减值的固定资产的认定

企业应当在资产负债表日，对固定资产进行检查，判断其是否存在可能发生减值的迹象。存在下列迹象之一的，表明固定资产可能发生了减值，应对固定资产的可收回金额进行估计，确定是否计提减值准备。

（1）固定资产的市价当期大幅度下跌，其跌幅明显高于因时间的推移或者正常使用而预计的下跌；

（2）企业经营所处的经济、技术或者法律等环境以及固定资产所处的市场在当期或者将在近期发生重大变化，从而对企业产生不利影响；

（3）市场利率或者其他市场投资报酬率在当期已经提高，从而影响企业计算固定资产预计未来现金流量现值的折现率，导致固定资产可收回金额大幅度降低；

（4）有证据表明固定资产已经陈旧过时或者其实体已经损坏；

（5）固定资产已经或者将被闲置、终止使用或者计划提前处置；

（6）企业内部报告的证据表明固定资产的经济绩效已经低于或者将低于预期，如固定资产所创造的净现金流量或者实现的营业利润（或者亏损）远远低于（或者高于）预计金额等；

（7）其他表明固定资产可能已经发生减值的迹象。

2. 固定资产可收回金额的计量

固定资产的可收回金额应当根据固定资产公允价值减去处置费用后的净额与固定资产预计未来现金流量的现值两者之间较高者确定。

处置费用包括与资产处置有关的法律费用、相关税费、搬运费以及为使资产达到可销售状态所发生的直接费用等。

固定资产的公允价值应当根据公平交易中的销售协议价格确定；不存在销售协议但存在资产活跃市场的，应当按照市场价格确定；不存在销售协议也不存在资产活跃市场的，应当以可获取的最佳信息为基础，参考同行业类似资产的最近交易价格确定。

企业按上述方法仍无法可靠估计固定资产的可收回金额的，应当以该固定资产预计未来现金流量的现值作为其可收回金额。

3. 固定资产减值损失的会计处理

固定资产可收回金额的计量结果表明，固定资产的可收回金额低于其账面价值的，应当将该固定资产的账面价值减记至可收回金额，减记的金额确认为资产减值损失，计入当期损益，同时计提相应的资产减值准备。具体账务处理如下：按固定资产账面价值和可收回金额之间的差额，借记“资产减值损失——固定资产减值准备”科目，贷记“固定资产减值准备”科目。固定资产减值损失确认后，该资产的折旧或者摊销费用应当在未来期间作相应调整，以使该资产在剩余使用寿命内，系统地分摊调整后的资产账面价值（扣除预计净残值）。固定资产减值损失一经确认，在以后会计期间不得转回。

【例9—24】 明达企业2×07年1月28日购入一台电机，原值6 000元，预计净残值率为5%，预计使用年限为5年，采用直线法计提折旧。2×08年12月31日，该电机发生减值，其可收回金额为3 000元。计提减值准备后，该电机的剩余使用年限为 3 年，预计净残值率仍为 5%。相关的会计分录如下：

（1）该电机截至 2×08 年 12 月的累计折旧为：

月计提折旧额=6 000×(1−5%)÷60=95(元)

累计已计提的折旧额=95×(11+12)=2 185(元)

（2）该电机截至 2×08 年 12 月 31 日的净值为：

6 000−2 185=3 815(元)>3 000 元

（3）计提减值准备：

借：资产减值损失——固定资产减值准备　　815

　贷：固定资产减值准备　　815

（4）从 2×09 年 1 月份起，计提折旧为：

3 000×(1−5%)÷37=77(元)

9.3 无形资产

9.3.1 无形资产概述

1. 无形资产及其分类

无形资产是指企业拥有或者控制的没有实物形态的可辨认非货币性资产，包括专利权、商标权、非专利技术、土地使用权、版权（著作权）、特许经营权（专营权）等。企业自创的商誉，以及未满足无形资产确认条件的其他项目，不能作为无形资产。

专利权是指政府对发明者在某一产品的造型、配方、结构、制造工艺或者程序的发明创造上给予其制造、使用和出售等方面的独占权和专有权。

商标权是指专门在某类指定的商品或产品上使用特定的名称、图案或标志的权利。商标经过注册登记，就获得了法律上的保障。

非专利技术也称专有技术，是指发明者实际应用的、未公开、未申请过专利权的专门技术资料、经验、技术秘密和技术诀窍等。非专利技术不受法律保护，但法律允许企业借助保密的手段来独享。

土地使用权是指国家准许某一企业在一定期间对国有土地享有开发、利用、经营的权利。

版权也称著作权，是国家版权管理机关依法给予著作人或文艺作品的创作人以及出版商在一定年限内发表、制作、出版和发行的专有权利。

特许经营权也称为专营权，是指在某一地区经营或销售某种特定商品的权利，或是一家企业接受另一家企业使用其商标、商号、技术秘密等的权利。

2. 无形资产的特征

无形资产一般有以下特征：

（1）没有实物形态。无形资产所体现的是一种权利或获得超额利润的能力，它没有实物形态，但却具有价值，或者能使企业获得高于同行业一般水平的盈利能力。

（2）无形资产将在较长时间内为企业提供经济效益，因而属于一项长期资产，企业为取得无形资产所发生的支出，属于资本性支出。

（3）持有的目的是使用而不是出售。企业持有无形资产的目的是生产商品或提供劳务、出租给他人或出于管理目的，而不是为了销售。脱离了生产经营活动，无形资产就失去其经济价值。

（4）无形资产给企业提供的未来经济效益具有高度的不确定性。无形资产的取得成本不能代表其经济价值，而在很大程度上受企业外部因素的影响，其预期的获利能力不能准确地加以确定。

（5）通常是由企业自身发明、发现、创造或有偿取得。只有花费了支出的无形资产，才能作为无形资产入账，否则不能作为无形资产入账。

3. 无形资产的确认

无形资产只有满足了以下条件才能加以确认：（1）与该无形资产有关的经济利益很可能流入企业；（2）该无形资产的成本能够可靠地计量。

企业应当能够控制无形资产所产生的经济利益，如企业拥有无形资产的法定所有权，或企业与他人签订了协议，使得企业的相关权利受到法律保护。在判断无形资产带来的经济效益是否很可能流入企业时，企业管理部门应对无形资产在预计使用年限内存在的各种可能因素作出稳健的估计。

9.3.2　无形资产取得时的核算

企业取得的无形资产，主要包括购入的无形资产、接受投资的无形资产、接受捐赠的无形资产、自行研究开发的无形资产等，对于各种类型无形资产取得时的核算如下。

1. 购入的无形资产

企业购入无形资产的实际成本，包括购买价款、相关税费以及直接归属于使该项资产达到预定用途所发生的如律师费、咨询费、公证费、鉴定费、注册登记费等其他支出。企业应根据购入无形资产的实际成本，借记“无形资产”科目，贷记“银行存款”等科目。

【例9—25】　甲企业从某公司购入一项专利，价值80 000元，价款以银行存款付清。其会计分录为：

借：无形资产——专利权　　80 000

　贷：银行存款　　80 000

2. 接受投资的无形资产

企业接受无形资产投资时，应按双方协商确认的价值计价，借记“无形资产”科目，贷记“实收资本”科目。如果无形资产的价值大于投资方在企业注册资本中占有的份额，其差额应贷记“资本公积”科目。

【例9—26】 黎明公司接受投资者土地使用权投资，经资产评估机构评估，土地使用权作价50 000元，其中应确认实收资本的数额为30 000元。根据以上资料，编制会计分录如下：

借：无形资产——土地使用权	50 000	
贷：实收资本		30 000
资本公积		20 000

3. 接受捐赠的无形资产

企业接受无形资产捐赠时，应根据确定的价值，借记“无形资产”科目，贷记“营业外收入”科目。

【例9—27】 某企业接受一项专利技术捐赠，捐赠者提供的有关凭据表明该项专利技术的价值为100 000元。根据以上资料，编制会计分录如下：

借：无形资产——专利权	100 000	
贷：营业外收入		100 000

4. 自行研究开发的无形资产

企业自行研究开发项目的支出，应当区分研究阶段支出与开发阶段支出。研究是指为获取并理解新的科学或技术知识而进行的独创性的有计划调查；开发是指在进行商业性生产或使用前，将研究成果或其他知识应用于某项计划或设计，以生产出新的或具有实质性改进的材料、装置、产品等。

研究阶段的特点在于其属于探索性的过程，将来是否能够转入开发、开发后是否会形成无形资产等具有较大的不确定性。为此，企业研究阶段发生的支出，应予以费用化。企业应根据自行研究开发项目在研究阶段发生的支出，借记“研发支出——费用化支出”科目，贷记有关科目；期末应根据发生的全部研究支出，借记“管理费用”科目，贷记“研发支出——费用化支出”科目。

相对研究阶段而言，开发阶段已经完成了研究阶段的工作，在很大程度上应该能形成一项新产品或新技术。企业自行研究开发项目在开发阶段发生的支出，同时满足下列条件的，应当确认为无形资产：

(1) 完成该无形资产以使其能够使用或出售在技术上具有可行性。

(2) 具有完成该无形资产并使用或出售的意图。

(3) 无形资产产生经济利益的方式，包括能够证明运用该无形资产生产的产品存在市场或无形资产自身存在市场；无形资产将在内部使用的，应当证明其有用性。

(4) 有足够的技术、财务资源和其他资源支持，以完成该无形资产的开发，并有能力使用或出售该无形资产。

(5) 归属于该无形资产开发阶段的支出能够可靠地计量。

企业开发阶段发生的应予以资本化的支出，应借记“研发支出——资本化支出”科目，贷记有关科目；在确认无形资产时，应根据发生的全部开发支出，借记“无形资产”科目，贷记“研发支出——资本化支出”科目。

【例9—28】　明伦公司自行开发某项专利技术，实际发生的材料费为5 000 000元，人工工资为1 000 000元，其他相关支出和注册登记费等计300 000元。该项专利技术研制成功。根据以上资料，编制会计分录如下：

（1）发生各项支出。

借：研发支出——资本化支出	6 300 000	
贷：银行存款		300 000
原材料		5 000 000
应付职工薪酬		1 000 000

（2）登记注册后。

借：无形资产——专利权	6 300 000	
贷：研发支出——资本化支出		6 300 000

无法区分研究阶段支出和开发阶段支出的，应当将其所发生的研发支出全部费用化。

9.3.3　无形资产的摊销

无形资产能在较长时间内取得效益，但它所具有的价值的权利总会终结或消失，因此企业应当于取得无形资产时分析判断其使用寿命。对于使用寿命有限的无形资产，应当在其使用寿命内系统合理地摊销其金额。企业自用的无形资产，其摊销的无形资产价值应当计入当期管理费用；企业出租的无形资产，相关的摊销价值应当计入其他业务成本，并同时增加累计摊销。

无形资产的摊销方法，应当反映与该项无形资产有关的经济利益的预期实现方式，可以采用平均年限法、工作量法、双倍余额递减法和年数总和法等。无法可靠确定预期实现方式的，应当采用平均年限法摊销，即自取得当月起在预计使用年限内分期平均摊销。

如果预计使用年限超过了相关合同规定的受益年限或法律规定的有效年限，无形资产的摊销年限，按如下原则确定：（1）合同规定了受益年限但法律没有规定有效年限的，摊销期不应超过受益年限；（2）合同没有规定受益年限但法律规定了有效年限的，摊销期不应超过有效年限；（3）合同规定了受益年限，法律也规定了有效年限的，摊销期不应超过受益年限与有效年限两者之中较短者。

使用寿命不确定的无形资产不应摊销。无形资产的应摊销金额为其成本扣除预计残值后的金额。已计提减值准备的无形资产，还应扣除已计提的无形资产减值准备累计金额。

平均年限法无形资产摊销的计算公式为：

$$\text{无形资产年摊销额}=\frac{\text{无形资产价值}}{\text{规定(或预计)的适用年限}}$$

$$\text{无形资产月摊销额}=\frac{\text{无形资产年摊销额}}{12}$$

【例9—29】　长江公司购入的计算机软件价值为30 000元，预计可以使用2

年，摊销本月应负担的数额。每月摊销时，会计分录为：

借：管理费用 1 250

贷：累计摊销（30 000÷(2×12)） 1 250

9.3.4 无形资产转让的核算

企业拥有的无形资产可以依法转让。无形资产转让的方式有两种：一是转让其所有权；二是转让其使用权。前者相当于出售无形资产，后者仅仅是将部分使用权让渡给其他单位或个人，出让方仍保留对该项资产的所有权，仍拥有收益或处置的权利。因而，转让无形资产使用权的企业不注销无形资产的账面摊余价值。

企业出售无形资产，按实际取得的转让收入，借记“银行存款”等科目；按该项无形资产已计提的减值准备，借记“无形资产减值准备”科目；按无形资产的原始价值，贷记“无形资产”科目；按无形资产的累计摊销额，借记“累计摊销”科目；按应支付的相关税费，贷记“应交税费”等科目；按其差额，贷记或借记“营业外收入”或“营业外支出”科目。

企业出租无形资产时，取得的租金收入，借记“银行存款”等科目，贷记“其他业务收入”等科目；摊销出租无形资产的成本时，借记“其他业务成本”科目，贷记“累计摊销”科目。

【例 9—30】 企业购得国外一项专利，支付价款 800 000 元，预计有效期为 8 年。该企业购入无形资产 5 年后将其所有权转让，并获得转让收入 350 000 元，支付的营业税 17 500 元。其会计分录如下：

(1) 购入无形资产时。

借：无形资产 800 000

贷：银行存款 800 000

(2) 每年年末摊销无形资产。

借：管理费用 100 000

贷：累计摊销 100 000

(3) 转让该项无形资产时。

借：银行存款 350 000

累计摊销 500 000

贷：营业外收入 32 500

应交税费——应交营业税 17 500

无形资产 800 000

如该例中，企业只转让无形资产使用权，所取得的收入应计入企业的其他业务收入，在转让中发生转让费用 4 500 元，应作为无形资产转让成本予以结转。其会计分录为：

借：其他业务成本 4 500

贷：银行存款 4 500

9.3.5　无形资产的期末计价

企业应当定期或至少在每年年度终了检查各项无形资产预计给企业带来未来经济利益的能力，对预计可收回金额低于其账面价值的，应当计提减值准备。无形资产减值损失一经确认，在以后会计期间不得转回。

9.4　投资性房地产

9.4.1　投资性房地产概述

1. 投资性房地产的概念

投资性房地产是指为赚取租金或资本增值，或两者兼有而持有的房地产。通常情况下，投资性房地产包括：

（1）企业以投资为目的而拥有的土地使用权及房屋建筑物，即企业为长期资本增值而持有的土地使用权及建筑物。其中包括：1）已出租的土地使用权。2）用于持有和准备增值后转让的土地使用权。根据我国对土地的使用规定，企业首先要按国家相关政策的规定进行“三通一平”（即水通、电通、路通、场地平整）后才可进行开发或增值。只有在符合国家有关土地政策并拟用于出租和增值的土地才可定为投资性房地产。3）已经出租的房屋建筑物。

（2）房地产开发企业出租的开发产品。许多房地产开发公司开发的产品不一定都要销售，有些可能留下来用于出租，这些出租的开发产品按《企业会计准则第 3 号——投资性房地产》归类就属于投资性房地产。下列各项不属于投资性房地产：1）自用房地产；2）作为存货的房地产，如房地产开发企业在正常经营过程中销售的房地产，就属于房地产开发企业的存货。

2. 投资性房地产的特征

（1）投资性房地产是一种经营性活动。投资性房地产的主要形式是出租建筑物、出租土地使用权，这实质上属于一种让渡资产使用权行为。房地产租金就是让渡资产使用权取得的使用费收入，是企业为完成其经营目标所从事的经营性活动以及与之相关的其他活动形成的经济利益总流入。

（2）投资性房地产在用途、状态、目的等方面区别于作为生产经营场所的房地产和用于销售的房地产。企业持有的房地产除了用于自身管理、生产经营活动场所和对外销售之外，还出现了将房地产用于赚取租金或增值收益的活动，甚至是个别企业的主营业务。这就需要将投资性房地产单独作为一项资产核算和反映，与自用的厂房、办公楼等房地产和作为存货（已建完工商品房）的房地产加以区分，从而更加清晰地反映企业所持有房地产的构成情况和盈利能力。企业在首次执行《企业会计准则第 3 号——投资性房地产》时，应当根据投资性房地产的定义对资产进行重新分类，凡是符合投资性房地产定义和确认条件的建筑物和土地使用权，应当归为投资性房地产。

9.4.2 投资性房地产取得时的会计处理

通过设置“投资性房地产”科目将投资性房地产从一般的房地产中转出来，单独计价、单独确认、单独披露。该科目为资产类科目，借方登记投资性房地产的增加，贷方登记投资性房地产的减少，期末余额为借方余额，表示目前企业投资性房地产的结余价值。以下分别介绍各种取得方式下投资性房地产的账务处理。

1. 外购方式取得的投资性房地产

外购的房地产，只有在购入的同时开始出租，才能作为投资性房地产加以确认。在采用成本模式计量下，按照取得时的实际成本进行初始计量，借记“投资性房地产”科目，贷记“银行存款”等科目。取得时的实际成本包括购买价款、相关税费和可直接归属于该资产的其他支出。

【例 9—31】 甲公司是一家商贸企业，为了拓展经营规模，2×08 年 3 月 1 日以银行存款购得位于繁华商业区的一层写字楼，并当即进行招租。该层商务楼的买价为 800 万元，相关税费 50 万元。账务处理如下：

借：投资性房地产	8 500 000	
贷：银行存款		8 500 000

2. 自行建造方式取得的投资性房地产

企业自行建造活动完成后用于出租的房地产属于投资性房地产。只有在自行建造或开发活动完成的同时开始出租，才能将自行建造或开发完成的房地产确认为投资性房地产。自行建造投资性房地产，其成本由建造该项资产达到预定可使用状态前发生的必要支出构成，包括土地开发费、建筑成本、安装成本、应予以资本化的借款费用、支付的其他费用和分摊的间接费用等。建造过程中发生的非正常性损失，直接计入当期损益，不计入建造成本。

【例 9—32】 乙公司于 2×08 年 1 月 1 日开始在公司拥有的一块地皮上建造一幢写字楼，拟用于招租。工程期为 1 年，2×08 年 12 月 31 日完工。工程期间发生的人工费 600 万元，投入的工程物资 4 000 万元，假定无相关税费。工程开工时，所占地皮的账面价值为 5 000 万元，在“无形资产”科目核算。账务处理如下：

（1）工程领用物资时。

借：在建工程	40 000 000	
贷：工程物资		40 000 000

（2）分配工程人员工资时。

借：在建工程	6 000 000	
贷：应付职工薪酬		6 000 000

（3）将土地使用权的账面价值在开工时列入工程成本。

借：在建工程　　50 000 000
　贷：无形资产　　50 000 000

（4）工程完工时。

借：投资性房地产　　96 000 000
　贷：在建工程　　96 000 000

9.4.3 投资性房地产的后续计量

1. 计量模式的选择

企业应于会计期末采用成本模式对投资性房地产进行后续计量；如果有确凿证据表明投资性房地产的公允价值能够持续可靠地取得，应当采用公允价值模式。我国《企业会计准则第 3 号——投资性房地产》规定，投资性房地产后续计量优选模式是成本模式，而公允价值模式须满足规定条件方可选择。

企业对投资性房地产的计量模式一经确定，不得随意变更。因为公允价值模式的采用就意味着期末投资性房地产账面价值总是处于变动状态，而且准则规定因公允价值变动产生的价值调整要计入当期损益，这就为企业操纵利润提供了运作空间。为避免这种情况的发生，《企业会计准则第 3 号——投资性房地产》规定，其核算模式一经确定不得随意更改，这与会计政策变更的相关规定是一致的。

2. 成本计量模式的核算方法

企业采用成本模式计量的投资性房地产，应当比照《企业会计准则第 4 号——固定资产》和《企业会计准则第 6 号——无形资产》的相关规定处理，计提的折旧或摊销数额应借记“其他业务成本”账户，同时贷记“累计折旧”或“累计摊销”账户。

【例 9—33】　甲公司 2×08 年 10 月 1 日接受乙公司投资的一项土地使用权，双方协议价为 8 000 万元。甲公司取得该土地使用权后即准备于适当时机转让，该土地所有权的法定有效期为 40 年。账务处理如下：

（1）接受投资时。

借：投资性房地产　　80 000 000
　贷：实收资本　　80 000 000

（2）2×09 年摊销时。

借：其他业务成本　　2 000 000
　贷：累计摊销　　2 000 000

3. 公允价值计量模式的核算方法

（1）采用公允价值模式计量投资性房地产，应当具备两个条件：1）有活跃的房地产交易市场；2）同类或类似房地产的市场价格及其他相关信息能够从房地产交易市场上取得。

（2）公允价值模式的具体核算方法。企业采用公允价值模式计量的，不对投资性房地产计提折旧或进行摊销，应当以会计期末投资性房地产的公允价值为基础调整其账面价值，公允价值与原账面价值之间的差额计入当期损益。核算时，企业应当在“投资性房地产”科目下设置“成本”和“公允价值变动”两个明细科目，同时设置“公允价值变动损益”账户反映公允价值变动给企业带来的收益或者损失。

【例 9—34】 黎明公司 2×07 年 7 月 1 日与乙公司进行债务重组，重组当日的应收债权为 4 000 万元，双方协议由乙公司以一幢楼房进行抵债，债务解除手续于当日办妥，假定无其他税费。黎明公司将此楼房用于出租，于 2×07 年 7 月 1 日与明伦公司签订租赁协议，租期为 10 年，年租金为 120 万元，租金于每年年末结清。按照当地房地产交易市场的价格体系，该房产 2×07 年年末的公允价值为 4 200 万元，2×08 年年末的公允价值为 4 120 万元。黎明公司的账务处理如下：

（1）取得该楼房时。

该投资性房地产的入账成本为 4 000 万元。

借：投资性房地产——成本　　40 000 000

　贷：应收账款　　40 000 000

（2）2×07 年年末取得租金时。

借：银行存款（1 200 000÷12×6）　　600 000

　贷：其他业务收入　　600 000

（3）2×07 年年末房产的公允价值达到 4 200 万元时，此时的账面价值为 4 000 万元，由此造成的增值 200 万元应计入当年的损益，具体处理如下：

借：投资性房地产——公允价值变动　　2 000 000

　贷：公允价值变动损益　　2 000 000

（4）2×08 年年末取得租金时。

借：银行存款　　1 200 000

　贷：其他业务收入　　1 200 000

（5）2×08 年年末房产的公允价值降到 4 120 万元时，此时的账面价值为 4 200 万元，由此造成的贬值 80 万元应计入当年的损益，具体处理如下：

借：公允价值变动损益　　800 000

　贷：投资性房地产——公允价值变动　　800 000

练习题

一、选择题

1. 融资租入固定资产的入账价值是指（　　）。

   A. 租入固定资产原值

   B. 租赁资产的原账面价值与最低租赁付款额的现值两者中较低者

   C. 按租赁协议确定的价款、运输费、途中保险费、安装调试费等

   D. 租入固定资产原值减已提折旧

2. 下列说法是折旧的定义的是（　　）。

   A. 将资产的市价在其使用期内费用化

B. 将资产的成本在其使用期内费用化

C. 在资产使用期内降低资产的市价

D. 增加一单独设立的基金，以便在原资产报废时可以重置

3. 下列折旧方法的折旧额不是按时间来计算的是（　　）。

A. 直线法　　B. 工作量法

C. 双倍余额递减法　　D. 年数总和法

4. 从所得税角度看，在资产使用早期计提最大的折旧费用额，下列折旧方法中最好的是（　　）。

A. 直线法　　B. 产量法

C. 加速折旧法　　D. 都一样

5. 企业购买的股票价格中如含有已宣告但尚未支付的股利，则这部分股利应作为（　　）处理。

A. 股票投资成本　　B. 投资收益

C. 应收股利　　D. 财务费用

6. A公司分配10%的股票股利，该公司的股东应该（　　）。

A. 借记“投资”账户，贷记“股利收入”账户，金额为作为股利收到的股票面值

B. 借记“投资”账户，贷记“股利收入”账户，金额为作为股利收到的股票市价

C. 借记“现金”账户，贷记“投资”账户，金额为作为股利收到的股票市价

D. 作备查记录记下新股数

7. E公司持有F公司有表决权股份的30%。F公司报告净利润为100 000元，宣告发放现金股利40 000元，E公司采用（　　）为投资记账。

A. 成本法　　B. 权益法

C. 合并报表法　　D. 加权平均法

8. 折价购入的债券，以后各期确认的投资收益为（　　）。

A. 按票面利率计算的应计利息

B. 按票面利率计算的应计利息与当期债券折价摊销的差额

C. 按票面利率计算的应计利息与当期债券折价摊销的合计数

D. 待实际收到利息后才予以确认

9. 企业用流动资产、固定资产和无形资产对外投资时，应按资产评估确认的价值或合同、协议确定的价值入账，评估确定的价值与原账面价值的差额，按照会计制度规定，作为（　　）处理。

A. 投资损益　　B. 递延投资损益

C. 资本公积　　D. 营业外收支

10. 转让无形资产的所有权和转让无形资产的使用权时，其转让收入和转让成本在会计上的处理应为（　　）。

A. 收入的处理不一样，成本的结转方法也不一样

B. 收入均作为营业外收入；成本均作为营业外支出

C. 收入均作为其他业务收入；成本均作为其他业务成本，但金额不同

D. 收入与成本的结转方法一致

二、思考题

1. 假设本年度沃玛特公司经营状况不佳，净利润低于上年数和预计数。出于折旧的原因，沃玛特公司延长了资产的估计使用寿命。这种会计方法变更会如何影响沃玛特公司的折旧费用、净利润以及所有者权益？

2. 当公司在年末前出售固定资产时，在对销售进行会计处理之前必须先记录什么？

3. 无形资产与其他资产有何区别？为什么它是资产？与无形资产相对的是何种费用？

部分练习题答案

一、1. B 2. B 3. B 4. C 5. C 6. D 7. B 8. C 9. C 10. A

第 10 章 负债与所有者权益

内容预览

在资产负债表上，左方表示资产即企业所拥有或控制的经济资源，右方表示权益即企业资产的来源。企业基本的筹资来源有两个：负债和所有者权益。债权人对企业资产的要求权称为债权人权益，投资者对企业资产的要求权称为所有者权益。因而从法律关系上看，债权人和投资者对企业资产所拥有的要求权，即为会计上所统称的权益。资产总额必然与权益总额相等。

10.1 负债

举借债务开展经营是企业筹资的一种方式，负债本身只是一种经济义务，而非财富。但适度的负债经营对企业来讲却是必要的，一方面它可以缓解企业营运资金紧张的压力，另一方面可使企业长期经营能力得到保证和发展。

负债是企业资产总额中属于债权人的那部分权益。即负债是指由过去或目前的经济业务所引起的，代表企业所承担的在未来日期将以企业的资产、劳务或新的负债偿还的，能以货币确切计量或合理估计的一种经济义务。

10.1.1 负债概述

1. 负债的基本特征

会计上所指负债具有如下基本特征：

(1) 负债是由过去或目前的经济业务所引起的当前债务，这种经济责任往往是企业为取得资产或劳务而同外单位进行交易的结果。例如，从银行取得借款，就有到期偿还本息的责任；向其他企业赊购商品等业务所产生的负债，就有未来付清货款的责任。另外，某些由法律或政府机构规定的责任，如企业按经营所得缴纳的所得税，也会形成企业的负债。但是，企业未来经济业务可能产生的负担不是企业的负债，如企业与供货单位签订的供货意向书，意向书只是一种意向和承诺，有时可以取消，这种未来交易不能作为企业的一项负债。

(2) 负债是要在将来支付的经济责任，且偿还的方式必须是债权人能接受的。负债偿还意味着企业未来经济利益的牺牲。负债到期时，企业或用现金支付，或用其他资产付给，或用劳务支付，或用债权人欠企业的款项抵消，或者以举借新债来偿付等不同的偿还或抵消方式。

(3) 负债是能以货币确切计量或合理估计的经济责任。以货币计量是会计的主要特征。作为会计要素之一的负债，通常有一个可确定偿付金额，或虽无确切的偿付金额，但可以合理地推断或估计。

(4) 负债是需由货币资金或其他资产支付的确实存在的债务。如未决诉讼而可能导致的赔偿责任，由于其存在的可能性和金额均无法确定，就不能作为企业的负债入账。

(5) 负债一般应有确切的偿付对象和偿付日期。一般情况下，负债都有确切的偿付对象和偿付日期，如应付票据、应付账款等。但这不是负债的必要条件，有时只要能对受款人和偿付日期作出合理的估计，即使尚不知道具体受款人和偿付日期，也应确认为负债。

在会计实践中判断某一经济事项是否引起负债，必须以上述负债的基本特征为依据。

负债的另一个重要特征是，当企业解散清算时，负债具有清算优先权，即清算时企业应在满足偿还债务的要求之后再考虑返还投资者的投入资本等。企业的债权人不同于所有者，他们拥有对企业的资产要求权，但通常不拥有控制企业经营的权利。但在经济实务中，契约性合同上所有者、管理人员和债权人的传统作用可能被更改。有时债权人坚决要求给予其企业经营上的某些控制权，作为提供一笔贷款的条件，特别是举债企业处于财务困境中时。另外，契约性合同中还可能附加各种条款作为贷款保证，如限制管理层薪金和股利的发放，或者追加借款和巨大的资本支出需要征得债权人的同意，等等。在借款过程中，与债权人要求权有关的保证，在债权人中间会有所区别。有时为一笔借款，债务人需抵押特定资产的所有权作为抵押品，称为抵押负债。如果债务人在担保借款上违约，债权人可以取消该抵押资产的赎回权。在借款中作为抵押品的担保资产，应在债务人财务报表的注释中予以披露。不以特定资产作担保的负债，称为一般信用债务。一般地，在会计实务上，按照负债的偿付期限长短进行划分，这有助于衡量企业到期偿还债务的能力。

2. 负债的分类

负债是要在将来支付的经济责任，但偿付时间和偿付方式在债权人中各不相同。为便于分析企业的财务状况和对负债的偿还能力，会计上常按企业负债偿付期限的长短将其划分为流动负债和非流动负债两大类。

(1) 流动负债。流动负债，是指可以在一年内或超过一年的一个营业周期内(二者取其长) 用流动资产或新的流动负债来偿还的各种债务。

由上述定义可以看出，满足流动负债有两个条件：1) 负债到期日必须在一年内或一个营业周期内，按二者中取其长者进行划分；2) 负债到期之日必须以流动资产或举借新的流动负债来偿还或抵消。

企业流动负债主要因生产经营活动和筹资活动而产生。因生产经营活动而产生，如向外单位赊购材料和商品或本单位生产经营过程所产生的应付票据、应付账款、应付职工薪酬以及应缴税金等；因筹资活动而产生，如短期借款、长期借款和应付债券的一年内到期部分等。适度的举债，是满足生产经营的正常周转、扩充经营规模和旺季营业活动需要的一项重要手段。

区分流动负债有两个重要目的：一是可以显示企业负债的偿还或支付期限，以评估一个企业的财务状况；二是将其与流动资产相比较，可以反映出企业短期偿债能力，这是债权人尤其是短期债权人最为关心的事情。流动负债用何种方式来偿还，用流动资产还是举借新的流动负债，也是区分流动负债与非流动负债的重要标志。

由于负债是企业现时承担而在将来偿还的责任，从理论上说，所有流动负债都带有不确定性。根据这种不确定性的大小，可将流动负债划分为以下四类：

1）应付金额可以确定的流动负债。此类流动负债到期日必须偿还的金额是可以根据契约或法律予以确定的，如短期借款、短期应付票据、应付账款、一年内到期的非流动负债、存入保证金、预收账款、期货合同损失及应付职工薪酬等。

2）应付金额视经营情况而定的流动负债。此类流动负债需根据企业会计期间的经营成果而定，如应交流转税、应交所得税、应付利润等。

3）应付金额需予以估计的流动负债。此类流动负债实际上是企业以往发生的经济业务而产生的现存责任和义务，其金额直至资产负债表编制日仍无法确定，只能根据以往的经验和有关资料合理推断和估计，如预提费用、产品质量担保费用、票据兑换费用等。

4）或有负债。或有负债指过去的交易或事项形成的潜在义务，其存在与否取决于未来不确定事项是否发生，如未决诉讼、信用担保、应收票据贴现等；或过去的交易或事项形成的现时义务，履行该义务不是很可能导致经济利益流出企业或该义务的金额不能可靠地计量。其特点是：它的存在与否以及偿还金额、受款人和偿还期限，取决于有关未来事件。因而，或有负债具有极大的不确定性，在资产负债表中，应与其他负债项目区别开来，单独反映，并在会计报表附注中予以披露。

(2) 非流动负债。非流动负债是流动负债以外的负债，通常是指偿还期在一年以上或者超过一年的一个营业周期以上（二者取其长）的各种负债。非流动负债具有偿还期限较长、金额较大的特点。

企业为了扩大生产经营规模或增加重要的固定资产，需要数额巨大的资金。而这些资金仅靠企业自身的营运资本显然难以满足，因而需要向外筹集资金。企业长期资金的来源主要有两个方面：一是增发股票，由股东追加投资；二是举借长期债务，由债权人提供资金，即所谓的举债经营。

与所有者投资相比，举债经营具有如下优点：1）不影响原有股权结构，一般也不影响股票价格；2）不参加剩余利润的分配，当投资报酬率大于负债利息率时，剩余利益归股东所有，并且举债越多带来的剩余收益也越大；3）其利息支出可从税前支付，而股利则需从企业净利润中分配。但是，举债经营也有其缺点：1）定期支付利息，当投资回报率小于负债利息率时，会减少股东利益，举债越多导致的财务风险越大；2）举借非流动负债常会被债权人要求作出某种财务安排，从而影响企业自身的财务灵活性；3）负债有优先求偿权，可能迫使企业破产清算。

非流动负债除了具有负债共同的特点外，与流动负债相比具有明显的不同：1）企业举借非流动负债的目的是为了增加重要的固定资产以扩大经营规模，而非生产周转的临时性需要；2）非流动负债的债务金额一般比较大，而且不像流动负债那样零星、经常性地发生；3）非流动负债的偿还期限较之流动负债长，因此在计量上会充分考虑资金的时间价值；4）非流动负债的偿还方式比较灵活，可以分期偿还本息，也可到期一次偿还本息。因而，我们在会计处理上要充分考虑这些特点。

非流动负债的形式很多，按其形成渠道，可分为以下几种：

1）长期借款，指企业向金融机构或其他单位借入的偿还期在一年以上的各种借款。

2）长期应付债券，指企业出具的向债券持有者承诺在未来某一特定日期还本付息的书面凭证。它是企业非流动负债中最为普遍的一种筹资方式，通常企业将要筹集的长期资本总额划为数额较小的份额，以债券的形式向广大公众募集。

3）长期应付款，指应付补偿贸易引进设备款、融资租入固定资产应付款等长期应付款项。

此外还包括专项应付款、预计负债等。

10.1.2　负债的确认与计量

满足以下条件：(1) 与该义务有关的经济利益很可能流出企业；(2) 未来流出的经济利益的金额能够可靠地计量，同时符合负债定义的义务，确认为负债。

把不同的负债加以分类，以分别确定企业未来偿还的义务，对负债进行确认与计量是负债核算的基础。负债的偿付期限、金额和偿付方式往往在其发生或成立时已由合同、契约或债券发行条例所规定，具备法律上的约束力。理论上，负债的计量应考虑货币的时间价值，即按其对应的现值记账。但在实务操作上，流动负债往往是按照其到期值或面值进行计量。尽管用面值计量会导致资产负债表上的负债项目被高估，但由于涉及期限较短，差异不明显，从成本与效益的角度权衡以及重要性要求，该差异可以忽略不计。

我国现行会计准则规定：各项流动负债应当按实际发生金额记账，负债已经发生而金额需要预计确定的，应当合理估计，待实际数额确定后，再进行调整。具体地讲，金额确定的流动负债按其成立时的实际发生价值计价；金额视经营成果而定的流动负债，应将其与有关事项相联系考虑，按未来应偿付的估计金额计价，待实际数额确定后再作调整；非货币性项目的负债，如将来要以特定的实物资产或劳务支付的预收项目等，应按预定或双方认可的金额计价，而不考虑企业以后提供实物资产或服务的相关价格是否发生变化。

非流动负债按将来应偿付金额折合的现值计价。具体地讲，长期借款以实际取得的货币资产或其他资产与其使用期间形成的利息之和计价；应付债券以未来偿还金额的现值加上累计偿付利息现值之和计价；长期应付款中的应付引进设备款以引进设备的价款和利息的外币金额折合为记账本位币计价，融资租入固定资产以设备价款、手续费、运输费、途中保险费等之和计价。

10.2　流动负债

10.2.1　短期借款

短期借款，是指企业为了补充流动资金的不足而向银行或其他金融机构借入的，期限在一年或一个营业周期以内的，用于维持企业正常生产经营的各种借款。

国际上通行的短期借款一般须以企业财产作抵押，最为常见的方式是票据贴现。我国除票据贴现方式以外，还可根据企业经营需要，在法规与银行管理制度允许范围内，按一定程序获得短期银行借款，如工业企业生产周转借款、临时借款、结算借款、卖方信贷等，商品流通企业商品周转借款、专项储备借款、预购定金借款等。企业借入的短期借款，无论用于哪一方面，只要借入了这笔资金，就构成一项负债。

归还短期借款时，除了归还借入的本金外，按照资金的时间价值，还应支付利息。短期借款的利息，应当按月预提计入财务费用。为了核算短期借款的借入、使用以及归还情况，企业应设置“短期借款”账户，贷方登记企业借入的各种短期借款，借方登记企业按期归还的各种短期借款，期末贷方余额反映企业尚未到期归还的各种短期借款数额。本账户应按债权人设置明细账，并按借款种类进行明细分类核算，以反映各种短期借款的情况。

10.2.2 应付账款

应付账款，是指企业在生产经营活动中因购买材料、商品或接受劳务等而发生的债务。其中包括在不设置“预收账款”科目的情况下购货方按合同或有关规定预付给供货单位的定金及其他预付款。应付账款是在结算过程中由于购进货物或接受劳务等业务发生的时间与付款时间不一致而形成的，属于最常见的流动负债之一。与应收账款与应收票据常常相互转换一样，它与应付票据也经常相互转换。企业设置“应付账款”账户，用以反映这部分负债的价值。

应付账款最主要的会计问题是账款的入账时间及其金额的确定。从理论上说，应付账款入账时间应以与购买货物所有权有关的风险和报酬已经转移或劳务已经接受为标志。但会计实务上通常在货物验收以后才按发票价格登记入账。在物资已到而发票账单未到的情况下，由于负债已经成立，也应作为一项负债反映。为在资产负债表中客观反映企业所拥有的资产和承担的债务，在实际工作中应于月份终了将所购物资和应付债务估计入账，待下月初再用红字冲回。

应付账款一般按应付金额入账，或者加上由供货单位代垫的运杂费登记入账，而不按到期应付金额的现值入账。这是因为应付账款结算期较短，一般为30～60天，没有计算利息的事项，其会计处理只涉及应付账款的发生与归还。企业在购货时如果享有现金折扣优惠，应付账款入账金额的确定按发票上记载的应付金额的总值（即不扣除折扣）记账。获得的现金折扣，冲减财务费用。

应付账款一般在较短期限内支付，有些账款由于债务单位撤销或其他原因无法支付，这部分款项应计入资本公积。

10.2.3 应付票据

流动负债中的应付票据，亦称为短期应付票据，是指企业按照合同或者协议进行延期付款的商品交易，并采用商业汇票结算方式时，所签发并承兑的票据。应付票据与应付账款的不同在于，前者是一种远期票据，是延期付款的证明，有承诺付款的票据作为凭据，而后者只是尚未结清的债务。两者的相同点在于都是由于交易引起的流动负债。在我国，按照《支付结算办法》的规定，在银行开立存款账户的法人以及其他组织之间，具有真实的交易关系或者债权债务关系，均可使用商业汇票方式结算。

应付票据按承兑方式的不同可分为银行承兑汇票与商业承兑汇票。采用商业承兑汇票方式时，承兑人应为付款企业；采用银行承兑方式时，承兑人为银行，但票据签发人必须在承兑银行开立存款账户并交纳相应费用。由银行承兑的商业汇票，为收款方按期收回债权提供了保证。我国目前通行的商业票据一般是银行承兑不带息票据，其付款期限最长不超过 6 个月。当企业开出银行承兑汇票时，首先应持票及商品交易合同向开户银行申请承兑，经银行审查同意并交付承兑手续费后，企业方可持票进行商品交易。在票据到期之前，企业应将票款足额交存开户银行，以使开户银行到期承兑或贴现。如果到期时企业无力承付，银行除无条件向收款人承兑款项外，银行将向企业强制执行扣款，将尚未承兑的金额转入企业存款户的贷方，并按日罚息。

因真实交易而开出、承兑的商业票据，在会计核算中设置"应付票据"账户，反映这项流动负债的现存义务。在会计实务中一般采用按票据的面值记账的方法。应付票据按是否带息分为带息应付票据和不带息应付票据两种。票据到期时，无论企业是否有支付能力，都应及时结转应付票据账款，逾期未付的银行承兑汇票可转为银行的短期借款，商业承兑汇票可转为应付账款，但应视契约或债权人的意愿而定。

1. 带息应付票据的处理

应付票据如为带息的，其票据的面值就是票据的现值。由于我国商业汇票的期限较短，因此在期末时，对尚未支付的应付票据计提利息，计入当期财务费用；票据到期支付票款时，尚未计提的利息部分直接计入当期财务费用。

2. 不带息应付票据的处理

不带息应付票据的面值就是票据到期时的应付金额。

【例 10—1】　A 企业 2×07 年 10 月 1 日购入材料一批，价值 250 000 元，增值税 42 500 元。材料已经验收入库，向供货单位 B 签发期限 6 个月承兑的商业汇票。企业作会计分录如下：

借：原材料	250 000	
应交税费——应交增值税（进项税额）	42 500	
贷：应付票据——B		292 500

如果本例中，票据到期（2×08 年 4 月 1 日）时，该企业无力偿付票据，则作会计分录如下：

借：应付票据——B	292 500	
贷：应付账款——B		292 500

10.2.4　应交税费

企业在一定时期内取得的营业收入和实现的利润，要按照规定向国家缴纳各种税金，这些应缴纳的税金，应按权责发生制的原则预提记入有关账户。这些应缴纳的税金在尚未缴纳之前暂时以流动资产的形态停留在企业，同时形成企业的一项流动负债，尚未缴纳的应交税费类似于国家给予企业的一笔流动资金无息贷款。

流转税与所得税是我国企业纳税的主体税种。流转税以企业商品的流转额或非商品的营业额为课税对象。所得税以企业生产经营的经营所得和其他所得为课税对象。企业应缴纳的流转税有增值税、营业税、消费税、资源税、土地增值税、城市维护建设税等。在企业应交税费中，有些税金需要预先估计或由税务部门核定；有些是企业代国家向消费者征收的税金。这些税金由于产生税负时间与纳税时间不一致，因而在向税务部门清算或结算之前，即构成企业的一项流动负债。另外，有些税种如印花税、车船税等，既不需要预计，也不需要与税务部门清算或结算，发生时直接纳税缴清，因而在会计处理上无须专设账户核算，直接借记“管理费用”账户即可。

为了核算企业应缴纳的各种税金和实际缴纳情况，企业设置“应交税费”账户，贷方登记经计算的各种应交税费，借方登记实际缴纳的税金数额，期末贷方余额为应交未交的各种税金，借方余额为多交的各种税金。本账户应按应交税费的种类设置明细账，进行明细分类核算，以详细反映各种应交税费的金额和实际缴纳情况。月份终了，企业计算各种税金时，应根据税收的种类和相应税率，分别记入不同账户的借方。应由企业利润所得和其他所得负担的企业所得税，记入“所得税费用”账户；应由企业经营收入和其他业务收入负担的营业税、消费税、资源税、城市维护建设税和教育费附加，在销售收入和其他业务收入中列支，记入“营业税金及附加”账户。应缴纳的房产税、车船税以及土地使用税，在生产成本费用中列支，记入“管理费用”账户。实际缴纳税款时，借记“应交税费”账户，贷记“银行存款”等账户。对于多计算的税金，应进行账务调整。

以下对经常会碰到的增值税、消费税、营业税等应交税费的核算加以介绍。

1. 增值税

增值税是就企业销售货物或应税劳务的增值额所征收的一种税，我国于 1994 年开始普遍征收增值税。按照《中华人民共和国增值税暂行条例》的规定，企业购入货物或接受应税劳务支付的增值税（即进项税额），可以从销售货物或提供劳务按规定收取的增值税（即销项税额）中抵扣。

按照规定，企业购入货物或接受劳务必须具备增值税专用发票或海关完税凭证，其进项税额才能予以扣除。如果购进免税农产品或收购废旧物资，按照经税务机关批准的收购凭证上注明的价款或收购金额的一定比率计算进项税额，并以此作为扣税和记账的依据。而企业购入货物或者接受应税劳务，没有按照规定取得并保存增值税扣税凭证，或者增值税扣税凭证上未按照规定注明增值税额及其他有关事项的，其进项税额不能从销项税额中抵扣。会计核算中，如果企业不能取得有关的扣税证明，则购进货物或接受应税劳务支付的增值税额不能作为进项税额扣税，其已支付的增值税只能计入所购入货物或接受劳务的成本。

增值税采用的是扣税法，计算公式为：

应交增值税＝当期销项税额－当期进项税额

其中，

销项税额＝销售应税货物或提供应税劳务的收入×适用增值税税率

销项税额是企业向购买方收取的增值税额，而进项税额则是企业购买货物或接受劳务时向销售方支付的增值税额。如果当期销项税额小于进项税额，则其差额可转下期抵扣。由此可以看出，增值税实际上是价外税，实行价税分离。

【例 10—2】　2×08 年 4 月，某公司购入一批原材料，增值税专用发票上注明的原材料价款为 450 000 元，增值税额为 76 500 元。货款已经支付，材料已经到达并验收入库。该公司当期销售产品收入为 900 000 元（不含应向客户收取的增值税），货款尚未收到。假设该公司产品的增值税税率为 17%，不缴纳消费税。该公司的账务处理如下：

（1）购入原材料时。

借：原材料	450 000	
应交税费——应交增值税（进项税额）	76 500	
贷：银行存款		526 500

（2）计算销项税额。

销项税额＝900 000×17%＝153 000(元)

借：应收账款	1 053 000	
贷：主营业务收入		900 000
应交税费——应交增值税（销项税额）		153 000

假设 2×08 年 3 月末，公司“应交增值税”账户没有借贷方余额时，公司在 4 月份应缴纳的增值税额为 76 500 元（153 000－76 500）。

国务院决定自 2009 年 1 月 1 日起，在全国实行增值税转型改革。增值税转型改革的核心是，在计算应缴增值税时，允许扣除购入固定资产所含的增值税。

自 2009 年 1 月 1 日起，增值税一般纳税人购进（包括接受捐赠、实物投资）或者自制（包括改扩建、安装）固定资产发生的进项税额，可凭增值税专用发票、海关进口增值税专用缴款书和运输费用结算单据从销项税额中抵扣。纳税人允许抵扣的固定资产进项税额，是指纳税人 2009 年 1 月 1 日以后（含）实际发生，并取得 2009 年 1 月 1 日以后开具的增值税扣税凭证上注明的或者依据增值税扣税凭证计算的增值税额。

2009 年起，小规模纳税人的增值税征收率统一调低至 3%。

2. 消费税

消费税是国家为了调节消费结构，正确引导消费方向，在普遍征收增值税的基础上，针对部分消费品而征收的一种流转税。消费税的征收方法采取从价定率和从量定额两种方法。实行从价定率办法计算的应纳税额的税基为销售额，这里的销售额是指不含增值税的销售额，即不包括应向购货方收取的增值税税款。如果企业应税消费品的销售额中未扣除增值税税款，或因不能开具增值税专用发票而将价款和增值税税款合并收取的，在计算消费税时，按公式“应税消费品的销售额＝含增值税的销售额÷(1＋增值税税率或征收率)”将之换算为不含增值税税款的销售额。

实行从量定额办法计算的应纳税额的销售数量是指应税消费品的数量。属于销售应税消费品的，为应税消费品的销售数量；属于自产自用应税消费品的，为应税消费品的移送使用数量；属于委托加工应税消费品的，为纳税人收回的应税消费品数量；进口的应税消费品，为海关核定的应税消费品进口征税数量。

由此可看出，消费税实行价内征收，企业缴纳的消费税计入销售税额抵减商品销售收入。

【例 10—3】 某公司为增值税一般纳税人，本期销售其生产的应税消费品，应纳消费税产品的售价为 1 500 000 元（不含应向购买方收取的增值税额），产品成本为 900 000 元。该产品的增值税税率为 17%，消费税税率为 10%。产品已经发出，符合收入确认条件，款项尚未收到。根据这项经济业务，该公司账务处理如下：

应向购买方收取的增值税额＝1 500 000×17%＝255 000(元)

应缴纳的消费税＝1 500 000×10%＝150 000(元)

借：应收账款	1 755 000	
贷：主营业务收入		1 500 000
应交税费——应交增值税（销项税额）		255 000
借：营业税金及附加	150 000	
贷：应交税费——应交消费税		150 000
借：主营业务成本	900 000	
贷：库存商品		900 000

3. 营业税

营业税是对提供劳务、转让无形资产或者销售不动产的单位和个人征收的税种。营业税按照营业额和规定的税率计算应纳税额，其公式为：

应纳税额＝营业额×税率

这里的营业额是指企业提供应税劳务、转让无形资产或者销售不动产向对方收取的全部价款和价外费用。价外费用包括向对方收取的手续费、基金、集资费、代收款项、代垫款项及其他各种性质的价外收费。

【例 10—4】 某公司转让某项无形资产，收入 500 000 元，营业税税率为 5%。对于这项经济业务缴纳的营业税，公司的账务处理如下：

转让无形资产应缴纳的营业税＝500 000×5%＝25 000(元)

借：营业税金及附加	25 000	
贷：应交税费——应交营业税		25 000

4. 土地增值税

为了规范土地、房地产市场的交易秩序，合理调节土地增值收益，维护国家权益，国家从1994年起开征了土地增值税。转让国有土地使用权、地上建筑物及其附着物并取得收入的单位和个人，均应缴纳土地增值税。土地增值税按照转让房地产所取得的增值额和规定的税率计算征收。这里的增值额是转让房地产所取得的收入减除规定扣除项目金额后的余额。企业转让房地产所取得的收入，包括货币收入、实物收入和其他收入。

计算土地增值额的主要扣除项目有：(1) 取得土地使用权所支付的金额；(2) 开发土地的成本、费用；(3) 新建房屋及配套设施的成本、费用，或者旧房及建筑物的评估价格；(4) 与转让房地产有关的税金。

5. 城市维护建设费

为了加强城市的维护建设，扩大和稳定城市维护建设资金的来源，国家开征了城市维护建设税。在会计核算时，企业按规定计算出的城市维护建设税，借记“营业税金及附加”账户，贷记“应交税费——应交城市维护建设税”账户；实际缴纳时，借记“应交税费——应交城市维护建设税”账户，贷记“银行存款”账户。

6. 房产税、土地使用税、车船税和印花税

房产税是国家在城市、县城、建制镇和工矿区征收的由产权所有人缴纳的税种。房产税依照房产原值一次减除10%～30%后的余额计算缴纳。没有房产原值作为依据的，由房产所在地税务机关参考同类房产核定。房产出租的，以房产租金收入为房产税的计税依据。

土地使用税是国家为了合理利用城镇土地，调节土地级差收入；提高土地使用效益，加强土地管理而开征的一种税。土地使用税以纳税人实际占用的土地面积为计税依据，依照规定税额计算征收。

车船税由拥有并且使用车船的单位和个人缴纳，按照适用税率计算缴纳。

印花税是对书立、领受购销合同等凭证的行为征收的税款，实行由纳税人根据规定自行计算应纳税额，购买并一次贴足印花税票的缴纳方法。应纳税凭证包括购销、加工承揽、建设工程承包、财产租赁、货物运输、仓储保管、借款、财产保险、技术合同或者具有合同性质的凭证、产权转移书据、营业账簿、权利、许可证照等。纳税人根据应纳税凭证的性质，分别按比例税率或者按件定额计算应纳税额。企业在购买印花税票时，借记“管理费用”科目，贷记“银行存款”科目，不必通过“应交税费”科目核算。

7. 教育费附加、矿产资源补偿费

企业除了按期向国家缴纳流转税及所得税以外，还需按期上缴教育费附加和矿产资源补偿费等。企业结转应交教育费附加、矿产资源补偿费时，应借记“营业税金及附加”科目，贷记“应交税费——应交教育费附加”、“应交税费——应交矿产资源补偿费”科目。

10.2.5 预收账款

预收账款，是指企业按合同规定向购货单位或个人预先收取的部分或全部货款。

企业在向客户提供商品或劳务前预先收取的款项，因商品或劳务的销售合同尚未执行，不应确认为企业的营业收入，只能作为企业的一项负债入账。企业必须在收款后一年或一个营业周期内向客户提供商品或劳务。如果企业不能履行合同条款按期交货或提供劳务，应如数偿还预收货款及承担相关的责任。当企业履行合同条款后，预收账款才转为营业收入，债务便因此解除。因而，预收账款既是企业未履行的义务，也是企业未实现的收益。

为了核算各项预收款项的增减情况，企业应设置“预收账款”账户，贷方登记向购货单位或个人预收的货款，借方登记货物发送之后结账转销金额及余额退回款。期末余额一般在贷方，表示预先收取但尚未履行经济责任的货款。本账户应按客户设置明细账，进行明细分类核算。

对于预收账款业务较少的企业，为简化会计处理，也可将预收账款并入“应收账款”账户进行核算。

10.2.6 其他应付款

其他应付款，是指企业除商品交易或劳务供应而产生的应付账款以外的应付、暂收其他单位或个人的款项。企业其他应付款一般包括应付租入固定资产和包装物的租金、存入保证金、应付统筹退休金等。为了反映和核算各种其他应付款的增减变动情况，企业应设置“其他应付款”账户，贷方登记发生的各种应付款项，借方登记各种偿还的应付款项，期末贷方余额表示尚未支付的其他应付款的结余额。本账户应按债权人设置明细账户，进行明细分类核算。

10.2.7 应付职工薪酬

职工薪酬，是指企业为获得职工提供的服务或解除劳动关系而给予的各种形式的报酬或补偿。职工薪酬包括短期薪酬、离职后福利、辞退福利和其他长期职工福利。企业提供给职工配偶、子女、受赡养人、已故员工遗属及其他受益人等的福利，也属于职工薪酬。

应付职工薪酬核算是企业根据有关规定应付给职工的各种薪酬，可按“工资”、“职工福利”、“社会保险费”、“住房公积金”等进行明细核算。货币性职工薪酬的账务处理过程：

(1) 生产部门人员的职工薪酬，借记“生产成本”、“制造费用”、“劳务成本”等科目，贷记“应付职工薪酬”科目；

(2) 管理部门人员的职工薪酬，借记“管理费用”科目，贷记“应付职工薪酬”科目；

(3) 销售人员的职工薪酬，借记“销售费用”科目，贷记“应付职工薪酬”科目；

（4）应由在建工程、研发支出负担的职工薪酬，借记“在建工程”、“研发支出”科目，贷记“应付职工薪酬”科目。

企业应向社会保险经办机构（或企业年金基金账户管理人）缴纳的医疗保险费、养老保险费、失业保险费、工伤保险费、生育保险费等社会保险费，应向住房公积金管理中心缴存的住房公积金，以及应向工会部门缴存的工会经费等，国家（或企业年金计划）统一规定了计提基础和计提比例，应按照国家规定的标准计提。

当期实际发生金额大于预计金额的，应当补提应付职工薪酬；当期实际发生金额小于预计金额的，应当冲回多提的应付职工薪酬。

10.2.8　应付股利

应付股利，是指企业实现利润并缴纳所得税后应向投资者分配但尚未支付的那部分现金股利或利润，包括应付国家、其他单位以及个人的投资利润。应付股利在尚未实际支付给各投资者之前，即构成企业的一项流动负债。企业与其他单位或个人的合作项目，如果按协议或合同规定，应支付给其他单位或个人的利润也通过“应付股利”账户核算。

应付给各有关投资者的股利，是企业利润分配的重要内容之一。企业按照董事会提请股东大会批准的利润分配方案中应分配给股东的现金股利，借记“利润分配——应付现金股利或利润”账户，贷记“应付股利”账户。在实际支付应付股利时，借记“应付股利”账户，贷记“银行存款”账户。

10.3　非流动负债

由于非流动负债偿还期长、数额较大，企业应加强非流动负债的管理，慎重选择非流动负债的筹资方式、渠道，适当地确定举债规模，同时要加强对非流动负债的核算。具体来讲，企业在进行核算时，要正确地反映非流动负债的形成和偿还，监督企业按规定的程序取得非流动负债，提前做好偿债的准备，正确地计算和列支利息。在会计处理上，企业应按预先规定的利率和方式计算各期的利息。非流动负债的应计利息支出，在筹建期内的计入开办费，在生产经营期内的计入财务费用，在清算期内的计入清算损益。凡是与购建固定资产或者无形资产有关的，在资产达到可使用状态前，计入购建固定资产的价值，在资产达到可使用后，计入当期损益。

10.3.1　长期借款

长期借款，是指企业从银行或其他金融机构借入的期限在一年以上（不含一年）的借款。

企业采用举债方式借入长期借款，主要为了解决资本性支出，如添置大型设备、购置不动产以及更新改造工程、大修理工程等。有时，企业也以非流动负债来解决营运资金的不足和增强经营的稳定性。由于非流动负债与资本性支出紧密相关，其借款费用有可能会资本化。

费用资本化，就是将借款费用列入所购进资产的历史成本之中。借款费用是企业由于借入资金而发生的全部费用，其中包括借款利息、发行债券的折价或溢价摊销、举借款项时发生的连带费用的摊销，以及与借入资金有关并且认为应属于利息费用调整范围的外币折合差额。费用资本化依费用的性质而定，若属于资本性支出，则允许其资本化；若属于收益性支出，则不允许其资本化。此外费用发生的时间也是决定费用能否资本化的一个重要因素。在会计实务中，根据划分资本性支出和收益性支出的原则，长期借款的借款费用应区分不同用途，由其受益者承担。凡与购建固定资产有关的借款费用，在资产尚未交付使用或虽已交付使用但尚未办理竣工结算之前发生的，属于资本性支出，应计入有关固定资产的购建成本，予以资本化；在资产购建完成交付使用，并办妥竣工结算之后发生的，属于收益性支出，应视为当期财务费用。凡与购建固定资产或无形资产无关的，在企业生产经营期间作为流动资产借入而形成的借款费用，均属于收益性支出，列入当期财务费用。

为了总括反映并核算企业各种长期借款的借入、偿还及付息的情况，企业应设置“长期借款”账户。贷方登记企业借入各种长期借款和应付长期借款利息的数额，借方登记已归还的各种长期借款本息的数额，期末贷方余额表示尚未到期偿还的各种长期借款本金与利息。本账户应按借款单位设置明细账，按借款种类进行明细分类核算。

10.3.2 应付债券

应付债券，是指企业为筹集（长期）资金发行债券而构成的一种长期负债。

债券，是确定债权债务关系的一种书面凭证。长期债券是向社会融通资金的一种重要方式，一旦获准允许公开上市，且可以自由转让，则成为一种有价证券。有价证券具有流通性，受国家法律保护。债券分国债、地方债、金融债和企业（公司）债等。以下仅讨论企业（公司）债券。

长期债券是企业筹集长期使用资金而发行的一种书面凭证。通过凭证上所记载的利率、期限等，表明发行债券企业承诺在未来某一特定日期还本付息。企业发行的超过一年期以上的债券，构成一项非流动负债，即应付债券。实质上企业债券是一种特殊的长期应付票据，它是企业筹集长期资金的一种重要方式。

我们知道，由于债券的名义利率（或票面利率）与实际利率（或市场利率）的不同，债券可能平价发行、折价发行或溢价发行。溢价或折价是发行债券存续期内对利息费用的一种调整。无论是按面值发行，还是溢价或折价发行，均按债券面值记入“应付债券——债券面值”明细账，实际收到的价款与面值的差额，记入“应付债券——利息调整”明细账。债券的溢价或折价，在债券的存续期内进行摊销，摊销方法有直线法和实际利率法。债券上的应计利息，应按照权责发生制原则按期预提。

企业发行债券筹集资金专项用于购建固定资产的，在所购建的固定资产达到预定可使用状态前，将发生金额较大的发行费用（减去发行期间冻结资金产生的利息收入），计入所购建固定资产的成本；将发生金额较小的发行费用（减去发行期间冻结资金产生的利息收入），直接计入当期财务费用。企业发行债券，如果发行费用小于发行期间冻结资金产生的利息收入，按两者的差额，视同发行债券的溢价收入，在债券存续期内进行摊销，并按借款费用的处理原则予以资本化或费用化。

【例 10—5】　某企业 2×08 年 1 月 1 日发行 4 年期面值为 4 000 000 元的债券，票面年利率为 10%，企业按 4 100 000 元的价格出售（债券发行费用略）。该企业账务处理如下：

（1）收到发行债券款时。

借：银行存款	4 100 000	
贷：应付债券——债券面值		4 000 000
——利息调整		100 000

（2）2×08 年 12 月 31 日计提利息和摊销溢价时。

每年应计债券利息＝4 000 000×10%＝400 000(元)

每年应摊销溢价金额＝100 000÷4＝25 000(元)

每年的利息费用＝400 000－25 000＝375 000(元)

借：在建工程（或财务费用）	375 000	
应付债券——利息调整	25 000	
贷：应付债券——应计利息		400 000

（3）后 3 年的分录同上。

10.3.3　可转换公司债券

我国发行可转换公司债券采用无记名式无纸化发行方式，债券最短期限为 3 年，最长期限为 5 年。在会计核算中，企业发行的可转换公司债券作为非流动负债，在“应付债券”账户中设置“可转换公司债券”明细账户进行核算。

可转换公司债券涉及的主要会计问题有：（1）可转换公司债券在未转换为股票前，其会计核算与一般公司债券相同。（2）可转换公司债券到期未转换为股票的，按照可转换公司债券募集说明书中的约定，于期满后 5 个工作日内偿还本息。偿还本息的核算与一般公司债券相同。（3）债券持有者行使转换权利，将可转换公司债券转换为股份时，如债券面额不足以转换一股股份的部分，企业应当以现金偿还。

可转换公司债券转换为股份时，按债券的账面价值结转，不确认转换损益。

【例 10—6】　某股份有限公司经批准于 2×07 年 1 月 1 日发行 4 年期 2.5 亿元可转换债券，债券票面利率为 6%，平价发行（发行费用略）。债券发行一年后可转换为股份，每 100 元转普通股 4 股，股票面值 1 元，可转换公司债券的账面价值为 2.65 亿元，其中 0.15 亿元为应计利息。假定债券持有者全部行使转换权利，则会计处理如下：

（1）收到发行款时。

借：银行存款　250 000 000

　贷：应付债券——可转换公司债券（债券面值）　250 000 000

（2）计提利息时。

借：在建工程（或财务费用）　15 000 000

　贷：应付债券——可转换公司债券（应计利息）　15 000 000

（3）转换为股份时。

转换股份数＝2 50 000 000÷100×4＝10 000 000(股)

借：应付债券——可转换公司债券（债券面值）　2 50 000 000

　　　　　——可转换公司债券（应计利息）　15 000 000

　贷：股本　10 000 000

　　资本公积——股本溢价　255 000 000

10.3.4 长期应付款

长期应付款，是指除长期借款、应付债券以外的其他各种长期应付款项，包括采用补偿贸易方式引进国外设备的价款和应付融资租赁款。

1. 应付补偿贸易引进设备款

补偿贸易是从国外引进设备，待设备安装完毕投产后，再以该设备生产的产品偿还设备价款。国家为了鼓励企业开展补偿贸易，规定开展补偿贸易的企业，补偿期内免缴引进设备所生产的产品的流转税。由于此种贸易方式是以产品归还设备款，在一般情况下，设备的引进和偿还不涉及现金的流进和流出。在会计核算时，一方面引进设备的资产价值以及相应的负债，作为本企业的一项资产和一项负债，在资产负债表中分别列示在“固定资产”和“长期应付款”项目中；另一方面，用产品偿还设备款时，视同产品销售处理。

【例 10—7】 企业以补偿贸易方式引进设备一套，设备价款折合人民币300 000元，不需安装即投入使用。引进设备款在第三个月以出产产品偿还，本批产品共200件，每件售价1 000元，每件销售成本为800元。该企业的账务处理如下：

（1）引进设备时。

借：固定资产　300 000

　贷：长期应付款——应付补偿贸易引进设备款　300 000

（2）第一批产品销售时。

借：应收账款　200 000

　贷：主营业务收入　200 000

（3）结转成本时。

借：主营业务成本　160 000

　贷：库存商品　160 000

(4) 用第一批产品价款偿还设备款时。

借：长期应付款——应付补偿贸易引进设备款　　200 000

　贷：应收账款　　200 000

2. 应付融资租赁款

融资租入固定资产的核算，参照本书 9.2 节的相关内容。

10.4 所有者权益

企业是谁的？企业是所有者的，关注企业成长就意味着关注所有者的权益，这已经成为企业经营中一个永远不变的主题。因为所有者既可用手投票，也可用脚投票来参与企业管理。

所有者权益是指企业资产扣除负债后，由所有者享有的权益。所有者权益包括投资者对企业的投入资本以及企业在经营过程中形成的资本公积、盈余公积、未分配利润等，在数量上等于企业全部资产减去全部负债后的余额，即企业净资产额。

10.4.1 所有者权益概述

1. 所有者权益与负债

所有者权益与负债都是对企业的权益，都是企业资产的来源，但两者在企业中享有的权利及承担的义务各有不同。

首先，两者性质不同。负债是债权人对企业一定数量资产的求偿权，而所有者权益则是投资者对企业净资产的要求权，是一种剩余权益。从法律角度看，负债对企业资产的要求权优先于所有者权益。其次，两者享有的权利不同。债权人与企业之间只有债权债务关系，无权参与企业管理；而企业投资者则有法定的管理企业或委托他人管理企业的权利。最后，两者承担的责任与风险不同。负债有规定的偿还期限，到期必须如数还本付息，并且无论企业经营好坏，均不参与利润分配或承担亏损义务；而所有者权益与企业共存，在企业经营期间无须偿还，不能任意抽回资本，投资者可按其投资比例享有企业盈利的分配权或承担企业亏损的义务。

2. 所有者权益与企业组织形式

由于企业组织形式不尽相同，企业间资本结构差异较大，因而对所有者权益的会计处理自然也不一样。我们讨论所有者权益，必须与企业组织形式联系起来。在我国，企业以财产的组织形式为标准，可划分为个人独资企业、合伙制企业和公司制企业三种形式。所有者权益在不同的企业组织中表现形式不同。

3. 所有者权益的构成

公司制企业其所有者权益一般应包括投入资本、资本公积、盈余公积和未分配利润四个部分。其中，盈余公积与未分配利润又称为留存收益。

（1）投入资本。投入资本指投资者按设定的数额实际投入企业经营活动的财产物资，即企业实际收到的由投资者投入的资本金，又称实收资本（股份有限公司称为股本）。在一般情况下，实收资本可以长期周转使用，无须偿还。投入资本是企业所有者权益的主体，与企业的注册资本密切相关。所谓注册资本是指企业在设立时向工商行政管理部门登记的资本总额，是企业各投资者出资额的总和。注册资本是企业的法定资本，必须依照法律、法规、合同和章程的规定执行。如果规定一次募集，则投入资本等于注册资本；如果规定分期筹集，则在最后一次筹集前，投入资本小于注册资本。

由于企业组织形式的不同，所有者投入资本的会计核算方法也有所不同。投入资本按投资形式的不同，可分为货币投资、实物投资和无形资产投资三种形式。

（2）资本公积。资本公积也是所有者权益的重要组成部分，但不属于企业核定的投入资本之列，它与投入资本一起，构成企业经营资本的基础。资本公积主要包括股票溢价发行收入、法定财产重估增值、接受捐赠的资产价值和资本汇率折算差额等。

（3）盈余公积。盈余公积是企业按规定从税后利润中提取形成的公积金，是由企业盈利而形成的所有者权益。一则进行资本积累，以满足企业扩大再生产对资本的需求；二则以丰补歉，使企业在亏损年度可用以弥补亏损。

（4）未分配利润。未分配利润是指企业实现的利润中属于以后年度分配或待分配的部分。

10.4.2 投入资本

1. 有限责任公司的投入资本

有限责任公司（简称有限公司），是指由 50 个以下股东出资，每个股东以其所认缴的出资额对公司承担有限责任，公司以其全部资产对其债务承担无限责任的法人企业。有限责任公司的投入资本核算方法，其特点如下：

（1）按照公司章程所规定的出资方式、出资额和出资缴纳期限出资。有限责任公司的投资者不是单一的，投资各方一般事先约定出资方式、出资额等保证企业正常的生产经营。那些破坏约定的投资者应承担相应的责任。企业有权向未按规定缴纳出资的投资方追缴出资，还可以依诉讼程序，请求追究投资者的违约责任。

（2）所有者投入资本应区别情况处理。初建有限责任公司时，各投资者按照合同、协议或者公司章程投入企业的资本，应全部记入“实收资本”账户，企业的实收资本一般应等于企业的注册资本。在企业增资扩股时，如有新投资者进入，新进入企业的投资者缴纳的出资额大于其按约定比例计算的其在注册资本中所占的份额部分，不记入“实收资本”账户，而记入“资本公积”账户。

（3）转让出资应经其他投资者同意。某个投资者要将其出资转让给有意进入企业的新投资者时，应事先经过原有的其他超过半数的投资者同意。如果其他投资者有异议，应由其他投资者购买该转让的出资；如果不购买该转让的出资，视为同意转让。如果其他投资者无异议，在同等条件下，原投资者具有优先购买权。

2. 股份有限公司的投入资本

（1）股份公司的设立方式。股份有限公司（简称股份公司）是指全部资本由等额股份构成并通过发行股票筹集资本，股东以其所认购股份对公司承担有限责任，公司以其全部资产对公司债务承担无限责任的企业法人。股份公司有两种设立方式，即发起设立和募集设立。前者是指公司的股份全部由发起人认购，不向发起人之外的任何人募集股份；后者是指发起人认购公司应发行股份的一部分，其余部分向社会公开募集。股份公司根据不同的设立方式，选择不同的会计处理方法。具体表现为：

1）筹集资本的费用处理。发起式设立公司，由于股东是固定的，无须聘请证券商向社会募集。一般情况下，其募集费用很低，可以直接计入管理费用。而采用向社会公开发行股票的方式募集资本，因其发行量大、印刷费用高、工作量大，所以支付给证券商的发行费用一般较高，在会计上应进行特别处理。采用溢价发行股票，其应付证券商的费用可以从溢价收入中支付；采用面值发行股票，其支付给证券商的费用直接计入当期损益或计入长期待摊费用。

2）筹集资本的风险。发起设立公司，其所需资本由发起人一次认足，一般不会发生设立公司失败的情况，因此筹资风险较小。而向社会募集股份，其筹资对象广泛，在资本市场不景气或股票的发行价格不恰当的情况下，有发行失败的可能，因此筹资风险较大。按照有关规定，发行失败损失由发起人负担，包括承担筹建费用，承担公司筹建过程中的债务，承担对认股人已缴纳的股款支付银行同期存款利息等责任。

（2）股票发行的会计处理。股份公司与其他企业相比，最明显的特点就是将企业的全部资产划分为等额股份，并通过发行股票的方式来筹集资本。股东以所认购股份对公司承担有限责任。股票的面值与股份总数的乘积为股本，股本应等于企业的注册资本。所以为了直观反映这一指标，股份制企业应设置“股本”账户，以核算股东投入的资本，同时按股票类别和股东单位或姓名设置明细账户，进行明细分类核算。

公司在发行股票时，需要确定股票的发行价格。发行价格同股票面值相同，称为按面值发行；发行价格高于股票面值，称为溢价发行；发行价格低于股票面值，称为折价发行。我国规定不允许折价发行股票。在采用溢价发行股票时，企业应将相当于股票面值的部分记入“股本”账户，其余部分在扣除发行手续费、佣金等发行费用后记入“资本公积”账户。

10.4.3 资本公积

资本公积是指企业在筹集资本金活动中，投资者实际缴付的出资额超过其资本金的差额（含股份公司发行股票的溢价）以及在企业经营过程中形成的其他资本公积。

1. 资本溢价

在企业重组前有新的投资者加入时，为了维护原有投资者的权益，新加入的投资者的出资额，并不一定全都作为实收资本处理。相同数量的投资，由于出资时间不同，其对企业的影响程度不同，由此带给投资者的权利也不同。所以，新加入的投资者要付出大于原有投资者的出资额，才能取得与原有投资者相同的投资比例。

投资者投入的资本等于其投资比例的出资额，应记入“实收资本”账户；而其出资额大于实收资本的差额，就是资本溢价，应记入“资本公积——资本溢价”账户。

2. 股本溢价

股份有限公司以发行股票（或股权证）的方式筹集股本。在采用平价发行的情况下，企业发行股票取得的款项，应全部记入“股本”账户；在采用溢价发行股票的情况下，企业发行股票取得的款项，等于股票面值的部分记入“股本”账户，超过股票面值的溢价部分记入“资本公积——股本溢价”账户。委托证券商代理发行股票而支付的手续费、佣金等，应从溢价发行收入中扣除。

10.4.4 盈余公积

盈余公积是指企业按照规定从净利润中提取的各种积累资金，包括法定盈余公积和任意盈余公积。

1. 法定盈余公积

法定盈余公积是指按照企业净利润和法定比例计提的盈余公积。法定盈余公积主要用于企业扩大再生产，也可以用于弥补企业亏损或转增资本。企业计提法定盈余公积时，应借记“利润分配”科目，贷记“盈余公积——法定盈余公积”科目。按规定，企业计提的法定盈余公积达到注册资本的50%时，可以不再提取；超过注册资本的25%以上的部分，可以用于转增资本。用法定盈余公积弥补亏损时，应借记“盈余公积——法定盈余公积”科目，贷记“利润分配——盈余公积补亏”科目；用法定盈余公积转增资本时，应借记“盈余公积——法定盈余公积”科目，贷记“实收资本”或“股本”科目。

2. 任意盈余公积

企业在计提法定盈余公积之后，还可以根据企业需要，计提任意盈余公积。任意盈余公积的计提比例由企业股东大会或类似机构决议确定。任意盈余公积的用途与法定盈余公积相同，企业在用盈余公积弥补亏损或转增资本时，一般先使用任意盈余公积，在任意盈余公积用完以后，再按规定使用法定盈余公积。

10.4.5 未分配利润

未分配利润是企业留待以后年度进行分配的结存利润，是所有者权益的重要组成部分。在企业的财权方面，企业对于未分配利润的使用分配有比较大的自主权。未分配利润有两层含义：一是目前未指定特殊用途的利润；二是留待以后年度处理的利润。未分配利润的会计核算将在第11章讲授。

财务决策问题

负债的财务杠杆效应

资本结构的财务杠杆效应，是指企业通过对资本结构中负债比例的选择而对权益资本利润率的影响。MM 理论认为，有负债公司的权益成本的价值等于无负债公司的权益成本加上一笔风险报酬，而风险报酬的多寡视负债融资程度和公司所得税税率大小而定。根据这一原理，资本结构的财务杠杆效应便可用下列公式加以定量描述：

权益资本净利润率＝[总资产息税前利润率＋(总资产息税前利润率－负债利率)×负债/ 权益资本]×(1－所得税税率)

举例说明上述公式。

【例 10—8】　假设 A 公司的资产总计 1 000 元，负债为 600 元，所有者权益为 400 元。公司该年度息税前利润为 100 元，年利息率为 5%，所得税税率为 40%。计算所有者权益利润率如下：

（1）按照常规方法计算如下：

A 公司的税前利润＝100－600×5%＝70(元)

A 公司应缴纳的所得税＝70×40%＝28(元)

A 公司该年度的净利润＝70－70×40%＝42(元)

所有者权益利润率＝42÷400＝10.5%

（2）按上述公式计算如下：

A 公司总资产息税前利润率＝100÷1 000＝10%

权益资本(所有者权益)净利润率＝[10%＋(10%－5%)×600÷400]×(1－40%)＝10.5%

两种计算结果是一样的。

由上述公式及案例不难看出，当总资产息税前利润率大于负债利率时，企业适当地多借入资金，就可以提高权益资本净利润率，这就是财务杠杆产生的正效应；当总资产息税前利润率小于负债利率时，企业如果不缩减负债规模，就会降低权益资本净利润率，侵蚀股东权益，甚至还有可能出现财务危机，这就是财务杠杆产生的负效应；当总资产息税前利润率等于负债利率时，从表面上看，这似乎没什么危害，但由于借入的资金无增值，因此企业如果不尽快地采取措施来扭转这种局面，财务杠杆也会产生负效应。所以，从理论上讲，在企业里只要有固定资本成本的存在，权益资本利润率的变动幅度就应大于总资产息税前利润率的变动幅度。这一特点，在企业财务管理学中被称为“财务杠杆”，也是企业财务活动中的一种规律性。负债可以达到资本结构最优，实现公司市场价值最大化。有的财务学家认为债务融资是资产质量良好的信号。而上市公司发行股票融资是向投资者传递了企业资产质量恶化的信号，因为谁都知道，“股东总是希望有人来分担风险，而不希望有人来分享利润”是资本市场永恒的法则。

练习题

一、选择题

1. 7 月 31 日签发一张面值 10 000 元、利率为 9%的 1 年期应付票据，12 月 31 日资产负债表应报告应付利息（　　）元。

A. 0　　B. 300　　C. 375　　D. 900

2. 下列负债不会增加公司费用的是（　　）。

A. 利息　　B. 增值税金

C. 城市维护建设税　　D. 担保

3. 下列项目在资产负债表上作为流动负债报告的是（　　）。

A. 短期应付票据　　B. 应付账款　　C. 应付职工薪酬　　D. 以上都是

4. 票面利率为9%的债券，市场利率为10%，债券价格为（　　）。

A. 面值　　B. 折价　　C. 溢价　　D. 价格减应计利息

5. 发行票面利率为11%、面值500 000元的10年期债券，得款532 000元，采用直线法摊销，债券每年利息费用是（　　）元。

A. 51 800　　B. 55 000　　C. 58 200　　D. 58 500

6. 债券融资相对于股票融资的优点是（　　）。

A. 债券的利息费用可在税前抵扣　　B. 还本付息是法定要求

C. 利息支付比股利支付低得多　　D. 所有上述优点

7. 融资租赁中，承租人记录（　　）。

A. 租赁资产和租赁负债　　B. 租赁资产的折旧

C. 租赁负债的利息　　D. 上述所有项目

8. 股票股利使（　　）。

A. 股东权益减少　　B. 股东权益总额不变

C. 资产减少　　D. 以上均不正确

二、思考题

1. 流动负债和非流动负债的区别是什么？或有负债和实际负债的区别是什么？
2. 为什么由购货方支付的销项税是企业的一项负债？
3. 应付债券和应付票据有什么不同？
4. 比较公司发行债券和发行股票的优缺点。

部分练习题答案

一、1. C　2. B　3. D　4. B　5. A　6. A　7. D　8. B

第11章 收入、费用和利润

内容预览

11.1 收入、费用和利润概述

11.1.1 多步式利润表

收入、费用和利润是利润表的构成要素。三者之间的关系是：收入－费用＝利润。

多步式利润表包括一系列配比项目，将利润表的内容作多项分类列示，通过多步计算最终得出公司利润或亏损，这些对会计师和财务报表读者都有帮助。多步式利润表几乎总是以其职能和性质对费用进行分类。以下讨论出现在多步式利润表中的典型项目。

（1）营业收入。营业收入是指企业经营业务所确定的收入总额，包括主营业务收入和其他业务收入。

（2）减去营业成本。营业成本是指企业经营业务所发生的实际成本总额，包括主营业务成本和其他业务成本。

（3）减去营业税金及附加、期间费用以及资产减值损失。

（4）加上公允价值变动收益（损失以“－”号表示）以及投资收益。

（5）得出营业利润。

（6）加上营业外收入。营业外收入是指企业发生的与日常活动无直接关系的各项利得，主要包括非流动资产处置利得、非货币性资产交换利得、债务重组利得、政府补助、盘盈利得、捐赠利得等。

（7）减去营业外支出。营业外支出是指企业发生的与日常活动无直接关系的各项损失，主要包括非流动资产处置损失、非货币性资产交换损失、债务重组损失、公益性捐赠支出、非常损失、盘亏损失等。

（8）得出利润总额。

（9）减去所得税费用。

（10）得出净利润。

11.1.2 收入与费用

1. 收入的含义

收入主要来自企业持续的、主要的生产经营活动，有广义和狭义之分。广义的收入是指企业所有生产经营和非生产经营所得；狭义的收入仅是企业的经营活动收入，即营业收入，包括主营业务收入和其他业务收入。本书所指的收入是狭义的收入。收入是属于企业主要的、经常性的业务收入，收入与利得是有区别的。利得是指收入以外的其他收益，一般从偶发的经济业务中获得，而不是从日常的经营活动中获得。利得是企业不经过经营过程就能获得的，或不曾期望取得的经济收益，如企业罚款收入、处置固定资产净收益、接受捐赠、获取的政府补贴等。

2. 费用的含义

费用有狭义和广义之分。广义的费用泛指企业各种日常经营活动发生的所有耗费；狭义的费用仅指与本期经营收入相配比的那部分耗费。本书所指的费用是狭义的费用。费用应按照权责发生制和配比原则确认，凡应属于本期发生的费用，不论其款项是否支付，均确认为本期费用；反之，不属于本期发生的费用，即使其款项已在本期支付，也不确认为本期费用。费用按照其经济用途，可以分为营业成本和期间费用两大类。

（1）营业成本。制造成本法是计算和分配产品成本的一种国际通行的成本计算方法。在这种方法下计算产品成本时，只计算和分配与生产经营有最直接和最密切关系的费用，而将与生产经营没有直接关系和关系不密切的费用，如销售费用、管理费用和财务费用，直接计入当期损益。属于营业成本的费用，按照其计入方式的不同，又分为直接费用和间接费用。

1）直接费用。直接费用是指企业在生产商品和提供劳务过程中所发生的直接材料费用、直接人工费用和其他直接费用。直接材料费用，是指企业在生产商品和提供劳务过程中所消耗的直接用于产品生产、构成产品实体的原料、主要材料、外购半成品及有助于产品形成的辅助材料和其他材料费用；直接人工费用，是指企业在生产商品和提供劳务过程中，直接参加产品生产的工人工资以及按生产工人工资总额和规定的比例计算提取的职工福利费等；其他直接费用，是指企业发生的除直接材料费用和直接人工费用以外的，与生产商品或提供劳务有直接关系的费用。

直接费用应当按照其实际发生数进行核算，按照成本计算对象进行归集，直接计入产品的生产成本。

2）间接费用，即制造费用。间接费用是指应由产品生产成本负担的，不能直接计入各产品成本的有关费用。主要是指企业各生产单位（如生产车间）为组织、管理生产而发生的各项间接费用，包括工资和福利费、折旧费、修理费、办公费、水电费、机物料消耗、劳动保护费以及其他制造费用。间接费用应当按一定的程序和方法进行分配，计入相关产品的生产成本。

企业一定期间的直接费用和间接费用，构成企业一定期间的生产成本总额。企业应当根据各自的生产组织类型和生产经营的特点，选择合理的成本计算方法，进行产品成本的计算。产品成本应该在已销产品和未销产品中进行分配。未销产品成本属资产范畴，只有已销售的产品成本才能从当期的销售收入中得到补偿，作为产品销售成本与收入形成因果配比关系，这里的产品销售成本才真正属于费用的范畴。企业在结转已销售产品的成本时，其账务处理为：借记“主营业务成本”科目，贷记“库存商品”或“产成品”科目。

3）营业税金及附加。营业税金及附加是指应由企业营业收入补偿的各种税金及附加，具体包括营业税、消费税、城市维护建设税、资源税、教育费附加等。企业按照规定计算出应由营业收入负担的税金及附加，借记“营业税金及附加”科目，贷记“应交税费——应交营业税”、“应交税费——应交消费税”、“应交税费——应交城市维护建设税”、“应交税费——应交教育费附加”等科目。

（2）期间费用。期间费用是指企业当期发生的、必须从当期收入中得到补偿但不直接计入生产成本的费用。期间费用与收入形成时间配比关系，通过与实现收入的某一期间相配比才能确定。期间费用主要包括管理费用、销售费用和财务费用。

1）管理费用。管理费用是指企业行政管理部门为组织和管理生产经营活动所发生的各种费用，包括企业的董事会和行政管理部门在企业的经营管理中发生的，或者应由企业统一负担的公司经费（行政管理部门职工工资、修理费、物料消耗、低值易耗品摊销、办公费和差旅费等）、工会经费、待业保险费、劳动保险费、董事会费（董事会成员津贴、会议费和差旅费等）、聘请中介机构费、咨询费（含顾问费）、诉讼费、业务招待费、房产税、车船税、土地使用税、印花税、技术转让费、矿产资源补偿费、无形资产摊销、职工教育经费、研究与开发费、排污费、存货盘亏和毁损（减盘盈）、计提的坏账准备和存货跌价准备等。企业实际发生管理费用时，其账务处理为：借记“管理费用”科目，贷记有关科目。

2）销售费用。销售费用是指企业在销售过程中发生的各项费用以及专设销售机构的各项费用，包括由企业负担的运输费、装卸费、包装费、保险费、展览费和广告费、售后服务费，以及销售部门的人员薪酬、差旅费、办公费、折旧费、修理费和其他经费。企业发生销售费用时，借记“销售费用”科目，贷记“库存现金”、“银行存款”科目。

3）财务费用。财务费用是指企业为筹集和使用生产经营活动所需资金等而发生的费用，包括利息支出（减利息收入）、汇兑损失（减汇兑收益）以及相关的手续费等。为购建固定资产的专门借款所发生的借款费用，在固定资产达到预定可使用状态前按规定应予资本化的部分，不包括在财务费用的核算范围内。企业实际发生财务费用时，其账务处理为：借记“财务费用”科目，贷记“预计负债”、“银行存款”、“长期借款”等科目。发生的应冲减财务费用的利息收入、汇兑收益，借记“银行存款”、“长期借款”等科目，贷记“财务费用”科目。

3. 其他业务

其他业务收支的确认原则及计量方法与主营业务相同。其他业务包括其他业务收入和其他业务成本。

其他业务收入是指企业在从事其他业务中取得的收入，用“其他业务收入”科目核算企业除主营业务收入以外的其他销售或其他业务的收入，如材料销售、代购代销、包装物出租等取得的收入。企业在发生其他业务收入时，如工业企业销售原材料，按售价和应收的增值税，借记“银行存款”、“应收账款”等科目；按实现的营业收入，贷记“其他业务收入”科目；按专用发票上注明的增值税额，贷记“应交税费——应交增值税（销项税额）”科目。

其他业务成本核算企业除主营业务成本以外的其他销售或其他业务所发生的支出，包括销售材料、提供劳务等发生的相关成本、费用等。企业在确认其他业务收入后，一般应于月度终了按其他业务发生的实际成本，如出售原材料，借记“其他业务成本”科目，贷记“原材料”科目；原材料采用计划成本核算的企业，还应分摊材料成本差异。

4. 资产减值损失

资产减值损失是指企业应收账款、存货、长期股权投资、持有至到期投资、固定资产、在建工程、工程物资、无形资产、商誉等发生减值确认的减值损失。

企业应根据确认的减值损失，借记“资产减值损失”科目，贷记“坏账准备”、“存货跌价准备”、“长期股权投资减值准备”、“持有至到期投资减值准备”、“固定资产减值准备”、“无形资产减值准备”等科目。

5. 公允价值变动损益

公允价值变动损益主要是指交易性金融资产以及其他以公允价值计量的资产和负债由于公允价值变动形成的损益。相关资产的公允价值高于其账面价值时，应确认公允价值变动收益，借记相关资产科目，贷记“公允价值变动损益”科目；相关资产的公允价值低于其账面价值时，应确认公允价值变动损失，作相反的会计处理。

6. 投资损益

投资收益是指企业对外投资所取得的收益，减去发生的投资损失（含计提的投资减值准备）的净额。投资收益是指企业从事各项对外投资活动取得的收益（各项投资业务取得的收入大于其成本的差额合计）；投资损失是指企业从事各项对外投资活动发生的损失（各项投资业务取得的收入小于其成本的差额合计）。投资收益大于投资损失的差额为投资净收益；反之则为投资净损失。企业设置“投资收益”科目核算企业对外投资所取得的收益或发生的损失。

【例 11—1】　地处市区的立新工厂 2×08 年 1 月份发生下列销售业务：1 月 2 日，购进生产甲产品原材料 20 000 元，增值税进项税 3 400 元，款项已支付；1 月 3 日，采用支票结算方式销售甲产品 10 件，价款 10 000 元，增值税 1 700 元；1 月 7 日，采用赊销方式销售甲产品 30 件，价款 30 000 元，增值税 5 100 元；付款条件为 3/10，2/20，n/30；客户于 20 日内付款，取得 2%的现金折扣 600 元（30 000×2%），实付 34 500 元，企业收到货款已存入银行，企业按总价法对上述业务进行核算；1 月 10 日，企业对外提供劳务，实现服务收入 100 000 元，款项收到已存入银行。其中，甲产品单位成本 700 元，本月发生劳务成本 20 000 元。

立新工厂 2×08 年 1 月份账务处理如下：

(1) 1 月 2 日，购进原材料时。

借：原材料	20 000	
应交税费——应交增值税（进项税额）	3 400	
贷：银行存款		23 400

(2) 1 月 3 日，企业采取现销方式。

借：银行存款	11 700	
贷：主营业务收入		10 000
应交税费——应交增值税（销项税额）		1 700

（3）1月7日，企业采取赊销方式。

借：应收账款　35 100

　贷：主营业务收入　30 000

　　　应交税费——应交增值税（销项税额）　5 100

（4）收到客户的货款时。

借：银行存款　34 500

　　财务费用　600

　贷：应收账款　35 100

（5）1月10日，企业对外提供劳务，款项收到已存入银行。

借：银行存款　100 000

　贷：主营业务收入（服务收入）　100 000

（6）月末，结转成本。

甲产品销售成本＝700×40＝28 000(元)

借：主营业务成本　28 000

　贷：库存商品　28 000

借：主营业务成本（服务成本）　20 000

　贷：劳务成本　20 000

（7）计算本月应缴纳的营业税、城市维护建设税。

企业对外提供劳务本月应缴纳的营业税＝100 000×5%＝5 000(元)

借：营业税金及附加　5 000

　贷：应交税费——应交营业税　5 000

城市维护建设税纳税人的应纳税额大小是由纳税人实际缴纳的“三税”税额决定的，其计算公式是：

应纳税额＝纳税人实际缴纳的增值税、消费税、营业税税额合计×适用税率

城市维护建设税的税率，是指纳税人应缴纳的城市维护建设税税额与纳税人实际缴纳的“三税”税额之间的比率。城市维护建设税按纳税人所在地的不同，设置了三档地区差别比例税率，即：（1）纳税人所在地为市区的，税率为7%；（2）纳税人所在地为县城、镇的，税率为5%；（3）纳税人所在地不在市区、县城或者镇的，税率为1%。

立新工厂应缴纳的城市维护建设税＝(1 700＋5 100＋4 250－3 400＋5 000)×7%＝885.5(元)

借：营业税金及附加　885.5

　贷：应交税费——应交城市维护建设税　885.5

立新工厂本月销售产品的主营业务利润＝10 000＋30 000－28 000

＝12 000(元)

销售利润率＝12 000÷40 000＝30%

销售成本利润率＝12 000÷28 000＝42.86％

提供劳务实现利润＝100 000－20 000＝80 000(元)

立新工厂 2×08 年 1 月份实现的主营业务利润＝12 000＋80 000－5 000－885.5

＝86 114.5(元)

【例 11—2】 接例 11—1，立新工厂 2×08 年 1 月 15 日以 25 000 元的价格出售一批材料，该批材料的实际成本为 20 000 元，增值税税率为 17％。

立新工厂销售材料，属于其他业务，应在其他业务中的有关科目进行核算。

借：银行存款	29 250	
贷：其他业务收入		25 000
应交税费——应交增值税（销项税额）		4 250
借：其他业务成本	20 000	
贷：原材料		20 000

【例 11—3】 接例 11—2，立新工厂 2×08 年 1 月份，发生应付销售人员工资 1 000 元；应付行政管理人员工资 3 000 元；利息费用 800 元，已用银行存款支付；立新工厂 2×08 年 1 月份取得投资收益 10 000 元，款项已通过银行收妥。

月末，立新工厂应进行如下账务处理：

借：销售费用	1 000	
管理费用	3 000	
财务费用	800	
贷：应付职工薪酬——工资		4 000
银行存款		800

取得投资收益。

借：银行存款	10 000	
贷：投资收益		10 000

立新工厂的营业利润＝主营业务利润＋其他业务利润－销售费用－管理费用－财务费用＋投资收益

＝86 114.5＋5 000－1 140－3 420－800＋10 000

＝95 754.5(元)

营业利润这一指标能够比较恰当地反映企业管理者的经营业绩。

11.1.3　营业外收入和营业外支出

企业的营业外收入和营业外支出是指企业发生的与其生产经营活动无直接关系的各项收入和支出。在一般情况下，营业外收支净额在企业利润总额中所占的比重很小，但其重要性却不容忽视。

1. 营业外收入

营业外收入是指与企业生产经营无直接关系的各项收入，是企业利润的一个补充来源。一般包括非流动资产处置利得、非货币性资产交换利得、债务重组利得、政府补助、盘盈利得、捐赠利得等。各种形式的罚款收入是对对方违约的一种经济制裁，并不是企业生产经营活动所带来的收入，因此，将其作为营业外收入处理。企业取得营业外收入时，应借记有关科目，贷记“营业外收入”科目。

2. 营业外支出

营业外支出是指与企业生产经营无直接关系的各项支出。营业外支出主要包括非流动资产处置损失、非货币性资产交换损失、债务重组损失、公益性捐赠支出、非常损失、盘亏损失等。企业发生营业外支出时，应借记“营业外支出”科目，贷记有关科目。

【例 11—4】 接例 11—3，立新工厂 2×08 年 1 月份收到 2×07 年先征后返的增值税 30 000 元，取得罚款收入 500 元，对外公益性捐款 2 000 元。

立新工厂 2×08 年 1 月份的账务处理如下：

（1）收到退回的增值税款。

借：银行存款　　30 000

　贷：营业外收入　　30 000

（2）取得罚款收入。

借：银行存款　　500

　贷：营业外收入　　500

（3）支付对外捐款。

借：营业外支出　　2 000

　贷：银行存款　　2 000

立新工厂 2×08 年 1 月份。

利润总额＝营业利润＋营业外收入－营业外支出

＝95 754.5＋30 000＋500－2 000＝124 254.5(元)

11.2 制造成本

制造成本是指生产经营过程中实际消耗的直接材料、直接人工、其他直接支出和制造费用。制造费用是指企业各个生产单位（分厂、车间）为组织和管理生产所发生的生产单位管理人员工资、职工福利费、有关固定资产折旧等费用。

每个商业企业都有一个从商品成本（资产）到产品销售成本（费用）的简单流程。公司购买商品并把成本作为库存资产持有。当商品售出时，商品成本从库存中剔除，并计入售出商品的成本中。一个制造企业的程序就不这么简单了，制造商购买原材料和零部件并把这些资产计入原材料库存中。当制造企业雇用工人制造产品时，同时产生维持正常生产经营必需的制造费用，如能源消耗、车间经费和设备折旧等，工厂通过“在产品”科目归集这些成本直到该产品的生产过程完成。

当生产完成后，所有生产成本（原材料、劳动力和制造费用）应转移到产成品存货中。当产品卖给顾客后，生产和售出的产品成本就变为费用，并计入售出商品的成本中，在利润表中就是费用。企业制造过程的成本流程类似于商品的有形流程：材料投入生产过程，加上劳动力的工作和制造费用，原材料被加工成待销售的产成品。

表 11—1 是一个产品生产和销售成本的报表。该报表非常类似于零售企业已售出商品的基本成本表，它仅在公司内部使用。

表 11—1　　产品制造和销售成本报表　　单位：千元

期初原料库存	450 100
加：本期购进	1 340 000
可使用总量	1 790 100
减：期末原料库存	(600 000)
生产中使用的原料	1 190 100
加：直接劳动力成本	290 500
加：工厂制造费用	3 560 750
生产成本总额	5 041 350
加：期初在产品	340 000
工序中成本总额	5 381 350
减：期末在产品	(500 450)
产成品成本	4 880 900
加：期初产成品	520 000
可用于销售的产品成本	5 400 900
减：期末产成品	(300 500)
已售出产品成本	5 100 400

一般来说，在利润表中只反映一段时期内售出商品的成本，其他部分因不是费用，故未反映。期末商品库存将在资产负债表中体现，有时财务报表的附注披露其他存货（库存商品、原材料、在产品等）的期末余额。

11.2.1　制造成本的会计核算

1. 生产成本

(1) 发生的各项直接生产费用。

借：生产成本——基本生产成本

　　　　　　——辅助生产成本

　贷：库存现金（银行存款、原材料、应付职工薪酬）

(2) 生产车间应负担的制造费用。

借：生产成本——基本生产成本

　　　　　　——辅助生产成本

　贷：制造费用

(3) 月份终了，分配辅助生产车间费用。

借：生产成本——基本生产成本（管理费用、销售费用、其他业务成本、在建工程）
贷：生产成本——辅助生产成本

（4）已经生产完成并已验收入库的产成品、自制半成品。

借：库存商品（自制半成品）
贷：生产成本——基本生产成本

2. 制造费用

（1）发生的各项间接费用。

借：制造费用
贷：银行存款（原材料、应付职工薪酬、累计折旧）

（2）月份终了，分配制造费用。

借：生产成本——基本生产成本
——辅助生产成本
劳务成本
贷：制造费用

3. 劳务成本

（1）发生各项劳务成本。

借：劳务成本
贷：银行存款（原材料、应付职工薪酬）

（2）结转完成劳务的成本。

借：主营业务成本（其他业务成本）
贷：劳务成本

4. 主营业务成本

月份终了，计算结转本月销售商品、提供劳务的成本。

借：主营业务成本
贷：库存商品（劳务成本）

11.2.2 订单生产成本

有些公司极少两次制造同一产品。对这种不经常生产的产品，公司运用订单生产进行成本核算。例如，一家建筑公司建造由买方设计定建的房屋，或者汽车维修店修理损坏不重样的汽车，就使用订单生产成本法来归集生产成本。

因为每项订单生产是不同的，故企业必须向每项订单生产分别支出原材料、劳动力、制造费用成本。就单项订单而言，很容易计算出使用了多少原料和劳动力成本，所以对特定的订单生产，归集记录支出原料和劳动力成本就可以了。典型地，工人在适当的表格上记录每项订单生产使用的原料和花费的时间并向管理层呈报，就可以求出直接材料和直接人工成本。但是，制造费用成本就不能那么简单地记录到单项订单生产成本中去。除去可直接记录到订单生产中的原料和劳动力成本外，所有其他成本都在制造费用中归集。表11—2是一个表示制造费用的明细表。

表11—2 6月份A工厂发生的制造费用明细表（截至6月30日） 单位：美元

材料加工费	15 500
设备折旧	22 500
工程费	2 300
工厂保险	700
房屋保管费	11 800
设备维护	7 000
财产税款	21 250
工厂租金	6 500
债券发行费	2 100
设备安装	47 750
管理费	53 100
供应品使用	7 500
公用设施	2 000
总计	200 000

说明：A工厂是一个美国企业，制造费用的明细项目与中国有所不同。

制造费用通过计算制造费用使用比率分摊给各项订单生产成本。该比率用当期制造费用总成本除以制造活动的一些测算值来确定。经常使用的生产活动测算值包括劳动力价格、劳动时间、机器生产小时数。该比率可由实际的或预测的数额来确定。

$$制造费用率=\frac{制造费用总成本}{制造活动总测算值}$$

如表11—2所示，A工厂6月份制造费用的实际发生总额为200 000美元，如果共发生了4 000个安装生产小时，那么6月份的实际制造费用率为每安装生产小时50美元。

$$制造费用率=\frac{200\ 000}{4\ 000}=50(美元/小时)$$

假定A工厂的第1024号订单生产需要340美元的原材料和每小时25美元的30个安装生产小时来完成。劳动力成本是750美元（25美元×30小时），与原材料成本一样，这一成本很容易记录到第1024号订单生产成本中。根据6月份A工厂的实际制造费用率，计算出应分摊到第1024号订单生产成本上的制造费用为1 500美元（50美元/小时×30小时），如表11—3所示。

表11—3 第1024号订单生产的成本明细表（用6月份实际的制造费用） 单位：美元

原材料	340
劳动力	750
应分摊制造费用	1 500
总成本	2 590

正如我们所看到的，实际成本的计算很简单。但因为实际成本在成本实际发生之后才能得出，所以在管理上很少使用，因为公司必须要等到月末或者年末才能决定制造费用率和单项生产的成本。公司只有在生产完工全部产品并且标价售出后才能知道各项生产的成本。第 1024 号订单生产的成本只有在收到 6 月份使用（或消耗）的全部资源发票后才能决定。如果第 1024 号生产是在 6 月份的第一个星期完成的，那么 6 月份的制造费用总额要等到 7 月份实际收到所有 6 月份的制造费用清单后才能得出，这对控制过程意义不大。

更加麻烦的是，实际的成本计算经常产生每个月的制造费用率不同的情况。6 月份的制造费用中表示的财产税是一年支付一次的（没有摊销），它使 6 月份的制造费用率高于相应的其他月份。同样，每个月的生产活动也是变化的，然而有些费用却是不变的，工厂的租金为每月 6 500 美元，但是生产活动可能从每月 2 000 小时到 5 000 小时不等。与工厂租金有关的制造费用率也会在每小时 3.25 美元（6 500 美元÷2 000 小时）到每小时 1.3 美元（6 500 美元÷5 000 小时）之间变化。相反，一年当中虽然生产活动保持稳定，但每个月的费用会发生变化。例如，即使生产活动保持基本不变，当使用热力时，北方冬天的能源用量明显要比夏天高。在寒风凛冽的 1 月份，就会增加除雪和供热的费用，因此制造费用率要明显高于夏季，表 11—4 表明 1 月份的制造费用使用情况。

表 11—4 不包括每年 6 月份上缴的一年一次的财产税，但是包括除雪和热力的额外费用，这增加了 10%的制造费用（从 200 000 美元增加到 220 000 美元）。每小时的制造费用增加到 55 美元（220 000 美元÷4 000 小时），第 1024 号订单生产应分摊的制造费用 1 月份比 6 月份高 150 美元（55 美元/小时×30 小时－50 美元/小时×30 小时）。

表 11—4　　1 月份 A 工厂制造费用发生明细表（截至 1 月 31 日）　　单位：美元

材料加工费	15 500
设备折旧	22 500
工程费	2 300
工厂保险	700
房屋保管费	11 800
设备维护	7 000
除雪费	12 750
工厂租金	6 500
债券发行费	2 100
设备安装	47 750
管理费	53 100
供应品使用	7 500
公用设施（含热力费）	30 500
总计	220 000

注意表 11—4 中的制造费用比表 11—2 中的制造费用增加了公用设施费（供热）和除雪费，减少了财产税。表 11—5 列示了用 1 月份实际制造费用计算的第 1024 号订单生产的成本。

表 11—5　　第 1024 号订单生产的成本明细表（用 1 月份实际的制造费用）　　单位：美元

原材料	340
劳动力成本	750
制造费用（55 美元/小时×30 小时）	1 650
总成本	2 740

实际制造费用率的波动能把那些用数据去分析利润率或者制定价格的管理者引入歧途。如果 A 工厂对一个工程进行投标，价格是非常重要的。如果一个投标工程是在 6 月份进行投标而在 1 月份生产，如一个北方工厂用它 6 月份的制造费用来投标，那么它在销售产品时就会有所损失（至少会减少收益），因为投标所使用的 6 月份的成本小于 1 月份生产时的实际成本。

在大多数实际工作中，企业通常在一年当中运用同一个通过预算或事先确定的成本和生产活动所决定的制造费用率，而非实际结果。预先决定的制造费用率减小了制造费用率的波动并能更及时地为决策者提供产品的成本数据。

预定制造费用率＝全年生产制造费用预算/全年生产活动预算

暂不考虑月成本，如果公司使用年预定制造费用率，则预定制造费用率与实际制造费用率会有差别。如果年制造费用的预算为 2 400 000 美元，全年安装劳动预算为 40 000 小时，预先确定的比率是每安装生产小时 60 美元，则第 1024 号订单生产应分摊的制造费用为 1 800 美元（60 美元/小时×30 小时），见表 11—6。

表 11—6　　第 1024 号订单生产的成本明细表（用预定的年制造费用率）　　单位：美元

原材料	340
劳动力	750
制造费用（60 美元×30 小时）	1 800
总成本	2 890

11.2.3　部门制造费用率

当企业确定预定制造费用率时，它通常认为相对于较小的生产部门，比率越多越好。例如，一个企业具有五个执行不同生产功能的部门，如果可能的话，使用五个不同的部门比率要好于使用一个平均比率。

不同的生产部门可能有不同的制造费用成本和生产活动的比率。例如，一个工厂有五个生产部门，平均制造费用率为每机器小时 6.4 美元，如表 11—7 所示。

表 11—7　　不同部门的制造费用和生产活动情况表

部门	制造费用成本（美元）	生产活动（劳动小时）
总装	300 000	20 000
制造	40 000	40 000
加工	100 000	25 000
抛光	75 000	5 000
油漆	125 000	10 000
总计	640 000	100 000

平均比率＝640 000÷100 000＝6.40 美元/小时，如果 198 号工程需要 25 个劳动小时，所有工程部门的制造费用总额则均为 25×6.4＝160 美元（制造费用率的计算明细和成本明细仅用于公司内部），如表 11—8 所示。

表 11—8　　198 号工程成本明细表（采用平均制造费用率）　　单位：美元

原料	2 000.00
涂料	50.00
劳动力（25 小时×20 美元/小时）	500.00
制造费用（25 小时×6.4 美元/小时）	160.00
总计	2 710.00

如果我们计算每个部门各自的比率，会发现，各部门的制造费用率在每小时 1 美元～15 美元之间变化，如表 11—9 所示。

表 11—9　　不同部门的制造费用率

部门	制造费用成本（美元）	生产活动（劳动小时）	部门比率（美元/小时）
总装	300 000	20 000	15.00
制造	40 000	40 000	1.00
加工	100 000	25 000	4.00
抛光	75 000	5 000	15.00
油漆	125 000	10 000	12.50
总计	640 000	100 000	6.40

由表 11—9 可知，以 6.40 美元/小时为平均比率，管理部门就过高估算了两个部门（制造部门和加工部门）的生产成本，而对另三个部门（总装、抛光、油漆）的成本却估算不足。如果该企业是一个承包公司，它与其他公司竞争投标一项工程，它将对总装、抛光、油漆三项工序的成本报价太低。例如，当一个部门的小时费用率为每劳动小时 15 美元时，管理部门却认为它的费用是每劳动小时 6.4 美元。同样，管理者也会高报制造和加工两项工序的成本。如果该工程是以总装、抛光、油漆三项工序为主，该企业由于报价较低（以 6.40 美元/小时为基准报价，低于企业实际成本），可中标，但是，如果企业的利润是在平均利润附近，由于报价错误，该公司中标的这项工程将无利可图；如果该工程是以制造和加工工序为主，由于报

价太高（以 6.40 美元/小时为基准报价，大大高于企业实际成本），该企业就不能中标。

如果运用部门比率，198 号工程的成本费用将会有较大的改变，如表 11—10 所示。

表 11—10　　198 号工程成本明细表（采用各部门比率，用劳动时间测算）　　单位：美元

原料		2 000.00
油漆		50.00
劳动力（25 小时×20 美元/小时）		500.00
各部门制造费用		
总装（25 小时×15.00 美元/小时）	375.00	
制造（25 小时×1.00 美元/小时）	25.00	
加工（25 小时×4.00 美元/小时）	100.00	
抛光（25 小时×15.00 美元/小时）	375.00	
油漆（25 小时×12.50 美元/小时）	312.50	1 187.50
总计		3 737.50

每个部门的成本可用生产活动的不同方法较容易地跟踪归集记录。如果每个部门都用最适当的生产活动测算值，我们会发现用生产活动来记录总装、制造、加工和油漆部门发生的成本远比用劳动力时间好得多，如表 11—11 所示。

表 11—11　　利用不同生产活动计算的各部门制造费用率

部门	制造费用成本（美元）	生产活动（每生产活动单位）	部门比率
总装	300 000	10 000 机器小时	30.00
制造	40 000	30 000 工作订单	1.33
加工	100 000	5 000 加工单位	20.00
抛光	75 000	5 000 劳动小时	15.00
油漆	125 000	50 000 烘干小时	2.50
总计	640 000	100 000	

假设用“级”来表示每项生产活动，198 号工程的成本又会发生变化，如表 11—12 所示。

表 11—12　　198 号工程成本明细表（基于不同生产活动，采用各部门比率）　　单位：美元

原料		2 000.00
油漆		50.00
劳动力（25 小时×20 美元/小时）		500.00
各部门制造费用		
总装（1 机器小时×30.00 美元/小时）	30.00	
制造（10 工作订单×1.33 美元/订单）	13.30	
加工（6 加工单位×20.00 美元/单位）	120.00	
抛光（25 小时×15.00 美元/小时）	375.00	
油漆（7 烘干小时×2.50 美元/小时）	17.50	555.80
总计		3 105.80

11.2.4 分步成本法

当进行订单生产成本核算时，计算生产产品成本的关键是单个生产项目。通过跟踪归集记录每项生产各个部门的成本来确定库存产品成本以及产品销售成本。由于在订单生产成本核算的情况下，每个部门在某些方面是独立的（如着色、涂层、筛选），因而每个生产项目的不同部门有不同的成本。但当企业在多少有些连续的生产过程中生产单一同类产品时，每件产品一定与其他产品一样，不存在单个工作项目，这类情况就使用分步成本法，如汽车生产厂就属这种情况。对于分步成本法，计算生产产品成本的关键在于平均单位，如汽车的辆、糖的千克、钢铁的吨等，公司通过用生产成本除以产品数量的办法计算单位成本。

我们不能单纯地用一定时期内完成的产品数目去除成本总额，因为有些产品仅仅完成了一部分，这部分产品的成本保存在“在产品”成本中。在产品成本是指已经完成部分生产过程并且在生产计量时必须包括这些已部分完成的半成品成本。这样除数就必须是约当产量而不是实际完成产量。

单位成本＝总成本/约当产量

假设公司某月开始生产时没有存货，生产线上投入 10 000 单位，但只完成了 8 000 单位，另外 2 000 单位仍在生产线上，但其 40%的生产业务量已经完成。所以总共相当于完成了 8 800 单位。

8 000 单位从开始到完成＝8 000 单位的产品

2 000 单位从开始到完成 40%的业务量＝800 约当单位的产品

总产量为 8 800 约当单位（8 000＋800）的产品，如果该时期发生的总成本是 52 800 美元，则每个约当单位的产品成本是 6 美元（52 800 美元÷8 800 约当单位）。

转移到产成品的成本＝8 000×6＝48 000(美元)

在产品成本＝800×6＝4 800(美元)

公司在利润表中列示产品销售成本，在资产负债表中列示库存产品成本。通常公司在财务报表的附注中披露产成品、在产品和原材料等存货信息。表 11—13 是 Interface 公司及其子公司一年存货情况的附注。公司该年度的产品销售成本是 427 321 000 美元，净利润是 13 849 000 美元。

表 11—13　　Interface 公司及其子公司存货情况说明　　单位：千美元

存货明细	2008 年 1 月 2 日	2007 年 1 月 3 日
产成品	64 497	55 527
在产品	20 010	21 882
原材料	31 534	23 981
总计	116 041	101 390

分步成本法并不总是这样简单明了。在我们的例子当中只有一个完工百分比数，并且假设这些产品使用了同样多的原材料、劳动力和制造费用。但通常情况并非如此，不同的在产品使用原材料、劳动力或机器时间的百分比是不同的。这样，约当完工的产品成本必须分别计算原材料、劳动力和制造费用。采用单一的分步成本法是相当少的，实际上大多数公司生产基本相同的产品采用的是标准成本。

11.2.5　标准成本

标准成本是对单一产品或一批产品生产成本的预算。无论是什么产品，它的标准成本是由对一个单位产品的标准的或预算的数量投入（劳动力、原材料或制造费用）和标准的或预算的单位成本投入决定的。

标准投入数量×标准投入价格＝标准产出成本

1. 标准成本的设定

标准可以由经验推测、工程方法和管理者决策等几种方法决定。公司通常用一种综合的方法建立和监测标准成本。

（1）经验推测。管理者有时以前一次生产结果为基础，并调整由产品设计和制造带来的或预期发生的变化，从而设立数量标准。用过去的结果建立数量标准是有缺陷的。基于设立标准的数据中的任何缺陷将会永久体现在标准中。

（2）工程方法。工程技术例如对工作时间与操作运动的研究可以用于设立劳动力标准；产品特点或规格可以建立原料标准或工艺设计标准；工程师应该提出设备保养的期限，进而制定部分制造费用标准。工程方法的优点是不采用过去的数据，缺点是常常反映出不可达到的理想工程状态。

（3）管理者的判断。参与性管理认为，对实现标准成本负有责任的管理者应当参与设定标准成本。当管理者帮助设定了标准成本，他们更能保证标准的实现。通过鼓励管理者让员工参与标准成本的设定，公司可以从中获益。

2. 标准成本的差异

只有两种情况能引起生产产品的标准成本与实际成本之间产生差异。这两种情况既可以单独也可以同时发生作用：（1）投入（原料、劳动力、制造费用）的标准数量和实际数量之间存在差异；（2）标准成本和实际投入的成本之间存在差异。例如，假设一单位产品的标准数量是 10 千克原材料，标准价格为每千克 40 美元，则

投入的标准数量×投入的标准价格＝标准产出成本

10×40＝400(美元)

（1）数量差异。如果生产过程使用了与标准要求不同的数量，如以 12 千克代替 10 千克，那么实际结果会与标准不同。

投入的实际数量×投入的标准价格＝实际产出成本
12×40＝480(美元)

数量上存在一个 80 美元（400－480）的不利差异。

(2) 价格差异。如果采购部门支付的价格与标准不同，如以 41 美元代替 40 美元，那么实际结果将与标准不符。实际数量仍按照标准数量 10 千克来计算。

投入的实际数量×投入的实际价格＝实际产出成本
10×41＝410(美元)

价格上存在一个 10 美元（400－410）的不利差异。

(3) 价格和数量同时存在的差异。如果价格和数量同时存在差异，实际结果将会与标准不同。

投入的实际数量×投入的实际价格＝实际产出成本
12×41＝492(美元)

不利差异总额是 92 美元（400－492）。单独的价格差异或数量差异比较容易计算，价格和数量同时引起的差异也比较容易计算。但当两者同时起作用，如何计算各自引起的差异呢?

为了弄清这个问题，我们需要分别从原料的购买和原料的使用两方面来说明。在购买原料时，如果购买者每千克比标准价格（40 美元）多付 1 美元，那么上例中 12 千克的原料，就要多付 12 美元，这样就产生了 12 美元的不利差异。而后，在生产中，如果原料的使用比标准多 2 千克，如不考虑价格差异，那么多投入 2 千克的原料就会产生 80 美元的不利差异。由此得出 12 美元的价格差异（占总差异的 13%）加上 80 美元的数量差异（占总差异的 87%）共计 92 美元的总差异。

3. *差异的调查研究*

差异并不能使管理者了解为什么在标准成本和实际成本之间会有差别。计算价格和数量差异只是调查估价的第一步。仅了解在生产中使用了比标准量多或少的原材料并不能解释其中的原因，它也许只是标准制定的不精确或者过时了。我们曾讨论过基于理想工程方法制定的标准是不现实的。此外，一个部门的差异可能是由于另一个部门不良的工作引起的。例如，采购经理以低于标准的价格购买了低质原材料，这将产生价格的有利差异。然而，生产中使用低质原材料带来的不利影响，会使生产部门使用更多的原材料和劳动力，并产生原材料和劳动力数量不利差异。

一个部门如果在使用劳动力或原材料的数量或质量上走捷径，就会给下一个部门造成不良的影响。为避免这些部门间相互的不利影响，管理部门必须研究所有明显的差异，包括有利的和不利的差异。但研究有利差异还有其他一些原因：忽视有利差异的调查可导致不精确标准（超出实际需要的劳动力或原材料）继续使用；忽略这些差异的研究意味着忽视了成本降低技术在其他方面的应用。

4. 差异产生的原因

一旦管理者计算出了价格和数量差异，他们必须继续研究差异产生的原因。将差异总额分成价格差异和数量差异，可以帮助管理者明确首先从哪里展开调查。表 11—14 列示了原材料和劳动力差异的产生原因。

表 11—14　原材料和劳动力差异的产生原因

原材料价格差异产生于：	原材料数量差异产生于：
市场价格的变化	保养不好的设备
供应商的变化	使用未经正规培训的工人
采购数量的变化	低质量的工作
质量的变化	不精确的原材料计量
运输上的变化	原材料质量的变化
包装上的变化	生产规格的变化
劳动力价格差异产生于：	劳动力数量差异产生于：
重新劳资谈判签署新的劳动合同	工作流程带来的变化
个别工人工资的提升	使用未经正规培训的工人
使用不同的工人给工作流程带来的变化	原材料质量的变化
工人缺勤造成的人员变化	保养不好的设备
使用学员或实习生	工人缺勤造成的人员变化

5. 制造费用差异

通常有利差异是效益的象征，是有效的操作，能够增加净利润。相反，不利差异常常是无效的征兆，是低效的操作，会降低净利润。这对于那些总成本直接随着产量变化而变化的项目（如劳动力、原材料和制造费用中可变部分的成本）来说是真实的。然而，还有另外一部分制造费用，它的总额不随产量变化而变化，叫做固定制造费用。无论生产活动如何变化，固定制造费用的总值是不变的或者“固定的”。

因为固定制造费用不能用劳动力、原材料和可变制造费用所用的方法直接分摊到单位产品或单项工作中，它是以某种随机的方法分摊到产品中的。例如，年初公司用于 100 000 单位产品生产的固定制造费用的预算是 800 000 美元，它以每单位 8 美元的比率计入生产成本中（800 000 美元÷ 100 000 单位）。如果公司实际支出的固定制造费用多于或少于预算，那么公司应有一个不利或有利的预算执行差异。公司应对预算执行差异进行深入分析。一般来讲，有利差异是效益的象征，是对制造费用进行有效管理的结果，能增加净利润。相反，不利差异常常有无效的征兆，是低效的管理，能降低净利润。

然而，如果市场疲软使销售减慢，公司比计划少生产 10 000 单位产品，生产中只有 720 000 美元（8 美元/单位×90 000 单位）固定制造费用计入生产成本。剩余的 80 000 美元（800 000−720 000）制造费用成为不利业务量差异，它如同一笔费用，减少了净利润。不利业务量差异是由公司未能按照计划产量生产造成的。没有有效利用计划范围内的生产能力是失败的，固定制造费用业务量差异也叫做闲置生产能力差异、除数差异或者应用差异。这种差异很难解释，也很难直接与效率或效用联系起来，管理者最难控制它。

11.2.6 利润表中的标准成本

当使用标准成本时，销售产品的成本以标准成本计算（实际销售数量×单位产品的标准成本）。在利润表中标准生产成本差异表现为费用（如果为不利）或负值费用（如果为有利）。由于标准成本法能将标准成本和差异都记入账户，并将差异尽可能分开，以便企业及时地发现问题并采取改进措施，因此大中型生产厂商利用标准成本法多于实际成本法。这种方法也适用于重复或流水作业的生产中。

表 11—15 表示标准成本和不利差异是怎样列示在一个小公司的多步利润表中的。一般情况下，大公司不会详细表明差异对于毛利润的影响。

表 11—15　　利润表中的标准成本——ABC 公司利润表

（截至 2×08 年 12 月 31 日）　　单位：美元

销售额	4 500 000
销售产品的标准成本	(1 800 000)
标准毛利润	2 700 000
减差异（不利差异）	(50 000)
实际毛利润	2 650 000
销售费用	(600 000)
管理费用	(700 000)
利润总额	1 350 000
税费	(500 000)
净利润	850 000

11.3 所得税费用

11.3.1 所得税的性质

所得税是指企业取得收益后，按照国家制定的企业所得税法应向国家缴纳的税金。企业所得税是指国家对境内企业生产、经营所得和其他所得依法征收的一种税，它是国家参与企业利润分配的重要手段。

1. 所得税是一项费用

会计准则和税法体现着不同的经济关系，服务于不同的目的。按照会计准则的要求，会计核算必须遵循会计原则，符合会计制度的有关规定；税法以课税为目的，根据经济合理、公平税赋、促进竞争的原则，依据有关的税收法规，确定一定时期内纳税人应缴纳的税额。会计准则和税法的本质区别在于确认收入和费用的时点及标准不同。因此，按照会计准则计算的利润与按照税法规定计算的应纳税所得额之间不一定相同，进一步导致了企业按税前会计利润计算的“所得税费用”与按税法规定计算的“应交所得税”之间存在差额。所得税是企业为获得一定收益而导致的经济利益流出，因此，应将其作为费用处理，在净利润前扣除。

2. 所得税的核算

应纳所得税额＝应纳税所得额×税率

应纳税所得额＝收入总额－成本－费用－损失±税收调整项目金额

分清企业应纳税所得额与企业利润总额之间的关系，是企业所得税会计核算的关键一环。这主要是正确对待税收调整项目，即确定税收调整项目及其金额，再按上述公式予以计算。会计上，企业采用“所得税费用”科目核算企业按规定从本期损益中减去的所得税。采用应付税款法核算的企业，期末应按应纳税所得额计算的本期应交所得税，借记“所得税费用”科目，贷记“应交税费——应交所得税”科目；采用纳税影响会计法核算的企业，按本期应计入损益的所得税费用，借记“所得税费用”科目，按本期应纳税所得额计算的应交所得税，贷记“应交税费——应交所得税”科目，按本期发生的暂时性差异和规定的所得税税率计算的对所得税的影响金额，借记“递延税款资产”或贷记“递延税款负债”科目。本期发生的递延税款待以后期间转回时，作相反的会计处理。

3. 纳税调整项目产生的原因和类型

所得税法对企业税前扣除项目的范围和内容有严格的规定，企业应严格按照这些规定和要求来计算确定某一期间企业的应纳税所得额，以足额纳税。但是，在遵循税法的基础上，企业的会计核算可自主决定本企业的各类经营和财务事项。如按企业的分配情况，企业可能确定发放高于税法要求的工资；按企业的生产情况，企业可自行确定折旧方法和折旧年限；按市场情况，企业可按高于同期银行利息率的成本取得贷款等。这样就会出现企业按会计方法核算的账面利润与按税法要求计算的纳税所得额之间的不一致情况。在计算缴纳企业所得税时就要在会计核算利润的基础上，对这些不一致产生的数额差异进行调整。按照税法的要求，企业在纳税时准确确定这些差异并对其进行合理的调整处理，即为所得税会计的主要内容。

税前会计利润与应纳税所得额之间的差额，归纳起来有两大类：永久性差异和暂时性差异。这两类差异对会计的影响不同，相应的会计处理也不同。

(1) 永久性差异。永久性差异是指某一会计期间，由于会计准则和税法在计算收益、费用或损失时的口径不同，所产生的税前会计利润与应纳税所得额之间的差异。永久性差异是因会计准则和税法在确认标准上的不同而产生的，这种差异的特征是只在当期发生，并不在以后各期转回，即只对当期应纳税所得额的计算有影响，并不影响以后各期应纳税所得额的计算。永久性差异主要有以下三种表现：

1) 免税收入。免税收入在会计核算中作为收益计入会计税前利润，但所得税法规定其不计入应纳税所得额，即不征收所得税。如企业购买国债产生的利息收入，会计处理上将其确认为“投资收益”，但税法为了鼓励购买国债这种行为，对国债的利息收入不确认为收益，也就不用缴纳所得税。企业应从会计税前利润中扣除上述差异，计算应纳税所得额。

2）非会计收入而税法规定视同收入。非会计收入而税法规定视同收入在会计核算中不作为收益确认，不计入会计税前利润，但在计算应纳税所得额时作为收益，需要缴纳所得税。例如，企业以自己所生产的产品对外捐赠，或用于职工福利支出，或用于在建工程项目时，会计处理上按成本转账，不确认为收入的实现，但税法则要求按这些产品的售价与成本之间的差额确认为纳税所得，缴纳所得税。企业应在会计税前利润的基础上，补加上述差异，计算应纳税所得额。

3）不可扣除的费用和损失。有些费用或损失，会计确认但税法不允许扣除，会计核算中作为费用或损失抵减了会计税前利润，但所得税法规定不得在税前抵减应纳税所得额。这是由于会计准则与税法对成本、费用或损失的确认标准不同所导致的差异。如企业对外发生的各项赞助费或罚款支出，会计上计入了营业外支出，作为一项损失处理，但税法在计算所得税时不允许扣减；企业实发的工资总额超过国家核定的计税工资总额的部分，也不允许在当期扣除；税法规定企业违法经营罚款，非公益、救济性捐赠，非广告性质的赞助支出，以及超过规定标准的业务招待费等费用或损失，在确定应税所得时均不允许扣除，但会计准则规定在确定会计利润时均能被扣除。企业应在会计税前利润的基础上，补加上述差异，计算应纳税所得额。

在计算应税所得时，应将税前会计利润调整为应税所得。在仅存在永久性差异的情况下，将税前会计利润加减永久性差异调整为应税所得，以应税所得和现行所得税税率计算的应交所得税作为当期所得税费用。

（2）暂时性差异。暂时性差异是指某一会计期间，由于税法和会计准则在确认收益、费用或损失的时间不同而产生的会计税前利润与应纳税所得额之间的差异。这种差异的特征是在当期发生，并在以后一期或若干期内能够转回，既对本期应纳税所得额的计算产生影响，也对以后转回期应纳税所得额的计算产生影响（与本期相反的影响）。如果不考虑永久性差异，从较长时期来看，会计税前利润与应纳税所得额是一致的，如果不存在会计期间，会计与税法对暂时性差异的最终处理结果是一致的。暂时性差异一般有以下四种表现：

1）会计核算先于所得税法规定确认收入，使本期税前会计利润大于应税所得，从而产生应纳税暂时性差异。例如，所得税法规定分期收款发出商品可以于合同规定的收款日期确认收入，而会计上企业在发出商品的当天就确认收入，销售毛利计入了会计税前利润。企业应在本期会计税前利润的基础上，扣除这种差异（未实现的毛利），计算应纳税所得额；在合同规定的收款日期，再将转回的这种差异（已实现毛利）计入应纳税所得额。按照现行会计准则规定，对长期投资采用权益法核算的企业，应在期末按照被投资企业的净利润以及其投资比例确认投资收益；但按照税法规定，如果投资企业的所得税率大于被投资企业的所得税率，投资企业从被投资企业分得的利润要补缴所得税，这部分投资收益补缴的所得税需待被投资企业实际分得利润或于被投资企业宣告分派利润时才计入应税所得，从而产生应纳税暂时性差异。这里的应纳税暂时性差异是指未来应增加应税所得的暂时性差异。

2）会计核算后于所得税法规定确认费用，使本期税前会计利润大于应税所得，从而产生应纳税暂时性差异。如固定资产折旧，按照税法规定可以采用加速折旧法；出于会计目的，采用直线法，这样在固定资产使用的早期，从税法规定的应税所得中扣减的折旧金额会大于会计上计入当期损益的折旧金额，从而产生应纳税暂时性差异。

3）会计核算先于所得税法规定确认费用，使本期税前会计利润小于应税所得，从而产生可抵扣暂时性差异。企业发生的某项费用或损失，按照会计准则规定应当确认为当期费用或损失，但按照税法规定应在以后期间从应税所得中扣减，从而形成可抵扣暂时性差异。如产品保修费用，按照权责发生制原则可于产品销售的当期计提，但按照税法规定应于实际发生时从应税所得中扣减，从而产生可抵扣暂时性差异。这里的可抵扣暂时性差异是指未来可以从应税所得中扣除的暂时性差异。

4）会计核算后于所得税法规定确认收入，使本期税前会计利润小于应税所得，从而产生可抵扣暂时性差异。企业获得的某项收益，按照会计准则规定应当于以后期间确认收益，但按照税法规定需计入当期应税所得，从而形成可抵扣暂时性差异。例如，企业出售房地产预收的账款，会计核算中未计入收入，但所得税法要求确认收入，并采用一定方法确认应纳税所得额。企业应在本期会计税前利润的基础上，加上这种差异（预收账款中含有的毛利），计算应纳税所得额；在以后各期，会计核算中确认收入时，再将转回的这种差异从会计税前利润中扣除，计算应纳税所得额。

除了以上永久性差异和暂时性差异在计算应纳税所得额时需要调整以外，按所得税法规定，在前 5 年之内如果发生亏损，当年的税前利润可以在弥补以前年度亏损以后，再计算缴纳所得税。企业所得税法规定，纳税人发生年度亏损的，可以用下一纳税年度的所得弥补；下一纳税年度的所得不足弥补的，可以逐年延续弥补，但是延续弥补期最长不得超过 5 年。5 年内不论是盈利还是亏损，都作为实际弥补期限计算。

综上分析，企业应纳税所得额的计算公式为：

应纳税所得额＝会计税前利润±永久性差异±暂时性差异－弥补以前年度亏损(前 5 年的亏损)

4. 永久性差异和暂时性差异对所得税的影响

应交所得税是企业依据税法的规定计算的当期应交所得税，构成企业的一项负债：应交所得税＝应纳税所得额×所得税税率。而所得税费用是企业依据会计的权责发生制和配比原则计算的，属于企业的一项费用：所得税费用＝会计税前利润×所得税税率。所以无论是永久性差异，还是暂时性差异，都会导致应纳税所得额与会计税前利润不一致。但由于永久性差异与暂时性差异形成的原因不同，二者对所得税的影响也不同。永久性差异因其具有不可调回性，所以根据权责发生制和配比原则，需要在当期进行调整。也就是说，存在永久性差异时，经过调整后的所得税费用与应交所得税相等。而暂时性差异则不同，因其具有可调回性，所以当期的所得税费用不需调整，只要调整应纳税所得额即可，这时二者便存在由于暂时性差异所产生的差额。

【例 11—5】 立达工厂 2×03 年度税前会计利润为 100 000 元，所得税税率为 33%。请在下列两种情况下分别进行会计核算。

(1) 2×03 年度立达工厂共支付罚款支出 10 000 元，其他条件不变。

(2) 2×03 年度立达工厂计提的固定资产折旧额比按税法规定所计算的折旧额大 10 000 元，其他条件不变。

分析：立达工厂会计账务处理如下：

(1) 2×03 年度支付罚款支出 10 000 元时，会计上可以把罚款支出计入营业外支出，递减本期的会计利润，但税法在计算应纳税所得额时不允许扣除罚款支出，这属于永久性差异，应将该差异调增应纳税所得额。所以

2×03 年度应纳税所得额＝100 000＋10 000＝110 000(元)

应交所得税＝应纳税所得额×所得税税率＝110 000×33%＝36 300(元)

所得税费用＝税前会计利润×所得税税率＝100 000×33%＝33 000(元)

罚款支出 10 000 元，由于在后期不能转回，因此应调增本年度的所得税费用：

所得税费用调整额＝10 000×33%＝3 300(元)

2×03 年度的所得税费用＝33 000＋3 300＝36 300(元)

会计分录为：

借：所得税费用	36 300	
贷：应交税费——应交所得税		36 300

如上所述，只存在永久性差异时，所得税费用与应交所得税在金额上相等，即永久性差异不会导致二者产生差额。

(2) 2×03 年度立达工厂计提的固定资产折旧额比按税法规定所计算的折旧额多 10 000 元，即会计上的折旧费用比税法允许扣除的折旧费用多了 10 000 元，使本期税前会计利润小于应税所得，从而产生可抵扣暂时性差异，可在以后各期转回。所以当期的所得税费用不用进行调整，但应纳税所得额需要调整。计算如下：

应纳税所得额＝100 000＋10 000＝110 000(元)

应交所得税＝110 000×33%＝36 300(元)

所得税费用＝100 000×33%＝33 000(元)

这时就产生了由暂时性差异所引起的差额 3 300 元，那么怎样处理这个差额呢？这就是所得税会计要解决的问题。有两种处理方式，即应付税款法和纳税影响会计法。企业应当根据具体情况，选择其中的一种方法进行所得税的核算。

11.3.2　应付税款法

应付税款法是将本期税前会计利润与应税所得之间产生的差异均在本期确认为所得税费用。在这种情况下，本期所得税费用等于本期应缴纳的所得税。暂时性差异产生的影响所得税的金额均在本期确认所得税费用，或在本期抵减所得税费用，但在会计报表中不反映为一项负债或一项资产。例如，按照我国税法规定，企业实际支付给职工的工资可以全部计入各项成本费用，但同时又给企业核定一个计税工资总额，即无论企业实际支出多少工资，都可以计入成本费用，但在计算应税所得时只能按实际工资支出额和计税工资总额两者较低的金额从应税所得中扣除。在计税工资额小于实际工资支出额的情况下，按计税工资总额计算的应税所得和按实际发放的工资总额计算的税前会计利润之间必然产生一个差额，这就形成永久性差异。又如，企业采用的会计折旧方法如与税法规定不一致，可能产生税前会计利润与应税所得不一致的情况，进而形成暂时性差异。在采用应付税款法进行核算时，应按税法规定，对本期税前会计利润进行调整，将会计利润调整为应纳税所得额。按照应纳税所得额计算的本期应交所得税，作为本期的所得税费用，计算公式如下：

应交所得税=(税前会计利润±永久性差异±暂时性差异)×所得税税率

所得税费用=应交所得税

【例 11—6】　明达公司 2×07 年核定的全年计税工资总额为 150 000 元，实际发放的工资为 160 000 元。该公司在会计上对固定资产折旧采用直线法，本年折旧额为 75 000 元，而按照税法规定采用双倍余额递减法，本年折旧额为 90 000 元。该公司年利润表上反映的税前会计利润为 100 000 元，所得税税率为 33%。该公司本年应交所得税和本期所得税费用核算如下：

（1）计算所得税费用和应交所得税。如表 11—16 所示。

表 11—16　　单位：元

税前会计利润	100 000
加：永久性差异	10 000（160 000－150 000）
减：暂时性差异	(15 000)（90 000－75 000）
应纳税所得额	95 000
所得税税率	33%
本期应交所得税	31 350（95 000×33%）
本期所得税费用	31 350

（2）会计分录如下：

借：所得税费用　　31 350

　　贷：应交税费——应交所得税　　31 350

（3）实际缴纳所得税时。

借：应交税费——应交所得税　　31 350

　　贷：银行存款　　31 350

（4）会计报表附注说明。本期发生会计折旧额 75 000 元，按税法规定可在应税所得前扣除的折旧费用为 90 000 元，差异为 15 000 元，如按照所得税税率 33% 计算，影响当期所得税费用的金额为 4 950 元；本期计税工资总额为 150 000 元，实际发放工资 160 000 元，差异为 10 000 元，影响当期所得税费用的金额为 3 300 元。

在应付税款法下，本期发生的暂时性差异不单独核算，与本期发生的永久性差异同样处理。也就是说，不管税前会计利润多少，在计算缴纳所得税时均应按税法规定对税前会计利润进行调整，调整为应税所得，再按应税所得计算出本期应交所得税，作为本期所得税费用，即本期所得税费用等于本期应交所得税。采用应付税款法进行所得税费用的核算，能够简化会计核算工作，但是不符合会计的配比原则，因为所得税费用并不是按照会计利润计算得到的，而所得税核算的纳税影响会计法解决了这一问题。

11.3.3 纳税影响会计法

纳税影响会计法是指企业确认暂时性差异对所得税的影响金额，按照当期应交所得税和暂时性差异对所得税影响金额的合计，确认为当期所得税费用的方法。采用纳税影响会计法，所得税被视为企业在获得收益时发生的一项费用，并应与有关的收入和费用计入同一期间，以达到收入和费用的配比。也就是说，纳税影响会计法将暂时性差异对所得税的影响，确认为某项资产（递延所得税资产）或负债（递延所得税负债），递延或分配到以后各期。在这种方法下，暂时性差异对所得税的影响金额，除了利润表中的所得税费用外，还包括资产负债表中的“递延所得税”。

1. 资产负债表债务法概述

会计和税法在分别确定会计利润和应税所得上的不同，导致了所得税的实际支付时间与产生这些税款的收入与费用发生的时间不一致的问题。会计上最重要的两个原则是权责发生制与配比原则。究竟如何确认会计上的所得税费用，这个问题引起会计学界数十年的争议。1967 年，美国会计原则委员会（CAP）通过第 11 号会计原则委员会意见书，规定不论所得税何时支付，所得税费用的确认时间要与发生所得税费用事项的时间一致。所得税费用是根据利润表中的税前利润确定的，所得税费用与应交所得税之间的差额就确定为递延税款的借项或贷项。这种方法也被称为利润表法（分为递延法与负债法两种）。1987 年，美国财务会计准则委员会发布第 96 号财务会计准则公告《所得税的会计处理》，将所得税会计的方法转向资产负债表债务法，这种方法强调的是资产负债表上所确认的任何项目，都会导致企业未来经济利益的流入或流出，而不能是定义含糊的递延借项或贷项。国际会计准则最初制定的第 12 号国际会计准则《所得税》（1979 年）也是采用利润表法，后来国际会计准则委员会重新修订了这一准则，改用资产负债表债务法。我国在新准则颁布前也是采用利润表法，新准则出台后，开始统一使用资产负债表债务法。

实际上，应交所得税是在会计净利润的基础上进行调整的，在比较每一项有差异的收入、费用项目后，计算按税法要求的应税所得额（参见例11—6），再乘以税率，就是当期应交所得税。利润表法也是根据这一原理，比较两者存在差异的每一收入与费用项目（利润表项目），然后区分出时间性差异和永久性差异，接下来对时间性差异进行跨期摊配调整后，确认递延税款借项或贷项，最后求出当期的所得税费用。

与利润表法比较利润表项目不同，资产负债表债务法是通过比较资产负债表上每一资产与负债项目的会计账面价值与计税基础之间的暂时性差异，来分别确认递延所得税资产和递延所得税负债。

我国所得税会计采用了资产负债表债务法，要求企业从资产负债表出发，通过比较资产负债表上列示的资产、负债按照会计准则规定确定的账面价值与按照税法规定确定的计税基础，对于两者之间的差异分别应纳税暂时性差异与可抵扣暂时性差异，确认相关的递延所得税负债与递延所得税资产，并在此基础上确定每一会计期间利润表中的所得税费用。

最后，在所得税税率发生变动时，采用资产负债表债务法要随即调整已经形成的递延所得税资产和递延所得税负债。

（1）资产负债表债务法的理论基础。资产负债表债务法在所得税的会计核算方面贯彻了资产、负债的界定。从资产负债角度考虑，资产的账面价值代表的是某项资产在持续持有及最终处置的一定期间内为企业带来未来经济利益的总额，而其计税基础代表的是该期间内按照税法规定就该项资产可以税前扣除的总额。资产的账面价值小于其计税基础的，表明该项资产于未来期间产生的经济利益流入低于按照税法规定允许税前扣除的金额，产生可抵扣未来期间应纳税所得额的因素，减少未来期间以应交所得税的方式流出企业的经济利益，应确认为递延所得税资产。反之，一项资产的账面价值大于其计税基础的，两者之间的差额会增加企业于未来期间的应纳税所得额，对企业形成经济利益流出的义务，应确认为递延所得税负债。

（2）所得税费用。所得税会计的主要目的之一是为了确定当期应交所得税以及利润表中的所得税费用。在按照资产负债表债务法核算所得税的情况下，利润表中的所得税费用包括当期所得税和递延所得税两个部分。

1）当期所得税。当期所得税是指企业按照税法规定计算确定的针对当期发生的交易和事项，应缴纳给税务部门的所得税金额，即当期应交所得税。企业在确定当期应交所得税时，对于当期发生的交易或事项，会计处理与税收处理不同的，应在会计利润的基础上，按照适用税收法规的规定进行调整，计算出当期应纳税所得额，按照应纳税所得额与适用所得税税率计算确定当期应交所得税。

2）递延所得税。递延所得税是指按照所得税准则规定当期应予确认的递延所得税资产和递延所得税负债金额，即递延所得税资产及递延所得税负债当期发生额的综合结果，但不包括计入所有者权益的交易或事项的所得税影响。用公式表示为：

递延所得税=(递延所得税负债的期末余额−递延所得税负债的期初余额)
−(递延所得税资产的期末余额−递延所得税资产的期初余额)

应予说明的是，企业因确认递延所得税资产和递延所得税负债产生的递延所得税，一般应当计入所得税费用。

(3) 所得税费用。计算确定当期所得税及递延所得税以后，利润表中应予确认的所得税费用为两者之和，即

所得税费用=当期所得税±递延所得税

2. 所得税会计的一般程序

在采用资产负债表债务法核算所得税的情况下，企业一般应于每一资产负债表日进行所得税的核算。企业进行所得税核算一般应遵循以下程序：

(1) 按照相关会计准则规定确定资产负债表中除递延所得税资产和递延所得税负债以外的其他资产和负债项目的账面价值。资产、负债的账面价值，是指企业按照相关会计准则的规定进行核算后在资产负债表中列示的金额。对于计提了减值准备的各项资产，是指其账面余额减去已计提的减值准备后的金额。例如，企业持有的应收账款账面余额为 500 万元，企业对该应收账款计提了 50 万元的坏账准备，其账面价值为 450 万元。

(2) 按照会计准则中对于资产和负债计税基础的确定方法，以适用的税收法规为基础，确定资产负债表中有关资产、负债项目的计税基础。应予说明的是，资产、负债的计税基础，是会计上的定义，但其确定应当遵循税法的规定进行。

(3) 比较资产、负债的账面价值与其计税基础，对于两者之间存在差异的，分析其性质，划分应纳税暂时性差异与可抵扣暂时性差异，确定资产负债表日递延所得税负债和递延所得税资产的应有金额，并与期初递延所得税资产和递延所得税负债的余额相比，确定当期应予进一步确认的递延所得税资产和递延所得税负债金额或应予转销的金额，作为递延所得税。

(4) 就企业当期发生的交易或事项，按照适用的税法规定计算确定当期应纳税所得额，将应纳税所得额与适用的所得税税率相乘得出的结果确认为当期应交所得税。

(5) 确定利润表中的所得税费用。利润表中的所得税费用包括当期所得税（当期应交所得税）和递延所得税两个部分，企业在计算确定当期所得税和递延所得税后，两者之和（或之差），是利润表中的所得税费用。

资产负债表债务法的基本核算程序简述如下：1）确定资产、负债的账面价值；2）确定资产、负债的计税基础；3）比较资产、负债账面价值与计税基础，确定暂时性差异，确认递延所得税资产与负债（在所得税税率发生变动时调整递延所得税资产与负债）；4）计算应交所得税；5）计算所得税费用。

3. 资产、负债的计税基础

资产负债表债务法的核心是通过比较资产负债表上每一资产和负债项目的会计账面价值与计税基础之间的暂时性差异，来分别确认递延所得税资产和递延所得税负债。资产与负债的账面价值是资产负债表日的价值，直接从期末资产负债表中取得。资产的计税基础指企业在收回资产账面价值的过程中，计算应纳税所得额时按照税法规定可以自应税经济利益中抵扣的金额，即该项资产在未来期间计税时按税法规定可以税前扣除的金额，也就是允许作为成本或费用于税前列支的金额。

资产在初始确认时，其计税基础一般为取得成本；在资产的持续使用过程中，其计税基础是资产的取得成本减去以前期间按照税法规定已经税前扣除的金额后的余额。用公式表示为：

资产的计税基础＝取得成本＝未来可税前列支的金额

资产负债表日某一资产的计税基础＝成本－以前期间已税前列支的金额

例如，固定资产的计税基础是指其成本扣除以前期间按照税法规定已在税前扣除的累计折旧额。

负债的计税基础，是指其账面价值减去该负债在未来期间可予税前列支的金额，即

负债的计税基础＝账面价值－未来可税前列支的金额

在资产中，账面价值与其计税基础可能存在差异的项目包括交易性金融资产、长期股权投资、无形资产、固定资产、其他计提减值准备的资产等。一般负债的确认和清偿不影响所得税的计算，差异主要是因自费用中提取的负债，如预计负债和应付职工薪酬。下面举例说明资产与负债的计税基础的计算确认。

（1）交易性金融资产。交易性金融资产在会计上与税法上存在差异的原因是：会计上，交易性金融资产期末按公允价值计价；而税法上，交易性金融资产是按成本计价的。

【例11—7】 某公司2×08年8月1日交易性金融资产的取得成本为500万元，12月31日账面价值为300万元。

该公司交易性资产的计税基础为其取得成本500万元，资产的账面价值300万元。该项交易性金融资产账面价值300万元与计税基础500万元之间的差额200万元，将于未来期间产生企业可抵扣暂时性差异，形成递延所得税资产。

（2）固定资产。固定资产取得时其账面价值一般等于计税基础，但在持有期间，由于会计与税法规定就折旧方法、折旧年限以及固定资产减值准备的提取等处理不同，可能造成固定资产的账面价值与计税基础出现差异。

【例11—8】 黎明公司2×06年12月取得固定资产成本为800万元，预计使用10年，假设净残值为零。该公司在会计上对固定资产折旧采用直线法，年折旧

额为 80 万元，而按照税法规定采用双倍余额递减法。该公司估计 2×08 年 12 月 31 日该项固定资产的可收回金额为 600 万元。

分析：2×08 年 12 月 31 日，该公司固定资产的账面价值余额＝800－80×2＝640 万元，由于账面余额大于该项固定资产的可收回金额 600 万元，两者之间的差额应计提 40 万元的固定资产减值准备。则 2×08 年 12 月 31 日，该公司固定资产的账面价值＝800－80×2－40＝600 万元。

该项固定资产的计税基础＝800－800×20％－(800－800×20％)×20％＝512 万元，该项固定资产账面价值 600 万元与计税基础 512 万元之间的差额 88 万元，将于未来期间产生企业应纳税暂时性差异，形成递延所得税负债。

（3）无形资产。除内部研究开发形成的无形资产以外，其他方式取得的无形资产，初始确认时按照会计准则规定确定的入账价值与按照税法规定确定的计税成本之间一般不存在差异。无形资产的差异主要产生于内部研究开发形成的无形资产以及使用寿命不确定的无形资产。

1）内部研究开发形成的无形资产。内部研究开发形成的无形资产，其成本为开发阶段符合资本化条件以后发生的支出，除此之外，研究开发过程中发生的其他支出应予以费用化计入损益；税法规定，企业发生的研究开发支出可税前扣除。内部研究开发形成的无形资产初始确认时，其入账价值为符合资本化条件以后发生的支出总额，因该部分研究开发支出按照税法规定在发生当期已税前扣除，所形成的无形资产在以后期间可税前扣除的金额为零，其计税基础为零。

【例 11—9】 普金公司当期发生研究开发支出计 500 万元，其中研究阶段支出 50 万元，开发阶段符合资本化条件前发生的支出为 100 万元，符合资本化条件后发生的支出为 350 万元。税法规定企业的研究开发支出可按 150％加计扣除。假定开发形成的无形资产在当期期末已达到预定用途（尚未开始摊销）。

分析：普金公司当期发生的研究开发支出中，按照会计规定应予以费用化的金额为 150 万元，期末形成无形资产的成本为 350 万元。按照税法规定，企业可在当期税前扣除的研究开发费用金额为 525 万元（350＋350×50％）。有关支出在发生当期全部税前扣除后，其于未来期间可税前扣除的金额为零，即该项无形资产的计税基础为零。

该项无形资产的账面价值 350 万元与其计税基础零之间的差额 350 万元将于未来期间产生企业应纳税暂时性差异，形成递延所得税负债。

2）使用寿命不确定的无形资产。会计准则规定，无形资产应根据其使用寿命情况，区分为使用寿命有限的无形资产与使用寿命不确定的无形资产。对于使用寿命不确定的无形资产，不要求摊销，但持有期间每年应进行减值测试。税法规定，企业取得无形资产成本，应在一定期限内摊销。对于使用寿命不确定的无形资产，会计处理时不予摊销，但计税时按照税法规定确定的摊销额允许税前扣除，造成该类无形资产账面价值与计税基础的差异。

【例 11—10】　明伦公司于 2×08 年 1 月 1 日取得某项无形资产，取得成本为 150 万元，取得该项无形资产后，根据各方面情况判断，公司无法合理预计其使用期限，将其作为使用寿命不确定的无形资产。2×08 年 12 月 31 日，对该项无形资产进行减值测试表明其未发生减值。企业在计税时，对该项无形资产按照 10 年的期限摊销，摊销金额允许税前扣除。

分析：会计上将该项无形资产作为使用寿命不确定的无形资产，因未发生减值，其在 2×08 年 12 月 31 日的账面价值为取得成本 150 万元。该项无形资产在 2×08 年 12 月 31 日的计税基础为 135 万元（150－15）。

该项无形资产的账面价值 150 万元与其计税基础 135 万元之间的差额 15 万元将于未来期间产生企业应纳税暂时性差异，形成递延所得税负债。

（4）预计负债。会计上，企业因销售商品提供售后服务等原因确认的预计负债所产生的费用计入当期；而税法规定，商品的售后服务等与取得收入有关的费用于实际发生时才允许税前扣除。这样就造成了预计负债的账面价值与其计税基础之间的差异。

【例 11—11】　甲企业 2×09 年因销售产品承诺提供 5 年的保修服务，在当年度利润表中确认了 100 万元的销售费用，同时确认为预计负债，当年度未发生任何保修支出。按照税法规定，与产品售后服务相关的费用在实际发生时允许税前扣除。

分析：该项预计负债在甲企业 2×09 年 12 月 31 日资产负债表中的账面价值为 100 万元。该项预计负债的计税基础＝账面价值－未来期间计算应纳税所得额时按照税法规定可予抵扣的金额＝100－100＝0。

预计负债的账面价值与计税基础的差额 100 万元，将于未来期间产生企业可抵扣暂时性差异，形成递延所得税资产。

（5）预收账款。某些情况下，企业在收到客户预付的款项时，因不符合收入确认条件，会计上将其确认为负债。但按照税法规定应计入当期应纳税所得额时，有关预收账款的计税基础为零，即因其产生时已经计算缴纳所得税，未来期间可全额税前扣除。

【例 11—12】　立达公司于 2×08 年 12 月 30 日自客户收到一笔合同预付款，金额为 500 万元，作为预收账款核算。按照适用税法规定，该款项应计入当期应纳税所得额计算缴纳所得税。

分析：该预收账款在立达公司 2×08 年 12 月 30 日资产负债表中的账面价值为 500 万元。该预收账款的计税基础＝账面价值－未来期间计算应纳税所得额时按照税法规定可予抵扣的金额＝500－500＝0。

该项负债的账面价值 500 万元与其计税基础零之间产生的 500 万元暂时性差异，会减少企业于未来期间的应纳税所得额。即将于未来期间产生企业可抵扣暂时性差异，形成递延所得税资产。

4. 递延所得税资产、递延所得税负债的确认

确定了资产、负债的账面价值与计税基础后，就要比较二者的差异。这些差异

有四种情况：

（1）资产的账面价值>计税基础时，就会产生应纳税暂时性差异，形成递延所得税负债；

（2）资产的账面价值<计税基础时，就会产生可抵扣暂时性差异，形成递延所得税资产；

（3）负债的账面价值>计税基础时，就会产生可抵扣暂时性差异，形成递延所得税资产；

（4）负债的账面价值<计税基础时，就会产生应纳税暂时性差异，形成递延所得税负债。

11.3.4 基于资产负债表债务法下的所得税会计处理举例

计算确定当期所得税及递延所得税以后，利润表中应予确认的所得税费用为两者之和，即

所得税费用＝当期所得税±递延所得税

递延所得税＝（递延所得税负债的期末余额－递延所得税负债的期初余额）
－（递延所得税资产的期末余额－递延所得税资产的期初余额）

下面通过一个实例说明在资产负债表债务法下的所得税会计处理。

【例 11—13】 2×08 年 12 月 31 日，明达公司税前会计利润 100 000 元，所得税税率为 25%，会计与税法不一致的事项主要有：

（1）公司 2×07 年 12 月 21 日购进一固定资产，原价 10 000 元，使用寿命 10 年，不考虑残值，会计上使用直线法计提折旧，税法上使用双倍余额递减法。

（2）本期收到国债利息收入 5 000 元。

（3）期末交易性金融资产的市价为 7 000 元，成本为 10 000 元。

（4）企业拥有一项寿命不确定的无形资产价值 50 000 元，税法允许按不短于 10 年的期限摊销。

（5）本期销售一项新产品，实行保修服务 3 年，本年计提预计负债 10 000 元，本年没有发生实际的修理费用。

（6）本期实际支付工资 15 000 元，标准计税工资为 13 000 元。

下面分步求出本期所得税费用。

分析：第一步：确定资产、负债的账面价值与计税基础。

（1）固定资产：账面价值 9 000 元（10 000－1 000），计税基础 8 000 元（10 000－2 000）。

（2）交易性金融资产：账面价值 7 000 元，计税基础 10 000 元。

（3）无形资产：账面价值 50 000 元，计税基础 45 000 元。

（4）预计负债：账面价值 10 000 元，计税基础 0 元。

另外两项国债利息收入和应付职工薪酬为永久性差异，不用调整。

第二步：比较资产、负债账面价值与计税基础，确定暂时性差异，如表 11—17

所示。

表 11—17　　资产、负债账面价值与计税基础比较　　单位：元

项目	账面价值	计税基础	暂时性差异	
			应纳税差异	可抵扣差异
固定资产	9 000	8 000	1 000	
交易性金融资产	7 000	10 000		3 000
无形资产	50 000	45 000	5 000	
预计负债	10 000	0		10 000
合计	76 000	63 000	6 000	13 000

第三步：确定本期递延所得税资产与递延所得税负债。

递延所得税资产＝13 000×25％＝3 250(元)

递延所得税负债＝6 000×25％＝1 500(元)

第四步：计算应交所得税，如表 11—18 所示。

表 11—18　　单位：元

会计利润	100 000
永久性差异	
减：国债利息	(5 000)
加：超标准工资	2 000
暂时性差异	
交易性金融资产	3 000
固定资产	(1 000)
无形资产	(5 000)
预计负债	10 000
应税所得	104 000
税率	25％
应交所得税	26 000

第五步：计算所得税费用并登记会计分录。

本期递延所得税＝(递延所得税负债的期末余额－递延所得税负债的期初余额)－(递延所得税资产的期末余额－递延所得税资产的期初余额)

＝1 500－3 250＝－1 750(元)

所得税费用＝当期所得税±递延所得税＝26 000－1 750＝24 250(元)

账务处理如下：

借：所得税费用　　24 250

　　递延所得税资产　　3 250

　贷：递延所得税负债　　1 500

　　　应交税费　　26 000

11.4 利润及利润分配

企业实现的税前利润扣除所得税费用后的余额就是企业的税后利润，它是企业利润分配的价值内容，企业应按规定程序对税后利润进行分配。

11.4.1 利润的核算

净利润(税后利润)＝利润总额－所得税费用

企业一般应按一定会计期间（如月、年等）计算利润，通过“本年利润”科目进行核算。“本年利润”科目是个过渡性的所有者权益科目，它通过收入与费用的比较，核算企业实现的净利润（或发生的净亏损）。企业对税后利润的核算一般可以分为表结法和账结法两种方式。

1. 表结法

表结法是指各月月末不结转本年利润，只有在年末才将所有损益类科目的余额转入“本年利润”科目。采用表结法，各损益类科目的月末余额表示累计的收入或费用，“本年利润”科目1—11月末不作任何记录。12月末结转本年利润，借记所有收入类科目，贷记“本年利润”科目；同时借记“本年利润”科目，贷记所有费用类科目。年末，损益类科目没有余额，“本年利润”科目的贷方余额表示全年累计实现的税后利润总额，借方余额表示全年累计发生的亏损总额。表结法由于平时不必结转本年利润，能够简化核算工作。

2. 账结法

账结法是指在每月月末将所有损益类科目的余额转入“本年利润”科目：借记所有收入类科目，贷记“本年利润”科目；借记“本年利润”科目，贷记所有费用类科目。经过上述结转后，损益类科目月末均没有余额，“本年利润”科目的贷方余额表示年度内累计实现的税后利润总额，借方余额表示年度内累计发生的亏损总额。在会计期末结转利润时，有关账务处理如下：

(1) 将有关收入和收益转入“本年利润”科目的贷方。账务处理为：借记“主营业务收入”、“其他业务收入”、“营业外收入”等科目，贷记“本年利润”科目。

(2) 将有关成本费用转入“本年利润”科目的借方。账务处理为：借记“本年利润”科目，贷记“主营业务成本”、“营业税金及附加”、“其他业务成本”、“销售费用”、“管理费用”、“财务费用”、“营业外支出”、“所得税费用”等科目。

(3) 将“投资收益”科目的净收益，转入“本年利润”科目的贷方，借记“投资收益”科目，贷记“本年利润”科目；如为净损失，作相反会计分录。

(4) 年度终了，应将本年收入和支出相抵后结出的本年实现的净利润，转入“利润分配”科目，借记“本年利润”科目，贷记“利润分配——未分配利润”科目；如为净亏损，作相反会计分录，结转后“本年利润”科目应无余额。

【例 11—14】　A 企业 2×08 年共实现的收入及发生的费用如表 11—19 所示。

表 11—19　　2×08 年实现的收入及发生的费用——A 企业

项目	金额（千元）	项目	金额（千元）
主营业务收入	12 500	主营业务成本	10 000
		营业税金及附加	500
其他业务收入	300	其他业务成本	50
投资收益	1 000	销售费用	300
		管理费用	650
		财务费用	80
营业外收入	280	营业外支出	200
		所得税费用	700
合计	14 080	合计	12 480

由上述资料核算如下：

(1) 结转本年收入。

借：主营业务收入	12 500 000	
其他业务收入	300 000	
投资收益	1 000 000	
营业外收入	280 000	
贷：本年利润		14 080 000

(2) 结转成本。

借：本年利润	12 480 000	
贷：主营业务成本		10 000 000
营业税金及附加		500 000
其他业务成本		50 000
销售费用		300 000
管理费用		650 000
财务费用		80 000
营业外支出		200 000
所得税费用		700 000

(3) 将本年利润转入利润分配。

借：本年利润	1 600 000	
贷：利润分配——未分配利润		1 600 000

(4) 编制 2×08 年度 A 企业的利润表，如表 11—20 所示。

表 11—20　　利润表——A 企业

（2×08 年度）　　单位：千元

项目	金额
一、营业收入	12 800
减：营业成本	10 050

续前表

项目	金额
营业税金及附加	500
销售费用	300
管理费用	650
财务费用	80
加：投资收益	1 000
二、营业利润	2 220
加：营业外收入	280
减：营业外支出	200
三、利润总额	2 300
减：所得税费用	700
五、净利润	1 600

11.4.2 利润的分配

1. 设置“利润分配”账户

企业设置“利润分配”账户，核算企业利润的分配（或亏损的弥补）和历年分配（或弥补）后的积存余额。“利润分配”属于所有者权益类科目，其借方登记已分配出去的利润，贷方登记从“本年利润”科目转入的利润数或弥补以往年度的亏损额。期末余额若在贷方，反映企业历年积存的未分配利润；余额若在借方，则反映累计的未弥补亏损额。“利润分配”应当设置以下明细科目进行明细核算：

(1) 盈余公积补亏，核算企业用盈余公积弥补的亏损等；

(2) 提取法定盈余公积，核算企业按公司法规定提取的法定盈余公积；

(3) 提取任意盈余公积，核算企业按公司股东大会决议规定提取的任意盈余公积；

(4) 应付现金股利或利润，核算企业分配给股东的现金股利或利润；

(5) 转作股本的股利，核算企业分配给股东的股票股利；

(6) 未分配利润，核算企业全年实现的净利润（或净亏损）、利润分配和尚未分配利润（或尚未弥补的亏损）。

年度终了，企业将全年实现的净利润（或净亏损）自“本年利润”科目转入“未分配利润”明细科目；同时，将“利润分配”科目下的其他明细科目的余额转入“未分配利润”明细科目。结转后，除“利润分配——未分配利润”科目外，其他明细科目应无余额。“未分配利润”明细科目如为贷方余额，反映企业历年积存的尚未分配的利润；如为借方余额，反映企业历年积存的尚未弥补的亏损。同时外商企业以及中外合作经营企业还可设置“提取储备基金”、“提取企业发展基金”、“提取职工奖励及福利基金”以及“利润归还投资”等明细科目。

2. 利润分配的内容和程序

(1) 利润分配的内容。利润分配是指企业将实现的税后净利润在投资者之间进行分配，具体表现为在法定盈余公积、任意盈余公积及股东之间分配利润、股利等。股份公司实现的利润应按公司法、公司章程及股东大会决议等进行分配。公司利润分配的过程和结果，不仅关系到股东的权益是否得到保障，还关系到公司的稳定和发展。

(2) 利润分配的程序。公司当年实现的净利润加上以前年度的未分配利润是可供分配的利润。对于可供分配的利润，应当按规定程序进行分配。公司缴纳所得税费用后的净利润，应按下列顺序分配：

1) 弥补亏损。根据企业所得税法规定，公司发生年度亏损，可以用以后年度的应纳税所得弥补，一年弥补不足的，可以逐年连续弥补，但最长不超过5年。5年内不论盈利或亏损，都作为实际弥补年限计算。根据公司法规定，公司的法定盈余公积主要用途之一，是弥补亏损。当公司过去年度积累的法定盈余公积不足以弥补上年度亏损时，则应当先用当年的利润弥补公司的亏损，之后再根据当年所剩利润，计提法定盈余公积和任意公积金。

2) 提取公司法定公积金。法定公积金按照本年实现净利润的一定比例提取，公司法规定，公司应当提取本年实现净利润的10%列入公司法定公积金。公司法定公积金累计额超过公司注册资本的50%以上时，可以不再提取。法定公积金主要用于弥补亏损，扩大再生产经营或转增资本。

3) 可供投资者分配的利润。公司的税后利润在弥补亏损、提取法定公积金前不得分派股利（利润）；在其之后，再加上以前年度未分配利润，即为可供股东分配的利润。可供股东分配的利润扣除任意盈余公积和分配给股东的股利后的余额，为未分配利润，可留待以后年度进行分配，企业未分配的利润（或未弥补的亏损）应当在资产负债表的所有者权益项目中单独反映。

可供投资者分配的利润具体分配顺序如下：

①支付优先股股利。优先股股利是按约定的股利率支付给优先股股东的现金股利。

②提取任意盈余公积。提取任意盈余公积，按照股东大会决议提取。

③支付普通股股利。在企业的利润分配方案确定后，根据“股权平等，同股同利，利润分享，风险共担”的原则，按各股东持有股份的比例进行分配。但全体股东约定不按照出资比例分取红利的除外。

④转作资本（或股本）的普通股股利，是指企业按照利润分配方案以分派股票股利的形式转增的资本（或股本）。企业以利润转增的资本，也在本项目核算。

会计年度末，通常先由企业董事会或类似机构提出利润分配方案，然后报股东大会或类似机构批准，最终按股东大会或类似机构批准的利润分配方案进行利润分配。

上述利润分配程序，用公式表示如下：

税后利润＝利润总额－所得税费用

可供股东分配利润＝税后利润－弥补以前年度亏损－提取的法定公积金＋以前年度未分配利润＋公积金转入数

本年未分配利润＝可供股东分配的利润－优先股股利－提取任意公积金－普通股股利－转作资本(或股本)的普通股股利

3. 利润分配的核算

（1）弥补亏损的核算。企业在当年发生亏损的情况下，与实现利润的情况相同，应当将本年发生的亏损自“本年利润”科目转入“利润分配——未分配利润”科目，借记“利润分配——未分配利润”科目，贷记“本年利润”科目，结转后“利润分配”科目的借方余额即为未弥补亏损的数额。然后通过“利润分配”科目核算有关亏损的弥补情况。

企业在生产经营过程中，如果发生亏损，根据资本充实原则（又称为资本维持原则，指公司在存续过程中，应经常保持与其资本额相当的资产，以防止公司资本的实质性减少，维持公司清偿债务的能力，保护债权人的利益），必须对亏损进行弥补。通常有以下几种弥补亏损的方法：

1）以税前利润弥补。企业发生的亏损可以连续后5年实现的税前利润弥补。当年在以实现的税前利润弥补以前年度亏损的情况下，企业当年实现的利润自“本年利润”科目转入“利润分配——未分配利润”科目的贷方，其贷方发生额与“利润分配——未分配利润”的借方余额（未弥补的亏损）自然抵补。因此，以当年实现净利润弥补以前年度未弥补的亏损时，不需要进行专门的账务处理。

2）以税后利润弥补。税法规定，累计超过5年的亏损，不得用企业的税前利润弥补，但企业可以税后利润的余额进行亏损的弥补。企业无论是以税前利润还是以税后利润弥补亏损，其会计处理方法相同，只是两者计算缴纳所得税费用时的处理有所不同。在以税前利润弥补亏损的情况下，其弥补的数额可以抵减当期企业应纳税所得额，而以税后利润弥补的数额，则不能作为纳税所得扣除处理。

【例 11—15】 立新工厂2×01年发生亏损8万元，2×02—2×06年每年实现税前利润1万元，2×07年又发生亏损2万元，2×08年立新工厂实现税前利润7万元，所得税税率为30%。要求进行立新工厂2×01—2×08年的利润结转及亏损弥补的会计核算。

分析：立新工厂账务处理如下：

①2×01年发生亏损8万元时，企业应当结转本年发生的亏损。

借：利润分配——未分配利润	80 000
贷：本年利润	80 000

②按照税法规定，企业在发生亏损以后的5年内可以税前利润弥补亏损。该企业在2×02—2×06年均可在税前弥补亏损，这5年间企业实现的税前利润共计5万元都可用于弥补亏损，但2×07年以后就只能用税后利润弥补亏损。截至2×06

年年底，累计已弥补亏损 5 万元，累计未弥补亏损为 3 万元（8－5），该企业在 2×02—2×06 年年度终了时，每年均应编制会计分录如下：

借：本年利润　　10 000

　贷：利润分配——未分配利润　　10 000

③2×07 年又发生亏损 2 万元时。

借：利润分配——未分配利润　　20 000

　贷：本年利润　　20 000

④2×08 年立新工厂实现税前利润 7 万元，可弥补 2×06 年度发生的亏损 2 万元，但不能在税前弥补 2×01 年累计未弥补的亏损 3 万元。弥补 2×06 年度发生的亏损 2 万元的会计分录为：

借：本年利润　　20 000

　贷：利润分配——未分配利润　　20 000

⑤2×08 年，税前利润弥补 2×06 年亏损 2 万元后，剩余利润为 5 万元（7－2），应该计算缴纳企业所得税费用，2×08 年应缴纳的企业所得税费用＝50 000×30％＝15 000 元，会计分录如下：

借：所得税费用　　15 000

　贷：应交税费——应交所得税　　15 000

⑥结转所得税费用时。

借：本年利润　　15 000

　贷：所得税费用　　15 000

⑦2×08 年企业的税后利润＝50 000－15 000＝35 000 元。结转本年利润，弥补以前年度亏损时。

借：本年利润　　35 000

　贷：利润分配——未分配利润　　35 000

也可将③和⑦合并，编制会计分录如下：

借：本年利润　　55 000

　贷：利润分配——未分配利润　　55 000

根据上述核算结果，该企业 2×08 年“利润分配——未分配利润”科目的期末贷方余额为 5 000 元（35 000－30 000）。

3）用盈余公积弥补亏损。企业用盈余公积弥补亏损时，按弥补的亏损额，借记“盈余公积”科目，贷记“利润分配——盈余公积补亏”科目。

（2）提取盈余公积。企业按规定从税后净利润中提取盈余公积金时，按应提的金额，借记“利润分配——提取法定盈余公积、提取任意盈余公积”科目，贷记“盈余公积——法定盈余公积、任意盈余公积”科目。

（3）向投资者分配现金股利或利润。应当分配给股东的现金股利或利润，借记“利润分配——应付现金股利或利润”科目，贷记“应付股利”科目。企业经股东大会或类似机构批准分派股票股利，应于实际分派股票股利时，借记“利润分配——转作股本的股利”科目，贷记“实收资本（股本）”科目。

【例 11—16】 嘉陵股份有限公司 2×07 年度实现税后净利润 1 000 万元，年初未分配利润为 1 200 万元。该公司董事会提议并经股东大会批准以下利润分配方案：按净利润的 10%提取法定盈余公积，按 5%提取任意盈余公积，分配现金股利 500 万元。要求作出嘉陵股份有限公司股东大会审议通过利润分配方案时的会计处理，并编制 2×07 年度的利润分配表。

分析：1）结转本年利润，将本年实现的税后利润 1 000 万元从"本年利润"科目转入"利润分配——未分配利润"科目。

借：本年利润　　10 000 000

　贷：利润分配——未分配利润　　10 000 000

2）股东大会审议通过利润分配方案时的会计处理为：

提取的法定盈余公积＝1 000×10%＝100(万元)

提取的任意盈余公积＝1 000×5%＝50(万元)

应付普通股股东的现金股利＝500(万元)

会计分录如下：

借：利润分配——提取法定盈余公积　　1 000 000

　　　　　——提取任意盈余公积　　500 000

　　　　　——应付现金股利或利润　　5 000 000

　贷：盈余公积——法定盈余公积　　1 000 000

　　　　　　——任意盈余公积　　500 000

　　　应付股利　　5 000 000

3）结转利润分配时。

借：利润分配——未分配利润　　6 500 000

　贷：利润分配——提取法定盈余公积　　1 000 000

　　　　　　——提取任意盈余公积　　500 000

　　　　　　——应付现金股利或利润　　5 000 000

上述会计分录记账后，未分配利润账户余额为 1 550 万元（1 200＋1 000－650）。

编制嘉陵股份公司 2×07 年度的利润分配表，如表 11—21 所示。

表 11—21　　**利润分配表——嘉陵公司**

（2×07 年度）　　单位：万元

项目	本年实际数	上年实际数	差异额
一、净利润	1 000		
加：年初未分配利润	1 200		
其他转入			
二、可分配的利润	2 200		
减：提取法定盈余公积	100		
提取职工奖励及福利基金			
提取储备基金			
提取企业发展基金			

续前表

项目	本年实际数	上年实际数	差异额
利润归还投资			
三、可供投资者分配的利润	2 100		
减：应付优先股股利			
提取任意盈余公积	50		
应付普通股股利	500		
转作资本（或股本）的普通股股利			
四、未分配利润	1 550		

4. *以前年度损益调整*

公司年终结账后，应按规定时间报送年度财务报告。年度财务报告报送后，如果发现涉及以前年度损益的问题，需要调整上年利润和利润分配数额。此时，上年账目已决算后封账并已开立新账，不可能在上年账户中再作更改。因此，应在本年度“以前年度损益调整”科目进行登记、核算这类事项。企业会计准则规定，企业设置“以前年度损益调整”会计科目，用以核算企业本年度发生的调整以前年度损益的事项。企业在年度资产负债表日至财务会计报告批准报出日之间发生的需要调整报告年度损益的事项，以及本年度发生的以前年度重大会计差错的调整，也在本科目核算。

企业调整增加的以前年度利润或调整减少的以前年度亏损，借记有关科目，贷记“以前年度损益调整”科目；企业调整减少的以前年度利润或调整增加的以前年度亏损，借记“以前年度损益调整”科目，贷记有关科目。企业由于调整以前年度损益而相应增加的所得税，借记“以前年度损益调整”科目，贷记“应交税费——应交所得税”科目；由于调整以前年度损益而相应减少的所得税，作相反会计分录。经上述调整后，应同时将“以前年度损益调整”科目的余额转入“利润分配——未分配利润”科目。本科目如为贷方余额，借记本科目，贷记“利润分配——未分配利润”科目；如为借方余额，作相反会计分录。结转后本科目应无余额。

企业本年度发生的调整以前年度损益的事项，应当调整本年度会计报表相关项目的年初数或上年实际数；企业在年度资产负债表日后至财务会计报告批准报出日之间发生的调整报告年度损益的事项，应当调整报告年度会计报表相关项目的数字。如果发现的问题是不影响上年度损益的利润分配差错，如多提公积金、公益金等，则只需调整有关账户，不必在“以前年度损益调整”账户核算。此外，在上年利润调整中对于一些中间账户可以不再进行调整，只要修正错误造成的最终影响即可。

【例 11—17】　嘉陵股份有限公司 2×08 年 9 月发现 2×07 年的一项已达到预定可使用状态且已投入生产使用的固定资产未结转在建工程，该项固定资产原始价值 105 万元，2×07 年应提折旧 10 万元，应予调整，减少上年利润；应由职工福利费用开支的医务人员工资 4 万元计入了管理费用，应予调整，增加上年利润，减少应付职工薪酬——职工福利。对于“生产成本”、“管理费用”等中间账户不再调整，该公司所得税税率为33%，法定公积金的提取比例为税后利润的10%，试作出相关调整分录。

根据上述资料，该公司应作如下会计处理：

（1）结转在建工程，确认固定资产。

借：固定资产　　1 050 000

　贷：在建工程　　1 050 000

（2）调整上年损益。增加折旧费用，会使上年税前利润减少10万元；减少管理费用，会使上年税前利润增加4万元。两项合计将使上年利润减少6万元，通过“以前年度损益调整”科目核算。

借：应付职工薪酬——职工福利　　40 000

　　以前年度损益调整　　60 000

　贷：累计折旧　　100 000

（3）调整应交所得税。由于少计折旧费用引起2×07年多交所得税33 000元（100 000×33%），由于多计管理费用引起2×07年少交所得税13 200元（40 000×33%），两项合计应减少应交所得税19 800元（33 000－13 200）。通过“以前年度损益调整”科目核算。

借：应交税费——应交所得税　　19 800

　贷：以前年度损益调整　　19 800

（4）结转未分配利润。

借：利润分配——未分配利润　　40 200

　贷：以前年度损益调整　　40 200

（5）调减上年实现的利润后，上年多计提的盈余公积应同时调减。上年多计提的法定盈余公积为4 020元（40 200×10%）。

借：盈余公积——法定盈余公积　　4 020

　贷：利润分配——未分配利润　　4 020

会计决策问题

财务报表的格式

会计报表作为公司财务报告最重要的组成部分，是反映公司财务状况、经营成果和现金流量等情况的书面文件。

一、资产负债表

资产负债表是反映公司在某一特定时日财务状况的会计报表。财务状况是指一个公司的全部资产、负债和所有者权益及其相互关系，一般用以反映、评价及分析公司的长短期偿债能力、资产结构和财务弹性等。资产负债表的基本结构是以“资产＝负债＋股东权益”的会计平衡公式为基础，依照一定的会计方法和程序，将一定时期的资产、负债、股东权益予以适当的排列编制而成。资产负债表的格式主要有账户式和报告式两种，西方国家的企业多采用报告式，我国企业多采用账户式。

1. 账户式资产负债表

账户式又称为水平式，其资产项目按一定顺序列示于报表的左方，负债和股东权益项目列示于报表的右方，报表左右两方总额相等。其优点是资产、负债和股东权益的恒等关系一目了然。

2. 报告式资产负债表

报告式又称垂直式，其资产、负债、股东权益项目自上而下排列，所有资产类项目按一定顺序列示于报表上部，其次列示负债，最后列示股东权益。其优点是便于编制比较式资产负债表。

二、利润表

利润表也称损益表，是反映公司在一定期间的经营成果及其分配情况的报表。一般用以反映、评价企业的经营成果和盈利能力，进行经营决策和业绩考核等。这是反映公司一定期间如一个年度或一个月份经营成果的会计报表。利润表一般采用单步式和多步式两种格式，中外企业多采用多步式利润表。

1. 单步式利润表

单步式利润表将所有收入和成本费用分别汇总列示，然后将收入总额减去成本费用总额得出本期利润或亏损。由于没有毛利指标，这种格式的利润表对外透露的信息较少，比较适用于服务性企业。

2. 多步式利润表

多步式利润表是将利润表内容作多项分类列示，通过多步计算最终得出公司利润或亏损。多步式利润表包含许多重要的指标，除了净利润外，还有毛利润、营业利润等。这种格式的利润表能够较好地反映企业的经营成果，因为毛利和营业利润是评价企业业绩的重要指标。

练习题

一、选择题

1. 企业在销售过程中发生的运输费、装卸费、包装费、运输途中的合理损耗和入库前的挑选整理费用，作为（　　）处理。

A. 管理费用　　B. 财务费用　　C. 销售费用　　D. 制造费用

2. 企业让渡无形资产所有权的收益应当属于（　　）。

A. 主营业务收入　　B. 其他业务收入

C. 营业外收入　　D. 投资收益

3. 以下支出属于费用的有（　　）。

A. 偿债性支出　　B. 权益性支出　　C. 成本性支出　　D. 收益性支出

4. 期间费用包括（　　）。

A. 制造费用　　B. 管理费用　　C. 财务费用　　D. 销售费用

5. 下列事项产生暂时性差异的是（　　）。

A. 企业的计税工资与实际发放的工资不一致

B. 企业支付的超过金融机构贷款利率的非金融机构借款利息

C. 企业计提折旧的方法与税法要求不一致

D. 企业发生的超标业务招待费支出

6. 某企业采用资产负债表债务法核算所得税，上期期末“递延所得税负债”科目的贷方余额为2 640万元，本期发生的应纳税暂时性差异为2 400万元，所得税税率为33%。本期期末“递延所得税负债”科目的余额为（　　）万元。

A. 1 386（贷方）　　B. 2 970（贷方）

C. 3 432（贷方）　　D. 3 600（贷方）

7. 可能减少本期所得税费用的项目有（　　）。

A. 本期所得税税率降低

B. 本期发生的应纳税暂时性差异

C. 本期发生的可抵扣暂时性差异

D. 本期所得税税率增加

E. 本期转回的原确认的递延所得税资产

8. 下列项目中产生可抵扣暂时性差异的有（　　）。

A. 预提产品保修费用

B. 企业以自己生产的产品用于工程项目

C. 在投资企业所得税税率大于被投资企业所得税税率的情况下，投资企业对长期投资采用权益法核算，对补缴所得税的处理

D. 企业发放的实际工资超过计税工资

E. 新设备当期计提的折旧费超过税法规定计提的折旧费用

9. 在用盈余公积弥补亏损时，盈余公积不得低于弥补前注册资本的（　　）。

A. 10%　　B. 25%　　C. 30%　　D. 50%

10. 以下事项，在利润分配时按照先后顺序排列正确的为（　　）。

①弥补以前年度亏损　　②提取任意盈余公积

③提取法定盈余公积　　④支付优先股股利

⑤支付普通股股利

A. ①③④②⑤　　B. ①②③④⑤

C. ②①⑤④③　　D. ③⑤①④②

二、核算题

1. 某企业采用表结法，年度终了前有关账户的余额如下（单位：元）：

主营业务收入	980 000	其他业务收入	33 000
投资收益	16 300（贷方）	营业外收入	38 500
主营业务成本	550 000	营业税金及附加	49 500
其他业务成本	11 000	销售费用	32 000
管理费用	93 500	财务费用	12 000

营业外支出　　　19 800

要求：

（1）结转损益类账户；

（2）假设没有税前调整项目，按照33%的税率计算并结转所得税；

（3）结转“本年利润”账户；

（4）按照税后利润的10%计提法定盈余公积；

（5）按照可供股东分配利润的50%分配给普通股股东现金股利；

（6）转销“利润分配”的其他明细账户。

2. 某公司于2×01年发现2×00年漏记了一项厂部使用的固定资产的折旧费用，金额为100 000元。该公司的所得税税率为33%，法定盈余公积按照税后利润的10%提取。试作出相关调整分录。

3. 某企业的一项固定资产按照税法的规定使用年限为10年，会计使用的折旧年限为5年，原值为100万元（不考虑净残值），假设该企业每年的会计利润总额都是1 000万元，而且从第三年起所得税税率由33%下降为30%。试用债务法和递延法作出各年的会计分录。

部分练习题答案

一、1. C　2. C　3. D　4. BCD　5. C　6. C　7. AC　8. AE　9. B　10. A

第 12 章 财务报表分析

内容预览

决策要面向未来，决策要进行缜密的分析判断，而财务报告提供的仅仅是历史信息。因此，无论是投资者还是管理者，要作出正确的经营决策，都必须对财务报告所提供的历史数据进行系统的加工和完整的分析。

我们知道，财务报表包含了丰富的信息，对管理者、投资者、债权人及外部报表使用者意义重大。本章将着重研究财务报表信息是如何被加以分析并用来支持重要决策的。本章论述可分为三个部分，首先，要了解财务报表分析的意义和主要内容；其次，要考虑一般的分析方法，这些分析方法着重单个企业的数据与相关的基准比较分析；最后，进一步探讨管理者密切关注的反映企业偿债能力、资产运用效率和盈利能力的系列指标。通过本章的学习，企业管理人员将会对如何利用财务报表信息有更全面和深刻的了解。

12.1 财务报表的格式

12.1.1 一般企业资产负债表、利润表和所有者权益变动表格式及列示说明

资产负债表

会企 01 表

编制单位：　　　　____年____月____日　　　　单位：元

资　产	行次	期末余额	年初余额	负债和所有者权益（或股东权益）	行次	期末余额	年初余额
流动资产：				流动负债：			
货币资金				短期借款			
交易性金融资产				交易性金融负债			
应收票据				应付票据			
应收账款				应付账款			
预付款项				预收款项			
应收利息				应付职工薪酬			
应收股利				应交税费			
其他应收款				应付利息			
存货				应付股利			
其中：消耗性生物资产				其他应付款			
一年内到期的非流动资产				一年内到期的非流动负债			
其他流动资产				其他流动负债			
流动资产合计				流动负债合计			
非流动资产：				非流动负债：			
可供出售金融资产				长期借款			
持有至到期投资				应付债券			
长期应收款				长期应付款			
长期股权投资				专项应付款			

续前表

资　产	行次	期末余额	年初余额	负债和所有者权益（或股东权益）	行次	期末余额	年初余额
投资性房地产				预计负债			
固定资产				递延所得税负债			
在建工程				其他非流动负债			
工程物资				非流动负债合计			
固定资产清理				负债合计			
生产性生物资产				所有者权益（股东权益）			
油气资产				实收资本（股本）			
无形资产				资本公积			
开发支出				减：库存股			
商誉				盈余公积			
长期待摊费用				未分配利润			
递延所得税资产				所有者权益（股东权益）合计			
其他非流动资产							
非流动资产合计							
资产总计				负债和所有者权益（股东权益）总计			

利润表

会企 02 表

编制单位：　　　　　　　　　　____年度　　　　　　　　　　单位：元

项　　目	行次	本年金额	上年金额
一、营业收入			
减：营业成本			
营业税金及附加			
销售费用			
管理费用			
财务费用			
资产减值损失			
加：公允价值变动收益（损失以“－”号填列）			
投资收益（损失以“－”号填列）			
其中：对联营企业和合营企业的投资收益			
二、营业利润（亏损以“－”号填列）			
加：营业外收入			
减：营业外支出			
其中：非流动资产处置损失			
三、利润总额（亏损总额以“－”号填列）			
减：所得税费用			
四、净利润（净亏损总额以“－”号填列）			
五、每股利益：			
（一）基本每股收益			
（二）稀释每股收益			

所有者权益（股东权益）变动表

会企 04 表

编制单位：　　　　　　　　　　____年度　　　　　　　　　　单位：元

项目	行次	本年金额						上年金额					
		实收资本（股本）	资本公积	减：库存股	盈余公积	未分配利润	所有者权益合计	实收资本（股本）	资本公积	减：库存股	盈余公积	未分配利润	所有者权益合计
一、上年年末余额													
加：会计政策变更													
前期差错更正													
二、本年年初余额													
三、本年增减变动金额（减少以“—”号填列）													
（一）净利润													
（二）直接计入所有者权益的利润和损失													
1. 可供出售金融资产公允价值变动净额													
2. 权益法下被投资单位其他所有者权益变动的影响													
3. 与计入所有者权益项目相关的所得税影响													
4. 其他													
上述（一）和（二）小计													
（三）所有者投入和减少资本													
1. 所有者投入资本													
2. 股份支付计入所有者权益的金额													
3. 其他													
（四）利润分配													
1. 提取盈余公积													
2. 对所有者（股东）的分配													
3. 其他													
（五）所有者权益内部结转													
1. 资本公积转增资本（股本）													
2. 盈余公积转增资本（股本）													
3. 盈余公积弥补亏损													
4. 其他													
四、本年年末余额													

1. 资产负债表有关项目的列示说明

(1)“货币资金”项目，反映企业期末持有的现金、银行存款和其他货币资金等的总额。

(2)“交易性金融资产”、“应收票据”、“应收账款”、“预付款项”、“应收利息”、“应收股利”、“其他应收款”、“存货”、“消耗性生物资产”、“可供出售金融资产”、“持有至到期投资”、“长期应收款”、“长期股权投资”、“投资性房地产”、“固定资产”、“在建工程”、“工程物资”、“固定资产清理”、“生产性生物资产”、“油气资产”、“无形资产”、“开发支出”、“商誉”、“长期待摊费用”、“递延所得税资产”、“其他非流动资产”等项目，反映企业期末持有的相应资产的账面余额扣减累计折旧（折耗）、累计摊销、累计减值准备后的账面价值。

(3)“存货”项目还反映建造承包商的“工程施工”期末余额大于“工程结算”期末余额的差额。

企业待摊费用有期末余额的，应在“预付款项”项目中反映。

“一年内到期的非流动资产”项目，反映长期应收款、持有至到期投资、长期待摊费用等资产中将于一年内到期或摊销完毕的部分。

“其他非流动资产”项目，反映企业期末持有的“衍生工具”、“套期工具”、“被套期项目”等。

融资租赁出租方以及分期收款销售且实质上具有融资性质的“长期应收款”项目，反映扣减相应的“未实现融资收益”后的净额（折现值）。

有公益性生物资产的企业，应增设“公益性生物资产”项目，列在“生产性生物资产”项目之后。

(4)“短期借款”、“交易性金融负债”、“应付票据”、“应付账款”、“预收款项”、“应付职工薪酬”、“应交税费”、“应付利息”、“应付股利”、“其他应付款”、“其他流动负债”、“长期借款”、“应付债券”、“长期应付款”、“专项应付款”、“预计负债”、“递延所得税负债”等项目，通常反映企业期末尚未偿还的各项负债的账面余额。

(5)“应付账款”项目还反映建造承包商的“工程施工”期末余额小于“工程结算”期末余额的差额。

企业预提费用有期末余额的，应在“预收款项”项目中反映。

“一年内到期的非流动负债”项目，反映长期应付款、长期借款、应付债券、预计负债等负债中将于一年内到期的部分。

“其他流动负债”项目，反映企业期末持有的“衍生工具”、“套期工具”、“被套期项目”以及“递延收益”中将于一年内到期的部分等。

“长期应付款”项目，反映企业除长期借款、应付债券外的其他各种长期应付款项。其中，融资租赁承租方以及分期付款购买固定资产且实质上具有融资性质的，反映扣减相应的“未实现融资费用”后的净额（折现值）。

(6)“实收资本（股本）”、“资本公积”、“库存股”、“盈余公积”、“未分配利润”等项目，通常应反映企业期末持有的接受投资者投入企业的实收资本、企业收购的尚未转让或注销的本公司股份金额、从净利润中提取的盈余公积余额等。

以人民币以外的货币作为记账本位币的企业，可以增设“外币报表折算差额”项目，列在“未分配利润”项目之后。

2. 利润表有关项目的列示说明

(1)“营业收入”项目，反映企业经营主要业务和其他业务所确认的收入总额。

（2）“营业成本”项目，反映企业经营主要业务和其他业务发生的实际成本总额。

“营业税金及附加”项目，反映企业经营业务应负担的营业税、消费税、城市维护建设税、资源税、土地增值税和教育费附加等。

“销售费用”项目，反映企业在销售商品过程中发生的包装费、广告费等费用和为销售本企业商品而专设的销售机构的职工薪酬、业务费等经营费用。

“管理费用”项目，反映企业为组织和管理生产经营发生的管理费用。

“财务费用”项目，反映企业筹集生产经营所需资金等而发生的筹资费用。

“资产减值损失”项目，反映企业各项资产发生的减值损失。

发生勘探费用的企业，应在“管理费用”和“财务费用”项目之间增设“勘探费用”项目。

（3）“公允价值变动收益”项目，反映企业交易性金融资产、交易性金融负债以及采用公允价值模式计量的投资性房地产等公允价值变动形成的应计入当期损益的利得或损失。

“投资收益”项目，反映企业以各种方式对外投资所取得的收益。其中，“对联营企业和合营企业的投资收益”项目，反映采用权益法核算的对联营企业和合营企业投资在被投资单位实现的净损益中应享有的份额（不包括处置投资形成的收益）。

（4）“营业外收入”、“营业外支出”项目，反映企业发生的与其经营活动无直接关系的各项收入和支出。其中，非流动资产处置损失，应当单独列示。

（5）“所得税费用”项目，反映企业根据所得税准则确认的应从当期利润总额中扣除的所得税费用。

（6）“基本每股收益”和“稀释每股收益”项目，反映根据每股收益准则的规定计算的金额。

3. 所有者权益（股东权益）变动表有关项目的列示说明

（1）本表反映企业年末所有者权益（股东权益）变动的情况。本表应在一定程度上体现企业综合收益的特点，除列示直接计入所有者权益的利得和损失外，同时包含最终属于所有者权益变动的净利润。

（2）本表各项目应当根据当期净利润、直接计入所有者权益的利得和损失项目、所有者投入资本和提取盈余公积、向所有者分配利润等情况分析填列。

12.1.2 现金流量表的格式及列示说明

现金流量表

会企 03 表

编制单位：　　　　年　　月　　　　单位：元

项　目	本期金额	上期金额
一、经营活动产生的现金流量：		
销售商品、提供劳务收到的现金		
收到的税费返还		

续前表

项　目	本期金额	上期金额
收到的其他与经营活动有关的现金		
经营活动现金流入小计		
购买商品、接受劳务支付的现金		
支付给职工以及为职工支付的现金		
支付的各项税费		
支付的其他与经营活动有关的现金		
经营活动现金流出小计		
经营活动产生的现金流量净额		
二、投资活动产生的现金流量：		
收回投资收到的现金		
取得投资收益收到的现金		
处置固定资产、无形资产和其他长期资产收回的现金净额		
处置子公司及其他营业单位收到的现金净额		
收到的其他与投资活动有关的现金		
投资活动现金流入小计		
购建固定资产、无形资产和其他长期资产支付的现金		
投资支付的现金		
取得子公司及其他营业单位支付的现金净额		
支付的其他与投资活动有关的现金		
投资活动现金流出小计		
投资活动产生的现金流量净额		
三、筹资活动产生的现金流量：		
吸收投资收到的现金		
取得借款收到的现金		
收到的其他与筹资活动有关的现金		
筹资活动现金流入小计		
偿还债务支付的现金		
分配股利、利润或偿付利息支付的现金		
支付的其他与筹资活动有关的现金		
筹资活动现金流出小计		
筹资活动产生的现金流量净额		
四、汇率变动对现金及现金等价物的影响		
五、现金及现金等价物净增加额		
加：期初现金及现金等价物余额		
六、期末现金及现金等价物余额		

1. 经营活动产生的现金流量

（1）销售商品、提供劳务收到的现金 ＝本期销售商品（含销售商品产品、材料，下同）、提供劳务收到的现金＋应收账款的减少额＋应收票据的减少额＋预收账款的增加额＋本期收回前期核销的坏账损失－本期实际核销的坏账损失－本期销售退回所支付的现金－以非现金资产清偿债务所减少的应收账款及应收票据。

（2）收到的税费返还＝返还的（增值税＋消费费＋营业税＋关税＋所得税＋教育费附加）等。

（3）收到的其他与经营活动有关的现金＝除上述经营活动以外的其他经营活动有关的现金。

（4）购买商品、接受劳务支付的现金 ＝（本期销货成本＋存货的期末余额－存货的期初余额）＋应付账款的减少额＋应付票据的减少额＋预付账款的增加额－购货退回收到的现金－本期以非现金资产清偿的应付账款、应付票据。

（5）支付给职工以及为职工支付的现金＝本期实际支付给职工的工资、奖金、各种津贴和补贴＋为职工支付的养老保险、待业保险、补充养老保险、住房公积金、住房困难补助、离退休人员的费用等＋报销职工医药费的现金支出。

（6）支付的各项税费（不包括耕地占用税及退回的增值税所得税）＝所得税＋营业税金及附加 ＋应交税金（增值税——已交税金）＋消费费＋营业税 ＋关税＋土地增值税＋房产税＋车船税＋印花税 ＋教育费附加＋矿产资源补偿费。

（7）支付的其他与经营活动有关的现金 ＝进行捐赠的现金支出＋罚款支出＋业务招待费等列支“管理费用”的现金支出＋支付保险费等列支“制造费用”的现金支出＋支付广告费等列支“销售费用”的现金支出。

2. 投资活动产生的现金流量

（1）收回投资收到的现金（不包括长期债权投资收回的利息）＝出售、转让或到期收回除现金等价物以外的短期投资、长期股权投资而收到的现金＋收回长期债权投资本金而收到的现金，即短期投资收回的本金及收益＋长期股权投资收回的本金及收益＋长期债券投资收到的本金。

（2）取得投资收益收到的现金＝长期股权投资及长期债券投资收到的现金股利及利息。

（3）处置固定资产、无形资产和其他长期资产收回的现金净额＝处置固定资产、无形资产和其他长期资产收回的现金－处置固定资产、无形资产和其他长期资产所发生的现金支出。

（4）收到的其他与投资活动有关的现金＝收到购买股票和债券时支付的已宣告但尚未领取的股利和已到付息期但尚未领取的债券利息及上述投资活动项目以外的其他与投资活动有关的现金流入。

（5）购建固定资产、无形资产和其他长期资产支付的现金＝按实际办理该项事项支付的现金（不包括固定资产借款利息资本化及融资租赁租赁费，其在筹资活动中反映）。

（6）投资支付的现金＝本期（短期股票投资＋短期债券投资＋长期股权投资＋长期债券投资）及手续费、佣金。

（7）支付的其他与投资活动有关的现金＝购买时已宣告而尚未领取的现金股利＋购买时已到付息期但尚未领取的债券利息及其他与投资活动有关的现金流出。

3. 筹资活动产生的现金流量

(1) 吸收投资收到的现金=发行股票、债券收到的现金－支付的佣金等发行费用。

(2) 取得借款收到的现金=(短期借款+长期借款)收到的现金。

(3) 收到的其他与筹资活动有关的现金=收到除上述各项筹资活动以外的其他与筹资活动相关的现金，如现金捐赠。

(4) 偿还债务支付的现金=偿还借款本金+债券本金。

(5) 分配股利、利润或偿付利息支付的现金=支付的(现金股利+利润+借款利息+债券利息)现金。

(6) 支付的其他与筹资活动有关的现金=除上述筹资活动支付的现金以外的与筹资活动有关的现金流出，如捐赠现金支出、融资租赁费、发行股票债券支付的审计咨询费用等。

12.2 财务报表分析概述

财务报表分析主要介绍企业外部分析者和经营者使用的技术。外部分析者依据可公开收集到的信息，其主要来源是公司的年报。除了财务报表(利润表、资产负债表和现金流量表)，年报还包括：财务报表的附注；说明使用的会计方法；管理者对财务成果的讨论和分析；审计报告；若干年的比较财务数据。

我们已经知道，财务报表中列示的是按规定项目顺序排列的单项原始数据，很显然，光有这些原始数据不能说明多少问题。为了充分发挥财务报表中原始数据的作用，以便进行正确的判断和有效的决策，还需要对报表数据作进一步加工，通过分析、比较，求出新的数据。这些新的数据能较充分地说明企业某些方面的具体问题，这样就可以用简单的文字对公司的经营情况进行解释和估价，对公司财务状况是否健全，公司经营管理是否妥善，存在哪些问题，还有哪些潜力可以进一步挖掘，以及公司业务前景如何等，作出有事实根据的判断和总结。

12.2.1 财务报表分析的作用

财务报表分析的作用在于通过数据分析，可以评价公司过去的经营成果，衡量公司目前的财务状况，预测其未来发展趋势。但是，由于报表的使用者不同，在具体分析报表时又会有各自不同的立场和角度，就不同的具体问题获得各自的分析结果。因而下面就财务报表的三类主要使用者——公司经营管理者、股东和债权人，分别说明进行财务报表分析对其的作用。

1. 经营管理者分析的作用

对于经营管理者来说，财务报表分析的作用在于通过评估公司当前的财务状况和生产经营管理的状况及效率，发现经营中存在的问题并找出原因，提供迅速有效的措施加以解决。根据公司过去的财务状况和经营成果，编制公司未来的财务计划，以便进行有效的计划管理和控制，并为公司的投资决策、融资决策以及公司的商业信贷政策、营运资本政策、股利政策等提供必需的数据作为决策依据，提高公司生产经营的效率和效益。因此，公司经营管理者需要对公司的经营作出多方面的分析，主要有公司的偿债能力、盈利能力、资产运用效率、资金周转等方面，侧重于评价公司的财务状况、经营成果以及对内部管理的诊断、分析和总结。

2. 股东分析的作用

股东同公司管理者一样，对公司的财务状况和经营成果都很重视。由于股票的可流动性，股东最关心的是股票的市值，以决定其目前及未来投资的取舍。股票的价值体现在股票持有者权利上，包括公司的经营参与权、税后利润分配权、剩余资产分配权、优先认股权。其核心为税后利润分配权，对于绝大多数股东而言最关心的也是税后利润分配权。这些权利究竟能够给股东带来多少实际收益，需要投资者对公司的财务报表作必要的分析，而财务报表分析所获取的信息，可以为股东优化安排投资组合以使获利水平达到最大提供信息支持。

3. 债权人分析的作用

债权人最关心自己是否能够及时收回本金和利息，分析财务报表有助于了解公司的偿债能力。比如，各银行为了减少坏账、呆账，加强自身的信贷风险管理，防范可能出现的信贷风险和金融危机，都制定了较完整的指标体系，对申请借款的公司的财务报表作严格的分析，对得出的有关指标进行加权评分，并以此决定是否给企业放款，制定借款额度、付款条件、利率水平和保障条款等。

12.2.2 财务报表分析的内容

财务报表分析的内容，概括地说就是公司的财务状况和经营成果。具体地说，主要有以下几方面的内容。

1. 偿债能力分析

偿债能力关系企业的生存。公司在生产经营过程中，为了弥补自身资金不足就要对外举债。而举债经营的前提是必须按时偿还本金和利息，否则就会使公司陷入困境甚至危及公司的生存。导致公司破产的最根本、最直接的原因是公司不能偿还到期债务。因此，公司偿债能力是债权人和债务人最为关心的问题。通过偿债能力分析，使债权人（如银行）和债务人（如企业管理者）双方都认识到风险的存在和风险可能的大小，债权人可据此作出贷款决策，经营者可知道自己的财务状况和偿债能力的大小，使企业稳健地经营。

2. 盈利能力分析

盈利能力关系企业的发展。盈利能力即公司获取利润的能力，获取利润是公司生产经营的根本目的，是衡量公司经营成功与否的重要标志。它不仅是公司所有者（股东）关心的重点，也是公司经营管理者和债权人极其关注的重点。这里所说的盈利能力分析不仅包含一个时期的盈利水平大小，而且包括公司在较长一段时期内稳定地获取利润能力的大小。盈利能力分析是财务报表分析的重点，有非常丰富的内容。

3. 资产运用效率分析

公司取得的资金，是以不同的形态分配投放到各类资产（包括流动资产、长期投资、固定资产、无形资产和递延资产等）上的。这些资金的投放必须适当，也就是说，各类资产之间必须保持一个恰当的比例关系，并且在同一类别资产中的各项资产之间也应当有一个合理的资金分配，只有这样公司才能稳步发展，提高资金的使用效益。另外，公司资金所投资的各种资产能否充分有效地使用，其周转速度的快慢，以及为公司带来收入的能力大小，直接关系到公司的盈利能力及资金需要量。

4. 现金流量分析

现金流量分析主要是通过对公司现金的流入、流出以及净流量的分析，清楚地了解到公司在一定时期内从哪些方面取得资金，又将资金运用到哪里，并预测公司未来资金的变动情况，以此来衡量公司未来时期的偿债能力，防范和化解由负债所产生的财务风险。

12.3　财务报表分析方法

就财务报表数据本身而言，只有极少数的绝对数字具有比较明确的意义。但是，这些数据反映的与其他数据之间的关系以及数据变动趋势和金额却有着更重要的意义。财务分析其实是建立数据间的联系并分析数据变化及其趋势的活动。财务分析的一般方法有以下四种：金额和变动百分比法；趋势百分比法；结构百分比法；比率分析法。

12.3.1　金额和变动百分比法

金额和变动百分比法即研究比较报表的各项数字在一定期间的金额增减和变动百分比，也叫横向分析法。

许多企业决策都是根据销售数字、收益数字和费用数字在一定期间的增减额而定。销售额比去年增加了吗？增加了多少？我们可能发现净销售额增加了 20 000 元，可是只考虑净销售额，对决策是没有用的。分析一定期间净销售额的变动百分比会提高我们运用这些数字的能力。知道销售额增加 20%比知道销售额增加 20 000 元更有价值。

年与年之间的金额变动很重要，而用百分比形式表示这种变动，则可以反映这种变动的比例关系。计算变动百分比的步骤为：(1) 计算从基期到当期的变动金额；(2) 用变动额除以基期金额。

计算年度之间的销售额、毛利和净利润的变动百分比将有助于我们了解公司的成长情况。如果一个公司的经营业务处于成长阶段，那么其销售额和盈利的增长幅度一定高于通货膨胀率。例如，假设某公司的销售额增长率为 6%，而同期的一般价格平均增长 10%，该公司当年销售额的增长实际上是通货膨胀推动销售价格上升的原因，而非销售数量（已售货物数量）增加的原因。计算季度销售或盈利的金额变动百分比，习惯上用本季度的经营成果数据同上年同期进行比较。采用上年同期作为基期，能有效防止我们的分析结果被季节性波动因素歪曲。

在横向分析中使用金额和百分比变动是很重要的，在使用时要结合基期的数据大小进行分析。这是因为金额可能增长，但由于基数逐年增大，百分比变动可能下降。此外，当采用的基期数太小时，金额变动百分比法可能会引起误解。

12.3.2 趋势百分比法

趋势百分比是横向分析的一种重要方法，因而在此单独介绍。趋势对于预测企业的走向很重要。销售额五年内怎样变化？毛利呈现什么趋势？这些问题都可以用趋势百分比来作出回答。

趋势百分比用于表述财务报表各项目从基期到以后各期的变动情况，从中可看出变动的范围和变动方向。计算趋势百分比应遵循以下步骤：一是选择基期，并将基期财务报表中的每一项目设定为100%的权数；二是将以后各期报表项目换算为基期项目的一定百分比。具体计算方法就是用以后各期报表项目如销售额项目，除以基期销售额项目，得出相应百分比。

12.3.3 结构百分比法

结构百分比是指总体中各项目所占份额的大小。例如，在资产负债表中，每一项目都可表示为总资产的一定百分比。结构百分比法可以迅速地揭示各项资产间的重要关系和不同来源资产如从短期债权人、长期债权人或股东处获得的总资产之间的重要关系。通过计算连续几年的资产负债表的结构百分比，我们就可以发现哪些报表项目变得重要起来，而另一些报表项目相对来说就不那么重要了。

计算结构百分比的方法，也可用于利润表上的各项目。反映利润表上所有项目占销售收入的比例，这种利润表称为共同比利润表。在同一张利润表上，既可以反映若干年的绝对金额，也可列示各项目的共同比。

12.3.4 比率分析法

财务分析的核心就是计算和解释财务比率。比率是一种简单的数学表示法，它体现项目与项目之间的关系。任何一种百分比都可称为比率，即某数可表示为另一数的一定百分比。比率有多种表述方式。例如流动比率这个指标，用来反映流动资产与流动负债之间的关系，该比率提供了公司现有流动资产偿还流动负债能力的信息。如果流动资产为10 000元，流动负债为5 000元，则可以说流动比率为2比1（记作2∶1），或者说流动资产是流动负债的200%。无论怎样陈述，都表达了流动资产是流动负债2倍的事实。

比率提供了一种方便实用的表示数字之间关系的方法。比率分析法对于理解财务报表尤为重要，因为利用比率可以比较不同财务报表之间的数据。例如，我们可用利润表上的净利润同资产负债表上的资产总额相比较，得出可供利用的资产是否得到有效合理运用的结论。利用比率要考虑上年水平、行业平均水平、计划比率等，综合确定比率的含义。此外，在运用比率法时，两个比较项目之间必须有一定的逻辑关系，否则，计算出的比率就失去了实际意义。后面我们将广泛运用比率分析法，深入探讨、理解企业经营活动的重要方面。

12.4 偿债能力分析

公司的偿债能力是指在一定期间内清偿各种到期债务的能力，即支付利息和偿还本金的能力。偿债能力强弱是衡量公司经营绩效的重要指标，不仅关系到公司本身的生存和发展，同时也与债权人、投资者的利益密切相关。对公司内部而言，通过测定自身的偿债能力，有利于科学合理地进行筹资决策和投资决策；从公司外部来看，债权人将根据公司偿债能力的强弱来确定贷款决策。偿债能力按其债务到期时间的长短分为短期偿债能力和长期偿债能力。

12.4.1 短期偿债能力分析

短期偿债能力是指支付流动负债的能力。流动负债是指一年内到期的债务，包括“短期借款”、“应付票据”、“应付账款”、“预收账款”、“其他应付款”、“应付职工薪酬”、“应交税费”、“应付利润”、“待扣税金”等短期负债和“一年内到期的非流动负债”、“其他流动负债”等项目。传统上的短期是指一年，特殊行业则以一个营业周期为准。

流动资产和流动负债是短期偿债能力分析的两大要素。将流动资产和流动负债进行对比，可以大致看出公司的短期偿债能力。主要衡量指标有营运资本、流动比率、速动比率和现金比率。

1. 营运资本

营运资本是公司流动资产减去流动负债的差额，有时亦称为净营运资本，它是反映公司短期偿债能力的绝对数指标。其计算公式为：

营运资本＝流动资产－流动负债

由此式看出，营运资本是表示流动资产超过流动负债的部分。当营运资本为正值时，表明公司有能力偿还短期债务；当营运资本为零或负值时，表明公司无力偿还短期债务，资金周转不灵。这并不是说营运资本越多越好，营运资本过多，说明公司有部分流动资产闲置，没有充分发挥其效益，影响了获利能力。因此，流动资产与流动负债的差额应保持适当的数值。

营运资本是流动资产与流动负债的差额，该指标对于不同规模、不同时期、不同公司之间的比较有很大的局限性，在分析时必须结合其他指标，才能正确评价公司的短期偿债能力。在运用营运资本衡量公司短期偿债能力时应当注意，流动资产和流动负债的数据都取自财务报表，代表的是某一时日的账面价值，而账面价值与现时价值总会有差异，因而往往容易低估或高估营运资本，这在分析时必须加以重视。

对于营运资本指标，单看一个时期的数据是难以发现问题的。比较好的方法是进行趋势分析，通过连续数期的数据对比，揭示其增减变动和发展趋向，据以对公司的短期偿债能力作出正确的评价。

2. 流动比率

流动比率又称营运资本比率，是流动资产与流动负债的比值。流动比率是衡量短期偿债能力最常用、最重要的财务比率。其计算公式为：

$$流动比率=\frac{流动资产}{流动负债}\times 100\%$$

流动比率表明每一元流动负债具有多少流动资产作为支付保障。流动比率一般应该大于1，国际上一般认为流动比率要保持在2左右才能显示财务状况稳固。但是这个标准并不绝对，常常会受到经营性质和经营周期的影响。若公司经营周期短，则材料、产品等存货库存较少，应收账款周转速度也快，流动比率相对较低；相反，对经营周期较长的公司，其存货量必然加大，应收账款的周转速度也较慢，因而流动比率也必然较高。即使同一个公司在不同时期，例如销售旺季与淡季时，流动比率也会有较大的差别。因此，对流动比率进行分析不能一概而论，要根据公司的性质和实际情况来评价，同时，还应结合其他指标进行综合分析。

从公司的短期债权人角度来看，流动比率越高表明其偿还债务的保证越大，偿债能力越强，同时也表明流动资产超过流动负债的营运资本越多，应付各种不确定风险冲击的能力也越强。因此，高流动比率对短期债权人有利。但是，从公司的角度来看，过高的流动比率也意味着流动资产过多，形成积压、闲置、浪费，资金不能合理有效地利用，影响获利能力；相反，过低的流动比率则意味着偿债能力不强，资金周转不灵，甚至无法满足正常生产经营的需要。

与营运资本相比，流动比率更能反映公司的短期偿债能力。营运资本是流动资产与流动负债之差，是个绝对数指标，其数额大小受许多客观因素影响。而流动比率则是流动资产与流动负债之间的相对数，故不受流动资产与流动负债规模的影响，因而更适用于不同公司，以及同一公司不同历史时期之间的比较。

在分析流动比率时应注意，流动比率高并不表示公司就有足够的现金或存款可用来还债，因为流动资产中还有变现能力相对较弱的应收账款、存货和预付账款等。因此，还应进一步对流动资产的构成项目和变现能力进行分析。流动比率也只代表某一时日的数值，并不能完全代表未来的短期偿债能力。有些公司可能会在会计期末编制财务报表时故意掩饰流动资产和流动负债的状况，如推迟购货、计提存货跌价准备、加快应收账款收回、尽可能偿还债务等。所以，除了观察流动比率和现金流量的变化之外，还应对不同会计期间流动资产和流动负债状况的变化进行对比分析。

3. 速动比率

速动比率又称酸性测试比率，是速动资产与流动负债的比值。其计算公式为：

$$速动比率=\frac{速动资产}{流动负债}\times 100\%$$

$$速动资产=流动资产-存货-预付费用$$
$$=货币资金+交易性金融资产+应收账款$$

式中，速动资产是指扣除存货、预付费用后的各项流动资产，一般由货币资金、交易性金融资产以及应收账款等各项可迅速变现、能支付流动负债的资产所组成。至于存货及各项预付费用，因前者变现性差，且受会计计价方法的影响，后者又常缺乏市场价值，而且其价值不大，故一般均不包括在速动资产的范围内。由此可知，速动比率比流动比率更能准确、真实地反映公司的短期偿债能力。一般速动比率在 1 左右，被认为具有良好的财务状况。但是这个标准也不能绝对化，不同的行业是有差别的，所以应参照同行业的资料和本公司的历史情况进行判断。

速动比率高表示流动负债的偿付能力强，但过高的速动比率也会造成资金的闲置和不合理使用，影响公司的获利能力。相反，速动比率低表明公司缺乏速动资产，支付能力不强，对投资者（应付股利）和债权人的偿付风险大。

在分析速动比率时应注意，速动比率剔除了变现能力较弱的存货和预付费用，但速动资产中的应收账款本身也可能存在一些潜在的问题，如可能隐藏着未冲销的坏账、逾期待收的账款所占比重过大等，这些都会影响速动比率的真实性，因此，还应对应收账款的“质量”作进一步分析。分析速动比率也要注意与本公司历史年份的资料进行比较，以及与同行业的平均水平进行比较。

4. 现金比率

现金比率是公司现金类资产与流动负债的比值。现金类资产包括货币资金、交易性金融资产。其计算公式为：

$$现金比率=\frac{货币资金+交易性金融资产}{流动负债}\times 100\%$$

在公司的流动资产中，现金类资产的流动性最强，可以直接用于偿还流动负债；交易性金融资产能通过证券市场迅速转变为现金。因此，现金比率表明了公司直接支付流动负债的能力，也就是随时即刻的偿付能力。

现金比率的高低更为准确地反映出直接偿债能力的大小。当公司面临因支付工资或大宗进货等需要大量现金的时候，这一比率的作用更为重要。现金比率越高，表明公司的直接偿付能力越强，信用也就越可靠。同样，现金比率并非越高越好，过高的现金比率将影响公司的盈利能力。

5. 结论

营运资本、流动比率、速动比率和现金比率是从流动资产与流动负债对比关系上来评估公司短期偿债能力的四个主要指标。分析时，应综合考察这四个指标，才能全面、客观地判断公司短期偿债能力的大小。

短期偿债能力分析只侧重于流动资产与流动负债的对比关系，这是因为短期债务期限短，随时可能到期，到期必须有足够的现金支付，而这个现金量只与目前所拥有的可随时变现的资产即流动资产有关，与公司的盈利无关。公司的盈利，是按权责发生制原则计算的会计期末的盈亏结果，并不代表肯定有现金用于偿付债务，因而经常会出现报表上的利润数字很大，但却缺乏足够的现金而无力支付短期债务的情况。同样，有时报表上是亏损的，但却有足够的现金资产还债。

综上所述，短期偿债能力的分析只能说明公司资产的流动性和偿还短期到期债务的能力，不能揭示盈利水平和资产结构。因此，还需要从资产的盈利性和资产结构两方面来解释公司的长期偿债能力。

12.4.2 长期偿债能力分析

公司的长期偿债能力是以资产或劳务偿还长期债务的能力，它表明企业对债务负担的承受能力和偿还债务的保障能力。长期债务是指一年后到期的债务，包括“长期借款”、“应付债券”、“长期应付款”和“其他非流动负债”等项目。非流动负债增加了企业经营与财务上的风险，长期偿债能力的强弱，是反映企业财务安全与稳定程度的重要标志。而企业的长期偿债能力不仅受企业资本结构的重要影响，还取决于企业未来的盈利能力。

与短期债务不同，长期债务至少在一年后或更多年以后偿还，未来是否有足够的现金来偿还债务与现在拥有多少能随时变现的流动资产无关，关键在于未来的现金量，而未来的现金量关键取决于公司的盈利能力。盈利能力强表明公司有足够的现金和较强的举债能力，其偿债能力也相对较强。当然，长期偿债能力除了与盈利能力有关，还与资本结构有关，如果负债比率过大，说明大部分经营风险转移到了债权人身上，无力偿还到期债务的可能性就越大，应对各种意外事件的能力就越弱，公司的财务风险就越大。因此，分析长期偿债能力，一是分析资本结构所反映的偿债能力；二是分析盈利能力所反映的偿债能力。

与此相对应，反映企业长期偿债能力的指标也有资产负债表指标和利润表指标两大类，其中，前者的主要指标有资产负债率、权益乘数，后者的主要指标则是已获利息倍数。每种指标都各有其不同的侧重点，报表分析者应当根据分析目的和需要，结合被分析企业的具体特点，选择其中的部分或全部指标，进行综合分析，以正确评价企业的长期偿债能力。

1. 资产负债率

资产负债率也称债务比率，是企业全部负债总额与全部资产总额的比率，表示企业从债权人处筹集的资金占企业资产的百分比。用于衡量企业利用债权人提供资金进行财务活动的能力，同时还是显示企业在较长时期内财务风险的重要指标，有助于反映企业对债权人投入资本的保障程度。其计算公式如下：

$$资产负债率=\frac{负债总额}{资产总额}\times 100\%$$

公式中资产总额数据可直接从资产负债表左边的合计项查得，是流动资产、固定资产、长期投资、无形资产、递延资产等企业的全部资产数额的总和。负债总额是流动负债与非流动负债之和，反映了企业利用债权人资金进行财务活动的全部金额。

对债权人而言，资产负债率越低越好。因为债权人关心所贷款项目的安全程度，即企业能否按期还本付息，该比率越低，负债总额占全部资本的比例越小，表明企业对债权人的保障程度越高，债权人投入资本的安全性越大；反之，则表明对债权人的保障程度越低，债权资本的风险较大，对债权人不利。而对所有者（股东）而言，资产负债率应保持在较高水平。所有者关心两个问题：一是资本投资收益率；二是对企业的控制权。如果企业经营前景好，预期资产报酬率可望高于借款利率时，所有者投资于企业的资本将获得双重利益，即在获得正常利润率的同时，还能获得资金利润率高出借款利息率的差额，这样利用财务杠杆原理，所有者的投资报酬率随着资产负债率的提高而大幅提高。而且，提高资产负债率，增加了债务资金来源，企业的控制权并不会因此而分散，所有者在有限的资本付出情况下增加了可控制的资本数额，并且仍然保持其对企业的控制权。因此，从所有者的角度分析，在企业资产报酬率高于借款利息率时，倾向于企业应多举债经营，且越多越好。此外，企业负债的利息支出具备税收屏障作用，可以使企业少纳所得税。资产负债率越高，这种节税的收益就越大。值得注意的是，如果企业经营前景欠佳，预期资产报酬率可能小于借款利率，那么借入资本的利息的一部分，要用所有者投入资本的利润数额来弥补，财务杠杆使得所有者的投资报酬率随着资产负债率的提高而大幅降低，此时利用财务杠杆给企业带来较大的财务风险。

负债比率的高低在很大程度上取决于经营者对公司前景的信心和对风险所持的态度。如果公司经营者对公司前景充满信心，且经营风格较为激进，认为公司未来的总资产报酬率将高于负债利率，则应保持适当高的负债比率，这样公司就可有足够的资金来扩展业务，把握更多的投资机会，以获取更多的利润；反之，经营者认为公司前景不容乐观，或者经营风格较为保守，那么必然倾向于尽量使用自有资本，避免因负债过多而要冒较大风险，此时则应保持适当低的负债比率。

总之，资产负债率应保持适当的水平。管理者应该审时度势，权衡利弊，把资产负债率控制在适当的水平，从而把企业因筹资而产生的风险控制在适当的范围内。

2. 权益乘数

权益乘数是指资产总额与所有者权益的比率，它说明企业资产总额与所有者权益的倍数关系。其计算公式为：

$$权益乘数=\frac{资产总额}{所有者权益总额}$$

权益乘数越大，表明所有者投入企业的资本所占的比重越小，企业对负债经营利用得越充分；反之，该比率越小，表明所有者投入企业的资本额在资产总额中所占的比重越大，债权人权益的保障程度越高，企业偿债能力也就越强。因此，债权人往往希望该乘数越小越好，而股东则希望该乘数保持在较高水平。

权益乘数的倒数称为所有者权益比率，是指所有者权益与资产总额的比率，说明企业的资产中有多少是所有者投入资本所形成的。其计算公式为：

$$所有者权益比率=\frac{所有者权益总额}{资产总额}\times100\%$$

权益乘数和所有者权益比率都是对资产负债率的补充说明，可以结合起来运用。按相同口径计算的所有者权益比率与资产负债率之和为 1，因而所有者权益比率可以从另一个侧面来反映企业的长期财务状况和偿债能力。所有者权益比率越大，资产负债率就越小，企业的财务风险也越小，长期偿债能力越强。

3. 已获利息倍数

已获利息倍数又称利息保障倍数，是指企业每期获得的息税前利润与所支付的固定利息费用的倍数关系。该指标测定企业用其获取的利润总额来承担支付利息的能力，是从利润表方面考察企业长期偿债能力的指标。其计算公式如下：

$$已获利息倍数=\frac{息税前利润}{利息费用}$$

企业的已获利息倍数越高，说明企业支付利息费用的能力越强，企业对到期债务偿还的保障程度也就越高。拥有较高且稳定的已获利息倍数的企业，通常有较强的举债能力，甚至在其负债比率相对其他企业已经偏高的情况下也是如此。因而，该指标既是企业举债经营的前提依据，又是衡量企业长期偿债能力的重要指标。

12.5 盈利能力分析

获取利润是公司生产经营的根本目的，又是衡量公司经营成功与否的重要标志。只有盈利，才能使企业不断成长与发展。因此，盈利能力是公司的投资人、债权人、经营者及政府管理部门共同关心的问题。管理者通过分析盈利能力，可以评价、判断公司的经营成果，分析其变化原因，研究改进措施，不断提高盈利能力。投资者通过盈利能力分析，可以判断投资报酬的多少，从而决定他们拥有资本的投资去向。如果是上市公司，公司盈利增加还能使股票市价上升，使投资者获得资本收益。对于债权人来讲，利润是公司偿债能力的重要来源。总之，盈利能力是公司财务结构和经营绩效的综合体现。

获利能力分析是通过对利润表中有关项目之间的对比关系，以及利润表和资产负债表有关项目之间的关联关系的分析，来评价企业当前经营成果和未来获利能力的发展趋势。对一般企业而言，它包括经营获利能力分析和投资收益能力分析两个方面。对上市公司，盈利能力还体现在股票价值上。

12.5.1 经营获利能力分析

经营获利能力的分析是指通过对产出、耗费与利润之间的比例关系的分析，来研究和评价企业的获利能力。衡量经营获利能力的指标主要有销售毛利率、税前利润率、销售净利率和成本费用利润率等。

1. 销售毛利率

销售毛利率是指销售毛利占销售收入的百分比。其中，销售毛利是销售收入与销售成本的差额。其计算公式为：

$$销售毛利率=\frac{销售收入-销售成本}{销售收入}\times 100\%$$

销售毛利率反映单位销售收入中包含的销售毛利。对于投资者来说，销售毛利率总是越高越好。销售毛利率越高，表明同样的销售收入取得的毛利润越多，因而获利能力就越强；反之，获利能力越弱。

2. 税前利润率和销售净利率

税前利润率是企业利润总额与销售收入的比率。其计算公式为：

$$税前利润率=\frac{利润总额}{销售收入}\times 100\%$$

销售净利率是指企业净利润与销售收入之间的比率。其计算公式为：

$$销售净利率=\frac{净利润}{销售收入}\times 100\%$$

税前利润率和销售净利率分别反映了单位销售收入所取得的税前利润和税后利润。对于投资者来说，税前利润率和销售净利率总是越大越好。税前利润率和销售净利率越大，说明单位销售收入所取得的税前利润和税后净利润越多，同样的销售收入能取得更多的利润，因而其获利能力就越强；反之，则获利能力越弱。相对而言，销售净利率是投资者最为关心的一项指标，税后净利润的高低，直接关系到可供分配的利润的多少，因而也直接关系到投资者的投资收益水平。

3. 成本费用利润率

成本费用利润率是企业利润总额与全部成本费用的比率，它反映了全部所费与所得的关系。其计算公式为：

$$成本费用利润率=\frac{利润总额(营业利润)}{成本费用总额}\times 100\%$$

式中，成本费用总额一般包括产品销售成本、产品销售费用、管理费用和财务费用。当其他业务利润较大时，成本费用总额还应包括其他业务成本。

成本费用利润率反映了单位成本费用支出所能带来的利润额。对于投资者而言，成本费用利润率越大越好。成本费用利润率越大，说明同样的成本费用能取得更多的利润，或者取得同样多的利润只要花费更少的成本费用支出，企业的获利能力越强；反之，企业的获利能力越弱。

综上所述，从产出、耗费和利润之间的比例关系分析企业的获利能力时，应将经营获利能力的各个指标结合起来，并结合运用利润表中各项目的结构分析，综合评价企业的获利能力的高低、变动及其原因。一般，销售毛利率的上升总是和销售成本在销售收入中的比重的下降相关，而导致这种变动的原因不外乎产品销售价格的上升和产品销售成本的下降；而销售成本、销售费用、管理费用和财务费用的增减变动最终又通过成本费用利润率反映出来。

12.5.2 投资收益能力分析

企业销售收入的取得，是以一定的原始投资为基础的，所获利润的多少，与其投资紧密相关。一般说来，企业的投资额大，收入相对就多，利润的绝对数也就多。因此，要正确考核企业的获利能力，还必须对投资收益能力进行分析。

投资收益能力分析是指通过对实现利润和占用投入资金比率的分析，来评价企业投入资金的获利能力。衡量投资收益能力的主要指标有资产报酬率和所有者权益报酬率。

1. 资产报酬率

资产报酬率也叫投资报酬率，是将企业的利润总额与资产总额相比较，以评价企业运用全部资产获取利润的效率和能力。相对而言，以总资产作为投资基数计算的投资报酬率即总资产报酬率，是衡量公司经营绩效的一项最佳标准。其计算公式为：

$$资产报酬率=\frac{利润总额}{资产总额}\times 100\%$$

对于投资者而言，资产报酬率总是越高越好。资产报酬率越高，说明企业运用资产获取利润的能力越强，反之则越弱。在实际评价某一特定企业的资产报酬率时，首先应与本企业前期水平相比，以确定该年度的盈利水平；其次，应结合连续几年的资产报酬率水平，以观察企业资产报酬率水平的变动趋势；此外，还应将该企业的资产报酬率水平同其他企业的资产报酬率水平以及同行业的平均水平相比较。这样，才能对该企业的获利能力作出确切评价。

投资报酬率是衡量盈利能力的最基本的指标，因此有必要进一步分析影响投资报酬率的两大因素：资产运用效率即资产周转速度和营业利润水平。在资产报酬率的计算公式中的分子、分母项各除以销售收入，则可得下式：

$$资产报酬率=\frac{利润总额}{销售收入}\times\frac{销售收入}{资产总额}=销售利润率\times 资产周转率$$

可见，总资产报酬率是销售利润率和总资产周转率共同作用的结果，它是经营绩效和资产运用效率的综合反映。要想提高公司的资产报酬率，就要从两方面共同努力：一方面，要尽量增加公司的营业收入，控制成本，降低各种经营费用，提高公司的营业利润水平；另一方面，要尽可能提高资产的使用效率，加速各类资产的周转速度，这样才能使投资报酬率有显著的提高，从而提高公司的盈利能力。关于资产周转率，将在本书 12.6 节作具体的论述。

2. 所有者权益报酬率分析

所有者权益报酬率是企业当期利润总额与所有者权益的比率，它反映了所有者拥有权益的盈利水平。其计算公式为：

$$所有者权益报酬率=\frac{利润总额}{所有者权益总额}\times 100\%$$

对投资者而言，所有者权益报酬率越高越好。该比率越高，表明同样的所有者权益能取得更多的利润额，企业的获利能力越强。在具体评价企业的所有者权益报酬率时，同样应首先将本年指标数值与以前年度指标数值进行比较，以确定本期的获利能力；其次，应结合连续几年的指标数值，观察企业获利能力的变动趋势；此外，应将本企业的指标数值与其他企业的指标数值或同行业的平均值进行对比，确切评价企业获利水平的高低。

12.5.3　上市公司盈利能力分析

上市公司区别于其他企业形式的最大特点在于其股票经批准在证券交易所挂牌交易，即上市股票。股东购买上市公司的股票，目的在于获得投资报酬。股东的投资报酬有两个主要来源：一是股票市场价格的波动。股票一经上市，其流动性和变现能力也就随之大大加强，股东可以通过买卖股票，利用股票价格的波动获取收益。而股票市价与上市公司的盈利能力、企业的留存收益比例等指标密切相关，因而盈利能力成为投资者关心的重点。二是股票的长期投资价值。进行长期投资的股东以长期持有公司股票为特征，对他们来说，收益主要来自上市公司每年进行的股利分配，其收益的多少取决于股东所持有的股份数量和每股分红的大小。因而，每股盈余及与之相关的其他财务指标就成为评价企业盈利能力的重要手段。

以下我们将从反映股票盈利能力和企业留存收益比例的各项指标来分析。

1. 每股收益

每股收益是企业净收益与发行在外的普通股股数的比率，它反映某会计年度内企业平均每股普通股获得的收益，用于评价普通股持有者获得报酬的程度。优先股是固定比率分红，并不计算每股收益。其计算公式为：

$$每股收益=\frac{净利润-优先股股利}{发行在外的普通股股数}$$

每股收益是评价上市公司盈利能力最基本和最核心的指标，该指标具有引导投资、增加市场评价功能、简化财务指标体系的作用，具体是：(1) 利用每股收益指标可以联结资产负债表和利润表。每股收益作为两张财务报表之间的“桥梁”，能反映两张报表的综合数值，即每股收益是企业多种因素综合作用所形成结果的表现形式，这就使企业的各财务项目通过分析这一指标分解开来，便于进行具体分析。(2) 每股收益指标反映企业的盈利能力，决定了股东的收益水平。每股收益值越高，企业的盈利能力越高，股东的投资效益就越好，每一股份所得的利润也越多；反之则越差。

2. 市盈率

市盈率是每股市价与每股盈余比率的简称，它是指普通股每股市价与普通股每股收益的比率。其计算公式为：

$$市盈率=\frac{每股市价}{每股收益}$$

目前，市盈率已成为投资者衡量股票潜力进行投资决策的重要指标。可以从两方面来理解市盈率，即在不考虑资金时间价值的前提下，以公司目前的收益水平和投资者收回其所投资金的年数来理解。从这个角度讲，过高的市盈率蕴涵着较高的风险。同时，市盈率是衡量股份制企业盈利能力的重要指标。它将股价与企业的每股盈余进行比较，反映了投资者对该企业每一元收益所愿意支付的价格，可以用来判断本企业股票与其他企业的股票相比较的潜在价值。市盈率高，说明公众对公司股票的评价较高，对该企业的盈余能力较具信心，意味着企业未来成长的潜力比较大。

对市盈率高低的评价必须依据当时的金融市场平均市盈率进行，市盈率并非越高越好或越低越好。股票市价随着企业盈利能力的上升而上升，在健全完善的金融市场上，能吸引投资者的关键不是市盈率绝对额的高低，而是将该市盈率与企业未来的盈利前景相比较，若认为该市盈率偏低则可投资于该种股票，若认为市盈率已经偏高则不购买该种股票。比如，对企业的未来经营前景非常看好，即使其市盈率已经较高，也能得到投资者的青睐；反之，如果企业后劲不足，未来的盈利能力有明显下降的趋势，即使其现在市盈率较低，投资者也不会追加投资。

3. 每股净资产

每股净资产也称为每股账面价值，是企业股东权益总额减去优先股权益后的余额与发行在外的普通股股数的比值。其计算公式为：

$$每股净资产=\frac{股东权益总额-优先股股利}{发行在外的普通股股数}$$

每股净资产是股票的理论价值，反映流通在外的每股普通股所代表的企业账面的股东权益额。一般说来，证券的市场价格与账面价值并不接近，因为资产按其历史成本入账，反映企业已经付出还未收回的成本，而股票的市价则反映为投资者认可的企业现值。比如，企业拥有几年前购入的房产，该资产的账面价值只反映企业当初购进时付出的价格与企业计提该房产的累计折旧额的差额，而该房产在几年中价值飙升，账面价值已经不能反映这项资产的真实价值，只有市场价值才是该房产的现值。所以，在投资分析中分析者应有限度地使用该指标。

投资者如果对某种股票的发展前景不看好，股票市价就会低于其账面价值，表明这个企业前景黯淡；反之，当投资者对股票的前景感到乐观时，其市价就会高于其账面价值，此时可认为该企业的未来发展有希望、有潜力。但是，投资者在进行投资决策时，其分析往往过分关注被投资企业未来盈利的大小，而不重视其净资产的多少，而事实上每股净资产指标分析对投资者也非常有益。比如，将该指标进行适度调整，可作为企业吸收合并时的一项重要的评价基础；在企业发行长期债券和可转换优先股时，投资者也应在分析企业盈利能力之外，进一步考察发行企业所拥有资产的账面价值。

4. 留存收益率

留存收益也称为留存利润，是指企业净利润中支付股利后所留存的部分，用于扩大企业的再生产，具体包括法定盈余公积、任意盈余公积及未分配利润。留存收益率是指企业净利润减去全部已宣告分派股利后的数额与净利润的比率。其计算公式为：

$$留存收益率=\frac{净利润-全部股利}{净利润}$$

对企业所有者的收益可以从两个方面来理解：一是股票发放的现实利润；二是持有股票的资本利得。从投资者的长远利益出发，企业留存收益率越高，则企业未来的成长能力越强，而且留存收益带来的高成长率信息，还能增强投资者对该企业前景的信心，从而使股票市价上升，为投资者带来资本利得收益，弥补其股利发放的不足。从投资者的当前利益来看，留存盈利率的高低直接关系到股利发放的多少，因此，股东又希望这一比率低一些。

对企业债权人来说，息税后的利润分配尽管与其没有直接的利益关系，但由于企业的留存收益率影响着企业的资本结构及其未来筹资的数量与结构，而这些都是债权人进行贷款决策所必须考虑的。比如，企业的留存收益减少，企业未来的融资数量就会增加。而且，留存收益减少还必然使企业所有者权益的比重下降，债务比重上升，从而加大融资风险。因此，企业债权人往往希望企业维持比较高的留存收益率。

12.6　资产运用效率分析

公司持有资产的目的在于它的收入贡献，因而管理者关注资产盈利水平的同时，也十分关注资产的运用效率。资产持有量是否合适，资产是否有效投入使用，资产周转速度如何，等等，这些问题都可以通过资产运用效率分析得到解释。资产运用效率分析主要评估公司对各项资产投资的合理性和运用的有效性，目的在于揭示公司内部的固定资产、无形资产、流动资产等是否都最充分地投入到企业的经营周转之中，以避免出现生产资源的闲置或不足。

资产运用效率是以公司各项资产的周转时间和周转率来体现的，只有了解各项资产的周转时间的长短和周转率的高低，才能最大限度地挖掘资产的使用潜力，节约资金使用量。资产周转的快慢还是影响公司盈利能力和偿债能力的一大因素，所以在分析盈利能力和偿债能力的同时，也必须对资产周转效率进行分析。

资产运用效率是指公司的销售收入与各个单项资产总额的比例关系，通常通过下列公式求得：

$$资产运用效率单项比率=\frac{销售收入}{单项资产平均额}$$

其中，单项资产是以其账面价值的期初数与期末数的简单平均作为计算的依据。以下将分别对各类资产运用效率进行分析。

12.6.1 流动资产周转率

流动资产周转率是销售收入与流动资产总额的比值。其计算公式为：

$$流动资产周转率=\frac{销售收入}{流动资产平均额}\times100\%$$

其中，

$$流动资产平均额=\frac{期初流动资产+期末流动资产}{2}$$

流动资产周转率反映了流动资产的利用程度，该比率越高说明公司流动资产的闲置程度越低。流动资产周转率的高低同时也表明了公司流动资产流动性的高低。流动资产的组成结构对于流动资产周转率具有决定性的作用。因此，在对该比率进行分析时，还需进一步考虑应收账款、存货等流动资产的运用效率。

1. 应收账款周转率

应收账款周转率是销售收入与应收账款的比值。其计算公式为：

$$应收账款周转率=\frac{销售收入}{应收账款平均额}$$

其中，

$$应收账款平均额=\frac{期初应收账款+期末应收账款}{2}$$

在上式中，销售收入数字取自利润表中营业额的数据。应收账款不是资产负债表中的应收账款的总额，因为有时资产负债表中的应收账款还包括预付款和非应收账款。有关应收账款的详细数据列示在报表注释对应收账款总额的分析中。

应收账款周转率表示应收账款一年周转的平均次数，反映赊销商品之后收回货币资金的平均速度，以此可以判断一个公司是否存在过分扩大信用或有无收缩信用的情形，并可评价公司对客户的收款能力。应收账款周转率高表明公司收款迅速、资产流动性高、偿债能力强，另外还可以减少收账费用和坏账损失。当然，应收账款周转率高又可能表示公司的商业信贷政策较为严厉，从而又会失去客户，减少销售。

还有一个与应收账款周转率密切关联的指标，即应收账款平均收账期，它表示平均需要多少时间能将应收账款收回，其计算公式为：

$$应收账款平均收账期=\frac{365}{应收账款周转率}$$

在这里，一年以 365 天计算。从上式中可以看出，应收账款平均收账期与应收账款周转率成反比。周转率越高，应收账款平均收账期越短；周转率越低，应收账款平均收账期越长。对公司来说，应收账款的数额将随销货的增减而变动。一般而言，如果公司应收账款周转率偏低，可能由于公司过分扩充信用，或由于收账部门效率较低，或由于客户偿债能力较弱；反之，如果该比率偏高，则可能由于公司过分收缩信用，或由于无法扩充信用。对公司而言，要充分权衡增加销售收入与资金占用两者的利弊，来确定这一比率的适当水平。

2. 存货周转率

存货周转率是销货成本与存货平均额的比值，其计算公式为：

$$存货周转率=\frac{销售成本}{存货平均额}$$

其中，

$$存货平均额=\frac{年初存货+年末存货}{2}$$

存货周转率反映了公司存货一年周转的平均次数，是衡量销售能力强弱和存货是否过量的指标。一般而言，存货周转率越高，说明存货资金利用效率和经营效率越高，但也可能是由于存货经常中断，需要具体分析。但存货周转率越低，则说明存货资金利用效率和公司的销售水平越低。

存货周转率的高低是公司产销状况的晴雨表，管理人员必须密切注意存货水平，以判断产品的市场销售情况。公司如果要维持一定的销售量，则必须经常拥有一定的存货储量。但究竟存货应保持在什么水平，视公司的性质不同而有较大差异。存货周转率高，一方面说明公司产品的市场销售状况良好，产品都如期售出，材料亦能及时得到补充；另一方面，也可能说明存货量太低，有可能导致销售机会丧失，阻碍了今后业务的发展。而存货周转率低，则存货过量，往往说明本公司产品处于滞销的边缘，管理者应及时调整生产战略和销售战略，更新产品或提高服务质量，加速存货周转。

由存货周转率可得到另一个比率——平均存货周转天数，其计算公式为：

$$平均存货周转天数=\frac{365}{存货周转率}$$

它表明公司持有存货的平均天数，对存货管理效率的解释是相同的。

如果把存货周转天数和应收账款周转天数相加，就可以说明一个营业周期的天数，这向我们提供了公司流动性的更进一步信息。即

$$营业周期=存货周转天数+应收账款周转天数$$

12.6.2 固定资产周转率

固定资产周转率是销售收入与固定资产净值的平均额的比值，其计算公式为：

$$固定资产周转率=\frac{销售收入}{固定资产净值平均额}$$

其中，

$$固定资产净值平均额=\frac{期初固定资产净值+期末固定资产净值}{2}$$

该比率表示每一元固定资产净值能带来多少元的销售收入。公司拥有固定资产，其最终目的在于为公司创造收入，因此固定资产周转率是衡量固定资产运用效率的有效指标。固定资产周转率越高，说明固定资产的利用程度越高。这一比率反映公司是否发挥了技术设备在扩大产销方面的相应作用，同时，还必须结合本公司所处行业的特点来分析该比率。一般来说，资本密集型的公司，固定资产占用额大，回收期长，因而固定资产周转率较低；而劳动密集型的公司，固定资产占用额小，回收期短，则固定资产周转率较高。

在会计实务中，公司往往乐于一次或多次购入大量生产设备，这样就使固定资产短期内急剧增加，这将会影响固定资产周转率的大小。此外，当采用租赁生产设备时，不论是租入或租出，都将影响此比率的真正含义。

12.6.3 总资产周转率

总资产周转率是销售收入与总资产平均额的比值。其计算公式为：

$$总资产周转率=\frac{销售收入}{总资产平均额}$$

其中，

$$总资产平均额=\frac{期初总资产+期末总资产}{2}$$

公司拥有资产的目的在于通过资产的运用带来收入，而这种收入究竟有多丰厚，管理者运用资产的效率如何，有无过分投资的倾向，结合总资产周转率分析就可以得到解释。

公司的总资产周转率越高，说明公司资产使用效果越好，其盈利能力和偿债能力越强；反之，总资产周转率越低，说明公司资产运用效果越差。但是，过高的总资产周转率并不意味着公司盈利状况良好，尚须结合销售利润率等因素的变动情况才能得出正确的评价。只有在提高资产周转速度的同时提高资产的盈利水平，才能提高公司的资产报酬率。

12.7 现金流量分析

我们知道，一个公司要持续有效地运转，必须拥有充足的现金流量满足日常经济业务的需要，比如支付费用和偿付债务。因而，了解现金流转的规模和速度，是管理者尤为关注的。现金流量分析是财务分析的重要组成部分，分析企业的现金流量对于债权人和企业的管理者具有重要意义，可以帮助他们更好地评估企业的偿债能力和管理水平。

12.7.1　现金流量分析的意义

现金流量分析的对象是现金和现金等价物。现金指库存现金、银行活期存款和那些可以随意存取而不受任何限制的具有活期存款性质的其他项目。现金等价物是指期限短、流动性强且价值变动风险较小的投资，通常包括短期证券、商业票据和货币市场资金等。现金等价物属于公司整体现金的一部分，同样说明了企业主体的即期支付能力，在进行现金流量分析时应将其包括在内。

现金流量分析是基于现金流量表进行的。现金流量表是反映公司在一定时期内现金流入流出的报表。当现金的流入总额大于现金流出总额时，表明本期企业现金净增加；反之，当现金流入总额小于现金流出总额时，表明本期企业现金净减少。按引起现金流入与流出的原因不同，现金流量表通常将企业的经济活动分为三个部分，即经营活动、投资活动和筹资活动，以分类报告企业本期的现金流量。其中，营业性现金流转净额可用来反映支付股利的能力，这对于股东来说是一个极为重要的信息；投资与筹资性现金流转则反映资金投入和供应的关系。通过现金流量表，人们可以看出，在一定时期内哪些方面取得资金，又将资金运用到哪里，有助于报表使用者了解这些活动对企业财务状况的影响程度，以及估量现金和现金等价物的金额，同时也有助于评价这些活动之间的相互关系，并使数据在更大范围内具有可比性，因而可以更好地反映公司资金的流动性和对债务的偿付能力。

综上所述，分析现金流量表将带来如下信息：

（1）在会计年度内现金收入的来源和现金支出的用途，以及产生现金净流量的能力。

（2）以现金偿还债务的能力和以现金支付投资人利润、债权人利息的能力。

（3）在会计年度内获取的利润总额同经营所得现金数额之间发生差异的原因，以及造成公司现金紧缺或富余的原因。

（4）在会计年度内进行筹资和投资活动对现金收支和现金净流量的影响。

12.7.2　现金流量分析的内容

以下通过对现金流量表进行结构分析、变动趋势分析和财务比率分析，说明企业在一定会计期间现金净流量形成的原因，以配合资产负债表和利润表分析，充分揭示企业当前的财务状况。

1. 结构分析

现金流量表的结构分析就是在现金流量表有关数据的基础上，进一步明确现金流入、现金流出的构成及现金余额是如何形成的，可以分为现金流入结构分析、现金流出结构分析及现金净流量结构分析三个方面。

结构分析的最基本方法就是编制百分比现金流量表，或称共同基准现金流量表。制表时将现金流入量之和作为基数 100%，计算出其每一组成部分占现金流入量之和的百分比，从现金流量表内容分类中可得出以下三类现金流入结构分析模式：

$$\frac{\text{经营活动产生现金流入}}{\text{现金流入总计}}\times 100\%$$

$$\frac{\text{投资活动产生现金流入}}{\text{现金流入总计}}\times 100\%$$

$$\frac{\text{筹资活动产生现金流入}}{\text{现金流入总计}}\times 100\%$$

然后将现金流量表三大类现金流入量都以这个关键项目的百分比形式表示并纵向排列。同时，在每大类中又可进一步以该类现金流入量，即分别以经营活动现金流入量、投资活动现金流入量、筹资活动现金流入量为关键项目，并以此项目的数据作为基数 100%，然后将各类中的现金收入项目都以这个关键项目的百分比形式表示并纵向排列。以此得出的百分比现金流量表可以直观地展示现金流入的构成项目，以及各自所占的比重。

同样，对现金流出量和现金净流量也做这样的计算。这一分析的目的在于展示公司现金流入、流出的结构组成，从而使分析者弄清楚公司现金流入的渠道是哪几个，分别占多大比例；现金流出的渠道是哪几个，分别占多大比例；现金增加净额或减少净额占多大比例。

2. 变动趋势分析

除了通过编制百分比现金流量表对现金流量作结构分析外，还经常要对现金流量表进行变动趋势分析。现金流量表变动趋势分析即现金流量变动趋势分析，主要是指对不同时期现金流量表的现金指标进行对比以确定其增减差异和变动趋势的分析。从一定意义上讲，它是将现金流量表比较分析和现金流量表比率分析相结合，以揭示企业现金流入、现金流出及其净额发生了怎样的变化，是有所提高还是有所恶化，并为预测未来的财务状况和决策提供依据。

现金流量变动趋势分析属于动态分析，常采用定比和环比趋势百分比指标。定比百分比即以某一年为基期，将其余各年的现金流量数额与基期进行对比，计算出企业各年度各项现金流入、流出的趋势百分比。环比百分比即以各项现金流量的本年数额与前一年相比较，反映各项现金流量逐年变化的速度。作分析所选的比较期越多，越能较好地反映出客观情况和未来发展趋势，也就越有利于分析者得出正确的结论。

进行趋势分析时比较的对象可以是连续几期的原始现金流量表，也可以是连续几期的百分比现金流量表，关键在于具有可比性。采用百分比现金流量表进行趋势分析，往往效果会更好，可以得出明确、清晰的结论。对比基期除了使用前期的实际数据外，还可用计划数或预算数作为基数进行对比；不局限于公司内不同历史时期的对比，还应常与行业中其他同类企业、先进企业进行对比，以此来说明企业现金流量的增减情况和变动趋势，以及在行业中的地位和差距。

3. 财务比率分析

除了对现金流量表进行百分比分析和趋势分析外，还可结合考虑以下财务比率进行分析。

(1) 现金净流量对当期债务比率。现金净流量对当期债务比率是指现金净流量与流动负债加当年到期的非流动负债的比例关系。其计算公式为：

$$现金净流量对当期债务比率=\frac{现金净流量}{流动负债+当年到期的非流动负债}$$

该比率反映公司以当年现金净流量偿还当年到期债务的能力，是衡量企业短期偿债能力的动态指标。其值越大，表明企业的短期偿债能力越好，现金偿债时效性越强；反之，则表示企业短期偿债能力越差。

(2) 现金净流量对负债总额比率。现金净流量对负债总额比率是指现金净流量与负债总额的比例关系。其计算公式为：

$$现金净流量对负债总额比率=\frac{现金净流量}{负债总额}$$

该比率反映公司以当年现金净流量偿还总债务的能力，衡量当年现金净流量对全部债务偿还的满足程度。运用此比率作分析时应与债务平均偿还期相结合进行分析，平均偿还期越短，将要求此比率越高；相反，平均偿还期越长，将要求此比率越低。债权人以此指标衡量债务偿还的安全程度。

以上两个比率是衡量公司偿付到期债务的时效性指标。利用资产负债表进行短期偿债能力分析，如流动比率、速动比率等，能了解企业短期债务偿还的保证程度，即偿债的可能性和现实性，但不能反映偿债支付的时效性，即在某一点立即偿付兑现。而利用反映企业现金流量情况的现金流量表，就可以弥补上述缺陷。在正常经营情况下，企业当期经营活动所获取的现金流入，首先要满足生产经营活动中的一些基本流出，如购买原材料与商品、支付职工工资、缴纳税金等，然后才用于偿付债务。所以，分析企业的偿债能力，首先应看企业当期取得的现金在满足了生产经营活动的基本现金支出后，是否有足够的现金用于偿还到期债务的本息。

用以上两比率分析偿债能力时，剔除了投资活动与企业筹资活动产生的现金流入。因为在一般情况下，企业以经营活动为主，投资活动与筹资活动作为相对不经常发生的辅助理财活动，其产生的现金流入量在总现金流入量中所占比例较低，而且如果企业的经常活动所取得的现金在支付了维持经营活动正常运转所必须发生的费用后，不能偿还债务，而必须向外筹措资金来偿债的话，就说明企业已陷入了财务困境，其举债能力较弱。即使企业向外筹措到新的资金，但债务本金的偿还最终还是取决于经营活动的现金流量。这是一种十分稳健的偿债能力分析方法。

(3) 盈利现金比率。盈利现金比率是指经营活动产生的现金净流量和净利润的比例关系。其计算公式为：

$$盈利现金比率=\frac{经营活动产生的现金净流量}{净利润}$$

该比率反映企业本期经营活动产生的现金净流量与净利润之间的比率关系，利用这一比率就可以对企业的收益品质（利润的含金量）进行评价。有些项目，如折旧、资产摊销等虽不影响经营活动的现金流量但会影响损益，使当期会计利润与经营活动产生的现金流量不一致。原则上两者应大体相近，因而在一般情况下，该比率越大，企业盈利质量越高，盈利能力就越强。如果比率小于1，则说明本期净利润中存在尚未实现现金的收入。在这种情况下，即使企业盈利，也可能发生现金短缺，严重时会导致企业破产。

（4）每股现金净流量。每股现金净流量是指每一普通股本平均占有的现金净流量。其计算公式为：

$$每股现金净流量=\frac{现金净流量-优先股股利}{普通股平均股数}$$

该比率用来反映发行在外的普通股提供现金净流量的能力。它作为每股收益的一个补充指标，只能与每股盈利指标配合使用，反映了支付现金股利的能力。该比率通常高于每股盈利指标。每股现金净流量为投资者进行投资选择提供依据，也能反映企业现金流量是否有能力支付股东最高的股利金额。

以上指标反映了企业获取现金的能力，不同于企业盈利能力的分析。企业的盈利能力是指企业获得利润或收益的能力，其体现在一定时期内总收入超过总支出的数量大小上。传统会计报表分析对盈利能力评价的财务比率一般为与利润相关的指标。虽然盈利能力是企业内外各报表使用者共同关注的根本性的财务能力，但由于利润计算过程多受主观估计和人为判断的影响，以利润为基础计算的指标缺乏客观性，因而在反映企业资本维持以及未来盈利方面存在缺陷。通过借助现金流量表从现金流动角度分析盈利能力有助于弥补上述缺陷。

（5）现金流量充分性比率。现金流量充分性比率是指经营活动所产生的现金净流量与资本支出、存货增加额和现金股利三项之和的比率。其计算公式为：

$$现金流量充分性比率=\frac{经营活动产生的现金净流量}{资本支出+存货增加额+现金股利}$$

该比率说明企业用经营活动所得到的现金维持或扩大生产经营规模的能力。当其值大于或等于1时，表明企业从经营活动中得到的现金足以应付各项资本性支出、存货增加和现金股利的需要，不用再对外融资，此时可考虑减少资金的闲置；当其值小于1时，表明企业来自经营活动的现金不足以满足目前的营业支出和支付股利的需要，管理者应采取措施增加经营活动获取现金的能力。

企业的现金支付充足性分析对于企业的经营者和投资者具有十分重要的意义。对于企业的经营者来说，企业的现金支付充足性是其作出筹资和投资决策的最重要的依据。如果企业当期所取得的经营活动产生的现金流入以及投资活动产生的现金流入，在偿付本期债务后不足以支付经营活动的各项现金流出，那么企业必须通过短期借款等方式筹集短期现金以满足生产经营活动之需要；如果企业本期及以后各期取得的现金流入在偿还债务和满足经营活动的各项开支后都有一定的盈余，那么企业就可以考虑进行投资，以促进企业不断成长发展；如果企业本期及以后各期的现金流入不足以满足投资的需要，但投资完成后将会有足够的现金偿还筹资，则企业可以考虑通过举借长期借款、发行长期债券等方式筹集长期资金以进行投资；如果企业本期取得的现金流入在偿还债务，满足了经营活动及投资活动的流出后仍有较大的现金盈余，或者当期现金流入在满足各项流出后，虽然没有很多盈余，但历年积累的现金余额仍很大，在这种情况下，企业就可以作出分派股利的决策，以回报投资者，增强投资者的信心。同样，对于投资者来说，如果企业现金支付充足性很强，每年在满足各项开支后都能支付一定量的股利，那么投资者就能在较短的时期内收回投资成本，对企业的信心就会增强；反之，如果企业现金支付充足性不强，即使企业账面上获利颇丰，前景良好，许多投资者，特别是那些急于收回成本的投资者，也会对企业失去信心，而将资金投往别处，或者要求企业搁置投资项目而用来分配股利，这样则会打击企业的成长势头。

以上基于现金流量表的财务比率，通过与财务报表其他数据的结合，为报表使用者对企业相对财务状况和经营成果、资金变动的评估提供了新的工具。通过对企业历史资料纵向比较及行业间与行业内横向比较，这些比率在分析企业破产可能性、财务结构和现金利用情况等方面，有其他财务比率所没有的作用。

12.8 杜邦分析

在本章最后，介绍目前应用广泛的杜邦综合分析体系，以帮助我们从整体上理解各项财务能力和财务指标之间的关系，从而形成财务报表分析的清晰脉络。

杜邦财务分析体系（简称杜邦体系），因其最初由美国杜邦公司成功应用而得名。该体系是利用各主要财务比率指标间的内在联系，对企业财务状况及经济效益进行综合系统分析评价的方法。杜邦体系以净资产收益率为龙头，以资产净利率为核心，重点揭示企业获利能力及其前因后果。利用这种方法进行综合分析时，可把各项财务指标间的关系绘制成杜邦分析图，如图 12—1 所示。

杜邦分析体系中的几种主要的财务指标关系为：

$$\text{净资产收益率}=\text{资产净利率}\times\text{权益乘数}$$

$$\text{资产净利率}=\text{销售净利率}\times\text{资产周转率}$$

$$\text{销售净利率}=\frac{\text{净利润}}{\text{销售收入}}$$

$$\text{资产周转率}=\frac{\text{销售收入}}{\text{资产总额}}$$

$$\text{净利润}=\text{销售净额}-\text{成本费用总额}+\text{其他利润}-\text{所得税}$$

$$\text{资产总额}=\text{流动资产}+\text{非流动资产}$$

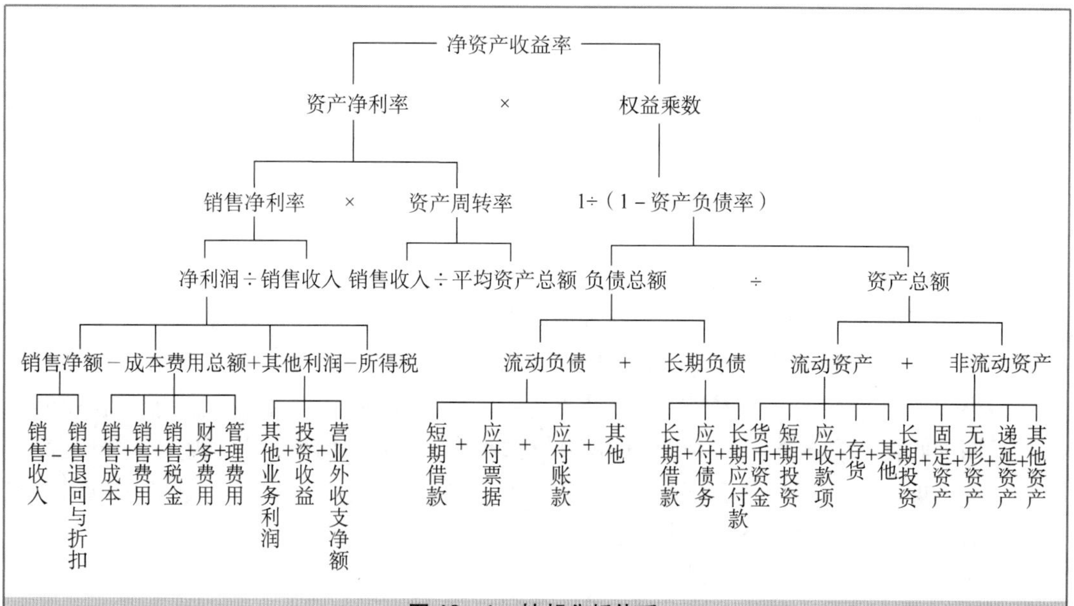

图 12—1　杜邦分析体系

杜邦分析体系是对企业财务状况的综合分析。它通过几种主要的财务比率之间的相互关系，全面、系统、直观地反映出企业的财务状况，从而大大节省了报表使用者的时间。

利用杜邦分析图进行综合分析要从以下几点来理解：

第一，净资产收益率是一个综合性较强的财务分析指标，是杜邦分析体系的龙头。股东财富最大化是美国财务管理及会计核算的主要目标之一，而净资产收益率反映企业所有者投入资本的获利能力，说明企业筹资、投资、资产营运等各项财务及其管理活动的效率。只有不断提高净资产收益，才能使所有者权益最大化得到保证，所以这一财务分析指标是企业所有者、经营者都十分关心的。而净资产收益率高低的决定因素主要有三个方面，即销售净利率、资产周转率和权益乘数。这样分解之后，就可以将净资产收益率这一综合指标发生升降变化的原因具体化，管理者可以据此作出改善经营的决策。

第二，销售净利率反映企业利润与销售收入的关系，它的高低取决于销售收入与成本费用总额的高低。要想提高销售净利率，一是要扩大销售收入；二是要降低成本费用。扩大销售收入具有双重意义，它既有利于提高销售净利率，又可提高总资产周转率。降低成本费用是提高销售净利率的一个重要因素，杜邦分析图可以显示出成本费用的基本结构是否合理，有助于管理者找出降低成本费用的途径和加强成本费用控制的办法。如果企业财务费用过高，就要进一步分析其负债比率是否过高；如果企业管理费用过高，就要进一步分析其资产周转情况，等等。从图 12—1 中还可以看出，提高销售净利率的另一途径是提高其他业务利润，适时适量进行投资取得收益，采取措施降低营业外支出等。为了详细了解企业成本费用的发生情况，在具体列示成本总额时，还可根据重要性原则将那些影响较大的费用单独列示（如利息费用等)，以便为寻求降低成本的途径提供依据。

第三，影响资产周转率的一个重要因素是资产总额。它由流动资产与长期资产组成，它们的结构合理与否将直接影响资产的周转速度。一般来说，流动资产直接体现企业的偿债能力和变现能力，而长期资产则体现企业的经营规模、发展潜力。两者之间应有一个合理的比率关系，如果某项资产比重过大，影响资金周转，就应深入分析原因找到解决措施。例如，企业持有的货币资金超过业务需要，就会影响企业的盈利能力；如果企业占有过多的存货和应收账款，则既影响获利能力，又影响偿债能力。因此，还应进一步分析各项资产的占用数额和周转速度。

第四，权益乘数主要受资产负债率指标的影响。负债比率越大，权益乘数就越高，说明企业的负债程度比较高，给企业带来了较多的杠杆利益的同时，也带来了较多的风险。对权益乘数的分析要联系销售收入分析企业的资产使用是否合理，联系权益结构分析企业的偿债能力。在资产总额不变的条件下，适当开展负债经营，可以减少所有者权益所占的份额，从而达到提高所有者权益净利率的目的。

通过杜邦体系自上而下地将各项指标进行分解，可以了解企业财务状况的整体以及各项财务指标间的结构关系，查明各项主要财务指标增减变动的影响因素及其存在的问题。杜邦分析体系提供的上述财务信息，较好地解释了指标变动的原因和趋势，为进一步采取具体措施指明了方向，也为决策者优化经营结构和理财结构，提高企业偿债能力和经营效益提供了基本思路，即提高净资产收益率的根本途径在于扩大销售，改善经营结构，节约成本费用，合理配置资源，加速资金周转，优化资本结构等。

练习题

一、选择题

1. 财务报表的纵向分析揭示了（　　）。

A. 趋势百分比　　B. 每项逐期变动百分比

C. 报表各项与总体的关系　　D. 净利润占股东权益的比例

2. 现金流量表在决策中运用是通过（　　）。

A. 反映现金的来源和运用　　B. 说明净利润是怎样获得的

C. 给出被选项之间的比率关系　　D. 给出现金流量的趋势百分比

3. 现金为 10 000 元，应收账款净值为 22 000 元，存货为 55 000 元，预付费用为 3 000 元，流动负债为 40 000 元，则酸性测试比率为（　　）。

A. 0.25　　B. 0.80　　C. 2.18　　D. 2.25

4. 托米公司因收账不力出现现金短缺。最可能支持纠正措施的决策工具是（　　）。

A. 酸性测试比率　　B. 利息保障倍数

C. 存货周转率　　D. 应收账款周转天数

5. 在市场经济条件下，编制财务报告的最基本目的是（　　）。

A. 满足决策所需要的财务信息
B. 为国家制定计划提供所需要的财务信息
C. 为银行等企业的债权人提供所需要的信息
D. 为税务部门提供征税所需要的财务信息

6.（　　）会计报表要求揭示完整，反映全面。
A. 月报　　B. 季报　　C. 年报　　D. 半年报

7. 资产负债表是反映企业（　　）的会计报表。
A. 某一段时期的财务状况　　B. 某一特定日期的经营成果
C. 某一段时期的经营成果　　D. 某一特定日期的财务状况

8. 财务报告一般包括（　　）。
A. 会计报表　　B. 会计报表附注
C. 董事会决议　　D. 管理当局对企业财务状况的说明

9. 会计报表的质量特性有（　　）。
A. 可靠性　　B. 相关性　　C. 可比性　　D. 可理解性

10. 下列各项目中，肯定不包括在现金流量表中的现金概念的项目是（　　）。
A. 定期银行存款　　B. 短期投资
C. 银行汇票存款　　D. 应收票据

二、思考题

1. 企业管理者作报表分析的目的及其分析重点何在？
2. 各种分析方法各有什么优缺点？应怎样综合运用？
3. 长期偿债能力分析和短期偿债能力分析有什么区别和联系？
4. 导致营业现金流量与营业净收益差异的可能原因有哪些？
5. 每股收益、每股净资产分别对投资者具有什么意义？
6. 说明净资产收益率指标在杜邦分析体系中的地位。

三、分析题

1. 东方公司财务分析案例。

案例资料：

东方公司2×01年有关财务比率如下表所示。

项目＼月份	1	2	3	4	5	6	7	8	9	10	11	12
流动比率	2.2	2.3	2.4	2.2	2.0	1.9	1.8	1.9	2.0	2.1	2.2	2.2
速动比率	0.7	0.8	0.9	1.0	1.1	1.15	1.2	1.15	1.1	1.0	0.9	0.8
资产负债率	52%	55%	60%	55%	53%	50%	42%	45%	46%	48%	50%	52%
资产报酬率	4%	6%	8%	13%	15%	16%	18%	16%	10%	6%	4%	2%
销售净利率	7%	8%	8%	9%	10%	11%	12%	11%	10%	8%	8%	7%

问题：

（1）该企业生产经营有什么特点？

（2）流动比率与速动比率的变动趋势为什么会产生差异？怎样减少这种差异？

（3）资产负债率的变动说明了什么问题？为什么 3 月份资产负债率最高？

（4）资产报酬率与销售净利率的变动程度为什么不一致？

（5）该企业筹资、投资应注意什么问题？

2. 华特公司财务决策与分析案例。

案例资料：

华特公司 2×01 年年终决算前的初步测算结果显示，其所有者权益报酬率（净资产收益率）为 9.8%。按有关规定，净资产收益率连续三年在 10%以上的公司才能实施配股。华特公司由于业务发展的需要，拟在 2×02 年实施配股，如果不能配股，华特公司 2×02 年将面临严重的财务困难。公司总经理戴维先生指示财务经理沃森，无论如何要将公司的净资产收益率调整到 10%以上。

问题：

（1）如果你是公司总经理，你是否会像戴维先生那样指示财务经理将净资产收益率调到 10%以上？

（2）如果你是公司财务经理，你会服从戴维先生的指示吗？如果你服从戴维先生的安排，你将采取何种办法使净资产收益率超过 10%？你的安排对公司 2×02 年及以后若干年的财务状况将会产生什么影响？你认为你采取的对策符合会计法规和会计职业道德吗？

（3）如果你是潜在的投资人，本案例对你有何启示？

3. 请找到同一行业两个上市公司的财务报表，试对其进行对比财务分析。

部分练习题答案

一、1. C　2. A　3. B　4. D　5. A　6. C　7. D　8. ABD　9. ABCD　10. D

教师教学服务说明

中国人民大学出版社财会出版分社以出版经典、高品质的会计、财务管理、审计等领域各层次教材为宗旨。

为了更好地为一线教师服务，近年来财会出版分社着力建设了一批数字化、立体化的网络教学资源。教师可以通过以下方式获得免费下载教学资源的权限：

在中国人民大学出版社网站 www. crup. com. cn 进行注册，注册后进入“会员中心”，在左侧点击“我的教师认证”，填写相关信息，提交后等待审核。我们将在一个工作日内为您开通相关资源的下载权限。

如您急需教学资源或需要其他帮助，请在工作时间与我们联络：

中国人民大学出版社　财会出版分社

联系电话：010-62515987，62511076

电子邮箱：ckcbfs@crup. com. cn

通讯地址：北京市海淀区中关村大街甲 59 号文化大厦 1501 室（100872）